蜀学文库

蜀学研究（二）

王小红　主编
杜春雷　吴龙灿　副主编

中国社会科学出版社

图书在版编目（CIP）数据

蜀学研究．一／王小红主编．—北京：中国社会科学出版社，2020.11
（蜀学文库）
ISBN 978－7－5203－7486－6

Ⅰ.①蜀…　Ⅱ.①王…　Ⅲ.①文化史—四川—丛刊②巴蜀文化—丛刊
Ⅳ.①K297.1－55②K872.71－55

中国版本图书馆CIP数据核字(2020)第222761号

出 版 人　赵剑英
责任编辑　郝玉明
责任校对　张爱华
责任印制　王　超

出　　版　中国社会科学出版社
社　　址　北京鼓楼西大街甲158号
邮　　编　100720
网　　址　http://www.csspw.cn
发 行 部　010－84083685
门 市 部　010－84029450
经　　销　新华书店及其他书店

印　　刷　北京明恒达印务有限公司
装　　订　廊坊市广阳区广增装订厂
版　　次　2020年11月第1版
印　　次　2020年11月第1次印刷

开　　本　710×1000　1/16
印　　张　21
字　　数　334千字
定　　价　109.00元

《蜀学研究（一）》编委会

总　序

岷山巍巍，上应井络；蜀学绵绵，下亲坤维。

蚕丛与鱼凫，开国何茫然？《山经》及《禹记》，叙事多奇幻。往事渺渺，缙绅先生难言；先哲谭谭，青衿后学乐道。班孟坚谓："巴蜀文章，冠于天下。"谢啬庵言："蜀之有学，先于中原。"言似夸诞，必有由焉。若乎三皇开运，神妙契乎天地人；五主继轨，悠久毗于夏商周。天皇地皇人皇，是谓三皇；青赤白黑黄帝，兹为五帝。三才合一，上契广都神坛；五行生克，下符《洪范》八政。

禹兴西羌，生于广柔，卑彼宫室，而尽力于沟洫；菲吾饮食，而致孝乎鬼神。顺天因地以定农本，报恩重始而兴孝道。复得河图演《连山》，三易因之肇始；又因洛书著《洪范》，九畴于焉成列。夏后世室，以奠明堂之制；禹会涂山，乃创一统之规。是故箕子陈治，首著崇伯；孔子述孝，无间大禹。

若乎三星神树，明寓十日秘历；金沙赤乌，已兆四时大法。苌弘碧珠，曾膺仲尼乐问；尸佼流放，尝启商君利源。及乎文翁化蜀，首立学校，建国君民，教学为先；治郡牧民，德礼莫后。蜀士鳞比，学于京藩；儒风浩荡，齐鲁比肩。七经律令，首先畅行蜀滇；六艺诗骚，同化播于巴黔。相如、子云，辉映汉家赋坛；车官、锦官，衣食住行居半。君平市隐，《老子指归》遂书；儒道兼融，道德仁义礼备。往圣述作，孔裁六艺经传；后贤续撰，雄制《太玄》《法言》。"伏牺之易，老子之无，孔子之元"，偕"扬雄之玄"以成四教；"志道据德，依仁由义，冠礼佩乐"，兼"形上形下"而铸五德。落下主《太初》之历，庄遵衍浑天之说。六略四部，不乏蜀人之文；八士四义，半膺国士之选。涣涣乎，文章冠冕天下；济济焉，人材充盈河汉。

自是厥后，蜀学统序不断，文脉渊源赓连。两汉鼎盛，可谓灵光鲁殿；魏晋弘宣，堪比稷下学园。隋唐五代，异军突起；天下诗人，胥皆入蜀。两宋呈高峰之状，三学数蜀洛及闽。蒙元兵燹，啼血西川；巴蜀学脉，续衍东南。明有升庵，足以振耻；清得张（问陶）李（调元），可堪不觍。洎乎晚清民国，文风丕振，教泽广宣。玉垒浮云，变幻古今星汉；锦江风雨，再续中西学缘。尊经存古，领袖群伦；中体西用，导引桅帆。于是乎诵经之声盈耳，文章之美绍先。蜀学七期三峰，无愧华章；蜀勒六经七传，播名国典。

蜀之人才不愧于殊方，蜀之文献称雄于震旦。言经艺则有“易学在蜀”之誉，言史册而有“莫隆于蜀”之称，言文章则赞其“冠于天下”，言术数则号曰“天数在蜀”。人才不世出，而曰“出则杰出”；名媛不常有，犹称“蜀出才妇”。至若文有相如、子瞻，诗有太白、船山，历有落下、思训，易有资中、梁山，史有承祚、心传，书有东坡、啬庵，画有文同、大千。博物君子，莫如李石、杨慎；义理哲思，当数子云、南轩。开新则有六译、槐轩，守文则如了翁、调元，宏通有若文通、君毅，讲学则如子休、正元。方技术数，必举慎微、九韶；道德文章，莫忘昌衡、张澜。才士尤数东坡、升庵，才女无愧文君、花蕊，世遂谓“无学不有蜀，无蜀不成学”矣！宋人所谓“蜀学之盛，冠天下而垂无穷”云云者，亦有以哉！

蜀之经籍无虑万千，蜀之成就充斥简编。石室、礼殿，立我精神家园；蜀刻石经，示彼经籍典范。三皇五帝，别中原自为一篇；道德仁义，合礼乐以禅五典。谈天究玄妙之道，淑世著实效之验。显微无间，体用一源。

至乎身毒偎人爱人，已见《山经》；佛法北道南道，并名《丹铅》。蜀士南航，求佛法于瀛寰；玄奘西来，受具足于慈殿。若夫蜀人一匹马，踏杀天下；禅门千家宗，于兹为大。开宝首雕，爰成大藏之经；圭峰破山，肇启独门之宗。菩萨在蜀，此说佛者不可不知也。

至若神农入川，本草于焉始备；黄帝问疾，岐伯推为医祖。涯涯水涘，云隐涪翁奇技；莽莽山峦，雾锁药王仙迹。经效产宝，首创始于昝殷；政和证类，卒收功乎时珍。峨眉女医，发明人工种痘；天回汉简，重见扁鹊遗篇。雷神火神，既各呈其神通；川药蜀医，遂称名乎海外矣。

又有客于此者，亦立不世之名，而得终身之缘。老子归隐青羊之肆，张陵学道鹤鸣之山；女皇降诞于广元，永叔复生乎左绵；司马砸缸以著少年之奇，濂溪识图而结先天之缘。横渠侍父于涪，少成民胞物与之性；蠲叟随亲诞蜀，得近尊道贵德之染。是皆学于蜀者大，入于蜀者远也。

系曰：巴山高兮蜀水远，蜀有学兮自渊源。肇开郡学兮启儒教，化育万世兮德音宣。我所思兮在古贤，欲往从之兮道阻艰。仰弥高兮钻弥坚，候人猗兮思绵绵。

舒大刚

目　　录

蜀学论衡

儒学探微

经学纵横

文献经纬

蜀学名家

“蜀学”的包容与儒释道的价值体系

（代序）

舒大刚

“蜀学”是在巴蜀大地孕育、发展，并形成自己特色的地方学派，它与齐学、鲁学、关学、洛学、闽学、湘学、浙学等，共同成为中华学术的组成部分。回顾蜀学的历史，其在制度创设、学术创新、信仰体系、经典体系、核心价值等方面，都具有独特造诣，对祖国学术发展起到了重要的推动作用。

其一，是制度创新。历史上的文翁石室、周公礼殿、蜀刻石经，曾经领先全国。文翁石室是西汉景帝末年蜀守文翁在成都创办郡学，《汉书》载文翁“修起学官于成都市中，招下县子弟以为学官弟子，为除更繇；高者以补郡县吏，次为孝弟力田”[①]，这是当时全国最早的地方官学，意义重大。一是开创了地方政府办学的先河，为后来汉武帝尊崇儒术、推行教化（“令天下郡国皆立学校官”）树立了榜样；二是开启了文化入仕的先例，在一定程度上实践了“建国君民，教学为先”和“学而优则仕”的理想，对官员素质的优化、阶级隔阂的淡化，提供了重要的制度保障。“周公礼殿”是东汉末年蜀郡太守高眹在文翁石室东修复的祭祀圣君贤臣、孔门师徒、历代乡贤的场所，据李膺《益州记》中载：“壁上悉

① （汉）班固：《汉书》卷89《循吏传》，中华书局1962年标点本，第3626页。

图古之圣贤，梁上则刻文宣及七十弟子。”① 周公礼殿的修复使石室兼具知识殿堂和精神家园的双重功能，首开“庙学合一”学校体制，比中原王朝（北魏定都洛阳后）实行相同的建制早约300年。② “蜀刻石经”由五代孟蜀宰相毋昭裔于孟蜀广政初（938）始刻，至北宋徽宗宣和五年（1123）《孟子》刻成，经注并存，“石逾千数”，是历史上规模宏大、体系最全的儒经结集，完成儒家“十三经”体系构建。以上三者皆首领全国，影响深远，宋代席益《府学石经堂图籍记》说：“蜀儒文章冠天下，其学校之盛，汉称石室、礼殿，近世则石九经，今皆存焉。”③

其二，学术贡献众多。历史上蜀学的贡献是多方面的，尤其易学、文学、史学堪称独步。在易学方面，程颐即称“易学在蜀”，著名的易家有：西汉赵宾（授孟喜）、严君平（传扬雄、注《易》）、扬雄（仿《易》作《太玄》）；东汉任安（传孟氏《易》）、景鸾（传施氏《易》）；晋范长生（有《蜀才易传》）；北朝卫元嵩（仿《易》撰《元包经》）；唐李鼎祚（有《周易集解》）；宋龙昌期（会通三教，尤擅长讲《易》）、苏轼（撰《东坡易传》）、谯定（传程氏易）、冯时行（传谯定之学）、张浚（有《紫岩易传》）、张栻（有《南轩易说》）、张行成（有《皇极》诸书）、房审权（有百家《周易义海》）、李心传（有《丙子学易编》）、魏了翁（有《周易要义》《周易集义》）；元代黄泽（有《易学滥觞》）、王申子（有《大易缉说》）、赵采（有《周易程朱传义折衷》）；明代熊过（有《周易象旨决录》）、杨慎（有《经说》，中含“易说”）、来知德（有《周易集注》）。此外，清代的李调元、刘沅、何志高、范泰衡、杨国桢；民国以来的尹昌衡、廖平、段正元，以及刘子华、郭沫若等学者，皆各有易著，自成体系。

在文学方面，史称“蜀儒文章冠天下”“文宗自古出巴蜀”。《诗经》

---

① （唐）李吉甫：《元和郡县志》卷32引，台湾商务印书馆文渊阁《四库全书》2008年影印本（以下简称“文渊阁《四库全书》本”），史部，第468册，第513页。

② 舒大刚、任利荣：《“庙学合一”：成都汉文翁石室“周公礼殿”考》，《四川大学学报》（哲学社会科学版）2014年第5期。又舒大刚：《“蜀学”三事：成都文翁石室丛考》，《孔学堂》2015年第3期。

③ （宋）席益：《府学石经堂图籍记》，载袁说友等《成都文类》卷30，赵晓兰整理，中华书局2011年版，第583页。

开篇即见蜀地作品，其后司马相如、王褒、扬雄，在汉赋四大家中占有三席；东汉有文史兼优的李尤、杨终；唐代有诗歌巨擘陈子昂、李白，唐宋八大家中有“三苏”，南北宋之交有“小东坡”唐庚，元代有“诗歌四大家”之首的虞集，明代有“著述第一”的状元杨慎等。此外，清代还有诗词戏论俱优的李调元，以及与袁枚、赵翼唱酬齐名的张船山（问陶），他们都是当时文坛巨匠，一时豪杰。

史学亦为蜀人所擅。两晋的陈寿（有《三国志》）、常璩（有《华阳国志》），其所著书是现存唐前十余部史书中的两部；俟后五代的孙光宪（有《北梦琐言》），以及宋代的苏洵（有《谥法》《太常因革礼》）、勾延庆（有《锦里耆旧传》）、张唐英（有《蜀梼杌》）、范祖禹（助编《资治通鉴》，有《唐鉴》）、苏辙（有《古史》）、费枢（有《廉吏传》）、王称（有《东都事略》）、李心传（有《建炎以来系年要录》及《朝野杂记》《旧闻证误》《道命录》等）、李焘（有《续资治通鉴长编》）、王当（有《春秋列国诸臣传》）、杜大珪（有《名臣碑传琬琰集》）、吴缜（有《新唐书纠缪》《五代史记纂误》）等，他们的撰述多具有开创性和总结性，尤其是对宋代历史的记录和研究，蜀人的贡献独多，功不可没。故刘咸炘说：“盖唐后史学，莫隆于蜀。”①

其三，蜀学还构建了系统的信仰体系，形成“三才皇”“五色帝”“礼殿崇祀”等独特的祭祀系统。“三皇五帝”崇拜是中华民族古史传承和祖先崇拜的集中体现。但关于“三皇”，中原通常认为是伏羲、燧人和神农，多以单个人名出现，可称为“三人皇”；巴蜀的“三皇”则为天皇、地皇和人皇，以天、地、人来称名，是即“三才皇”。而关于“五帝”，中原通常说法是黄帝、颛顼、帝喾、尧、舜；巴蜀则有“五色帝”（青、赤、黑、黄、白帝）的信仰，体现出蜀学“三才一统”和“五行相生”的观念，对道教的形成和汉唐王朝祭祀体系的构建都具有重要影响。蜀学自有独特的祭祀体系，文翁石室就有孔子师徒画像以供祭祀；东汉后期，高眹重绘了系列人物图画：一是贤君圣王的政统体系；二是孔子师徒的儒家体系；三是周公、萧何、张良等的贤臣体系；四是李冰、

---

① 刘咸炘：《蜀学论》，《推十书》（增补全本）戊辑，上海科学技术文献出版社2009年版，第2册，第493页。

文翁等的乡贤名宦体系，包容性极强。

其四，蜀学在儒家经典体系形成过程中也起过推动作用。文翁开办石室学宫，其教学内容即突破中央“五经”（《易》《书》《诗》《礼》《春秋》）体系而传授“七经”（“五经”加《论语》《孝经》），将倡导伦理、敦厚道德、文字浅显、便于推广的《论语》《孝经》纳入“经典”。“七经”体系到东汉被普遍承认，实现了儒家经典体系的首次突破。唐代科举考试的经典是“九经”（《诗》《书》《易》加“三礼”“三传”，即使“开成石经”刻了十二部也不称“十二经”而称“九经”），而“蜀石经”却一共刻了十三部（“九经”加《孝经》《论语》《尔雅》《孟子》），并命名为“石室十三经”（或“蜀刻十三经”），[①]“十三经”体系由此定型。

其五，在理论创新和核心价值构建方面，蜀学亦具有创新精神。王褒提出“冠道德，履纯仁，被六艺，佩礼文”[②]，初步形成“道德仁艺礼”的构想。稍后严遵提出：“故有道人，有德人，有仁人，有义人，有礼人。……虚无无畏，开导万物，谓之道人；清静因应，无所不为，谓之德人；兼爱万物，博施无穷，谓之仁人；理名正实，处事之义，谓之义人；谦退辞让，敬以守和，谓之礼人。凡此五人，皆乐长生。”[③]强调“五德并育”，各遂生理，突破了儒、道相反对立（道家贵道德，儒家重仁义），特别是老子五德相背（“失道而后德，失德而后仁，失仁而后义，失义而后礼”）的局限，将儒与道结合起来，形成“道德仁义礼”的理论体系。扬雄继之，于《法言·问道》曰：“道、德、仁、义、礼譬诸身乎？夫道以导之，德以得之，仁以人之，义以宜之，礼以体之，天也。合则浑，离则散。”[④]提倡“五德兼修”，缺一不可。自后蜀人多继承这一模式进行演绎，如唐赵蕤《长短经·定名》强调“五德并重”，认为道即人居、行、事、动的方向；德即各得其所欲；仁即兴利除弊、兼爱无

① （宋）晁公武撰，孙猛校证：《郡斋读书志校正》，上海古籍出版社1990年版，第1087页。

② （汉）王褒：《四子讲德论》，载梁萧统编、唐李善注《文选》卷51，中华书局1997年版，第715页。

③ （汉）严遵：《道德指归论》卷1《上德不德篇》，文渊阁《四库全书》，子部，第1055册，第80页。又有王德友整理本，中华书局1994年版，第3—4页。

④ （汉）扬雄著，韩敬注：《法言注》，中华书局1992年版，第74页。

私；义即辨明是非、确定可否；礼即行动有准绳，尊卑有分寸——道德仁义礼是人类向善的根本保障。[①] 北宋张商英所传《素书·原始章》说：“夫道、德、仁、义、礼，五者一体也。”并且发为“五德普适”说：“道者，人之所蹈，使万物不知其所由；德者，人之所得，使万物各得其所欲；仁者，人之所亲，有慈慧恻隐之心，以遂其生成；义者，人之所宜，赏善罚恶，以立功立事；礼者，人之所履，夙兴夜寐，以成人伦之序。”[②] 可见他对赵蕤学说有所发展，使“道”增加了神秘感和玄妙感，“德”的范围扩大到了万物，“仁”被赋予了功效和价值意义，“义”更被推进到了赏罚立功成事的积极层面，“礼”又增加了调剂人际伦理的内容。蜀人“道德仁义礼”的价值体系，实现了道家与儒家、形上与形下、理论与实践、务虚与务实、本体与实用的统一，对儒道互补、知行合一新儒学体系的构建有着重要借鉴。

总体看来，“蜀学”在制度、信仰、经典、学术、核心观念等方面有创新和贡献，与中原学术形成互补互动，助力主流学术发展。当代学人正当继承这一传统，重振地方学术，重构儒家经典，重树巴蜀信仰，重推儒道合治，重阐核心价值，重新探讨新蜀学的学科体系、学术体系、经典体系、信仰体系和话语体系，实现传统文化的创造性转化和创新性发展。

---

① （唐）赵蕤：《长短经》卷8《定名》，文渊阁《四库全书》，子部，第849册，第186页。

② （旧题秦）黄石公撰，（宋）张商英注：《素书》不分卷，文渊阁《四库全书》，子部，第726册，第129页。

蜀学论衡

源远流长、成果丰富的巴蜀经学

舒大刚　幸　韵[*]

摘　要： 作为中国经学重要组成部分的巴蜀经学及其文献，源远流长，创新性强，自成体系，诸经并进，文献厚重，在中国经学史上具有重要地位。尤其是“兴于西羌”的大禹，所造《连山》居于“三易”之首，治水所得《洪范》，治平之后所著《禹贡》，都是儒家经籍的元典。而自汉文翁建石室传授“七经”以来，巴蜀不仅开启了地方政府以官方力量推行儒家教化的先河，也促使经学地域化、蜀学化。

关键词： 中国经学　巴蜀经学　蜀学

以经典为研究对象的儒家经学，是中华学术的主干内容，其所产生的海量文献也构成了中国古籍的重要组成部分。在中国古代社会，经学的繁盛与否、经学文献的数量多少，是衡量一个地区文化是否繁荣、学术是否发达的重要标志。巴蜀虽然地处西南地区，其易守难攻的地势和得天独厚的物产，为这里带来了相对安宁和繁荣的环境，儒家经学也早早地传入巴蜀，衍生出生生不息的经学传统，也产生出丰富多彩的经学

---

* 作者简介：舒大刚，生于1959年，重庆秀山人，四川大学中华文化研究院、国际儒学研究院、古籍整理研究所研究员，博士研究生导师。主要研究方向：历史文献、儒学文献、巴蜀文化研究。幸韵，四川大学古籍整理研究所历史文献学硕士研究生。

文献。它们是先贤智慧的结晶，也是中华学术宝库的闪光部分。清理和研究这份宝藏，对于全面了解和评估中国经学史，进而更加全面地叙述中华学术史、文化史，都具有重要价值，对当下的学术创新和文化建设，也不无重要参考价值和借鉴意义。

一 巴蜀经学的源与流

经学是对儒家经典进行专门研究和引申阐释的工作，这一工作在巴蜀产生很早，积淀也很丰富。据文献记载，“兴于西羌”的大禹得《河图》而撰《连山》，《连山》居“三易”之首，“三易之学”始于禹也。禹治洪水，还总结发明了“《洪范》九畴”，禹得《洛书》以制《洪范》；洪水既平，复任土作贡，后世传为《禹贡》，可见《尚书·洪范》《禹贡》与禹皆有关系。江阳（今四川泸州）人尹吉甫作《崧高》《韩奕》《江汉》《烝民》4篇，孔子皆编在《大雅》之中，可见《诗经》中亦有蜀人作品。蜀学渊源，可谓悠远！

及西汉文翁，兴起教化，遣张宽等18人东诣京师，从博士“受《七经》”，遂开巴蜀士子向学风气，《汉书》有“蜀地学于京师者比齐鲁焉”① 的记载。文翁还修学校于成都，设置“学宫玉室”，学成归来的蜀中士子，即以“七经”教授吏民，“七经”者，《易》《书》《诗》《礼》《春秋》《孝经》《论语》是也。西蜀遂广受儒经之化，渐渐跻于圣贤之域。史又称，巴、汉亦化之，颇立学校，民风为之丕变，礼俗随之整齐。② 从此儒经传播遍及巴蜀大地、西南边陲，儒化影响也泽润千秋万代。在齐鲁之外，形成又一个儒学传播和研究的中心，史有“西南齐鲁，岷峨洙泗”③，“蜀学比于齐鲁”④ 之誉。

当时可考的蜀学人士，西汉时期有胡安、司马相如、赵宾、何武、

---

① （汉）班固《汉书》卷89《循吏传》，中华书局1962年校点本，第3626页。

② 参见（晋）常璩撰，刘琳校注：《华阳国志新校注》卷3《蜀志》，四川大学出版社2015年版，第403页。

③ （明）杨慎撰，刘琳、王晓波点校：《全蜀艺文志》，线装书局2003年版，第12页。

④ （晋）常璩撰，刘琳校注：《华阳国志新校注》卷3《蜀志》，四川大学出版社2015年版，第118页。

严遵、扬雄之传《易》，文翁、张宽之《春秋章句》、胥君安之传《春秋》，司马相如、郭舍人、严遵、林闾翁孺、扬雄之传“小学”，皆史书之信而有征者。至于礼学，相如亦有专长，史称汉武帝欲举封禅，而董仲舒之徒不能知其礼，卒得相如所草《封禅书》而后遂事。[①] 至于长卿（司马相如）、子渊（王褒）、子云（扬雄）之辞章，名列“汉赋四大家”之林；严遵、郑璞兼综儒、道，敦励风俗，而归本儒术；李弘、扬雄，博通群经，而不喜章句，都名留青史，为世景仰。

西汉末公孙述据有陇蜀，不废蜀学。光武继起，儒学更盛，《后汉书·儒林传》著录东汉师儒42人，蜀有6位名列其中。蜀中俊彦不仅游学东京，问业博士，还家传经学，世守儒业，形成“经学世家”。吴福连在《拟四川艺文志》中谓：“谯玄世以《易》传，杨统世以《书》传，翟酺世以《诗》传，张霸世以《春秋》传。”[②]

谯玄者，字君黄，巴郡阆中人。少好学，能说《易》《春秋》。成帝时举“敦朴逊让有行义者”，对策高等，为议郎。平帝时为中散大夫，元始四年（公元4年），朝廷选“明达政事、能班化风俗”者8人为绣衣使者，谯玄为“八使”之一，持节与太仆任恽等分行天下，观览风俗，所至专行诛赏，会王莽居摄，玄收归隐。公孙述时，不应辟召，“独训诸子勤习经书”，世传易学。子瑛以“善说《易》”，为东汉明帝师，官尚书北宫卫士令。[③]《后汉书》入《独行传》；《华阳国志》以“高清”“洁白”誉其父子。

杨统，字仲通，广汉新都人。自其曾祖仲续，“代修儒学，以《夏侯尚书》相传”。父春卿，“善图谶学”，为公孙述将。统继父学，从同郡郑伯山受《河图》《洛书》及天文推步之术，撰《家法章句》及《内谶二卷解说》，位至光禄大夫，为国三老。[④]

翟酺，字子超，广汉雒人。四世传《诗》。酺好《老子》，尤善图纬、

---

① 按：《三国志》卷38《蜀书八·许麋孙简伊秦传》云：“仲舒之徒，不达封禅，相如制其礼。”（中华书局1964年标点本，第973页）

② （清）吴福连：《拟四川艺文志》，（清）王闿运辑《尊经书院初集》卷9，载《中国历代书院志》，江苏教育出版社1995年影印本，第16册，第311页。

③ 参见《后汉书》卷81《独行列传》，中华书局1965年标点本。

④ 参见《后汉书》卷30《苏竟杨厚列传》，中华书局1965年标点本。

天文、历算。征拜议郎，迁侍中，补尚书。东汉末年，学校颓废，至为园采刍牧之处，酺上书建议“宜更修缮，诱进后学”①，顺帝从之。酺免官后，遂起太学，更开拓房室，学者为酺立碑铭于学。

张霸，字伯饶，蜀郡成都人。年数岁而知孝让，虽出入饮食，自然合礼，乡人号为“张曾子”。7岁通《春秋》，复从樊儵受《严氏公羊春秋》，遂博览“五经”。永元中，为会稽太守。霸以樊儵删《严氏春秋》犹多繁辞，乃减定为20万言，更名“张氏学”。《后汉书》与郑兴、郑众、范升、陈元、贾逵同传。霸子楷，字公超，通《严氏春秋》《古文尚书》，门徒常百人，宾客慕之，自父党夙儒偕造门焉，车马填街，徒从无所止；黄门及贵戚之家，皆起舍巷次，以候过客往来之利。乡里司隶举茂才，除长陵令，不至官。子陵，官至尚书；陵弟玄，沉深有才略，以时乱不仕。

可见吴氏所述诸事，信而有征。至于董均（资中人）之习《庆氏礼》；李业（梓潼人）之习《鲁诗》；杜抚（资中人）；杨仁（阆中人）之习《韩诗》；杨终（成都人）、何英（郫县人）、张皓（武阳，今彭山人）之习《春秋》；任末（繁县人）之习《齐诗》；杜真（绵竹人）兼善《易》与《春秋》；景鸾（梓潼人）善治《齐诗》《施易》；任安（绵竹人）博通《施易》及“五经”；以及李尤（雒县，今广汉人）之善辞章，撰著高文；李固（南郑人）之博览群籍，尤善历数；董扶（绵竹人）之发辞抗论，号称“谈止”。史书所录，炳炳麟麟，不胜枚举。

魏晋以降，蜀学稍迟，然程元敏在《三国蜀经学》② 中考得蜀地之明于经学者53家，其中蜀地本地人士即有36人。延及两晋南北朝，蜀学之知名者犹不乏大家名师。秦宓（绵竹人，通《春秋》，为谯周所师）、杜琼（成都人，撰《韩诗章句》）、谯周（西充人，通“五经”，著《法训》《五经论》《论语注》等多种）、李譔（涪县人，属今绵阳，撰古文儒经、《太玄》诸书《指归》）、李密（武阳人，即今彭山，与陈寿同师谯周，有孔门子游、子夏之比，学通“五经”，尤精《左氏》，撰《陈情表》）、陈寿（安汉人，今南充，通“《春秋》三传”、《尚书》及《史记》《汉

---

① 《后汉书》卷48《杨李翟应霍爰徐列传》，第1606页。

② 参见程元敏《三国蜀经学》，台北：台湾学生书局1997年版。

书》，撰《三国志》）、范长生（号蜀才，涪陵丹兴人，今黔江，有《周易注》）、常璩（江原人，今属崇州，博学，撰《华阳国志》）、卫元嵩（成都人，撰《元苞》）、何妥（郫县人，撰《周易》《孝经》《庄子》等义疏）等大家，尤见称于国史，续蜀学之正脉。

隋唐时期的巴蜀文化，重在文学与宗教，然而古之士人，推十合一，博览诸方，其于儒家经学固无不通贯。历仕隋唐两朝的成都人袁天纲，习阴阳五行之学，精天文、相术，亦依《易》理撰《易镜元要》；被誉为“唐之诗祖”“古体之祖”“文归雅正”① 的陈子昂（射洪人），也是“经史百家，无不该览”，“雅有相如、子云之风骨”②；赵蕤撰《长短经》，以“术数”著称，但也长于经术，潜心《易》理，著有《注关子明易传》。被杜甫赞为“笔落惊风雨，诗成泣鬼神”③ 的李白（江油人），亦是“五岁诵六甲，十岁观百家。轩辕以来，颇得闻矣。常横经籍诗书，制作不倦”④，自序则云：“我志在删述，垂辉映千春。希圣如有立，绝笔于获麟。”⑤ 至于李鼎祚（资中人）之纂集《周易集解》，汇综 35 家易说，订定儒家经典之体系，更是此期经学文献之代表和珍品。

宋代蜀学复振，为当时中国学术之冠冕。吕陶有“蜀学之盛，冠天下而垂无穷”⑥ 之说；席益亦有“蜀儒文章冠天下”⑦ 之评。李石则曰：“暨我皇宋，蜀学之盛，当绍汉得书以补晋唐之缺文，寥寥亦复不可见。”⑧ 释道璨又说：“自蜀学盛行于天下，蜀士之明秀肤敏者，袂属而南。”⑨ 如“华阳王氏”“新津张氏”“潼山三苏”“眉山三苏”“华阳二

---

① （元）方回：《瀛奎律髓》卷 1，上海古籍出版社 1993 年版，第 3 页。

② （唐）陈子昂：《陈拾遗集》附录《陈氏别传》，上海古籍出版社 1992 年版，第 129—130 页。

③ （唐）杜甫，高仁标点：《杜甫全集》卷 10《寄李十二白二十韵》，上海古籍出版社 1996 年版，第 154 页。

④ （唐）李白撰，鲍方校点：《李白全集》卷 26《上安州裴长史书》，上海古籍出版社 1996 年版，第 241 页。

⑤ （唐）李白撰，鲍方校点：《李白全集》卷 2《古风五十九首》，第 12 页。

⑥ （宋）吕陶：《府学经史阁落成记》，载袁说友等《成都文类》卷 30，赵晓兰整理，中华书局 2011 年版，第 578 页。

⑦ （宋）席益：《府学石经堂图籍记》，载袁说友等《成都文类》卷 30，第 583 页。

⑧ （宋）李石：《左右生图记》，载袁说友等《成都文类》卷 45，第 872 页。

⑨ （宋）释道璨：《柳塘外集》卷 3《送源虚叟归蜀序》，文渊阁《四库全书》本，集部，第 1186 册，第 819 页。

范”“阆中四陈”“井研四李”“丹稜三李”“蒲江魏高”，皆世传家学，固无论矣；在经学文献上，较大的成绩则有三办父子遍注群经，明人辑为《两苏经解》，魏了翁之删取《九经注疏》而成《九经要义》，其书皆摘注疏中精要之语，标以目次，以便简阅，颇得简明扼要之效。

自兹以降，学官教授、家学传承，方驾并行，同臻化境。加之自唐中叶，雕版印刷术昌行，图书易求，经学钻研可自学而成，不必如前人须待师传授受乃能。由宋而元、由明而清，以迄中华民国，巴蜀地区的儒学传授，历代相续，绵绵不绝。其间虽然有隆有替，有盛有衰，通儒大雅，难乎并世同出；然而或专书研究，或群经通诂，渐成系统，名著巨构，时亦杰出于其间。

如明来知德之《周易集注》，极古今卦变学说之最；李鼎祚之《函海》，多经学、小学秘笈；清刘沅之群经《恒解》，得以理解经之趣。至于吕吴调阳、姜国伊、何西夏、范泰衡、杨国桢、杨锐、刘光第、骆成骧、廖平、吴之英、宋育仁诸人，无不从经学起家，发而为经义、政事、辞章、史学、小学，皆各有贡献，相得益彰。张之洞为蜀士所撰《书目答问》指出的“自小学入经学者，其经学可信；自经学入史学者，其史学可信；自经学入辞章者，其辞章可信；自经学史学入政事者，其经济成就远大”① 的治学道路，在近世蜀中士人这里，表现得尤为突出。之洞之于近代蜀士，自有拨开迷雾、北斗指南之功。

历代巴蜀学人冥思苦索，勤于著述，曾经产生和留下了大量的经学文献。明曹学佺在《蜀中著作记》卷一“经部”中，著录有孟蜀所刻“石本九经”及各经注疏 93 种（含易、书、诗、春秋、礼、乐、论语、孟子、谶纬、尔雅等）。晚清吴福连在《拟四川艺文志》中，以刘歆的《七略》六分法，著录巴蜀经学著作 632 种（易 73 部、书 21 部、诗 25 部、礼 40 部、乐 13 部、春秋 333 部、孝经 7 部、群经总义 29 部、小学 91 部）。

以上两项统计，一在猎奇有趣（曹著重在有故事），一在辨章学术，考镜源流（吴著借用“六略”以考述学术源流），故对实际文献的数量反映并不全面。嘉庆年间所修《四川通志》，其《经籍志》著录历代巴蜀文

① 范希曾：《书目答问补正》附二《姓名略》，中华书局 1963 年版，第 221 页。

献稍全，共录本籍人士著作 2518 种，外籍寓蜀人士著作 415 种，其中经部文献有 562 种。兹列表（见表 1）展示于下。

表 1　《四川通志·经籍志·经部》统计表（汉至清初）

部类			汉唐	宋	元	明	清	类计
经部文献	易		13	63	12	17	18	123
	书		3	23		4	2	32
	诗		4	22		6	3	35
	礼	周礼		6	1		3	10
		仪礼		2			1	3
		礼记	3	3	3	3	2	14
		通礼	1	5	3	7	1	17
	乐		1	9		1		11
	春秋		10	55	14	9	6	94
	孝经		4	4	1	1	1	11
	五经		2	20	7	10	3	42
	四书	论语	1	21	1		1	24
		大学		1		2	1	4
		中庸		6		2	2	10
		孟子		13		1	1	15
		四书总		3	1	14	17	35
	小学		8	5		36	9	58
	经部合计		50	261	43	113	71	538

另有寓蜀人士所著经学文献 24 种，共 562 种。

以时代分，汉唐 50 种，宋代 261 种，元代 43 种，明代 113 种，清代（迄嘉庆初）71 种。一个明显的现象是，宋代经学文献最盛，这与当时巴蜀地区社会稳定、文化繁荣、学术兴盛有很大关系，其间全国一流的大家辈出，流传后世的经学名著累累就是证明。元代逼近汉唐（只少 7 部）、明代两倍于汉唐（尚余 17 部），但不能说元明经学就比汉唐高，而是斯时流行雕版印刷，文献易于传承，故见载于史者相对完整。当然，这个统计仍然是不完全的，除了汉、唐、宋、元、明文献仍然有所遗漏外

（如关于宋代，许肇鼎在《宋代蜀人著述存佚录》就增多不少）；清代也只统计到嘉庆初年，此后迄于“蜀学高潮”的晚清都付阙如，这样的数据所反映的经学面貌当然就是不完整的。

四川大学杨世文教授编《清代四川经学著述简目》（《儒藏论坛》第二辑，四川大学出版社 2007 年版），对清代巴蜀经学文献进行了分经著录，总计共得 679 种。其中除去与“嘉庆志”重复的 71 种，还多出 608 种，这应该能反映清代巴蜀经学的基本面貌。特制为一表（见表 2），以增加直观效果。

表 2　　清代经学文献分类统计表

经目	周易	尚书	诗经	礼经				乐经	春秋				孝经	四书				尔雅	小学		经总义	合计
				周礼	仪礼	礼记	通礼		春秋经	左氏传	公羊传	穀梁传		论语	大学、中庸	孟子	四书通		说文	音韵		
数量	110	37	51	30	17	18	32		26	25	5	5	21	15	40	16	45	15	40	59	72	679

将“嘉庆志”统计的汉至明经学著作 467 种，加上清代经学著作 679 种，共得巴蜀经学文献 1146 种。如果再将“嘉庆志”所著录汉至明代的各经文献，与杨世文教授所统计的清代专经文献相加，可得巴蜀各种经学的文献数量如表 3所示。

表 3　　巴蜀各种经学文献数量一览表

经目	周易	尚书	诗经	三礼				乐经	《春秋》三传	孝经	四书				小学	群经总义	合计
				周礼	仪礼	礼记	通礼				论语	学庸	孟子	四书通			
汉至明	105	30	32	7	2	12	16	11	88	10	13	11	14	18	49	39	457
清代	110	37	51	30	17	18	32		61	21	15	40	16	45	114	72	679
总计	215	67	83	37	19	30	48	11	149	31	28	51	30	63	163	111	1136
				134							172						

综合以上数据，可知历代巴蜀学人所撰经学著作，各经数量分别是：易学文献215种，尚书文献67种，诗经文献83种，“三礼”文献134种，“《春秋》三传”文献149种，孝经文献31种，“四书”文献172种，小学文献163种，群经总义文献111种，总计1136种。

二　巴蜀易学及其文献

大禹《连山》，子木瞿上，文献盖阙，姑无论焉。即从西汉开始，巴蜀易学已经十分活跃，但因时代久远，文献散佚，其具体学说不可得其详。东汉蜀《易》具有家法，也出现了易学著作。六朝承之，易著稍多。及至唐宋而后，蜀《易》文献稍存于世，巴蜀易学成就才可得详说。①

据方志载，西汉胡安居临邛白鹤山传《易》，相如从之问学。② 司马相如（前179—前117）在文帝时亦已知名，他从胡安受《易》，必在文帝末年（前157）以前。汉初田何传《易》，至惠帝时尚存，《高士传》谓“惠帝亲幸其庐以受业”，则胡安当与田何同其时。田何在中原传《易》，胡安亦在蜀中传《易》，二人即或稍有前后，亦相距不远。司马相如的时代应与易学博士杨何相当，其《上林赋》中有“修容乎《礼》园，翱翔乎《书》圃，述《易》道”云云，说明他也是关注易道的。

稍晚，蜀《易》传人有赵宾，曾为孟喜师。《汉书·儒林传》有言：“蜀人赵宾好小数书，后为《易》，饰《易》文，以为‘箕子明夷，阴阳气亡箕子。箕子者，万物方荄兹也。’宾持论巧慧，《易》家不能难，皆曰非古法也。云受（授）孟喜，喜为名（称扬）之。后宾死，莫能持其说，喜因不肯仞（承认），以此不见信（伸）……博士缺，众人荐喜。上闻喜改师法，遂不用喜。”③ 赵宾既然曾经传术于孟喜，他生活的时代就应当与丁宽同，当在景帝时。不过，赵宾除了留下以“荄兹”说《易》

① 参见舒大刚、李冬梅《巴蜀易学源流考》，《周易研究》2011年第4期国；金生杨《汉唐巴蜀易学研究》，巴蜀书社2007年版。

② 参见明曹学佺《蜀中广记》卷13所引《益部耆旧传》，文渊阁《四库全书》本，史部，第591册。

③ （汉）班固：《汉书》卷88《儒林列传》，第3599页。

之“箕子”外，可惜别无其他《易》说可考。

稍晚有严遵，“卜筮于成都市，以为卜筮者贱业，而可以惠众人。有邪恶非正之问，则依蓍龟为言利害。与人子言依于孝，与人弟言依于顺，与人臣言依于忠。各因执导之以善，从吾言者已过半矣”①。他“雅性淡泊，学业加妙，专精《大易》，耽于《老》《庄》”②。郑樵在《通志·艺文略》“五行家”之“易占类”著录《周易骨髓诀》1 卷中注曰“严遵撰”；《宋史·艺文志》“筮龟类”有《严遵卦法》1 卷。二书不见于汉唐之间著录，疑后世依托，但颇得其易学特征。扬雄少时曾从君平游学，仿《易经》而撰《太玄》，是中华学人仿《易》而作的第一书。自兹以后，巴蜀易学名家，代有其人，巴蜀易学著作，也时有其书。

刘咸炘《蜀学论》说：“学在六艺，经首三圣，《大易》之传，蜀为特盛。”③ 并且举出一些易学人物，除商瞿、赵宾、君平、扬雄外，还举了东汉任安（传孟氏《易》）、景鸾（传施氏《易》），北朝卫元嵩（撰《元包经》），唐朝李鼎祚（著《周易集解》）、谯定（传程氏《易》）、冯时行（传谯定之学）、张行成（撰《皇极》诸书）、房审权（集百家易解成《义海》），明朝来知德（撰《周易集注》）等，《四库全书》中多有著录。

当然他所举的还有遗漏，最大的一个遗漏就是前面提到的大禹，《连山》为大禹所造，居“三易”之首，“经卦皆八，其别卦皆六十有四”（《周礼》），“三易”最根本的观念是阴阳，阴阳观念首先系统化于《连山》。其实，晋代还有位易学家叫范长生，是李特政权的宰相，著《蜀才易》，其经本既不同于今文《易》，也不同于王弼《易》，是巴蜀所传特有的系统。此外还有苏东坡，有《东坡易传》。

现在能数出来的几个中国古代传世的著名易学家，有好几个都是巴蜀的，唐代李鼎祚的《周易集解》，保留了汉《易》和南北朝易学（特别是象数易学）的一些主要说法；苏东坡的《东坡易传》，虽是一部融合易道、玄学，特别是佛学的重要《易》解，是北宋仅存的四部《易》解

---

① （汉）班固：《汉书》卷 72《王贡两龚鲍传》，第 3056 页。

② （晋）常璩撰，刘琳校注：《华阳国志新校注》卷 10 上《蜀郡士女》，第 398 页。

③ 刘咸炘：《蜀学论》，《推十书》（增补全本）戊辑，第 2 册，第 493 页。

之一；张浚、张栻俱有《易传》，李心传有《丙子学易编》；南宋房审权的《周易义海》，汇集百家《易》注，是当时最大规模的易学集解；魏了翁除了删节《周易正义》成《周易要义》外，还有《周易集义》一书，荟辑北宋理学《易》的成果；元代黄泽（《易学滥觞》）、王申子（《大易缉说》），明代熊过（《周易象旨诀录》）等，俱有易书。

清以后，巴蜀地区还出现了多位易学大家（如李调元、吕吴调阳、刘沅、何志高、范泰衡、尹昌衡等）。刘咸炘赞同程伊川“易学在蜀”之说[①]，并将其与“诗歌在唐”作喻，“《易》学在蜀，犹诗之有唐”，并非虚语。巴蜀易学成就真是举不胜举。合嘉庆《四川通志·经籍志》与杨世文教授《清代四川经学著述简目》而统计之，历代巴蜀易学著作约有215种。

就巴蜀易学的特色言之，则尚辞之义理易（《苏氏易传》）、尚象尚变之象数易（李鼎祚《集解》、来知德《集注》）、尚占之卜筮易（严遵等人），诸种俱全，而尤以卜筮易源远而流长，颇有特色。至于易老兼治（严遵、扬雄），图书说易（陈抟、胡世安），佛陀解易（苏轼、龙昌期），以及仿圣拟经（扬雄、王长文、卫元嵩），则又巴蜀易学者所优为者也。刘咸炘曰：“《易》学在蜀（伊川语），如诗之有唐矣。”[②] 诚非虚语。

三　巴蜀书学及其文献

《庄子·天下篇》有言：“《诗》以道志，《书》以道事，《礼》以道行，《乐》以道和，《易》以道阴阳，《春秋》以道名分。”《书》者，先王之政典，而治世之金鉴也。禹治洪水，得《洛书》以演《洪范》九畴，

---

① 按：程伊川与其兄在成都看到一箍桶匠读《周易》，并为二程讲“既济”“未济”二卦；程颐在洛阳，向来请教易学的福建人袁滋说：“《易》学在蜀尔，盍往求之?”袁滋入蜀，果然在眉、邛之间见到深通易学的“卖酱薛翁”，可见四川晓《易》之人很多。伊川写《易传》在四川，现在重庆涪陵仍留有程子“点易洞”，他讲卦变与《东坡易传》又完全相同（参见金景芳讲述，吕绍纲整理《周易讲座》“贲卦”，广西师范大学出版社2005年版），可见程氏《易》也可能受巴蜀易学的影响。由于上述因缘，程子乃有“易学在蜀”之说。

② 刘咸炘：《蜀学论》，《推十书》（增补全本）戊辑，第2册，第494页。

任土作贡，画天下以为九州，于是《洪范》《禹贡》皆载在帝典，是“虞夏《书》”之一。汉以来，《尚书》在巴蜀地区传授不绝，据嘉庆《四川通志》和《清代四川著述简目》统计，约有专门著作67种。其时代分布大致是：汉代1种，唐五代2种，宋代23种，明代4种，清代37种。考其学术特征，汉代不出今、古文窠臼，唐五代不出《正义》范围，宋代不脱“宋学”习气，清代则多“考据”之作。

《尚书》其书虽古，成学却晚，汉代迟至文帝时，乃得济南伏生，传《尚书》29篇，又有《大传》41篇传世（今残）。伏生传济南张生、千乘欧阳生；欧阳授倪宽，宽授欧阳生之子，世世相传，至其曾孙欧阳高，始形成系统《尚书》学体系，号称“欧阳氏学”。张生传夏侯都尉，都尉授族子始昌，始昌授族子胜，于是形成《尚书》“大夏侯氏学”；胜传从兄子建，形成“小夏侯氏学”。欧阳、大小夏侯三家《尚书》之学，今文也，后皆立于学官，各以家法教授，亦各撰《尚书章句》若干篇。武帝末年，鲁恭王坏孔子宅，而得《古文尚书》，孔安国为之传，是为古文之学，未立学官。

司马相如在《封禅文》中云：“《书》曰：‘元首明哉，股肱良哉。’因斯以谈，君莫盛于唐尧，臣莫贤于后稷。”① 所引即《益稷》。文翁遣张叔等入京从博士受“七经”，还教吏民，《尚书》即在其中，此时的《尚书》之学皆今文。

及至东汉，巴蜀治《尚书》学的人物有三位：张楷、杨统、何随。据《后汉书》本传载，张楷字公超，成都人，为汉和帝时郡守、司隶校尉张霸中子，“通《严氏春秋》《古文尚书》”。《严氏春秋》为《公羊》学，自是今文；《尚书》却是古文学，《后汉书》说他父亲张霸“从樊鯈受《严氏公羊春秋》，遂博览‘五经’”，公超之学亦得于家传。公超不乐仕进，隐居弘农山中，学者随之，所居成市，华阴遂有“公超市”。五府连辟，举贤良方正，皆不就。桓帝时“坐系廷尉诏狱，积二年，恒讽诵经籍，作《尚书注》”。公超所作《古文尚书注》是巴蜀第一部书学著作，考其时代，略迟于马融，稍早于郑玄，在中国《古文尚书》学史上

① （汉）司马相如：《封禅文》，载清吴汝纶评选《汉魏六朝百三家集选》，浙江人民出版社1985年影印本，第2册，第16页a。

应有一席之地。

杨统家居新都，五世皆传《夏侯尚书》（见前引《益部耆旧传》）。何随字季业，蜀郡郫人，汉司空何武之后，“治《韩诗》《欧阳尚书》”。蜀汉时因“世有名德，征聘入官”；入晋不仕，“居贫固俭，衣弊蔬食，昼躬耕耨，夕修讲讽”，“目不视色，口不语利。著《谭言》十篇，论道德仁让”。[①] 杨、何两家皆今文学。特别是何随，其祖武乃为汉宣帝唱王褒《中和诵》、留从博士习《易》者，自西汉中期至魏晋时期垂三百年，家学不衰，亦可谓能世其家学矣！此外，吴福连在《拟四川艺文志》中又考得“汉有王涣、李譔、谯（山并），晋又有常宽、常勖、陈寿，皆通《尚书》”[②]，则《尚书》之学，不替其传矣！

《尚书》佶屈聱牙，自孔颖达撰为《正义》，颁行天下，以为科举程序。武则天时，有王玄感撰《尚书纠谬》《春秋振滞》《礼记绳愆》，略持异议，除此以外的200余年间，学者遵行，并无异词。至《宋史·艺文志》乃著录：“冯继先《尚书广疏》十八卷，又《尚书小疏》十三卷。”[③]《崇文总目》有言“伪蜀冯继先撰，以孔颖达《正义》为本，小加己意”[④]。可见其书在孔《疏》之外尚加以己意，其突破程序、补充前贤之用意十分明了。

入宋，《尚书》之学大兴，文献陡增，然多佚散。其有佚说可寻者，则有范镇之《正书》，王应麟在《困学纪闻》中解“五刑”一条云：“舜之五刑：流也，官也，教也，赎也，贼也。‘流宥五刑’者，舜制五流，以宥三苗之劓、刵、剕、宫、大辟也。”[⑤] 胡宏的《皇王大纪》、谢伯采的《密斋笔记》皆采此说，朱彝尊赞为“精确之论”。

又有绵竹杨绘，以为“《诗》《书》《春秋》同出于史，而仲尼或删

---

① （晋）常璩撰，刘琳校注：《华阳国志新校注》卷11《后贤志》，第492页。

② （清）吴福连：《拟四川艺文志》，（清）王闿运辑《尊经书院初集》卷9，载《中国历代书院志》，第16册，第302页。

③ 《宋史》卷202《艺文志》，中华书局1985年标点本，第5042页。

④ （宋）王尧臣等：《崇文总目》卷1，中华书局1985年版，第6页。

⑤ （宋）王应麟著，（清）翁元圻辑注，孙通海点校：《困学纪闻注》卷2，中华书局2016年版，第175页。

或修，莫不有笔法焉。《诗》《春秋》先儒皆言之，《书》独无其法耶?”①于是作《书九意》，推断仲尼选编和表彰《尧典》、《虞书》、《夏书》、禅让、稽古、《商书》、《周书》、《费誓》、《秦誓》之用意，总共9篇，合为1卷。杨氏因《诗》《书》《春秋》都是孔子取自“世法旧传之史”加以修订而成；《诗》有《诗》例，《春秋》有笔法，唯独《尚书》之例无人揭示。杨氏乃起而补之，力揭孔子选编之用意，这一做法，颇有新意，亦可补书学之缺。

至于苏洵所撰《洪范图论》，范祖禹所撰《说命讲义》《无逸讲义》，张栻所撰《酒诰解》，或“援经以击传”（苏），或引申以议政（范），或别儒释之分（张），皆得“《书》以道事”之本。而对于《尚书》经传进行解释有成就者，在宋代则以苏轼之《东坡书传》为最早。

其书有感于熙宁以后专用王安石《书经新义》穿凿之言进退多士，于是传中以驳正新说为多；又以《胤征》为羿篡位时、《康王之诰》为失礼，调整了《禹贡》等篇错简文字，发前人所未发，同时也开后人怀疑《尚书》之端。特别是此书作于贬官岭南之时，而作者忠君爱民之心不泯，“于治乱兴亡，披抉明畅”，犹存经学致用之风。因此，朱熹等人因为程颐与苏轼之间矛盾的缘故，对苏氏诸经解痛加驳难，唯于此书推崇引用为多，良有由矣。

南宋时期，巴蜀书学著作出现了一繁一简的奇观：魏了翁取孔颖达之《尚书注疏》，删繁去冗，标目摘要，令读者有以简驭繁之快。而《宋史·艺文志》著录眉州成申之《四百家尚书集解》58卷，搜集《尚书》文献达400家之多，亦云勤矣！惜其不传。

明清《尚书》之学，成就主要在于辨《古文》及《孔传》之伪，蜀人虽无杰出者，然亦有人焉。自《古文尚书孔传》经梅颐献于东晋，唐人取以为《正义》；至宋，吴棫、朱熹诸人始以语气不古而疑之。明梅鷟撰《尚书考异》专书力辨《古文》之伪，清阎若璩《古文尚书疏证》则尽发其作伪之覆，古文《孔传》之伪遂成定谳。然毛奇龄著《古文尚书冤词》，针对阎氏之失，力挺《古文》为真。后有惠栋《古

① （明）曹学佺：《蜀中广记》卷91《著作记第一》，文渊阁《四库全书》本，史部，第592册，第490页。

文尚书考》、王鸣盛《尚书后案》出，乃又针对毛书而攻之，借以巩固阎氏阵营，古文真伪之辨几乎定矣。然而巴蜀学人犹有未能心服者，于是有王劼出，撰《尚书后案驳正》2卷，又对王鸣盛之书发起反击，而不随风从众。

四　巴蜀诗学及其文献

《舜典》有言："诗言志，歌咏言。"故《诗》可以兴、可以观、可以群、可以怨，于儒家"六经"之中，最为秦皇所不喜，因此对于《诗经》焚禁也最为彻底。《诗经》之所以经秦火而得传者，盖由于讽诵在口，不独以竹帛得传。汉朝开始，鲁申公为《诗》作训诂，齐辕固生、燕韩生亦为《诗》作传，于是《诗》有鲁、齐、韩氏之学，皆立于学官，是为今文诗学。又有毛公之学，自称传于子夏，河间献王好之，不得立于学官，是为古文《毛诗》之学。

西汉时期，《诗》亦在巴蜀广为传诵，文翁石室所授"七经"之中即有《诗经》，唯不详何人专长研《诗》？考司马相如之《美人赋》，有所谓"途出郑卫，道由《桑中》，朝发《溱洧》，暮宿上宫"[①]之辞，郑、卫即《诗经》十五《国风》之一，《桑中》《溱洧》又为鄘、郑之诗，"上宫"乃《桑中》所约……一篇《美人赋》，俨然在作《诗经》郑、卫之旅！自非熟于《诗》者所不能为。

东汉至于魏晋，四家《诗》并传于世。据吴福连《艺文志》考证：当时"习《鲁诗》者李业，习《齐诗》者任末、景鸾，习《韩诗》者杜抚、杨仁、杜琼、何随。三家之学，不绝于蜀矣!"然而这只是博士诗学的情况，与中原一样，民间学人之专攻，则以《毛诗》为盛。吴氏又说："而其时习《毛诗》者，倍多于三家，故《毛诗》最显于时。若文立、司马胜之、常勖、王化、李譔、任熙、常骞、常宽，皆常璩所称治《毛

① （汉）司马相如：《美人赋》，载章樵注、钱熙祚校《古文苑·上》卷3，商务印书馆1937年版，第86页。

诗》者也。”①

巴蜀传著性质的诗学文献，到了东汉才有。《后汉书·景鸾传》载：鸾“能理《齐诗》”，“作……《诗》解”，“名为《交集》”。② 又《杜抚传》载抚犍为武阳（今彭州）人，受业于薛汉，定《韩诗章句》。后归乡里，教授弟子千余人。“所作《诗题约义通》，学者传之，曰‘杜君法’。”③《三国志·蜀书》又载，传任安之术的杜琼“年八十余，延熙十三年（250）卒，著《韩诗章句》十余万言”④。又载，李譔传其父仁、师尹默所得荆州贾马古学，“著古文……《毛诗》……指归”⑤，与《郑笺》立异。据以上所引，景鸾作有《齐诗交集》一书；杜抚曾定《韩诗章句》，撰《诗题约义通》一书；杜琼著《韩诗章句》10余万言；李譔曾撰《毛诗指归》一书。终于两汉魏晋南北朝，蜀中诗学文献，其可考者仅此5种而已，并皆不传。自东汉末年郑玄据《毛诗》作《笺》，三家《诗》遂废，经学形成“郑学”时代。而蜀人杜琼犹在蜀汉时为《韩诗》作10余万字的《章句》；李譔又以贾马之学以驳郑，是皆不屑做人云亦云、随风而靡之学者。

自后《齐诗》亡于三国曹魏，《鲁诗》西晋已亡，《韩诗》虽存而无传之者，于是《毛诗》独盛。及唐撰《毛诗正义》，诗学不仅成为《毛诗》之一统天下，而且也成了《正义》的一统天下。

入宋，巴蜀有诗学文献22种，数量远胜于前，质量亦领先于后。如华阳范百禄之撰《诗传补注》20卷，哲宗元祐四年（1089）进献于朝，深得圣眷所赏，褒奖诏书有云：“卿博识洽闻，留心经术，讨论之外，尤深于《诗》。揽商周之盛衰，考毛郑之得失，补注其略。绸次成书。真得作者之微，颇助学官之阙。”⑥《毛传》《郑笺》是《诗》古文学最权威的

① （清）吴福连：《拟四川艺文志》，（清）王闿运辑《尊经书院初集》卷9，载《中国历代书院志》，第16册，第302—303页。

② 《后汉书》卷79下《儒林列传下》，第2572页。

③ 《后汉书》卷79下《儒林列传下》，第2573页。

④ 《三国志》卷42《蜀书·杜周杜许孟来尹李谯郤传》，中华书局1964年标点本，第1021页。

⑤ 《三国志》卷42《蜀书·杜周杜许孟来尹李谯郤传》，第1026页。

⑥ （宋）苏颂：《苏魏公文集》卷22《赐尚书吏部侍郎范百禄进撰成诗传补注二十卷奖谕诏勅》，中华书局1988年版，第293页。

注本，唐孔颖达修《正义》即以之为本。在唐代已随《正义》颁于学官，遵行达200余年矣，“传曰”“笺云”“孔疏”或“正义”，已经成为人们引证《诗》训的固定格式。其间虽有人对《正义》提出过不满，然却未有人敢公开指斥《毛传》《郑笺》的不是而撰书为之补葺者，有之实自范百禄始，可惜其书不存矣。

又如苏辙的《诗集传》，亦20卷，他认为《诗经》小序“反复繁重，类非一人之词”，遂疑为“毛公之学而卫宏之所集录”①，不是子夏原文，更不是孔子的本意。于是他在作《诗集传》时，只保留“发端一言”，而以下余文悉从删汰。较之范百禄，他不仅怀疑《毛传》《郑笺》，更怀疑《诗序》了。他的这个发现，被后来许多证据所证实，四库馆臣即举《礼记》曰：“《驺虞》者，乐官备也。《狸首》者，乐会时也。《采苹》者，乐循法也。”证明“古人言诗，率以一语括其旨。小序之体，实肇于斯”②。王应麟的《诗考》所载：“《芣苢》伤夫有恶疾也”，“《汉广》悦人也”，“《汝坟》辞家也”，“《蝃蝀》刺奔女也”，“《黍离》伯封作也”③，如此等等，皆证明三家《诗》也是这一风格。因此后来王得臣、程大昌等都沿用苏辙的做法，只取小序首句言《诗》。这无异是在《序》《传》《笺》《疏》这个固定的汉学模式上，打开了一个缺口，最终导致汉学中诗学体系的崩溃，因此朱熹等注《诗》，甚至连首句也不要了，为自创新《诗》阐释体系开辟了广阔空间。

明代巴蜀有《诗》著6种，以杨慎、章调鼎为其魁。杨慎撰《四诗表传》1卷，取齐、鲁、韩、毛四家《诗》文及其经说，列表以示，并施以传，已经突破宋儒空言说经之弊。至于富顺人章调鼎，因朱子《诗集传》排斥《毛传》《郑笺》，遂取钟惺未定之稿，补撰成《诗经备考》24卷，专以批评朱子为能事，这在朱学独尊的时代里，确乎是需要胆识的。

至于清代，巴蜀亦有诗学著作51种，独李调元《童山诗音说》深审

---

① （宋）苏辙撰，李文泽校点：《诗集传》，载舒大刚、李文泽主编《三苏经解集校》，四川大学出版社2017年版，下册，第429页。

② （清）永瑢等：《四库全书总目》卷15《诗集传》提要，中华书局1965年版，第1册，第121页。

③ （宋）王应麟：《诗考》，中华书局1985年版，第6—21页。

《诗》之音切与叶韵；王劼《毛诗读》又以为子夏序《诗》；毛公作《传》，皆责备贤才，明臣道，与《春秋》相表里；张慎仪《诗经异文补释》16卷，以阮元校刻本为主，而将各家异文罗列其下，予以审定。凡此数子，差可以备一家之学。

五　巴蜀礼学及其文献

《说文解字》卷1有言："礼，履也。"《庄子·天下篇》有言："礼以道行。"举凡人类一切约定俗成之规范皆为礼仪之属。然儒家为此，不仅重视整齐规范繁文缛节之仪，更注重节文背后之精神义理，故孔子曰："礼云礼云，玉帛云乎哉？乐云乐云，钟鼓云乎哉！"（《论语·阳货》）又曰："义以为质，礼以行之。"（《论语·卫灵公》）"质胜文则野，文胜质则史，文质彬彬，然后君子。"（《论语·雍也》）至狂者为之，倡为性天礼伪之说，越名教而任自然，以为"礼法岂为我辈设"？殊不知，无义则乱，无礼则野，欲做文明之君子，驯致秩序之社会，正迫切需要礼和义也。无礼无义，岂不复归禽兽，此"礼法正为我辈设"也！居仁由礼，是为据乱升平以至太平之路；毁礼蔑义，无非丧家败国甚而灭身之途。问道君子，能无慎乎？

儒家之礼学文献，包括《周礼》《仪礼》《礼记》及其衍生之文献，以及将礼乐精神融入制度建设之礼制文献。《礼记·礼器》有言："经礼三百，曲礼三千。"经礼者，治国理民之大经大法，汉儒以为《周官》（即《周礼》）是也。曲礼者，家族、社会、生活、交游之行为规范，汉儒以为《士礼》（即《仪礼》）是也。《礼记》则是关于《仪礼》各节所含义理的说明。故《仪礼》主于仪节，《礼记》主于义理，而《周礼》则主于官守，"三礼"相须而行，不可偏废。

蜀人之治礼，不主文献纂述，而在于日用常行。考诸嘉庆《四川通志》和《清代四川经学著述简目》，巴蜀古今礼学文献，汉有3种，唐1种，宋16种，元7种，明10种，清代97种，总计134种。数量虽然不多，而特色却很鲜明。据吴福连《艺文志》考证说："蜀之制《封禅书》者，前有相如，后有杨终，典礼莫重于此也。《范史》称，犍为董钧习《庆氏礼》，永平（东汉明帝年号）中草创礼制，多用其议，其礼学之名家与?《华阳国志》中说李譔、常宽、文立、司马胜之、王化、常骞,皆治‘三礼’,而《礼》之传益广矣!”这是汉晋之间蜀人礼学传授的情况,可谓代有其人,世传其美。

礼仪的最高境界当然是祭天,而祭天最隆重之举则是封禅。汉武帝文治武功既成,欲告天祭地,以炫百世无有之功烈,而董仲舒诸儒不知其仪,得司马相如临死所草《封禅书》而成其事,其书自今犹保存在《史记》之中。蜀人之礼学论著,应以此为最早。其后则有:东汉景鸾撰《礼略》,三国王长文撰《约礼》,晋杜龚撰《丧纪礼式》,虽然今已不传,但顾名思义,都是“镕铸礼经,自成一家言”[①]。甚至唐代峨眉人仲子陵撰《五服图》10卷,取丧礼所服缌麻、大功、期、齐衰、斩衰五种服制,绘成图解,贞元九年(793)上于朝。其实质仍然是主于实用的。

入宋,礼学著作渐多,内容和类型也大胜于前。其主于治经者,则有魏了翁《仪礼要义》50卷、《礼记要义》33卷、《周礼要义》30卷、《周礼折中》2卷,高斯得《仪礼合抄》[②],史通《礼记义》1卷、《详说》4卷,游桂《礼记经学》12卷,许奕《周官讲义》6卷,高崇《周官解》12卷,史守道《周礼略》10卷,李心传《丁丑三礼辨》23卷。其主于说理者,则有苏轼父子之《礼说》《礼论》,龙昌期之《礼论》;其主于单篇研究者,则有范祖禹之《中庸解》1卷、张浚之《中庸解》1卷、吴之巽之《中庸口义》3卷、魏文翁之《中庸大学讲义》2卷;其主于专题研究者,则有樊建绍兴中作《古今服饰仪》1卷、魏了翁作《周礼井田图说》1卷;其主于实用者,则有苏洵《太常因革礼》[③]、范祖禹《范氏家祭仪》1卷、张栻《四家礼范》5卷、李塈《公侯守宰士庶通礼》30卷等。

其中魏了翁之《仪礼要义》《礼记要义》《周礼要义》皆取唐人注疏加以删节,以归简约;苏洵之《太常因革礼》则是北宋一代礼制汇编,当时即享盛名;李心传之《丁丑三礼辨》20余万言,撰于1217年,凡二

① (清)吴福连:《拟四川艺文志》,(清)王闿运辑《尊经书院初集》卷9,载《中国历代书院志》,第16册,第304页。

② 按:此书当是《仪礼》与《礼记》合抄,亦犹朱子之为。

③ 按:此书系苏洵与欧阳修、姚辟合作。

百日而成书[1]，其书专就郑玄“三礼”注（附《大戴礼》）而辩之，共923条，《中兴书目》有言“皆有据”，必有可观，惜已不传。至于李𡌴之书，明代《文渊阁书目》有“宋《士庶通礼》一部十二册”，未知是否？马端临盖尝见之：“臣庶祖庙之制……近代，司马温公及伊川、横渠，各有礼书。朱文公作《家礼》，又参取三家之说，酌古今之制而损益之，可以通行。嘉定间，李秘监（𡌴）又著《公侯守宰士庶通礼》一书，于祭礼特详。俱有专书，文繁不果悉录。”[2]《明集礼》卷24《士庶冠礼》总序：“汉晋以来，士礼废而不讲；至于唐宋，乃有《士庶通礼》，虽采《士冠》仪文，然失之太繁。”知其为摘引经传、斟酌古今、参以时制而撰成的各阶层通行之行为通则。此外，近时成都考古队在江安发掘出宋墓石刻雕像，手捧《礼记全》一册，该书未见于古今著录，疑是主人生前得意之作，盖亦蜀人《礼记》学成果之一。

元代，张𣿫有《丧服总类》《冕弁冠服考》《释奠仪注》三书，黄泽有《二礼祭祀述略》《礼经复古正言》，赵汸撰《黄楚望先生行状》言黄泽“祭祀之法，则兼《戴记》而考之”，并引其“辩王肃混郊丘、废五天帝，并昆仑神州为一祭之说”[3] 大段文字，略可考见其说之精要。

明代，陈一经（成都人，成化进士，巡盐监察御史、布政使）的《大学大全纂》1卷，谢东山（射洪人，嘉靖进士、布政使）的《中庸集说启蒙》1卷，来知德的《大学古本释》1卷，俱为“四书”学之流。唯宿进（夹江人）的《礼经章段》，胡相（富顺人，成化举人）的《家礼仪制》，母恩（蓬州人，弘治进士）的《家礼考》，阴秉衡（内江人，隐士）的《慎终录》《婚礼节要》，杨慎的《檀弓丛训》2卷、《夏小正解》1卷、《家礼仪节》8卷，熊过的《读曾子问、文王世子》2篇，李实（巴州人，弘治进士）的《礼记疏解》等书，各得礼学之一体。

清朝“三礼”之学特盛，然蜀学之士却长期没有表现。唯费密撰《四礼补录》10卷，李调元撰《仪礼古今考》2卷、《礼记补注》4卷、

---

① 按：据宋高斯得之《耻堂存稿》，商务印书馆1935年版。《耻堂存稿》卷5《跋李秀岩先生学易编诵诗训》云：“又其天质强敏绝人，《三礼辩》二十余万言，二百日而成。”

② （元）马端临：《文献通考》卷105，中华书局2011年版，第3216页。

③ （元）赵汸：《春秋师说》附录下，文渊阁《四库全书》本，经部，第164册，第317页。

《周礼摘笺》5卷，于古学有补。至于费密的《大学中庸古文》《大学中庸驳论》，沈复瑛的《大学铭》，曾懋的《中庸解》之伦，亦“四书”之范围，非复礼学名家。及于晚清，廖平、吴之英、宋育仁等人出，蜀中礼学复兴。廖平之“长于《春秋》、善说礼制”①，则又据礼制以区别汉代今、古文学，撰《今古学考》，被俞樾推为“不刊之书”；廖氏以《周礼》主古学，《仪礼》主今学，则又凿破鸿蒙，发千古未悟之秘，实乃石破天惊。此晚清蜀中礼学之概貌也；吴之英亦明于《公羊》，“尤邃三《礼》”，著有《寿栎庐丛书》，论者谓其“言《周礼》者最多最精”②，其《仪礼奭固》《仪礼礼器图》《仪礼礼事图》三书，尤称精绝；宋育仁擅长文学，亦善经学，撰《问琴阁丛书》，有《周礼十种》，主张“复古改制”，宣传维新变法，为改革号角。

儒者以为“礼主分，乐主和”，而“礼之用，和为贵”，讲礼学不可以不言乐。《嘉庆志》著录巴蜀学人乐学著作11种，多已不存。吴福连《拟四川艺文志》于礼学文献之后，复撰乐类文献，今录其序言，以备观览：“巴歌渝舞，渐近雅声，而王充《论衡》言‘阳城作《乐》，极窅冥之深’，亦蜀之知乐者也。自是以后，扬雄著《琴清英》，杨统与司律鲁恭定音律，又皆于乐有助。何妥考定钟律，作《乐要》，隋开皇中制乐，专用其说，黄钟之音，绝而复续矣。夫古律沦亡，议者不一，魏汉津以三指为法，异于汉儒之用累黍；房庶父子持‘以律生尺’之说，用汉法也（庶撰《补亡乐书总要》3卷，审权撰《大晟乐书》）。范镇取旧章乐书，去其抵牾，各为之论（撰《元祐新定乐法》1卷、《乐书》1卷、《乐议》1卷），其所上之乐法，则犹依准房庶也。”③

---

① 转引自蒙文通《井研廖季平师与近代今文学》，载赵沛《廖平春秋学研究》，巴蜀书社2007年版，第2页。

② 谢兴尧：《周政三图》，中国科学院图书馆整理《续修四库全书总目提要》（稿本），齐鲁书社1996年版，第32册，第128页。

③（清）吴福连：《拟四川艺文志》，（清）王闿运辑《尊经书院初集》卷9，载《中国历代书院志》第16册，第304页。

六　巴蜀《春秋》学及其文献

《春秋》源于史而高于史，孟子曰："晋之《乘》，楚之《梼杌》，鲁之《春秋》，一也。"（《孟子·离娄下》）孔子曰："其事则齐桓、晋文，其文则史。""其义则丘窃取之矣。"（《孟子·离娄下》）孔子因鲁史记而加"王心"，即用仁义标准进行褒善贬恶，对原文进行笔削，寓寄其社会政治理想，《春秋》之事迹无非历史陈迹，《春秋》之精神则是孔子新思维、新思想。因此孔子说："吾志在《春秋》，行在《孝经》。"① 《庄子》有言："《春秋》以道义。"（《庄子·天下篇》）司马迁说："《春秋》推见至隐，《易》本隐以之显。"② 这都表明《春秋》不仅仅是历史著作，而且是理论著作、政治著作。所以研究《春秋》不仅是历史学内容，而且也是政治学的使命。历代志士仁人，欲谈政治理想，没有不究心于《春秋》的。

《春秋》文成数万，其指数千，措辞考究，用语隐晦。为阐发揭示《春秋》之微言大义，自战国初年即已形成解经传说，有所谓"五传"文献：《左传》主于事，《公羊》主于义，《穀梁》主于例；又有邹氏、夹氏，然"邹氏无师，夹氏未有书"，后世唯传"三传"。《春秋》非"三传"无以明其义例与事实，"三传"非《春秋》则无以发挥和衍义，故《春秋》经传相须而行，相得益彰。

汉人之传《春秋》，初期唯有《公羊》学，齐胡毋子都、公孙弘，董仲舒，皆传《公羊》学。后来衍为颜氏、严氏，俱立于学官，是为《春秋》今文学。宣帝时，以其祖故戾太子喜《穀梁》，于是议立《穀梁》博士。至成帝时，刘歆于整理群书时得古文《左氏春秋》，以为事富而辞艳，请立《左传》于学官，今文诸博士不肯置对，歆撰《移太常博士书》，从而引发《春秋》今、古文之争。

蜀中传《春秋》大致与中原同步。史称庐江人文党"少好学，通

---

① （唐）李隆基注，（宋）邢昺疏：《孝经注疏》卷首《孝经序》，邓洪波整理，北京大学出版社1999年版，第110页。

② （汉）班固：《汉书》卷57下《司马相如传下》，第2609页。

《春秋》”，“景帝末为蜀郡守，仁爱好教化”，遣张叔等东受“七经”，还教吏民，《春秋》必在其中，这也许是《春秋》传入巴蜀的最早记录。《华阳国志》说，张叔从博士受经，撰《春秋章句》，此乃蜀人有《春秋》学著作之始。常璩还说：“《穀梁传》首叙曰：‘成帝时议立三传博士，巴郡胥君安独驳《左传》不祖圣人。’”① 这是迄今可考的巴蜀学人最早的《春秋》学说。

《后汉书·张霸传》说：“霸以樊儵删《严氏春秋》犹多繁辞，乃减定为二十万言，更名‘张氏学’。”② 两《汉书》凡言“某氏学”者，皆学派师法也，张霸是史书明确记载蜀人在《春秋》学上形成学派的第一人。

汉晋时期蜀中治《春秋》者，据吴福连《艺文志》考述：“而治《公羊》者，又有张楷、刘宠、张裔、王化；李譔著《左氏指归》，黄容著《左传抄》，又有尹默、李宓，皆治《左传》；而寿良、王长文，则‘三传’并治。此汉晋之最有名者也。”③ 然而这一时期，蜀中史学发达，而经学稍衰，《春秋》文献除上述所举者外，仅有杨终《春秋外传》12篇（《后汉书·杨终传》），王长文“《春秋》三传”13篇（《华阳国志》卷11），黄容《左传抄》数十篇（《华阳国志》卷11）。及唐，则有阴弘道《春秋左氏传序》1卷（《新唐书·艺文志》）。五代，又有孟蜀“冯继先《春秋名号归一图》，又《春秋名字同异录》五卷”（《宋史·艺文志》）。皆《左传》之属。

以上诸家书皆亡，唯冯氏《归一图》存。冯书因左丘明为《春秋》作传时，称举列国君臣名字，各处不一，有的异称多至四五个，“始学者盖病其纷错难记”④。继先核其异称，使归于一，以便初学。是书尚存宋代刻本，弥足珍贵。

宋代是一个内忧外患都十分严重的朝代，《春秋》因其所提倡的“尊

① （晋）常璩撰，刘琳校注：《华阳国志新校注》卷10下《先贤士女总赞》，第480页。

② 《后汉书》卷36《郑范陈贾张列传》，第2573页。

③ （清）吴福连：《拟四川艺文志》，（清）王闿运辑《尊经书院初集》卷9，载《中国历代书院志》，第16册，第311页。

④ （明）曹学佺《蜀中广记》卷91《著作记第一》“春秋名号归一图”条引李焘语，文渊阁《四库全书》本，史部，第592册，第492页。

王攘夷”“大一统”和“君君、臣臣、父父、子子”的观念，切合了宋儒经世致用的思想，故而大兴《春秋》之学。巴蜀的《春秋》学著作，亦从汉唐时期的10余种陡然增多至55种。其存者有苏辙《春秋集解》12卷，王当（眉山人）《春秋列国诸臣传》51卷，崔子方（涪陵人）《春秋本例》20卷、《春秋例要》1卷、《春秋经解》12卷，李石（仁寿人）《左氏君子例》1卷，程公说（眉山人）《春秋分记》90卷，赵鹏飞《春秋经筌》16卷，魏了翁《春秋左传要义》31卷，家铉翁《春秋详说》30卷、《序例》1卷等。

北宋前期，孙复《春秋尊王发微》废传言经，后之解《春秋》者多废“三传”；及王安石改革贡举法，讥《春秋》“断滥朝报”，不以取士，《春秋》于是经传皆废。苏辙有感于此，遂作《春秋集解》以矫时弊。其说以《左氏》为主，而辅以《公羊》《穀梁》及唐啖助、赵匡诸说，毫无滞碍。涪陵人崔子方，于绍圣年间曾经三上其疏，乞置《春秋》博士，不报。乃隐居杜门，著书30余年，成《经解》《本例》《例要》三书。其《经解自序》谓“圣人欲以绳当世之是非，著来世之惩劝，故辞之难明者，著例以见之；例不可尽，故有日月之例，有变例。慎思精考，若网在纲”。所谓“例”即书法、体例；日月例，即用书不书月或日，来寄寓褒贬。又《后序》具述撰疏宗旨，“大抵推本经义，于三传多所纠正”。《本例》一书则以为“圣人之书，编年以为体，举时以为名，著日月以为例；而日月之例又其本，故曰《本例》”。强调义例，重视日月，乃《公羊》之本色。四库馆臣说“子方著是书时，王安石之说方盛行，故不能表见于世。至南渡以后，其书始显”①。可见其书既反对王氏“新学”，又不苟同于孙复、苏辙之论，实有真知灼见，于经义有所弥补。

同时又有王当，他改变《春秋左传》编年体例，类聚《左传》人物资料191人，各为传记，并附论赞于后。陈振孙在《直斋书录解题》中称其“议论纯正，文辞简古，于经传亦多所发明”②。南宋赵鹏飞在《春秋经筌》中，则又“主于弃传从经”，虽于史实时有诖误，然“持论平

---

① （清）永瑢等：《四库全书总目》卷27《春秋经解》提要，第1册，第217页。

② （宋）陈振孙撰，徐小蛮、顾美华点校：《直斋书录解题》卷3，上海古籍出版社2015年版，第62页。

允”，故青阳梦炎说他“独抱遗经，穷探冥索”，“有功于圣经甚大”①，清编《四库全书》，亦为所录。魏子翁书，乃取唐人《左传注疏》，删繁节要，以便学者。家铉翁书则谓《春秋》“主乎垂法，不主乎记事。其或详或略，或书或不书，大率皆抑扬予夺之所系”，是深味乎经史之言。四库馆臣又谓“其论平正通达，非孙复、胡安国诸人务为刻酷者所能及”②。

青阳梦炎在《春秋经筌序》中云：“麟经在蜀，尤有传授。盖濂溪先生仕于合，伊川先生谪于涪，金堂谢持正先生亲受教于伊川，以发明笔削之旨。老师宿儒，持其平素之所讨论，传诸其徒。虽前有‘断烂朝报’之毁，后有‘伪学’之禁，而守之不变，故薰陶浸渍所被者广。”③ 所叙南宋情形，信不诬矣。

征诸嘉庆《四川通志》及《清代四川经学著述简目》，蜀人之《春秋》学著作，元有14种，明有9种，清则有61种。其中杰出者，元有黄泽，明有熊过，清则有廖平。赵汸撰《黄楚望先生行状》载黄泽《春秋》之书，有《元年春王正月辨》《笔削本旨》《诸侯取女立子通考》《鲁隐不书即位义》《殷周诸侯禘祫考》《周庙太庙单祭合食说》《作丘甲辨》《春秋指要》。朱彝尊之《经义考》又载其《三传义例考》，今皆不传。黄泽传《春秋》于赵汸，为有元一代《春秋》学大家。赵汸著《春秋师说》尚存，可考黄泽为学之宗旨。赵汸在《左传补注序》又说：“黄先生论《春秋》学，以左丘明、杜元凯为主。”则为《左传》学可知。

熊过曾撰《周易象指决录》，不以先儒旧说为遵；其撰《春秋明志录》，亦多自出新意。四库馆臣谓其书对前人之说多所辩驳，“于《公羊》《穀梁》及胡安国《传》，俱有所纠正；而攻《左传》者尤甚”。是亦勇于自创而羞于承袭旧说。四库馆臣又说其书虽有“弃传”之失，但也有“微中”之长：“断制分明，纰缪者极其纰缪，平允者亦极其平允。卓尔康《春秋辨义》谓其‘颇出新裁，时多微中，亦《春秋》之警策者’，

---

① （元）青阳梦炎：《春秋经筌序》，载宋赵鹏飞《木讷先生春秋经筌》卷首，《通志堂经解》，文物出版社2016年版，第1页a。

② （清）永瑢等：《四库全书总目》卷27《春秋详说》提要，第1册，第224页。

③ （元）青阳梦炎：《春秋经筌序》，载宋赵鹏飞《木讷先生春秋经筌》卷首，《通志堂经解》，第1页a。

语固不诬。"①

廖平学凡六变，"长于《春秋》，善说礼制"，撰《春秋》学著作十余种，主于尊经，而遍治三传。其代表作有《穀梁春秋经传古义疏》《何氏公羊解诂三十论》《春秋左氏古经说疏证》《三传折中》等。《穀梁春秋经传古义疏》成于廖氏"初变""二变"时期，凡十易其稿而后成。此书大旨在发明范宁《穀梁集解》以前之古谊，推原礼制以证本经。《叙例》自称：首明古义，说本先师，推原礼制，参之《王制》；次厘全经大义，属辞比事，条而贯之，并缀以表图；旁及"三传"异同，辩驳何、郑，纠范释范，靡不加详；终以诸国地邑山水图。清人于"十二经"皆有新疏，唯《穀梁》缺如，得此书而后形成《清人十三经新疏》。《疏》后附《释范》《起起穀梁废疾》各1卷，系廖平针对范宁、何休、郑玄之说的纠弹之作。蒙文通评曰："《穀梁》解经最密，先生用力于《穀梁》最深，著《穀梁古义疏》《释范》《起起废疾》，依经之例，以决范、何、郑氏之违失，而杜后来无穷之辩。植基坚厚，后复移之以治《公羊》《左氏》，皆迎刃自解。"②

廖平在《何氏公羊解诂三十论》中，主要针对何休（也有针对董仲舒）而发，大旨坚持其以礼制区别"今古学"之标准，用以判定何氏之义是否合理，对董、何之《公羊》理论有所修正和补充。《春秋左氏古经说疏证》中提出："二《传》今学，《左传》古学；二《传》经学，《左传》史学；二《传》质家，《左传》文家；二《传》受业，《左传》不受业；二《传》主孔子，《左传》主周公；二《传》主《王制》，《左传》主《周礼》；二《传》主纬候，《左传》主史策；二《传》齐鲁人，《左传》燕赵人。"以《公羊》《穀梁》为今学，《左传》为古学，纠正前人颇以《穀梁》为古学的误会，为晚清今文学派所普遍接受。

七　巴蜀《孝经》学及其文献

《孝经·三才》有言："夫孝，天之经也，地之义也，民之行也。"孔

① （清）永瑢等：《四库全书总目》卷28《春秋明志录》提要，第1册，第221页。

② 蒙文通：《廖季平先生传》，载黄开国《廖平评传》，百花洲文艺出版社2010年版，第31页。

子曰："吾志在《春秋》，行在《孝经》。"（何休《公羊解诂序》）郑玄《六艺论》曰："孔子以'六艺'题目不同，指意殊别，恐道离散，后世莫知根源，故作《孝经》以总会之。"① 《孝经》者，盖日用常行之规，为子为臣之行也。故孝为百善之首务，经乃群书之总会。孔子曰："教民亲爱，莫善于孝；教民礼顺，莫善于悌；移风易俗，莫善于乐；安上治民，莫善于礼。"（《孝经·广要道章》）孝、悌、礼、乐，实乃治民安邦、移风易俗的锦囊妙计和灵丹妙药。因此，文翁立学化蜀，引进"七经"，自然就有《孝经》了。

《孝经》文献，在汉代也有今文、古文两种，今文为颜芝所藏、颜贞所献，共分 18 章，1798 字，行于博士之间。古文与《古文尚书》《古文论语》同出孔壁，分 22 章，1872 字，为孔安国所传。两本文字相差无几，故汉代并没有多大争议，刘向以两本参校，而以 18 章为定。马融、郑玄等人为《孝经》作注，都采用今文经为底本，《古文孝经》一直处于隐伏状态。《后汉书》记载广汉翟酺著《援神契》《钩命诀》解诂，《援神契》和《钩命诀》都是《孝经》纬书的篇名，纬书是属于今文经范围的，这表明汉代蜀人治《孝经》以今文为主。

南北朝时期，由于出现《古文孝经孔传》，王肃等人以为汉孔安国所作，南朝曾一度立于学官，不久即亡于梁末。隋时，王劭、刘炫等又发现一种《古文孝经孔传》，由于目录文献无录，文字不类西京，"诸儒喧喧，皆云炫自作之，非孔旧本"②。至唐玄宗时，产生了今文古文、郑注《孔传》孰优孰劣的剧烈争议；及唐玄宗用作御注，以今文《孝经》18 章为本，于是今文盛行而古文转衰，终致失传（清代从日本传来一本《孔传》，显系伪托，兹不赘议）。隋蜀人何妥撰有《孝经义疏》，《隋书·经籍志》不载，而见于本传，此亦今文之注。

在孔传《古文孝经》失传的同时，唐代又出土了一种新的《古文孝经》，此本后来一直由蜀人传承，并影响整个宋代的《孝经》学研究。李士训《记异》云："大历初（766），予带经锄瓜于灞水之上，得石函，中有绢素《古文孝经》一部，二十二章，一千八百七十二。初传李太白，

① （汉）郑玄撰，陈鳣辑：《六艺论》，中华书局 1865 年版，第 5 页。

② 《隋书》卷 32《经籍志》，中华书局 1973 年版，第 935 页。

白授当涂令李阳冰。阳冰尽通其法，上皇太子焉。”① 这是在“孔壁本”以外的一次新发现。

李士训说他“大历初”在灞上发现一个石函，其中有一部用古文字写在绢素上的《孝经》。他先将这部《古文孝经》传给李白，李白又传给李阳冰，李阳冰将《古文孝经》全部研究清楚了，又献给了皇太子（即后来的唐德宗）。史志所录“李阳冰《古文孝经》”即是此本。

另外，李阳冰又将《古文孝经》传与其子服之。贞元（785—805）中，服之又传给了韩愈等人。韩愈在《科斗书后记》中云：“贞元中，愈事董丞相幕府于汴州，识开封令服之者，阳冰子，授余以其家科斗《孝经》、汉卫宏《官书》，两部合一卷。愈宝畜之，而不暇学。后来京师，为四门博士，识归公（登）。归公好古书，能通之。……因进其所有书属归氏。元和末……因从归公乞观二部书，得之留月余。张籍令进士贺拔恕写以留，愈盖得其十四五，而归其书归氏。”② 可见，李阳冰又将《古文孝经》作为家传之宝留给了儿子服之，服之传给了韩愈，愈又传给归登；后来又传给了张籍、贺拔恕等人。

五代两宋时期，《古文孝经》吸引了越来越多的士人。句中正，华阳（今双流）人，曾为孟蜀宰相毋昭裔的门生，自孟蜀归宋，与徐铉等“重修许慎《说文》”，曾作《三字孝经》，系据22章“旧传《古文孝经》”与其他篆、隶“相配而成”。此本科斗《古文孝经》在五代、北宋有传授，郭忠恕将其字形编入《汗简》，凡7例；蜀人李建中，亦是毋昭裔门生，亦“尝得《古文孝经》，研玩临学，遂尽其势”③。北宋夏竦说：“周之宗正丞郭忠恕首编《汗简》，究古文之根本；文馆学士句中正刻《孝经》，字体精博；西台李建中总贯此学，颇为该洽。”④

夏竦《古文四声韵》引录《古孝经》字形404字，与桓谭说《古孝

---

① （宋）郭忠恕撰，郑珍笺正：《汗简笺正》卷7《略叙目录》，上海书店1994年版，第146页。

② （宋）韩愈著，马其昶校注：《韩昌黎文集校注》卷2《科斗书后记》，上海古籍出版社1986年版，第95页。

③ （宋）苏轼撰，（清）王文诰辑注：《苏轼诗集》卷28《古今体诗四十五首·金门寺中见李西台与二钱唱和四绝句，戏用其韵跋之》其三，中华书局1982年版，第1511页。

④ （宋）夏竦：《古文四声韵》卷首《古文四声韵序》，中华书局1983年版，第1页。

经》与《今孝经》异者400余字的说法相符；其叙录《古文孝经》的情形也与李士训所记相仿。仁宗时，司马光从秘府发现科斗文《古文孝经》，并据之作《古文孝经指解》；范祖禹复作《古文孝经说》，并手书其文，至今仍保存在大足北山石刻之中。《崇文总目》著录《古文孝经》曰："今孔注不存，而隶古文与章数存焉。"① 朱熹作《孝经刊误》，就是用的这个本子。

这部"灞上本"《古文孝经》，经由李士训发现，初传李白（蜀人），后又经历李阳冰（蜀人）、李服之（蜀人）、韩愈、归公、张籍、贺拔恕、李建中（蜀人）、句中正（蜀人）、郭忠恕、夏竦、司马光、范祖禹（蜀人）等人的先后传承。其文本与西汉"孔壁本"相比，在分章起讫、文字异同等方面，都有一定差别，与隋朝才出现的《孔传》本古文，更是相去甚远。② 该本对宋代《孝经》学影响很大，整个宋代《古文孝经》研究都是依据此本进行的。不过遗憾的是，宋以后所传《古文孝经》都经过改纂，只有留刻于大足石刻中的范祖禹书《古文孝经》还保留了原貌，弥足珍贵。

至于巴蜀研究《孝经》的文献，据嘉庆《四川通志》及《清代四川经学著述简目》的考录，汉唐有4种，宋有4种，元明各有1种，清代有21种，凡31种。北宋范祖禹据"灞上本"《古文孝经》所作的《古文孝经说》，说理明白，曾经进讲于皇帝之前，其书至今尚存；南宋史绳祖又"集先正名贤《孝经》注解"，以朱熹《孝经刊误》为本，"汇次成编"③，成一部《孝经》集解著作，惜其不传。

晚清，刘沅有《孝经直解》，姜国伊有《孝经述》。廖平对研究《孝经》更是提出了系统的设想，撰《孝经学凡例》，并在其《群经凡例》中提出编写《孝经丛书》的计划有：《今文孝经注疏》、《古文孝经注

① （宋）王尧臣等：《崇文总目》卷2，中华书局1985年版，第30页。

② 参见舒大刚《今传〈古文孝经指解〉并非司马光原本考》（《中华文化论坛》2002年第2期）、《司马光指解本〈古文孝经〉的源流与演变》［《烟台师范学院学报》（哲学社会科学版）2003年第1期］、《试论大足石刻范祖禹书〈古文孝经〉的重要价值》［《四川大学学报》（哲学社会科学版）2003年第1期］。

③ （宋）魏了翁：《鹤山集》卷65《题史绳祖孝经》，文渊阁《四库全书》本，集部，第1173册，第63页。

疏》、《孝经释文》、《孝经旧传》、《孝经两汉先师佚说考》、《孝经纬注》、《孝经仪节》、《孝经广义》、《孝传》、《问孝》、《曾子十八篇注》、《孝经通礼》、《孝经通论》、《孝经附篇》（《弟子职》、《内仪》并传胎教）《古孝子传》3 卷（上卷孝、中卷疑似者、下卷不孝）。这是一个全面整理和研究孝悌文化和《孝经》学史的庞大计划，可惜并未撰成。[①] 此外，宋育仁撰《孝经正义》《孝经讲义》二书，以及《周礼孝经演讲义后叙》《说孝经》等文，又主于实用。当然，同时由于思想解放，巴蜀又出现了吴虞等人的“非孝”之说。

中华民国时期，龚道耕辑校《孝经郑注》，在严可均等人辑佚成果的基础上，进行了更为充分的校理，是在敦煌写本《孝经郑注》发现之前，对《郑注孝经》进行的最好辑佚，达到了同时代《孝经郑注》整理的最高水平。

八　巴蜀“四书”学及其文献

宋儒以《论语》与《大学》《中庸》《孟子》配而成“四书”，用以取代汉唐以《论语》《孝经》加“五经”为代表的经典体系。然汉唐而上，唯传《论语》《孝经》，《孟子》虽在汉文帝时置有博士，但时间不长，普及不广，所以研究文献不多。《大学》《中庸》乃《礼记》之篇章，虽有研究，然终究是礼学内容之一。故兹重点叙述《论语》文献源流如下。

《论语》是孔子及其弟子言行资料的精选，成于孔子弟子和再传弟子之手。汉代《论语》与《孝经》是博士弟子必读之书，因此甚为普及。其传授之本，则有《齐论》《鲁论》《古论》及《张侯论》：《齐论》为齐人所传，别有《问王》《知道》二篇；《鲁论》为鲁人所传，《古论》则出于孔宅坏壁，同系一地传本，故内容不异，《古论》唯分两《子张》；

---

① 按：据廖宗泽在《六译先生年谱》卷 4 中云：廖平“又命侄师政为《孝经广义》二卷、门人曾上游为《孝经一贯解》一卷、《孝经决事》、《孝经大义》四卷、《孝经传记解》四卷。除以上数种外，均未成，并不详其目。其既成者，今惟任峄《孝子传》一册”。（舒大刚、梁国典主编：《儒藏》，史部，四川大学出版社 2008 年版，第 99 册）

《张侯论》即张禹据《鲁论》，兼采齐说，校定而成。及至东汉郑玄，复以《张侯论》为本，校以《古论》，为之注解，于是形成今天传授的文本。

蜀中之传《论语》，其有明文可考者，当始于文翁石室之“七经”教育。前人解“七经”为“六经”（即《诗》《书》《礼》《乐》《易》《春秋》）加《论语》，然西汉之时，无论是文帝的“一经”博士，还是武帝的“五经”博士，都没有《乐》经博士，《乐》之为书失传已久，中原尚无《乐》，何得蜀中处僻远之地，而独传《乐》乎？因此，吾意以为，蜀中“七经”乃“五经”（无《乐经》）加《论语》《孝经》，为能合乎实际。无论“七经”作何解释，其中有《论语》盖无疑义，然则《论语》之流传入蜀者亦已久矣！

不过，汉代《论语》的这些版本和师法的区别，对蜀学似乎都没有太大影响。蜀人治经，重大体而略细故，精义理而厌章句，蜀人《论语》之学，亦不斤斤于版本、章句之间，做雕虫篆刻之事，而是措意于整体把握其体系和学习其精神。故首批蜀人《论语》文献，不是《论语》的章句和训诂，而是《论语》的模仿和再造。史称扬雄“以为经莫大于《易》，故作《太玄》；传莫大于《论语》，作《法言》”[①]，《法言》就是蜀人最早的《论语》学文献。《华阳国志》中又说郪（今三台）人王长文“著《无名子》十二篇，依则《论语》；又著《通经》四篇，亦有卦名，拟《易》《玄》”[②]，可见王氏也是一拟经高手！斯二人，才是真正地精通《论语》而又善学《论语》的大儒。

谯周有一部真正意义上的《论语注》，原书已佚，佚说在《续汉书·礼仪志》的刘昭注中，陆德明在《经典释文》中尚有引用。《续汉书·礼仪志》有言“先腊一日大傩”，注引谯氏注云：“傩，却之也。”[③] 陆氏在《经典释文·论语音义》中说“不亦乐乎”，引谯氏注云“悦深而乐浅”[④]，“悦”的程度深一些，“乐”的程度浅一点。这种解释为程、朱所

---

① （汉）班固：《汉书》卷87下《扬雄传下》，第3583页。

② （晋）常璩撰，刘琳校注：《华阳国志新校注》卷11《后贤志》，第500页。

③ （南朝·宋）范晔撰，（唐）李贤注：《后汉书·礼仪志》，第1500页。

④ （唐）陆德明：《经典释文》卷24《论语音义》，中华书局1983年影印本，第345页。

采纳。

此后，据嘉庆《四川通志》和《清代四川经学著述简目》著录，宋代蜀人有《论语》文献21种，元1种，清116种，而以宋代最有特色。苏轼贬官黄州期间，曾撰《论语说》一部，苏辙称此书“时发孔氏之秘”①，评价可谓不低。苏辙又自述说：“予少年为《论语略解》，子瞻谪居黄州，为《论语说》，尽取以往，今见于其书者十二三也。”② 可见《论语说》中还容纳了他自己的心得。但他并不以此为满足，后来又撰《论语拾遗》来匡正之，还“恨不得一质之子瞻也”③。

“二苏”有一位乡亲范祖禹，与“二苏”是好朋友，同为元祐党中人，属于“蜀党”。他也撰《论语说》20卷，其书虽佚，但据《郡斋读书志》著录说，其书未引“二苏”，却“数称引刘敞、程颐之说”④；此外，又有记载言：“又其所著《论语说》《唐鉴》，议论亦多资于程氏。”⑤

张浚、张栻父子亦皆有《论语说》。魏了翁序张浚书曰：浚为人醇实，“既从北方学者讲诵遗言，又与南渡诸贤更历事变，自事亲而事君，治己而治人，反复参验，无一不合。故其为是书也，非苟知之，凡能精察力践之余，先儒所谓笃其实而艺者书之也”⑥。可见，张浚之书主于实用常行。张栻则曰：“辄因河南（二程）余论，推以己见，辑《论语》说，为同志者切磋之资。”⑦ 可见他的《论语说》已经不同于乃父之说，而朝着理学化发展了。至于他所称的“与同志切磋”，即指与朱熹商订。以上数例，俱可见蜀学无党，唯善是从！

至于对《孟子》《大学》《中庸》的研究，蜀学亦有其人，然不专

---

① （宋）苏辙撰，曾枣庄、马德富点校：《栾城后集》卷22《亡兄子瞻端明墓志铭》，上海古籍出版社1987年版，第1410页。

② （宋）苏辙撰，曾枣庄、马德富点校：《栾城第三集》卷7《论语拾遗》，上海古籍出版社1987年版，第1539页。

③ （宋）苏辙撰，曾枣庄、马德富点校：《栾城第三集》卷7《论语拾遗序》，第1535页。

④ （宋）晁公武撰，孙猛校证：《郡斋读书志校证》，上海古籍出版社1990年版，第137页。

⑤ （宋）朱熹：《伊洛渊源录》卷7，中华书局1985年版，第1013页。

⑥ （宋）魏了翁：《鹤山集》卷54《张魏公紫岩论语说序》，文渊阁《四库全书》本，集部，第1172册，第605页。

⑦ （宋）张栻撰，杨世文点校：《南轩先生论语解·序》，《张栻集》，中华书局2015年版，第1册，第94页。

门，也不与朱子亦步亦趋。即父子兄弟，乡党门生，亦各抒己见，不为苟同。北宋时期，王安石“尊孟”，立《孟子》入明经考试之典；而司马光、苏轼等人，乃宣言疑孟。苏洵乃以孟子再世自居，而为之评（虽疑伪托，必有依据）；苏辙又撰《孟子解》1卷，又倡言尊孟，也与其兄苏轼异。及乎南宋，遂衍为“尊孟”与“疑孟”之争，迄于清末而无已。

范祖禹有《中庸解》1卷，苏轼有《中庸论》1篇，此皆早于程、朱，而上承乎司马光之为。至于南宋，“四书”规模即成，蜀学诸儒作解者渐多，如张浚、张栻、魏文翁、李舜臣等，俱从程朱者也。及乎明世，来知德撰《大学古本释》1卷，清初费密又作《大学中庸古文》1卷；迄于道、咸，刘沅亦著《大学古本质言》1卷，晚清姜国伊并有《大学古本述注》《中庸古本述注》各1卷。所谓“古本”“古文”者，程、朱改定前之文本也——此又不从程、朱改定之本，而从古来相传原本直解其意，与朱子立异，则与王阳明合矣。

非特此也，晚清李滋然又撰《四书朱子集注古义笺》6卷，用汉唐相传“古义”以驳辩朱子之《章句》《集注》，是又明确与朱子为敌矣！

九　巴蜀的“小学”及其文献

文献乃王政之本，文字为文献之始。《易·系辞下》有言：“上古结绳而治，后世圣人易之以书契，百官以治，万民以察，盖取诸《夬》。”[①]《易经》曰：“夬，扬于王庭。”[②] 意即文字记录乃王者之事，为王政内容之一。儒家者流，乃“助人君，顺阴阳、明教化者”（《汉书·艺文志》），故征文考献、识字善书，是其本业，因之孔门施教，“礼、乐、射、御、书、数”六艺皆备；向、歆序书，小学亦归“六艺”之略。后世因之，凡文字、音韵、训诂小学之书，皆归于经部。

传说“黄帝之史仓颉始作文字”，周室保氏“掌教六书”，“六书”者，象形、指事、会意、形声、转注、假借也。时有古今，地有南北，音有异声，体有异形，士人习文，必兼通“六体”“别字”，“六体”者，

① （清）李道平：《周易集解纂疏》卷9，中华书局1994年版，第632页。
② （清）李道平：《周易集解纂疏》卷6，第393页。

古文、奇字、篆书、隶书、缪书、虫书也；“别字”者，方言是也。识文考音，辨形析义，于是而有《史籀》《仓颉》《尔雅》《说文解字》《方言》以及《广韵》等书。《史籀》者，“周时史官教学童书也”[①]；《仓颉》者，秦丞相李斯所作（此外，赵高作《爰历》，胡毋敬作《博学》，汉人合为《仓颉》3篇），皆单字组成而有韵语的识字课本。至于《尔雅》《说文》《方言》，皆析文考义，辨方别语之书；《广韵》则释音之书。因此，小学诸书，粗可分成启蒙识字系列、说文解字系列、方言别语系列、音韵训诂系列等。在上述四大系列中，蜀人皆有良好表现。

据班固《汉书·艺文志》所载，西汉时期识字之书有六：一是秦代所传《仓颉》3篇，有文字3300字；二是武帝时司马相如之《凡将》；三是元帝时史游之《急就》；四是成帝时李长之《元尚》，《急就》和《元尚》二书文字不出《仓颉》篇，只有司马相如《凡将》有超过，而且没有重复字；五是扬雄之《训纂》，这是《仓颉》3篇的续篇，其文字来源是：平帝时曾“征天下通小学者以百数，各令记字于庭中”[②]，扬雄再从他们所记的文字中“取其有用者”，编录而成；六是扬雄之《仓颉训纂》，系扬雄对原《仓颉》中重复之字进行抽换而编成的，东汉时班固有再续《仓颉训纂》之作。至此，“六经”群书的文字盖无遗漏了。汉代最早的“小学”著作是司马相如《凡将》，收字最多的“小学”著作亦是司马相如之《凡将》，以及扬雄之《训纂》《仓颉训纂》。吴福连赞曰：“《凡将》《训纂》，蜀儒小学，冠冕海内。”[③]

扬雄不仅有识字韵语《仓颉训纂》，还有汇释各地习语的著作——《方言》，而这些又是他从林闾翁孺、严遵两位先辈那里继承来的，渊源有自。扬雄说：“先代輶轩之使奏籍之书，皆藏于周秦之室。及其破也，遗弃无见之者。独蜀人有严君平、临邛林闾翁孺者，深好训诂，犹见輶轩之使所奏言。翁孺与雄外家牵连之亲。又君平过误，有以私遇；少而

① （汉）班固：《汉书》卷30《艺文志》，第1721页。

② （汉）班固：《汉书》卷30《艺文志》，第1721页。

③ （清）吴福连：《拟四川艺文志》，（清）王闿运辑《尊经书院初集》卷9，载《中国历代书院志》，第16册，第315页。

与雄也，君平财有千言耳。”[①] 他于是依据严氏、林间所藏底本，增补而成第一部方言辞典《方言》，开辟了中国区域语言研究之先河。

《尔雅》是汇集“五经”训诂资料的书，在中国训诂学史上影响甚巨，地位比于经典。张揖在《进广雅表》中称：“周公著《尔雅》一篇。今俗所传三篇，或言仲尼所增，或言子夏所益，或言叔孙通所补，或言沛郡梁文所考。”[②] 其源起是非常悠远的。《隋书·经籍志》中著录“犍为文学有《尔雅》三卷”[③]；陆德明在《经典释文·叙录》中亦著录“犍为文学《注》三卷”，并自注：“一云犍为郡文学卒史臣舍人，汉武帝时待诏。阙中卷。”[④] 陆说犍为文学是汉武帝时人，他作的注就是《尔雅》的最早注本。汉代蜀人在识字、方言、训诂三个方面，都有著述，而且都具有开创性。吴福连说：“蜀之小学，最著于汉矣。”[⑤] 实不虚美。

东汉许慎撰《说文解字》，用“六书”原理解析文字，文求本义，字详转注，是东汉古文经学的重大成果。但是接下来魏晋南北朝时期，却是一个文字使用十分混乱的时代，人们对传写“六籍旧文”“多求便俗”，使古书文字“渐失本原”。连《尔雅》中所载“草木鱼鸟之名”，也胆敢“肆意增益”，终致其面目全非。对经书作传释的诸儒，“亦非精究小学之徒”，对这些讹误也“莫能矫正”。《说文解字》在流传过程中也未能“幸免于难”。传写中这种“多求便俗”的做法，造成文字和篆体的极大讹误。这一情形，直到唐代李阳冰校定后，才有所好转。

南唐宋初文字学家徐铉等说：“唐大历中，李阳冰篆迹殊绝，独冠古今，自云：‘斯翁之后，直至小生。’此言为不妄矣。于是刊定《说文》，修正笔法，学者师慕，篆籀中兴。……今之为字学者，亦多从阳冰之新义。”[⑥] 他的侄儿李腾，又取其刊定过的《说文目录》刻石于滑州，“以

---

① （汉）扬雄撰，（清）钱绎撰集，李发舜、黄建中点校：《方言笺疏》卷13《扬雄答刘歆书》，中华书局1991年版，第520—521页。

② （清）永瑢等：《四库全书总目》卷40《尔雅注疏》提要，第1册，第217页。

③ 《隋书》卷32《经籍志》，中华书局1973年版，第937页。

④ （唐）陆德明：《经典释文》卷1《注解传述人》，中华书局1983年影印本，第17页。

⑤ （清）吴福连：《拟四川艺文志》，（清）王闿运辑《尊经书院初集》卷9，载《中国历代书院志》，第16册，第315页。

⑥ （南唐）徐铉著，李振中校注：《徐铉集校注》卷23《重修说文序》，中华书局2016年版，第688页。

为世法”[①]。后来，徐锴、徐铉治《说文解字》，就是以阳冰所校为底本的。

五代时，孟蜀王朝聚集了一批精通小学、擅长书法的儒生，毋昭裔主刻石经、雕版印刷古籍文献，颇得力于这些善书人士。《十国春秋》载，《孟蜀石经》乃由张绍文写《毛诗》《仪礼》《礼记》，孙朋古写《周礼》，孙逢吉写《周易》，周德政写《尚书》，张德钊写《尔雅》，“字皆精谨”[②]。毋昭裔“又令门人句中正、孙逢吉书《文选》《初学记》《白氏六帖》，刻板行之”[③]，这是中国首批雕版印刷的书籍。北宋初，其子毋守素将这些书写、刻印俱美的书“赍至中朝，诸书遂大彰于世”[④]。毋昭裔撰有“《尔雅音略》三卷”[⑤]，可见他也是一个“小学”家。

此外，句中正、李建中、林罕等人研究古文字，也非常知名。句中正曾据《古文孝经》撰《三字孝经》，献给宋太宗，获嘉奖；又撰《雍熙广韵》100卷、《序例》1卷，“集韵学之大成”[⑥]；又与徐铉、王惟恭等共同校定《说文解字》14篇，并《序目》1篇，改定“凡六百余字”。

李建中亦善古文，后周郭忠恕撰《汗简》而世不知，得李建中写进并题词方始显于世。建中先仕于蜀，后入宋。太宗朝，“苏易简方被恩顾，多得对，尝言蜀中文士，因及建中。太宗亦素知之，命直昭文馆……改集贤院”，由是仕进。“建中善书札，行笔尤工，多构新体，草、隶、篆、籀，八分亦妙，人多摹习，争取以为楷法。尝手写郭忠恕《汗简集》以献，皆科斗文字，有诏嘉奖。好古勤学，多藏古器名画，有集三十卷。”[⑦] 夏竦说他“总贯此学（古文字学），颇为该洽”[⑧] 云云。

《宋史·句中正传》附传云：“蜀人又有……林罕……亦善文字之学，

① （宋）王尧臣等：《崇文总目》卷2，中华书局1985年版，第36页。

② （清）吴任臣：《十国春秋》卷49，中华书局1983年版，第721页。

③ （清）吴任臣：《十国春秋》卷52，第769页。

④ （清）吴任臣：《十国春秋》卷52，第769页。

⑤ （清）吴任臣：《十国春秋》卷52，第769页。

⑥ （清）吴福连：《拟四川艺文志》，（清）王闿运辑《尊经书院初集》卷9，载《中国历代书院志》，第16册，第315页。

⑦ 《宋史》卷441《文苑传》，第13056页。

⑧ （宋）夏竦：《古文四声韵》卷首《古文四声韵序》，中华书局1983年版，第1页。

尝著《说文》二十篇，目曰《林氏小说》，刻石蜀中。”①《十国春秋》说林罕“博通经史”，初为温江主簿，后迁蜀国太子洗马，“尤善六书之学，尝注《说文》二十篇，目曰《林氏小说》，刻石蜀中”②。《宋史·艺文志》著录“林罕《字源偏傍小说》三卷、《金华字苑》二十卷”③。《郡斋读书志》亦著录《林氏小说》3卷。为注解《说文》的书。其书久佚，其字形则多为《汗简》和《古文四声韵》所引用。

宋代“小学”之书蜀人所作5种，除上述诸家外，南宋李焘的《说文解字五音韵谱》10卷也颇有特色，他将《说文》“始一终亥”的排列顺序，改为《集韵》的“自东至甲”，颇便检阅，但是破坏了许书原有次第，只具有索引功能，学术价值甚微。至于文谷《备忘小钞》10卷，陈鄂《四库韵对》98卷、《十经韵对》20卷，杨九龄《名苑》50卷，郭微《属文宝海》100卷，苏易简《文选菁华》24卷、《文选钞》12卷、《文选双字类要》3卷，范镇《国史对韵》12卷，邓至《群书故事》15卷、《故事类要》30卷等，或是类聚掌故，或是精选文章，以供博闻习词者所用，盖亦类书、语料之流。

明代蜀人小学之书特盛，共36种，其中又以杨慎为多，一人撰有32种。杨慎之书，著录于《四库全书》者有：《奇字韵》5卷（异体字典：标字体之稍异者，类以四声）、《古音骈字》1卷（通假字典：取古字通用者，以韵分之）、《古音丛目》5卷、《古音猎要》5卷、《古音余》5卷、《古音附录》1卷（古今音对照字典：皆仿吴棫《韵补》之例，以全韵分部，而以古音之相协者分隶之）、《古音略例》1卷（上古音字典：取《易》《诗》《礼记》《楚辞》《老》《庄》《荀》《管》诸子有韵之词，标为《略例》）、《转注古音略》5卷（叶韵字典：前有《自序》，大旨谓《毛诗》《楚辞》有叶韵，其实不越保氏转注之义）、《墨池琐录》4卷（书法札记：中间或采旧文，或抒己意，往往皆心得之言）。此外，还有《韵藻》4卷、《古文韵语》2卷、《六书索隐》5卷、《六书练证》5卷、《韵林原训》5卷、《古音复字》5卷，及《韵藻述》5卷、《杂字韵宝》

① 《宋史》卷441《文苑传》，第13049页。
② （清）吴任臣：《十国春秋》卷43，第637页。
③ 《宋史》卷202《艺文志》，第5074页。

5 卷、《古音余录》5 卷、《古音拾遗》5 卷等。吴福连说："杨慎最精小学，其《音略》诸书，尤为近世言音韵者所本。"[1] 另李实撰《蜀语》《吴语》各 1 卷，重续扬雄《方言》之绪。

入清，巴蜀有小学著作 114 种。李调元撰《童山诗音说》4 卷、《奇字名》10 卷、《古音合》3 卷、《六书分毫》1 卷、《方言藻》2 卷、《通诂》2 卷，在一定程度上延续了方言研究的余脉。晚清，张之洞创建尊经书院，革"八股"之陋习，倡"实学"之伟论，以"两文达"之学相号召，"两文达"者，纪文达昀，主目录之学；阮文达元，主考据之学。自是蜀中仓雅、许郑之学复起，而文字、音韵、训诂之学再兴。中华民国时，经林思进提议，龚道耕、向楚编校，严式诲刊刻了《音韵学丛书》，辑有宋以来中国音韵之作，并详加校定，汇于一编，起宋司马光《切韵指掌图》2 卷、吴棫《韵补》5 卷，迄清陈澧《切韵考内篇》6 卷、《外篇》3 卷，凡 32 种、123 卷，其收罗之富、校刻之精，实为音韵文献出版之大观。入中华民国，张慎仪长于"小学"，著《广释亲》《续方言新校补》《蜀方言》《方言别录》等书，尤为讲语言学所不可少之作。

至于近时《汉语大字典》《汉藏大辞典》《彝汉词典》等编撰，则又极古今辞书之冠矣！其规模和价值已见各条，兹不复赘。

十 "蜀石经"与群经文献

石经即刻在石头上的经书。作为一种刊刻经典的方式，在雕版印刷术发明以前，曾对经书的传播及其文字的统一化和标准化，产生过重要影响。石经之刻始于东汉灵帝熹平时期。《后汉书·蔡邕传》载："（蔡）邕以经籍去圣久远，文字多谬，俗儒穿凿，疑误后学。熹平四年（175）……邕乃自书册于碑，使工镌刻，立于太学门外。"[2] 字体是当时最典雅的篆隶合体"八分书"，经数凡七：《周易》《尚书》《毛诗》《仪礼》《左传》《公羊传》《论语》，史称《熹平石经》或《一字石经》。

---

① （清）吴福连：《拟四川艺文志》，（清）王闿运辑《尊经书院初集》卷 9，载《中国历代书院志》，第 16 册，第 315 页。

② 《后汉书》卷 60 下《蔡邕列传下》，第 2573 页。

后世继刻者，首先有《正始石经》，刻于三国曹魏齐王芳正始（240—249）年间，由虞松等考正“五经”，邯郸淳、钟会等以古文、小篆、八分三体书之，刻石于鸿都学宫，共成《尚书》《春秋》二种，又称《三体石经》。

其次是唐代的《开成石经》，文宗太和七年（833）诏郑覃等“于国子监讲堂两廊创立《石壁九经》，并《孝经》《论语》《尔雅》”①，历时四年，至开成二年（837）竣工，称《开成石经》或《石壁九经》，凡刻《周易》《尚书》《毛诗》《周礼》《仪礼》《礼记》《左传》《公羊》《穀梁》《孝经》《论语》《尔雅》“十二经”。

其三即刻于成都的“蜀石经”。创于孟蜀广政初年，由蜀相毋昭裔创议并主持。他以唐《开成石经》为蓝本，在对经文加以精心订正后，聘请著名书法家刊刻。计有《孝经》《论语》《尔雅》《毛诗》《礼记》《仪礼》《周易》《尚书》《周礼》及《左传》十经。赵宋又继“蜀石经”后补刻有三经：北宋仁宗皇祐元年（1049）蜀帅田况将《左传》续刻完毕，又增刻《公羊》《穀梁》二传；南宋徽宗宣和五年（1123），蜀守席贡又补刻《孟子》。至此，儒家“十三经”刻竣，后世称“石室十三经”。以后大规模刊刻石经还有三次，一为北宋嘉祐年间刻于开封的《嘉祐石经》，篆、楷二体，凡《易》《书》《诗》《周礼》《礼记》《春秋》《论语》《孝经》八种；二为南宋高宗御书《石经》刻于杭州，其中《周易》《诗经》《尚书》《春秋左氏传》《礼记》为真书，《孝经》《论语》《孟子》为行书；三为清乾隆刻“十三经”，由蒋衡手书，立于北京国子监。历代大规模的石经刊刻凡七，然总体而言，宋以下石经都是在雕版印刷术之后进行的，故意义和作用都不及前四次刊刻重要。在前四刻中，就体制和规模而言，又以“蜀石经”为最。一则儒家“十三经”首次结集于此，奠定了儒家经典体系的范式；二则“蜀石经”有经有注，石逾千数，是历朝石经中规模最大的。

群经总义文献是综合论说或解释诸经的文献，相对于专经文献而言，群经总义文献往往在同一书中涉及两经以上直至“十三经”的内容，其论说方式包括通论、通释、通考，或杂论、杂考、札记等。大致而言，

① （宋）王溥撰：《唐会要》卷66，中华书局1955年版，第1162页。

先秦时期仅有片段语言论及“六经”，至西汉始有专篇文章讨论“六经”，迄乎东汉乃有专著评说“六经”。六朝以下，群经总义文献在形式和内容上都逐渐增多，两宋时期群经总义文献的各种形式基本定型，至于明清，群经总义文献乃达于极盛。巴蜀之群经总义文献，据嘉庆《四川通志》和《清代四川经学著述简目》载，分别有39种和72种之多。

其中如三国蜀谯周的《五经然否论》，主于驳正诸儒，杜佑的《通典》和朱彝尊的《经义考》均载有其就事论辩之词，兹不备举。至宋，巴蜀群经总义文献甚为发达。如其新释经义者，则有杨绘《群经索蕴》33卷、范祖禹《三经要语》、唐彦通《四经彻旨》30卷、李舜臣《群经义》7卷、毛璞《六经解》、高定子《经说》5卷、黄敏求《九经余义》100卷；其授课讲义者，则有高定子《绍熙讲义》、史尧辅《诸经讲义》50卷、吴之巽《诸经讲义》5卷、程公许《金华讲义》、牟子才《经筵讲义》5卷；其讲明音义者，则有许奕《九经直音》9卷、《九经正讹》1卷、《诸经正典》10卷及牟巘《六经音考》。

此外，蜀人受以图解经方法的启发，也编撰了一些群经图解类著述。如李焘《五经传授图》1卷、杨甲《六经图》6卷，多已亡佚，今幸存蜀人杨甲《六经图》。

金元时期，群经总义文献沿袭宋人体例，继续有所创获。如张𡌡之《经说》《四经归极》，黄泽之《六经补注》《翼经罪言》《经旨举要》《稽古管见》等，皆能发明经旨，表一家之言。明清时期，巴蜀群经总义文献数量最多，种类最繁。如明有周洪谟《群经辨疑录》3卷、郑明郁《五经注》、赵贞吉《经义进讲录》2卷、马升阶《经旨举要》1卷、刘启周《五经蠡测》、余玮《五经实解》、刘文琦《五经讲义》及杨慎《经说丛钞》6卷、《升庵经说》8卷、《经书指要》1卷等，其中杨慎之作或专门讨论经书“本义”，或侧重经典考据之学，江瀚谓“其说正大”，“好诋朱子”，“为明人经说之翘楚”。①

晚清经学大师廖平为区别汉代今文、古文经典和学派而作《今古学考》，则发前人所未发，为经学史中的今、古文学之争提供了一个绝佳的

---

① 江瀚：《升庵经说》提要，载《续修四库全书总目提要》（稿本），齐鲁书社1996年版，第1册，第500页。

解决方案，被俞樾推许为“不刊之作”。至于总结群经条例和治学方法者，如廖平的《群经凡例》16卷、李滋然的《群经纲纪考》16卷，也为学人治经指出了门径。

经学丛书文献，明清正史艺文志多列入“群经类”，巴蜀经学丛书，导源甚早，如南宋魏了翁之《九经要义》，对唐修《周易》《尚书》《诗经》《仪礼》《礼记》《周礼》《春秋》诸经的“正义”及宋修《论语》《孟子》的“注疏”进行了整理和摘录，这是以宋代理学的观点来重新审视汉学，使经传注疏中所蕴含的义理资料得到了进一步的阐发和突出。全书采掇谨严，别裁精审，精华毕撷，实为读注疏者之津梁，于学者最为有功。明万历年间，焦竑又千方百计地收集苏轼、苏辙二兄弟的著述，得苏轼《东坡先生易传》9卷、《东坡先生书传》20卷，苏辙《颍滨先生诗集传》19卷、《颍滨先生春秋集解》12卷、《论语拾遗》1卷、《孟子解》1卷、《颍滨先生道德经解》2卷，汇刻为《两苏经解》。

至清，又有何志高《西夏经义》、杨国桢《十一经音训》（26卷）、冯世瀛《雪樵经解》（30卷）、李滋然《群经纲纪考》（16卷）、廖平《四益馆经学丛书》、吴之英《寿栎庐丛书》、宋育仁《问琴阁丛书》、严式晦辑刻《音韵学丛书》（32种、123卷）等，多有重要的经学著作，兹不赘述。

结　语

归纳起来，巴蜀经学的成就和特点，大致有五个方面。其一是起源很早，流衍很久，真可谓源远流长。早自“兴于西羌”的大禹，其所造《连山》居于“三易”首，其治水所得《洪范》，治平之后所著《禹贡》，都是儒家经籍的元典。江阳人尹吉甫所作《崧高》《韩奕》《江汉》《烝民》4篇，亦是构建“诗三百”的原始名篇。

其二，巴蜀经学连续不断，每进益上。自从汉文翁建石室传授“七经”以来，不仅开启了地方政府以官方力量推行儒家教化的先河，也使经学地域化、蜀学化了。自兹以后，巴蜀人士爱好文雅，名家辈出，至宋而达于高峰，时有“蜀儒文章冠天下”（席益《府学石经堂图籍记》）之称；巴蜀民俗亦有“贵经术而重氏族”（苏轼《眉州远景楼记》）的传统。于是“汉征八士，蜀得其四”（《华阳国志》）；“汉表四义，蜀有其二”（《华阳国志》）；“汉赋四家”，蜀有其三；“唐宋八大家”，蜀居其三；“嘉靖八才子”，蜀有其二等业绩。及至晚清，蜀学与湘学遂成为当时全国学术的重心之一①。

其三是巴蜀经学成果丰富，文献厚重。巴蜀经部文献有 1146 种，即使亡佚不少，也完全可以构建起一部大型“蜀经解”丛书。其中名著较多，进入《四库全书》者 30 种，收入《续修四库全书总目提要》者 160 余种，内中如扬雄《太玄》（《四库全书》入术数）、李鼎祚《周易集解》、苏轼《易传》《书传》、苏辙《诗集传》《春秋集解》、杨慎《升庵经说》及诸音韵学著作、来知德《周易集注》、刘沅诸经之《恒解》、廖平之《春秋》学著作等，都是各个经学时代的代表性成果，在经学史上具有重要地位。

其四是巴蜀地区兼容并包，诸经并进。历代共有易学文献 215 种，《尚书》文献 67 种，《诗经》文献 83 种，“三礼”文献 134 种，“《春秋》三传”文献 149 种，《孝经》文献 31 种，“四书”文献 182 种，“小学”文献 163 种，群经总义文献 111 种。其中又以易学、诗学、《春秋》学、“小学”文献较有特色，内容也较丰富。故史有“易学在蜀”“麟经在蜀”“诗学在蜀”“小学在蜀”等称说。

其五是创新性强，自成体系。如汉廷传“五经”时，蜀学已经传授“七经”；唐宋科举考试重视“九经”，蜀学则刊刻成“石室十三经”，从而最后奠定儒经范式；及至晚清，廖平又欲超越《十三经注疏》，按今、古文学的思路，别撰《十八经注疏》，对儒家经典新体系的构建进行了新的尝试。

所有这些，都从一个侧面表明，巴蜀地区自古具有高度发达的物质文明与精神文化，作为中国经学重要组成部分的巴蜀经学及其文献，在中国经学史上是具有一定地位的，讲中国经学史自然不宜将其遗忘。

---

① 参见李学勤《清代学术的几个问题》，《中国学术》2001 年第 2 期；李学勤《弘扬国学的标志性事业》，《西南民族大学学报》（人文社科版）2005 年第 9 期。

《补续全蜀艺文志》考论

金生杨*

摘　要：明万历年间，杜应芳、胡承诏有鉴于前志之失，订正杨慎《全蜀艺文志》传本讹误后，又续补杨慎《全蜀艺文志》而成地方总集《补续全蜀艺文志》56卷。虽然该书体例一仍其旧，但补续了大量艺文成果，尤其是明代的有关诗文，并旁涉杂记、诗话、词话、动植谱、器物谱、金石等，保留了大量弥足珍贵的文献资料，在方志、地方总集等方面都占据重要地位。尽管它一仍明代方志粗疏之弊，其中问题不少，但瑕不掩瑜，仍值得学者高度重视，以充分挖掘利用其价值。

关键词：《补续全蜀艺文志》　《四川总志》　杨慎

明万历四十七年（1619），吴之皞修、杜应芳纂成《四川总志》27卷。杜应芳复与胡承诏订正杨慎《全蜀艺文志》传本之讹，单为一帙；又逐类续编杨慎之后80余年有关蜀事及著作可传的艺文，补入少数杨慎偶遗、不载及新发现的残碑石碣，当日未板行而复见于世的名家文，杨慎未能参考诸文诸书者，遵其原例，以先世遗文为准，当世之文则避去取之嫌而不录，单为一帙，共同裁订为《补续全蜀艺文志》56卷。

* 作者简介：金生杨，生于1974年，重庆万州人，西华师范大学教授，硕士研究生导师。主要研究方向：易学史、蜀学研究。

一 《补续全蜀艺文志》的编纂

《补续全蜀艺文志》有鉴于前志之失，续补杨慎《全蜀艺文志》而成。

(一) 缘起

关于此志的编修，实缘于对杨慎《全蜀艺文志》的搜罗重刻。由于各种原因，杨慎所纂《全蜀艺文志》在当时善本鲜见，传本多漫漶而不可读。何宇度在《益部谈资》中称其“刻在藩司，已不存”，郭斐在《四川总志序》中言“岁多而漫漶殊甚”，王廷瞻在《四川总志序》中也称“刻已漫漶不可读”。故万历四十七年（1619）修志，对杨慎《全蜀艺文志》尤加留意，搜访使完，刊刻使备，并以杜应芳为主，加以补续。饶景辉在《四川总志序》中称：“用修妙解重常，博极贰负，藻园之内，得其片题只字者，比之吉光。顾岁月绵邈，蠹鱼难饱，即顷者《艺文》一帙，亦几蚀而佹，得之微哉。杞、宋之事，志又恶可已也。余谋于直指吴公，属学使者杜君而授之简，卿家左癖，庶几哉不负子云乎！”杜应芳修志呈文则称搜集到原书，并拟付梓：“今何幸而按院全得之，不少缺略乎。汲冢之呵护有灵，孔壁之丝竹如在，亟宜先付剞劂，以公同好者。”①

另外，本志又是对万历七年己卯（1579）《四川总志》续编艺文、篡改杨慎《全蜀艺文志》的批判与改进。《四川总志》，其艺文部分并非简单抄袭嘉靖《四川总志》，而是有删有增，新增选了一些杨慎所编《全蜀艺文志》所没有的诗文。如此一来，杨慎《全蜀艺文志》的面目便模糊不清，而且孰为杨氏所编，孰为新编增入，概不可分。因此，杜应芳等鉴于杨慎《全蜀艺文志》的成就与影响，批判己卯志的篡乱，力图恢复《全蜀艺文志》的旧貌。杜应芳在《增补四川总志序》中称：“辛丑志出三先生手，而艺文独属杨太史用修，增华加丽，令洛阳纸贵。己卯补缉

① 万历《四川总志》卷首《四川等处提刑按察司提督学校副使杜为纂修总志事》，明万历四十七年刻本，第1页。

维勤，芟剔过半，得无疥壁之见哉？中丞饶公、直指吴公慨然兴文，旁求旧本，得什之七八。乃应芳遍构，复得二三，珠还剑合。事良不偶，教下亟刻艺文，庶几云汉昭回于天。……惟是火藜虽悬，风叶难扫，二三子殚厥校雠，良工心苦，已贾余勇，大肆搜罗，长此蠹鱼，渐成脉望。用修有知，何如抚掌矣！”①

无论是《全蜀艺文志》的刻板无存，传本稀少，错讹严重，还是《四川总志》的新旧搀溷，晦蚀杨慎原著，皆为前奏，而真正的新创在补续方面。吴之皞序称：“杜君更出心裁，补续新艺若干卷，俾成全书。其补者或当日偶遗，非故遗之也。盖瑶毡怪牒，其错彩出世有后先，即如花蕊之集拾于敝纸，若不经安国拈出，志何得而有之？又如唐元宗刻剑阁诗，剥落莓藓，升庵录入《诗品》，而志反不载。由此而推，遗编败碣之见于纂志后者，间有矣，补之良不容已。而文与世隆，代有作者，不续之，其又何观？至于博摭郡邑之文，凡家乘、野榻，足光兹典者，其遗之也，微杜君之左癖不至是。”②

由于《全蜀艺文志》为本次修志的中心，故修志《凡例》专列八则，以明其搜访补续之例：一则《全蜀艺文志》搜奇存珍，但《四川总志》删削十之五六，而板亦无存，故寻访雠正付梓；二则升庵后80余年，有关系蜀事及著作可传者，皆逐类续入，另为一帙，以与升庵志相区别，而免搀溷；三则补升庵偶遗者、不载于志而见于其集中者、著作当日尚未板行而见于今者、升庵未选录古名家文者；四则遵升庵原例，选入本省先世遗文，余避去取之嫌，存之以俟后世，并续编宦蜀诗文之最者；五则采前志序之可传者，续于今序之后，以及编纂职员姓氏，一一存之，不忘所始；六则以升庵序大书而冠于首简，不欲隐没，且便考证；七则续增图谱，以资博洽；八则《全蜀艺文志》缮写颇多脱误，可正者则径正之，犹憾诸书裒聚未多，檄下州县，未尽搜罗，逸典遗文，不免呈漏。③

---

① 嘉庆《四川通志》卷首《明杜应芳增补四川总志序》，清乾隆间刻本，第13页。

② 万历《四川总志》卷首《重修四川总志序》，第3—4页。

③ 万历《四川总志》卷首《四川总志凡例》，第5—8页。

（二）编纂者

《补续全蜀艺文志》卷端题“黄冈杜应芳、景陵胡承诏裁订”。可见，杜应芳、胡承诏是本志的总负责人和核心编纂人员。不过，吴之皞及姚时儁、贺南之等诸生及藩司吏员也参与了补续辑刊的工作。

杜应芳，字怀鹤，湖北黄州府黄冈县人。性至孝，有异才，称于士林。万历三十五年（1607）进士，授礼部主事，出为河间知府。时福藩之国，河间属邑例有夫马，供亿者五万金。“应芳上议，得省三万。后三王之国，视为例。”[①] 万历四十三年（1615），任河间知府，与陈士彦、张文德纂修万历《河间府志》15 卷。杜应芳序称：“距郡先达樊西田之志郡，阔绝约七纪，本亦就漶漫。谛读之，幽稽蔓引，宏肆广远，飞人神魄。核故征实，魁梧长者……于是原本祖述，铲厥凌杂，搴厥讹赝，累厥散佚，续以三朝之经营料理，生养选用。美物赞事，蕲诸本实……是役也，陈、张两学博学识沈闳，雅副斯选，新增刊误十之五六。”[②] 后任天津府知府，“天津税珰马堂横肆，应芳得其弟不法事，捕讯之，堂坐此逐去”[③]。旋任四川按察司督学副使，“学识赅博，公明正直。每巡试，辄示牌，大书曰‘背公徇私，阳诛阴谴’，以此自矢。无有干以私者，士子咸颂服之”[④]。与景陵胡承诏共同裁订《补续全蜀艺文志》。万历四十七年（1619），迁福建按察使，“时倭寇旁午，应芳剿抚兼用，海甸以宁。后告归，卒”[⑤]。杜应芳长于史及诗文，《闽中荔支通谱》卷 13 录《闽中荔支》30 首，《补续全蜀艺文志》卷 5 录《巫山十二峰》12 首、卷 7 录《天生桥》诗 1 首、卷 10 录《白帝城怀古》诗 1 首，卷 23 录《潼川新志序》1 篇（仅标题，缺正文）、卷 45 又《志余丛纪小序》1 篇。

胡承诏，字君麻，号侍黄，湖广景陵县（天门）人。万历三十二年

---

① 光绪《黄州府志》卷 20《人物志・宦迹上》，光绪十年刻本，第 30 页。
② 万历《河间府志》卷首《河间府志序》，明万历刻本，第 1 页。
③ 乾隆《黄冈县志》卷 9《人物志・宦迹》，清乾隆二十四年刻本，第 26 页。
④ 雍正《四川通志》卷 6《名宦》，文渊阁《四库全书》本，史部，第 559 册，第 256 页。
⑤ 乾隆《黄冈县志》卷 9《人物志・宦迹》，第 26 页。

(1604) 第三甲进士[①]，“授夹江令。民苦徭役，多逋亡，承诏安集之”[②]，民以乐业。三月，“以治最调繁内江。不畏强暴，待人有礼，作士有法，为政务大体，邑人至今思之”[③]。在内江任内，“甚循良”，下车问利病，知盐课最病民，“乃亲履勘诸井，酌其平，上官以为允。并条马价杂税，皆便于民”[④]，旋擢南京礼部仪制司主事，累迁南京吏部稽勋司郎中。万历四十六年（1618），补任祠祭司郎中。四十七年（1619），升四川提学副使，督学四川，“清正廉明，独秉公直，与杜应芳齐名”[⑤]。胡承诏治蜀有方，尤长于治军讨叛。其提学四川三年，任满迁河南布政使，当去蜀，会奢崇明叛，自留御贼，分扞东城，卒以谋略取胜，乃诣任。“以守蜀城攻晋按察使，随擢山东右布政使，转四川左布政。”[⑥] 天启末年，承诏“为四川左辖时，所在（省会）皆祠魏奄（阉），蜀抚尤其私人，鸠工甚急。承诏毅然曰：‘蜀苦，兵民瘠甚，安敢以公家财急私门役邪?’众乃止。抚方摘其过失，会奄（阉）败，论最，升（南京）太仆”[⑦]，驻节滁州，寻致仕，卒入祀乡贤祠。胡承诏有《七里沔》一诗传世[⑧]。他还积极参与过多部典籍的校刊，如天启五年（1625）重刻《重修政和经史证类备用本草》30卷有“山东等处承宣布政使司右布政使湖广景陵胡承诏督理”的校勘官衔名。[⑨] 明万历四十一年（1613）南京吏部刻本《吕氏家塾读诗记》32卷序后校刊名衔也有“胡承诏君麻……仝校”字样。[⑩] 明

① 朱保炯等：《明清进士题名碑录索引》，上海古籍出版社1980年版，第2584页。

② 嘉庆《大清一统志》卷342《安陆府·人物》，《四部丛刊续编》景旧钞本，第126册，第31页a。

③ 雍正《四川通志》卷7上《名宦》，文渊阁《四库全书》本，史部，第559册，第321页。

④ 嘉庆《大清一统志》卷342《安陆府·人物》，《四部丛刊续编》景旧钞本，第126册，第31页a。

⑤ 雍正《四川通志》卷6《名宦》，文渊阁《四库全书》本，史部，第559册，第256页。

⑥ 道光《天门县志》卷23《人物志·宦迹》，清道光元年刻本，第12页。

⑦ （清）丁宿章辑：《湖北诗征略》卷28《胡承诏孙泌》，清光绪七年孝感丁氏泾北草堂刻本，第23页。

⑧ 参见王德镜《竟陵历代诗选》，中国文史出版社1993年版。

⑨ 王重民：《中国善本书提要》“子部·医家类”，上海古籍出版社1983年版，第255页。

⑩ 杜泽逊：《蓬莱慕湘藏书楼观书续记》，载《藏书家》第9辑，齐鲁书社2004年版，第81页。

万历刻本《智品》十三卷，原题亦有“楚郢胡承诏君麻……订正”之语①。

除了杜、胡二人外，作为《四川总志》的主持者，吴之皞同样参与了《补续全蜀艺文志》的编纂工作。本书收录了吴氏多篇诗文。其中卷18收录其《文君瓮》诗1首，序称：“余因纂修蜀志，命诸生续之《器物谱》后，最蜀中一奇也。为诗以识之。”吴氏修治文君井，听闻文君瓮，故命诸生图其形而收入《器物谱》后。《器物谱》乃本书卷54。不过，查今书，并无文君瓮，而是《卓氏瓮》，列为“器物谱十三”。

此外，姚时儁、贺南之等诸生参与编辑。杜应芳在《志余丛纪小序》中称：“《蜀志》将脱稿，而诸生以《志余》进。……己未夏午日，楚黄杜应芳书于彭山之舟中。”可见该志在万历四十四年（1616）己未夏间已初步完成，又增补了诸生所编《志余》。姚时儁在《志余丛纪小序》中则称：“顷以《蜀志》之役，余得从诸君子后，乐观载籍，幸便搜罗，真有如贫儿暴富，敝簏堪忘者。但以谫陋，不敢辄附知罪之末。惟是稗说卮言，有关蜀故，则亟取而录之。……会贺南之已有《诗话》之选，因谓余两人所采摭者可备《外纪》。遂胪类而分之，共得六卷。又参诸君所付《逸编》一卷，总名之曰《志余》。”其中《诗话》为贺南之所选编，而姚时儁参与了全志的资料搜集，并在暇余时选编了断简遗文资料，与《诗话》一道被总纂纳入《外纪》，并附以诸生所附《逸编》一卷，而总名之为《志余》。另外，卷52末题“藩司吏陈嘉俸写”，说明杜应芳、胡承诏裁订时还大量借重了藩司的吏员，由他们代为抄写，陈嘉俸无疑是其中之一。

（三）著录与传抄

《补续全蜀艺文志》修成之后，一直流传的是当年付梓之本。汪氏振绮堂藏有此书：“《全蜀艺文志》并续编四十册。”小注：“志六十四卷，明杨慎编。续五十六卷，杜应芳撰。”②《增订四库简明目录标注》有言：“振绮堂有刊本《全蜀艺文志》六十四卷，并《续编》五十六卷，共四

① 王重民：《中国善本书提要》“子部·医家类”，第343页。

② （清）汪宪：《振绮堂书目》卷4，东方学会1927年铅印本，第24页。

十册。题明杨慎编。《续》，杜应芳编。"《娄东周氏艺文志略上》著录："《全蜀艺文志》六十四卷，存。嘉靖二十一年壬寅刊小字本，北平图书馆藏有原刊本。明黄冈杜应芳重刊大字本。江苏省立图书馆藏有重刊本。……前有编校姓氏一页，题'新都杨慎选次，黄冈杜应芳重订，华阳杨懋芳新都杨鋆，成都姚时僑，荣昌吴来贡，华阳王履成，潼川张世雍，华阳杨锦，临邛杨僑，华阳徐宗敬，成都贺登瀛、临邛刘道贞，成都苟廷楫仝校'，十四行。目后又有'成都姚时僑编次'一行。每卷正文下无编撰人题名，而卷末有校人名氏一行，而原校人刘大昌、周逊反遗而不载。每叶十八行，行二十字。别有《补续全蜀艺文志》五十六卷，题'黄冈杜应芳、景陵胡承诏裁订'两行，卷后无校人名氏，前后亦无序跋，体例行款与正集同，而所收有崇祯间人之作。此本大字为国学图书馆所藏，为明人重刻本。丁氏以为嘉靖刊本，予未敢断定，要与北平图书馆所藏原刊小字本非同一版刻也。"① 傅增湘尝藏万历杜应芳刊本，其云："《全蜀艺文志》六十四卷，明杨慎编。《续补》五十六卷，明杜应芳、胡承诏编。明万历刊本，九行二十字，白口，四周单栏。余藏，余据明嘉靖本校本志六十四卷。"②

至于现存各本，除《中国古籍善本书目·史部》著录上海图书馆藏有"《续艺文志》，明万历刻本……《续艺文志》存十七卷，二十三卷至三十三卷、三十六卷至四十一卷"外，《中国古籍善本书目·集部》还著录有多本："《全蜀艺文志》六十四卷，明杨慎辑，《补续》五十六卷，明杜应芳、胡承诏辑，明万历刻本，一九九〇四（〇一〇一，北京图书馆；一七四一，杭州大学图书馆；二〇〇一，福建省图书馆残；二四〇一，湖南省图书馆残；二七四一，四川大学图书馆残）；《全蜀艺文志》六十四卷，明杨慎辑，《补续》五十六卷，明杜应芳、胡承诏辑，明万历刻本，清丁丙跋，一九九〇五（一六〇一，南京图书馆）。"③

---

① 周悫：《娄东周氏艺文志略上》，载《江苏省立国学图书馆第九年刊》，南京龙蟠里本馆1936年版，第51—54页。

② （清）莫友芝撰，傅增湘订补，傅熹年整理：《藏园订补郘亭知见传本书目》卷16上《集部·总集》，中华书局1993年，第4册，第79页。

③ 中国古籍善本书目编辑委员会编《中国古籍善本书目·集部》，上海古籍出版社1998年版，第1814、2381、2195、2209、2212、2216、2219、2206页。

需要说明的是，现存《补续全蜀艺文志》皆为56卷，但目录书著录有《续补全蜀艺文志》54卷者。《千顷堂书目》卷7载："杜应芳《续补蜀艺文志》五十四卷，黄州人，提督学政副使。"《传是楼书目》于"帝字三格别志"著录"《续补全蜀艺文志》五十四卷，明杜应芳、胡承诏，十九本"，"帝字四格别志"著录"《续补全蜀艺文志》五十四卷，明杜应芳、胡承诏，十九本"。清万斯同《明史稿》卷134《艺文志》著录："杜应芳《续补蜀艺文志》五十四卷，黄州人，提督学政副使。"清张廷玉《明史》卷97《艺文志》载："杜应芳《补蜀艺文志》五十四卷。"这种著录，不仅书名有异，而且卷数有别，应该是确有其本，唯于史皆无他据，只能存疑。至于黄虞稷著录，以杜应芳为"黄州人"，则显系"黄冈"之讹。

此外，《山西文献总目提要》著录有傅增湘双鉴楼藏7卷抄本。其著录云："三六一五《续补全蜀艺文志》七卷。明杜应芳、胡承诏裁订。该书共七卷，是《全蜀艺文志》续篇，卷前有万历四十七年（一六一九）成都姚时儁之序和作者杜应芳之序。内容包括《诗话志余》《外纪》之类。书内有沅叔手校墨迹，有'傅沅叔''沅叔''双鉴楼藏书印'等印章。双鉴楼抄本。省文物局藏。"① 此本所载姚时儁、杜应芳序，即《志余丛纪小序》，全本7卷，仅及《诗话志余》《外纪》之类，并非全本。

杜应芳、胡承诏所裁订的《补续全蜀艺文志》流传并不广泛，目前所存者不过8部而已，其中还包括5部残本。傅增湘一生广泛搜辑蜀地文献，自1928年起着手编辑《宋代蜀文辑存》，至1944年印成，前后用时16年②，但仅抄《补续全蜀艺文志》7卷。其序言提及诸书，而不包含此志："蜀文总集，今所传者，莫先于扈仲荣等所编之《成都文类》，其书最称罕秘，《四库》钞本外，惟故宫图书馆藏有明刊。余领馆事时，得取观焉。其次则杨慎所编之《全蜀艺文志》，蔚然大观。若傅振商之《蜀藻幽胜录》，斯简陋无足取矣。"③

---

① 刘纬毅：《山西文献总目提要》卷15《晋藏珍稀善本》（一）"史部"，山西人民出版社1998年版，第593页。

② 参见徐雁平、武晓峰《傅增湘先生对蜀中文献的收集与传播——兼谈〈宋代蜀文辑存〉的编辑出版》，《四川图书馆学报》1995年第3期。

③ 傅增湘：《宋代蜀文辑存》卷首《序》，江安傅氏1943年刻本，第1页。

二 补续《全蜀艺文志》的成就与价值

《四川总志》最具特色且颇有价值者，正是杜应芳、胡承诏依杨慎《全蜀艺文志》，广搜博采，审核校订，编纂而成的《补续全蜀艺文志》56卷。除补《全蜀艺文志》之遗漏外，主要搜集了许多元明时期的诗文辞赋、记传碑铭，包括杨慎、杨名乃至郭棐、杜应芳等人的著述。[①] 作为继《全蜀艺文志》而编纂的地方总集，《补续全蜀艺文志》以其广汇地方艺文，成为资料丰富、体例完备的地方总集，有着突出的成就，具有重要的价值。对于新志，饶景辉在序中赞誉道："是举也，其益部之鼓吹，而子长之孟坚邪？"

（一）补续《全蜀艺文志》，搜辑保存大量艺文

补续《全蜀艺文志》的成就主要体现在"补""续"两个方面。《全蜀艺文志》收录明代作品仅119篇，又以"同时年近诸大老之作，皆不敢录，以避去取之嫌，循海虞吴敏德《文章辨体》例也"[②]，故数十年后，缺失甚多。故杜应芳、胡承诏等接续杨慎《全蜀艺文志》搜集明代诗文辞赋、记传碑铭，包括杨慎、杨名乃至郭棐、杜应芳等当事人的著述。这些诗文，有些保留在极少数的古籍中，有些甚至只能从本书中找到。有鉴于《四川总志》之艺文，新编、旧编搀溷，使人不识杨慎原著，故其新编者独立为编。《凡例》中明确解释道："艺文由升庵后八十余年矣，其有关系蜀事及著作可传者，皆逐类续入，但欲以新选者与升庵志合为一帙，恐后来新新相因，渐搀渐溷，使人不辨孰为升庵手泽，而概加抹削，其为己卯之续者，可预虑也。今以新选另为一帙，以接《全蜀艺文志》之后，而题以《补续艺文志》云。"所谓"补"，就是补足杨慎《全蜀艺文志》的遗漏。学者或谓其拾杨慎弃选之余，实为过论。关于

---

① 参见金恩辉、胡述兆《中国地方志总目提要》，汉美图书有限公司1996年版，第21册，第7页。

② （明）杨慎撰，刘琳、王晓波点校：《全蜀艺文志》卷首《全蜀艺文志序》，线装书局2003年版，第12页。

《全蜀艺文志》的缺漏，杨慎自己在《升庵文集·周受庵诗选序》中便称：“嘉州杨孟载，青城王汝玉，成都袁可潜、徐遵晦，富顺晏振之，近得宜宾牟君伦、长宁侯汝弼、嘉州公安石、程以道，卓然名家。往年慎修《全蜀艺文志》载之不能尽也。”可见，补《全蜀艺文志》之所未载，仍是一项重要而极有意义的工作。《凡例》中明确说：“续者增新固矣，补之者云何？盖升庵时亦有偶遗者焉，有不载于志而见于先生集中，如明皇《剑阁诗》之类；或残碑古碣，檄下郡县，不及遍搜，如近日灌县获汉碑‘六时水’三隶字，及唐神武皇帝手书敕碑，得之甚为稀有；或有骚人逸士，其著作当日尚未板行而见于今者；古名家文，升庵家藏，或当时未必携至会城，则亦据文类诸书之所有者耳，今觉稍有漏略，岂容不补其余？”

合袁说友之《成都文类》、杨慎之《全蜀艺文志》、杜应芳之《补续全蜀艺文志》，便可见明代及其以前巴蜀艺文之概貌，而康熙《四川总志》、雍正及嘉庆《四川通志》，以及天启《成都府志》等府州县志的艺文或文征所载，则多效法于三者。

（二）地方艺文总集的杰作

将诗文汇编成册，并从地方志中独立出来，单独成编，形成地方艺文总集，大体起源于巴蜀，而又以巴蜀为最著名。《成都文类》《全蜀艺文志》《补续全蜀艺文志》即为其显著代表。

至少五代时开始出现郡邑总集。《通志·艺文略》著录《宜阳集》3卷，注“五代刘松集其里中人之所作”，又著录有佚名《西蜀贤良文类》20卷。《崇文总目》著录前蜀嘉州司马刘赞编《蜀国文英集》，《宋史·艺文志》著录为《蜀国文英》8卷，明焦竑《国史经籍志》著录《蜀国碑文集》。至于赵崇祚编《花间集》10卷，录唐末18家词，其中占籍巴蜀或仕于蜀者凡14人，仅4人与蜀地无关，几可视为蜀中词集。北宋以来，郡邑总集的编纂成为一时风尚，《直斋书录解题》《宋史·艺文志》著录者至少在20部以上。蜀中也不甘其后，继《蜀国文英》之后，章咨编《成都古今诗集》60卷，袁说友编《成都文类》50卷，费士戣编《固陵集》20卷。赵抃之《成都集记》也间录诗文，附于事后。元明以来，郡邑总集的编纂已广为之，元好问之《中州集》、程敏政之《新安文献志》、杨慎之《全蜀艺文志》尤其著名。《补续全蜀艺文志》则是继宋费士戣《固陵集》、宋袁说友《成都文类》、明杨慎《全蜀艺文志》之后巴蜀第四部诗文总集，不仅补充前书漏收漏录者，更为重要的是大量汇录明代巴蜀地区的诗文作品，成为后世考索巴蜀艺文的重要载体，多篇为他书所未载。

综合全国的方志艺文来看，《补续全蜀艺文志》与《成都文类》《全蜀艺文志》一道，都有特殊的贡献和地位。清孙诒让在《温州经籍志叙例》中梳理了作为书目的方志艺文与作为诗文集的方志文征的渊流，称："郡邑之志经籍者，盖士训之骈枝，书录之流裔也。关东风俗之传，坟籍成篇（北周宋孝王《关东风俗传》有《坟籍志》，见刘知几《史通·书志篇》）；嘉泰会稽之志，遗书有录。方志书目，此其权舆，元明旧记，多沿兹作。厥后撰着渐繁，记载难悉，遂创专志，别帙单行。簿录之体，不淆释地；征文之例，斯为宏焉。"① 中华民国时，刘纪泽在《目录学概论》中更深入地对其加以总结，尤值得玩味："按今专志别行之可考见者，明杨慎、周复俊有《全蜀艺文志》（见《四川通志》《苏州府志》及《传是楼书目》），其后则杜应芳有《补续全蜀艺文志》（见《传是楼书目》），曹学佺有《蜀中著作记》（见《四川通志》及《澹生堂书目》），故胡震亨更有《盐邑艺文志》（见《千顷堂书目》及《传是楼书目》），章平更有《兴平艺文志》（见《千顷堂书目》），至清遂不可胜纪矣。"②

（三）文体较备，分类较妥

明徐师曾在《文体明辨序》中说："盖自秦汉而下，文愈盛；文愈盛，故类愈增；类愈增，故体愈众。"在历史的发展中，文体也不断变化，旧文体被淘汰，新文体又不断产生。南北朝时，我国的各种文体已基本齐备，南朝梁昭明太子萧统所编《文选》将文体分为 32 类，可以明确地说明这一点。随着文学的发展，到了明代，更多的文人学者对文体做了辨析研究，如吴讷《文章辨体》、徐师曾《文体明辨》等。物极必

---

① （清）孙诒让：《温州经籍志》卷首《温州经籍志叙例》，上海社会科学出版社 2005 年版，第 9 页。

② 刘纪泽：《目录学概论》，中华书局 1931 年版，第 90—92 页。

反，到了清代，渐归简明。著名的桐城派学者姚鼐编《古文辞类纂》分为13类：辞赋、论辨、序跋、奏议、诏令、赠序、书说、传状、杂记、碑志、箴铭、颂先、哀祭。此分类不仅简约，而且仿明人体例，每一类都写了小序加以解说，颇为完美。古代文体分类至此基本定型了。桐城派的传人、湘乡派的曾国藩，于《经史百家杂钞》中修订桐城派的13类，而分3门11类，首著述门，含论著、序跋、词赋3类；次诰语门，含诏令、奏议、书牍、哀祭4类；末记载门，含传志、叙记、典志、杂记4类。曾国藩“三门”之分，近似于现代的议论文、说明文、记叙文，极便于掌握。

《全蜀艺文志》前50卷的文体门类大体沿袭《成都文类》，仅于诗中增加诗余（即词）；后40卷世家、传、碑目、谱、跋、赤（尺）牍、行记、题名等为杨慎新定。《补续全蜀艺文志》依仿《全蜀艺文志》，对所录诗文等文学作品加以分类。

综合来看，本书的文体较备，涉猎广泛，搜罗甚广，对于研究巴蜀文学极具价值。遗憾的是，《补续全蜀艺文志》一袭《全蜀艺文志》例，未能有效地吸纳《四川总志·艺文志》于各文体类撰写小序，加以解说。

（四）辑佚、地方历史文化研究上的作用

本志的编纂参考了大量的巴蜀地方志，搜罗了众多相关资料，对分析了解明代方志，尤其是巴蜀方志的编纂与流传情况有积极而重要的参考价值和意义。本书原是《四川总志》的重要组成部分，并大量借重地方志，但以诗文为主，更是地方总集，在某种程度上超越了地方志的范畴，充分体现了地方志在学术上的重要地位与作用。

正因为《补续全蜀艺文志》采录广泛，不拘一格，所以保留了时至今日已很难寻觅的资料，还有大量仅存于此书的史料。比如《龙章山》一诗，《全宋诗》失收。明代竟陵派诗人钟惺有《隐秀轩集》《钟伯敬先生遗稿》《翠娱阁评选钟伯敬先生合集》等传世，李先耕、崔重庆两位先生曾据各传本加以标点、校勘①，但通检之，《补续全蜀艺文志》录钟惺诗13首，其中便有《游凌云寺》《洪崖洞》《游岑公洞五首有引》，凡7

---

① （明）钟惺：《隐秀轩集》，上海古籍出版社1992年版，第9页。

首为整理本所未收录者，可见《补续全蜀艺文志》所据之本较今传本更为齐全。

《补续全蜀艺文志》保存了很多没有别集、有别集而已经散佚或失收的文人作品，对了解当地的文学状况具有重要意义，为地域文学研究、地方历史文化研究提供了不可多得的历史数据，价值不可估量。本书一遵《全蜀艺文志》例，所载文章，确有揭示山川风土、利弊因革之用。其中有关本地县学、书院的文章，是研究教育史的宝贵资料；关于寺观的文章，是研究宗教史的资料；一些城池、渠、堤、桥梁、厅堂、楼、亭的题记，是研究地方建设发展、地方文物建筑的历史资料；一些山水方面的诗文，是今天旅游文化的非常宝贵的资料；关于先蜀神话、氏族分布、民风民俗、物产商贸等，同样有着重要的研究价值。

三 《补续全蜀艺文志》的缺陷

《全蜀艺文志》编定后，学者多赞其采摘博，立例古。然议者或疑其“太繁”，故传世稀，经杜应芳等重刊，始广布；或者议杨慎“伪补足”“漫漶”碑文，疑不可征。[①]《补续全蜀艺文志》一仍其例而补续之，其弊亦然。作为传统方志艺文志，《补续全蜀艺文志》虽显有其名，但仍具有一般方志艺文志滥收、多收、误收、虚而未核、与正史记载不符等常见弊病。[②] 学者称其“书亦繁富，而精审不及”《全蜀艺文志》[③]，究其本身，缺陷明显，是说不虚。

（一）体例不一，分类不善

《四川总志》沿袭了志书各部分有序的传统，在所编《艺文志》各大类前皆写有序。此诸序杨慎志尚且无之，杜应芳等承其法，亦未能一一

① 《四库全书总目》卷151《李义山文集笺注》云：“《重阳亭铭》一篇，炯据《全蜀艺文志》采入，冯浩注本则辨其碑末结衔及乡贯皆可疑，知为旧碑漫漶，杨慎伪补足之，援慎伪补《樊敏》《柳敏》二碑，证炯之误信。”（中华书局1965年版，第4册，第1298页）

② 参见马春晖《谈传统方志艺文志编纂之常见弊病》，《图书馆工作与研究》2012年第11期。

③ 四川省地方志编纂委员会：《四川省志》，四川科学技术出版社2003年版，第143页。

序之，实为憾事。

本书各卷卷端形式各异，部分内容或有或无，并不完全统一。有的连卷名都不齐备，只能通过版心中的标卷分辨出来。有的卷名不完整，有的卷名没问题但责任者及责任方式缺漏。本书类标题各卷也不一致，有的有，有的没有。

本书各卷分量多寡不一，亦有未当。如卷9仅5页，内容极少，又未见残阙，较之其他诸卷，内容过于单薄。书中注文也有不规范处。《外纪》所录诸文多注明文献出处，但其中也有不少没有注明出处者。在小注中，还间夹有因编纂、雕版等原因，而误正文为注文，误注文为正文的现象。

本书所收录诗文等，排列次第也不尽合理。在各诗文中，序与正文混杂的情况时有之。书中所录诗文往往改署名，错误归类的情况时有发生。在所录诗文的署名上，有不少不规范统一的地方。本书署名有承前省之例，即所录首篇署名后，其余同选该作者诗文时署作“前人”，但书中也有不少接续署名，或间而署名。

（二）采摘不精，漏重明显

本志的修纂、采摭颇广，用力甚勤，但粗疏亦时见之。有去取标准不明者，有转自他书而未加考究者，有录自他书而未加刊删者，有较《全蜀艺文志》而重收者。

本志的修纂似乎并没有参考（旧《四川总志》）的艺文，以至于《四川总志》有不少篇章没有被补选入此志，如任惟贤之《保宁府志序》等。即便是二志皆有选录，《补续全蜀文志》也有些校改节选，如卷14选录陈宗虞《曾中丞平蛮凯歌》8首（章），而《四川总志》则全录12章。

（三）刊刻不善，错误百出

有误刊误刻者。卷13第25叶至第27叶，版心误“十三”为“三十”，致使今本此3叶被移至卷30中。卷15没有卷题，第3叶版心误刻为“二十四”，而第9叶却误刻作“三”，致使今本以为中间缺页无数。

有标题位置错乱者。如卷19《太祖高皇帝御制平西蜀文》《武宗皇帝谕杨文忠公勑》标题顶格，而不按一般标题低两格刊刻，与因讳而顶格者混淆一体。卷21《答范梦得》，标题承前而误作“又”，刊刻又混入正文。

有漏刻者。如杜应芳的《潼川志序》，仅有标题，而其后留出空白，并未刻录正文。疑当时正文尚未写出，先空其位置，但事后又不复补完。

有失次者。谭希思的《全蜀土夷考序》一文，卷首《总目》列于卷32《碑记》第3篇，而正文列于卷22《序类》第7篇，显然是卷次中“三”误以为“二”的结果。赵贞吉《特进光禄大夫左柱国少师兼太子太师吏部尚书华盖殿大学士赠太保杨文忠公墓祠碑》本列入卷39《墓碑》第10篇，而《总目》则列于卷29之末。

此外，与同时代刊刻书籍相似，本书异体字、俗体字繁多，不胜枚举。

（四）节录诗文，不尽妥当

全书在抄录诗文时，并不完全是原样抄录，而多有节录者，如卷1杨慎《药市赋》，本有大段序文，而本书不录。甚至在节录时因称谓的原因，略作改易。这样的情形，在本书较多出现。如卷21所录黄庭坚《与王泸州》，《宋黄文节公全集·别集》卷16作《与王泸州书》第9首，本书摘引其中两段文字，合而为一，又改代称“某”为“庭坚”。如此摘录，确系原文精华所在，但语意欠畅，又失其神韵，不能不说是一种不够妥当的编纂之法。此等情况，是明末已开始流行的不规范辑佚之法，编纂时不得全文，而仅得其佚文残句，于是缀简而编，还是纂者有意摘录，今已不得而知。

失之甚者，则将编者连缀之语加入节引原文之间，起人疑误。如卷21所录常安民（民字原讹作氏）之《上宰相吕公著书》中有“又言”二字，据《宋史》卷346《常民传》，此非安民之语，乃编者连缀之词。或者有不当节录，而失其本意，误删节者。如卷3《僰道谣》仅录4句，而据《水经注·江水·若水》引《益州记》及《华阳国志·南中志》，原谣本为8句，而此乃抄录不全。

又有明确指出文为节略者，如卷19《宋敕赐灵济庙牒》，开篇即有“其略曰”字样，是显系转抄而得。唯此种抄辑，并非其失，而有保存佚文片言之功，此于杨慎《全蜀艺文志》亦可见之，若此时远事佚，殊可宝贵，是则另当别论者。

（五）编校失误，张冠李戴

书中有对作者、著作没有认真考校，误采伪书，或张冠李戴的现象，致使所录文献不尽可靠。如卷1《吊苌弘赋》本为唐柳宗元之作，盖因苌弘为蜀人，故收录该文，但在文章题署名上却题作“王褒”，显然是编校失误，而造成张冠李戴的结果。不但如此，清陈元龙辑《历代赋汇》，也在补遗收录此文时，误题为“王褒”，这就未免自误误人，更不要说是对其他使用本书的学人了。卷10录《夔门即事》一首，署吴中复，但《全蜀艺文志》卷9录《夔州》一首，与此基本相同，可以肯定作者为同一人，而所署作者乃宋人冉居常，清陆心源《宋诗纪事补遗》卷91则录为冉居常《到夔州》，显然是本书误收，或是本欲录吴中复《夔门即事》诗，抄录时却录成冉居常《夔州》诗。

书中也有承袭前人之讹者。如卷10录苏轼《过戎州》，而首两句乃苏辙《戎州》诗句。宋佚名《锦绣万花谷续集》卷13《潼川路·叙州》、宋祝穆《方舆胜览》卷65《叙州》已有此误，明曹学佺《蜀中广记》卷56《风俗记第二》则全同其误。

综合而论，《补续全蜀艺文志》是继《全蜀艺文志》而编的地方总集，虽然体例一仍其旧，但补续了大量艺文成果，尤其是明代有关诗文，并旁涉杂记、诗话、词话、动植谱、器物谱、金石等，保留了大量弥足珍贵的文献资料，在方志、地方总集等方面都占据重要地位。尽管它仍有明代方志粗疏之弊，其中问题不少，但瑕不掩瑜，仍值得学者高度重视，以充分挖掘利用其价值。

隋唐五代巴蜀经学文献考述

刘　洋[*]

摘　要： 隋唐文化，上继魏晋，下启宋明，绚丽多彩，恢宏灿烂，更以其兼容并包之态度对待异族异域之文化。巴蜀地区，自古以来，宗教文化兴盛，在和中原文化的碰撞中，其文化特色更是独树一帜。隋唐五代时期，由于巴蜀地区独特的地理位置，岁稔年丰，民丰物阜。安定的环境成就了非凡的文化，这一时期，蜀学"异军突起"，成为巴蜀文化发展的又一高峰。就经学而言，著述可圈点者亦不在少数，更有孟蜀石经之刊刻和雕版印刷之发明，堪为千古传颂。隋唐五代巴蜀地区的经学发展既符合整个隋唐时期经学发展流变的大势，又带有明显的地域特色。

关键词： 隋唐五代　巴蜀　经学

隋唐时期，国家版图统一，经济繁荣，格局开阔，文化昌盛。经、史、子、集四部丛书充盈，儒、释、道三教共存共荣。遍及巴蜀，由于独特的地理条件，隋末群雄角逐，衣冠殄丧之时，"天下饥乱，唯蜀中丰静"①。初唐国家统一，百废待兴，巴蜀更是人口密集，市贸发达，军民用度，多取于蜀，"闾里富于绮陶，菽粟同于水火，昔者储蓄，征敛实

---

* 作者简介：刘洋，生于1987年，山东莱芜人，四川大学历史文化学院讲师。主要研究方向：隋唐儒学及其文献。

① （唐）慧立、彦悰著，孙毓堂、谢方点校：《大慈恩寺三藏法师传》卷1，中华书局2000年版，第7页。

繁，帑藏尤殷”[①]。安史之乱，未曾波及成都，其时“岁稔民安，储供无缺”[②]，因此玄宗奔蜀，并升成都为“南京”。逮及五代，狼烟再起，巴蜀偏安一隅，相对稳定，前、后蜀主休养生息，劝课农桑，至南宋始终保持着殷富的局面，正如文天祥所说：“蜀自秦以来，更千余年无大兵革，至于本朝，侈繁巨丽，遂甲于天下。”[③]

安定的政治经济环境，造就了非凡瑰丽的文化，隋唐蜀学“异军突起”，成为巴蜀文化的又一高峰。[④] 文学上，巨擘迭出，“唐兴，陈子昂首出，翕然复古；李太白大其体，冠冕三唐”[⑤]，“自古诗人例到蜀”[⑥]，王勃、卢照邻、高适、岑参、杜甫等在蜀中具有佳作。前蜀王衍“自童年即能属文……或有所著，蜀人皆传诵焉”[⑦]。后蜀赵崇祚编《花间集》，收录晚唐温庭筠、韦庄等十八人“诗客曲子词”五百首，开中国文学总集中词总集之先河。佛教方面，隋末唐初，僧众四面而来，佛教在蜀中盛极一时。佛教宗派，如律宗、净土宗、天台宗、华严宗、成实宗、俱舍宗等均在蜀中流传，此时高僧辈出，云集巴蜀，如智诜、神清、马祖道一、东京神照、德山宣鉴等在当时影响甚大。由于佛教的广泛传播，隋唐巴蜀地区古寺宝刹林立，摩崖石刻尤多。道教方面，自张陵修道鹤鸣山，天师道在巴蜀广为流传。李唐定鼎，褒崇道教，蜀中道士，袁天纲、李荣、王玄览、杨通幽等闻名天下。僖宗幸蜀，但见“蜀道门牢落”，即令杜光庭主持，蜀中道教更是大兴。相对文学、佛教、道教的兴

① （宋）王钦若等编纂，周勋初等校订：《册府元龟》卷486《邦计部·迁徙》，凤凰出版社2006年版，第5520页。

② 《旧唐书》卷9《玄宗纪下》，中华书局1975年标点本，第233页。

③ （宋）文天祥：《文山集》卷12《衡州上元记》，文渊阁《四库全书》本，集部，第1184册，第588页。

④ 按：袁庭栋先生认为唐宋时期是巴蜀文化继以三星堆文化与金沙文化为代表和标志的早蜀文明及以辞赋文章为代表的西汉时期之后，巴蜀文化的第三个光辉高峰，不过这也是最后一个高峰。参见袁庭栋《巴蜀文化志》，巴蜀书社2009年版。

⑤ （清）吴福连：《拟四川艺文志》，（清）王闿运辑《尊经书院初集》卷9，载《中国历代书院志》，第16册，第335页。

⑥ （清）李调元：《童山集·童山诗集》卷7《送朱子颖孝纯之蜀作宰》，《续修四库全书》，上海古籍出版社2002年影印本，集部，第1456册，第194页。

⑦ （宋）王钦若等编纂，周勋初等校订：《册府元龟》卷228《僭伪部·好文》，第2557页。

盛，隋唐时期，巴蜀地区的史学则渐趋沉寂，只有樊绰之《蛮书》，足堪称道。五代十国时期，学人入蜀，史学稍盛，故刘咸炘云："十国攘攘，蜀独尚文，载记特备。"① 隋唐巴蜀地区，宗教氛围浓厚，文学大行其道，受其影响，儒学发展特色显著。经学著述可圈点者亦不在少数，更有孟蜀石经之刊刻和雕版印刷之发明，堪为千古传颂。今据史志，搜集整理隋唐五代巴蜀经学文献，勾勒其时经学文献发展之状貌，探究当时经学发展之因果，并试图揭示巴蜀经学在隋唐时期的重要地位。笔者学力有限，才识不逮，诚求教于方家。

一 隋唐五代巴蜀经部文献目录考

巴蜀文化，源远流长，谢无量先生追溯蜀学之原始，更是把蜀学推崇到极致，他言到"蜀有学，先于中国"。于儒学而言，"五经"中的《易》《书》二经皆蜀人大禹所创②，"禹受《洛书》乃制《洪范》，《洪范》于人事详已，儒者所法，故禹纯然儒学之祖。……《洪范》于儒家众说，范围而不过，实自禹起。"又云"《连山》禹制之"，而《连山》盖居"三易"之首，故而先生曰"惟儒惟道，其实皆蜀人所创"。③ 自兹而后，儒风遍扇，逮及西汉，文翁化蜀，创建石室，教化大兴，诚如田况所言"蜀自西汉教化流而文雅盛，相如追肩屈宋，扬雄参驾孟荀，其

---

① 刘咸炘：《蜀学论》，《推十书》（增补全本）戊辑，上海科学技术文献出版社 2009 年版，第 2 册，第 494 页。

② 按：禹是否为巴蜀人，有文献可征者，大抵自战国和西汉始。《史记·六国表序》有言："禹兴于西羌。"皇甫谧注引《孟子》遗文说："《孟子》称'禹生石纽，西夷人也。'传曰'禹生自西羌'是也。"《荀子·大略》有言"大禹学于西王国"，杨倞注说："禹生于西羌，西王国，西羌之贤人也。"西汉初陆贾的《新语·术事》中也有"大禹出于西羌"的记载；汉武帝时的《盐铁论·国疾》也有言"禹兴西羌"；扬雄在《蜀本纪》中更明确地指明："禹本汶山郡广柔县人，生于石纽。"（《太平御览》卷 82 引）《三国志》中裴松之注引《帝王世纪》云："有莘氏女曰志…生禹于石纽。"又引谯周《蜀本纪》曰："禹本汶山广柔县人也。生于石纽，其地名刳儿坪。见《世帝纪》。"《华阳国志》有言："禹生于石纽村。"可见禹兴西羌为蜀人，自是战国到两汉三国相承不替的传说。既然禹系西羌文化的杰出代表，其所创造的种种文化成果，视为蜀学之早期成就自然无疑。（此段文字系舒师在四川省文史馆讲演之内容，笔者当堂记录之）

③ 谢无量：《蜀学会序》，《独立周报》1912 年第 8 号。

辞其道，皆为天下之所宗式，故学者相继，谓与齐鲁同俗”①。东汉踵前教化之序，太守高眹于石室之东作“周公礼殿”，“图画邃古以来君臣圣贤”②，至此，石室兼具教学和宗教之功能，既是传道解惑的场所，也成为蜀人追慕先贤的精神家园。杨慎评价两汉之蜀学曰：“昔汉代文治，兴之者文翁；礼殿之图，后世建学仿焉；七十子之名，马迁之立传征焉。当时号为西南齐鲁，岷峨洙泗。”③ 三国时期蜀士所研治，遍及“十三经”，今、古文兼容而主古文。东汉经师已多博涉群经，刘蜀谨承其风，五业兼治者多有。《春秋》学《左传》《公羊》之辩，烈于东汉，蜀士之争两家长短，作“三传”异同，亦汉氏东京之余波。郑学甚显于西土，故《诗》笺、《三礼注》时治者甚多，如先主、孔明、姜维并好郑学。今文章句繁芜，新莽以来，命学臣删省，蜀士承其旧，裁汰浮文。蜀士治谶纬者，盖出杨厚传授，亦汉京风气之蔓延。清谈之风，盛于魏晋，而发端于东汉，蜀士则承上启下，谈者常涉玄言，张鲁、蜀才并立《老子注》，斯上接两京经学玄理化步调，与晋之经学关系甚大。三国蜀经学下传，一由著述、一由授徒、一由蜀士下逮异朝，于东吴、魏晋学术影响，皆斑斑可考。④ 魏晋南北朝时期，天下板荡，巴蜀虽偏居一隅，亦难逃战乱之蹂躏，儒学唯有易学或堪称道。及至隋唐，“蜀学异军突起”，⑤ 经、史、文互补，儒、释、道交融，是隋唐时期蜀学最大的特色。而在文史、释道影响下的经学，独树一帜，特色鲜明，其成就亦可圈点，兹细论之。

据笔者统计，隋唐五代巴蜀地区可考的经部文献近四十种，其中易类十三种；书类两种；礼类两种；乐类一种；《春秋》类九种；《孝经》

① （宋）田况：《进士题名记》，载袁说友等《成都文类》卷30，中华书局2011年版，第578页。

② （宋）吕陶：《府学石经堂图籍记》，载袁说友等《成都文类》卷30，第583页。

③ （明）杨慎撰，刘琳、王晓波点校：《全蜀艺文志》卷首《全蜀艺文志序》，线装书局2003年版，第12页。

④ 按：关于三国蜀经学的概况，可参见程元敏《三国蜀经学》，台北：台湾学生书局1997年版。

⑤ 舒大刚、李冬梅主编《巴蜀文献总目提要》，未刊稿。

类两种；“小学”类五种。另有孟蜀石经和毋昭裔刊版“九经”等。[①] 鉴于文献数量较少，兹胪列于此，以资论述之便。关于此时期文献的列举，以标明文献出处为主，略及人物小传，间以按语明辨之。

（一）易类

1.《周易讲疏》三卷，何妥撰，佚。

《隋书·经籍志》著录《周易讲疏》十三卷，国子祭酒何妥撰。《蜀中广记·著作记一》著录隋何妥《周易讲疏》三卷。《四川通志·经籍志一》著录《周易讲疏》三卷，隋何妥撰。

《古经解钩沉》于何妥名下著录“《周易讲疏》十三卷”，且说明根据“《隋书》三十二”；又著录“三卷”，云据“《册府元龟》六百六”。[②] 今按《周易讲疏》,《隋书·经籍志》及《何妥传》并作“十三卷”,《北史·何妥传》则作“三卷”，盖《册府元龟》袭《北史》矣。《周易讲疏》一书又见于《古经解钩沉》卷上“何晏”名下，文载：

> 何晏,《周易私记》二十卷、《周易讲疏》十三卷，并《册府元龟》卷六百五。按，晏本传及诸书并不载此二书，未知王钦若所本。《隋书》有《周易私记》二十卷，不注撰人。下接《周易讲疏》十三卷，注云“何妥撰”，恐编《册府》时误“妥”为“晏”，复误两书为一人。然李鼎祚《周易集解》引晏说，而不详书名，故备其目。[③]

余氏怀疑为王钦若等误植，所言不无道理。朱彝尊《经义考》卷 9 亦将二书著录于“何氏晏”下，亦据《册府元龟》为说。考《隋书·经籍

① 按隋唐五代巴蜀经学文献统计，在正史艺文经籍诸志及历代私家目录书的基础之上，主要依据明曹学佺撰《蜀中广记·著作记》、嘉庆《四川通志·经籍志》、清高赓恩、吴肇龄同编之《蜀学编》和吴福连撰《拟四川艺文志》，旁及今人研究著作、论文等。此文献目录整理，多在四川大学古籍研究所李冬梅老师及汪璐师妹整理之基础上损益而成，特此注明，以示感谢。

② （清）余萧客:《古经解钩沉》卷 1 上，文渊阁《四库全书》本，经部，第 194 册，第 377 页。

③ （清）余萧客:《古经解钩沉》卷 1 上，文渊阁《四库全书》本，经部，第 194 册，第 367 页。

志》本文作“《周易私记》二十卷，《周易讲疏》十三卷，国子祭酒何妥撰”。二书之间用圆圈隔开。文渊阁《四库全书》本《隋书》附考证云：

> 监本“何妥”讹“何安”，南监本讹“何晏”，惟阁本作“何妥”。按妥本传“历国子祭酒，撰《周易讲疏》十三卷。”①

此说订正“何晏”为“何妥”之讹，甚是。又马国翰在《玉函山房辑辑佚书·周易何氏讲疏》中亦辨之曰：

> 《唐书·艺文志》有何妥《周易讲疏》十三卷，与本传同。《隋书·经籍志》有《周易私记》三十卷，不着撰人姓名；下次《周易讲疏》十三卷，注云“国子祭酒何晏撰”。考魏何晏官至吏部尚书，《隋志》集部题“魏尚书《何晏集》十一卷”，兹题“国子祭酒”，乃隋何妥之官号。且书名卷数，并与《妥传》不殊，而次序又在陈周宏正之下，不着代者，以妥为隋人也。志偶误“妥”为“晏”，而《册府元龟》遂云“何晏撰《周易私记》二十卷、《周易讲疏》十三卷”，朱太史彝尊信之，载入《经义考》，辗转承讹，失而愈远矣。②

所辨甚详，今不赘论。

2.《何氏六象论》一篇，何妥撰，佚。

《玉海》卷36“晋易象论”云：“嵇康作言不尽意论，殷融作象不尽意论，何襄城为‘六象之论’，曰实象，曰假象，曰偏象，曰圆象，曰义象，曰用象。萧氏又难之，不取偏象、圆象，而立‘四象之论’。”③ 此书朱彝尊在《经义考》卷13中亦著录，作“何氏六象论”，归入“失名”之列。马国翰在《玉函山房辑遗书》中曰：“又王应麟《玉海》称‘何襄城为《六象论》’云云，襄城，妥在周时所封男爵也。朱氏《经义

① （唐）魏征等撰，张映斗等考证：《隋书》卷32，文渊阁《四库全书》本，史部，第264册，第606页。

② （清）马国翰：《玉函山房辑佚书》，《续修四库全书》，子部，第1200册，第19页。

③ （宋）王应麟：《玉海》，江苏古籍出版社、上海书店1987年影印本，第678页。

考》于何妥《讲疏》外，别出《正义》之何氏，又出‘何氏六象论’，云‘失名’。一人凡三见，皆失深考。”[1]

3.《易镜元要》一卷，袁天纲撰，佚。

郑樵《通志·艺文略》著录《易镜元要》一卷，唐袁天纲撰；《四川通志·经籍志一》著录《周易元要》一卷，唐袁天纲撰。

袁天纲，相人也，《旧唐书》列《方技传》，本传多记其怪异之事。其著述，《旧唐书·经籍志》不载。《新唐书·艺文志·天文类》载《太白会运逆兆通代记图》一卷，并注谓“淳风与袁天纲集”[2]。又“五行类”载：“袁天纲《相书》七卷、《要诀》三卷。”[3]《宋史·艺文志》载“袁天纲（一作孙思邈）《九天玄女坠金法》一卷”，继而《怪书》一卷、《响应经》一卷、《玄女三廉射覆经》一卷、《通明玉帐法》一卷、《遁甲步小游太一诸将立成图》两卷、《相书》七卷、《相气色诗》一卷、《要诀》三卷、《玄明经》一卷、《闾丘纯射覆经》一卷。[4]《直斋书录解题》卷12著录：“《太一命诀》一卷”，且谓：“称袁天纲。妄人假托。”[5]郑樵《通志·艺文略》著录益多，有袁天纲《相书》七卷、《要诀》三卷、《气神经》五卷、《人伦龟鉴赋》一卷、《骨法》一卷、《相笏经》一卷等。[6]疑皆如《太一命诀》，乃妄人假托。

4.《周易新论传疏》十卷，阴弘道撰，佚。

《旧唐书·经籍志》著录《周易新论》十卷，阴弘道撰；《新唐书·艺文志》著录阴弘道《周易新传疏》十卷。

阴氏此书，《旧唐书·经籍志》作“《周易新论》十卷，阴弘道撰”，未能详其体例。《新唐书·艺文志》作“阴弘道《周易新传疏》十卷”，知其为义疏体易学著作。王应麟《玉海》卷36在分类论述《新唐书·艺文志》时著录各书曰：

---

① （清）马国翰：《玉函山房辑佚书》，《续修四库全书》，子部，第1200册，第20页。

② 《新唐书》卷59《艺文三》，中华书局1975年点校本，第1545页。

③ 《新唐书》卷59《艺文三》，第1557页。

④ 参见《宋史》卷206《艺文五》，中华书局1985年标点本。

⑤ （宋）陈振孙撰，徐小蛮、顾美华点校：《直斋书录解题》卷12，上海古籍出版社2015年版，第372页。

⑥ 参见（宋）郑樵撰，王树民点校《通志二十略·艺文略第六》，中华书局1995年版。

> 《艺文志》经录一曰易类，七十六家，八十八部，六百六十五卷，始于《连山》，次以《归藏》。若《周易》则有卜商之《传》二卷，孟喜、京房、费直、马融、荀爽之《章句》四十四卷。郑玄……任希古之注，荀氏……张璠之《集解》。着义疏者，有宋明帝、梁武帝、张该、萧伟、萧子政、张讥、何妥、褚仲都、梁蕃、刘瓛、孔颖達、陆德明、阴弘道；着论者，有王弼、玄宗之《大衍》……爻义则干宝，音谱则沈熊，新注本义则薛仁贵，发挥则王勃，终于玄宗《大衍论》。①

是知阴氏《周易新论传疏》为南北朝迄于初唐的重要“义疏”著作。朱彝尊在《经义考》卷14中云：“按，《绍兴阙书目》有之。”② 陈振孙在《直斋书录解题》卷8中解释《秘书省四库阙书目》云时：“亦绍兴改定其阙者，注‘阙’字于逐书之下。”③ 据此则阴氏此书于绍兴年间已列入“阙书目”之中矣。因书久佚，后世遂不得其详，甚至连姓名也颇有误会。朱彝尊在《经义考》卷55于杨时乔《周易古今文全书》加按语道：“杨公《周易全书》，引据诸家，姓氏讹舛甚多，如以阴弘道为洪道世、东乡助为唐东卿，晁公武为武子正。”④ 宋末元初冯椅在《厚斋易学》附录一《先儒著述上》于阴氏此书下说：“《中兴》、井氏无之，岂轶于兵间邪?”⑤

5.《注关朗易传》一卷，赵蕤撰，存。

关朗，文中子《中说》卷10有《关朗篇》，文载：“或问关朗。子

---

① （宋）王应麟：《玉海》卷36，第679—680页。

② （清）朱彝尊原著，许维萍、冯晓庭、江永川点校，林庆彰、杨晋龙、蒋秋华、张广庆编审《（点校补正）经义考》卷14，台北：“中央研究院中国文哲研究所”筹备处1997年版，第1册，第300页。

③ （宋）陈振孙撰，徐小蛮、顾美华点校：《直斋书录解题》卷8，上海古籍出版社2015年版，第132页。

④ （清）朱彝尊原著，许维萍、冯晓庭、江永川点校，林庆彰、杨晋龙、蒋秋华、张广庆编审《（点校补正）经义考》卷55，第2册，第503页。

⑤ （宋）冯椅：《厚斋易学》附录一，文渊阁《四库全书》本，经部，第16册，第826页。

曰：魏之贤人也。孝文没而宣武立，穆公死，关朗退，魏之不振有由哉！”[①]《全唐文》卷161收录王福畤《录关子明事》，此文又附《中说》之后，文曰：“关朗，字子明，河东解人也，有经济大器，妙极占筭，浮沉乡里，不求官达。太和末，余五代祖穆公封晋阳，尚书署朗为公府记室。穆公与谈《易》，各相叹服……太和八年，征为秘书郎，迁给事黄门侍郎……俄帝崩，穆公归洛，逾年而薨，朗遂不仕。同州府君师之，受《春秋》及《易》，共隐临汾山……盖王氏《易》道，宗于朗焉。”[②] 由此可知，关朗精通易学，文中子曾受教于门下。至于其易学著作，《玉海》卷36有“后魏关子明《易传》；晁公武《郡斋读书志》卷1有言：“《关子明易》一卷：右魏关子明传。子明名朗，元魏太和末，王虬言于孝文，孝文召见之，著《成筮论》数十篇。唐赵蕤注。蕤云‘恨书亡半，随文诠解，才十一篇而已’。李邯郸始著之目，云‘王通《赞易》盖宗此也’。”[③]

赵蕤，字太宾（《新唐书·艺文志》），梓州盐亭人，隐居长平山。博学韬钤，长于经世。夫妇俱有节操（《北梦琐言》卷5、《十国春秋》卷44）。习术数之学，隐居不仕。开元中召之不赴，著《长短经》九卷，博考“六经”、诸家异同之旨。李白尝就学焉（《唐诗纪事》卷18引《彰明遗事》）。盐亭县有濯笔溪，云太白从征君习书处（《蜀中广记》卷30）。世传《关子明易传》一卷，亦题蕤所注云（《郡斋读书志》）。其《长短经》纵论古今政治得失，考虑人物贤愚忠奸，主因时制变，量材受职，其间虽“不免为事功之学”，而大旨主于实用，非“策士诡谲之谋”；且广引“六经”，折中孔、孟，“其言固不悖于儒者”（《四库全书总目》卷117），盖杂取百家以实儒术，实有以辅成圣教。

是书赵蕤《自序》曰：“蕤非圣人，五十安知天命？然从事于《易》，虽乱离中未尝释卷。盖天命深微，莫研其极。而子明之《传》，蕤粗通之，然恨此书亡篇过半，今所得者无能诠次，但随文义解注，庶学

---

① （隋）王通撰，张沛校注：《中说校注》卷10，中华书局2013年版，第247页。

② （隋）王通撰，张沛校注：《中说校注》卷10，第275页。

③ （宋）晁公武撰，孙猛校证：《郡斋读书志校证》卷1，上海古籍出版社2011年版，第17页。

者触类而长，当自知之尔。”① 可知蕤注《关朗易传》之动机。

6.《周易集解》十七卷，李鼎祚撰，存。

《新唐书·艺文志》著录李鼎祚《集注周易》17 卷。鼎祚生平，正史无考。《巴蜀文献要览》中李鼎祚小传载：李鼎祚，生卒年不详，资州盘石县（今资中）人。两《唐书》及蜀中志乘皆无传。据清刘毓崧考证，鼎祚为唐开元时人，安史之乱玄宗入蜀，鼎祚献《平胡论》，后召为左拾遗。肃宗乾元元年（758），上书以山川辽远，请割泸、普、渝、合、资、荣六州地，置昌州，从之。后充内供奉，曾辑梁元帝及陈乐产、唐吕才书，以推演六壬五行，名《连珠集》（又名《连珠明镜式经》）十卷，上之于朝。其撰《周易集解》，于代宗朝上之。另着有《易髓》《兵钤手历》等。关于李鼎祚及其《周易集解》，学界述论至繁，兹不赘述。

7.《易髓》三卷，李鼎祚撰，佚。

《宋史·艺文志》子部“五行类”载：“李鼎祚《易髓》三卷，目一卷；《瓶子记》三卷。”《易髓》之书，前代多有。据《隋书·经籍志》载，晋世就有《周易髓脑》二卷、《易脑经》一卷（郑氏撰）。两《唐书》经籍、艺文志亦著录无名氏《易髓》一卷。冯椅《厚斋易学》附录一《历代著述》“晋易髓”载：“《中兴书目》:《易髓》八卷，卦及《系辞》题晋人撰。按前志无之，《中兴》得于民间。”② 内容佚而无考。另据俞琰《周易参同契发挥》卷下“众邪辟除正气常存”条载：“始而易气，次而易血，次而易脉，次而易肉，次而易髓，次而易筋，次而易骨，次而易发，次而易形。积九年而阅九变，然后阴尽阳纯，而与天地齐年。兹其为长生超脱之道也。”③ 鼎祚之书，《宋史·艺文志》入于“五行类”，其亦俞氏所谓五年“易髓”之法乎？

8.《易轨》一卷，蒲乾贯撰，佚。

晁公武《郡斋读书志》卷 1 上著录，《易轨》一卷，右伪蜀蒲乾贯

① （魏）关朗撰，（唐）赵蕤注：《关氏易传·序》，《续修四库全书》，经部，第 1 册，第 145 页。

② （宋）冯椅：《厚斋易学》附录一，文渊阁《四库全书》本，经部，第 16 册，第 824 页。

③ （宋）俞琰：《周易参同契发挥》卷下，文渊阁《四库全书》本，子部，第 1058 册，第 714 页。

撰。曹学佺在《蜀中广记》卷91《著作记第一》中著录，《易轨》一卷，伪蜀满干贯撰。嘉庆《四川通志》卷143《人物志》“成都府”载：蒲虔轨，《十国春秋后蜀本传》：蜀人也，著《易轨》若干卷，不知所终。

蒲乾贯又作蒲虔轨。吴任臣《十国春秋》卷56《蒲虔轨传》载：“蒲虔轨，蜀人也。著《易轨》若干卷，不知所终。”① 张澍《蜀典》卷11“蒲氏条”载：“又孟昶臣蒲禹卿，宋资政殿学士蒲宗，孟蜀孟昶时蒲乾贯著《易轨》一卷，皆蜀人，当为蒲元之后也。”②

《易轨》之内容，晁公武《郡斋读书志》卷1上载：“《易轨》一卷，右伪蜀蒲乾贯撰，专言流演。其序云：‘可以知否泰之源，察延促之数’，盖数学也。”③ 陆游曰：易学自汉以后寖微，自晋以后，与《老子》并行，其说愈高，愈非《易》之旧。宋兴，有酸枣先生以《易》名家，同时仲豹林亦开门传授，传至邵康节，遂大行于时。然康节欲以授伊川，程先生乃拒勿受。而伊川每称胡安定、王荆公《易传》，以为：“今学者所宜读，唯此二家。”王公乃自毁其说。以为不足传，著论悔之，《易》之难知如此。夜读蜀蒲公《易传》《老子解》，盖各自立说，迹若与晋诸人同而实异也。④

9.《周易指迷照胆诀》三卷，蒲乾贯撰，佚。

《宋史·艺文志》著录蒲乾贯《周易指迷照胆诀》三卷。朱彝尊《经义考》卷15著录《周易指迷》（《绍兴书目》作《周易轨革指迷诀》），《宋志》有言：“三卷。”（《绍兴书目》二卷）佚。

10.《周易参同契分章通真义》三卷，彭晓撰，存。

《十国春秋》卷57载：“彭晓，字秀川，永康人也。广政初，授朝散郎，守尚书祠部员外郎，赐紫金鱼袋。善修炼养生之道，别号真一子。常分魏伯阳《参同契》为九十章而注之，以应火候九转，余《鼎器歌》一篇，以应真铅得一，且为图八环，谓之《明镜图》。今有《参同契分章通真义》三卷、《明镜图诀》一卷行世。”⑤

① （清）吴任臣撰，徐敏霞、周莹点校：《十国春秋》卷56，中华书局1983年版，第817页。

② （清）张澍：《蜀典》卷11下，《续修四库全书》，史部，第735册，第273页。

③ （宋）晁公武撰，孙猛校证：《郡斋读书志校证》卷1，上海古籍出版社2011年版，第17页。

④ （宋）陆游：《渭南文集》卷29《跋蒲郎中易老解》，《陆游集》，中华书局1976年标点本，第5册，第2266页。

⑤ （清）吴任臣撰，徐敏霞、周莹点校：《十国春秋》卷57，第833页。

《道藏》所录《周易参同契鼎器歌明镜图》即《明镜图诀》之书，与《周易参同契分章通真义》相分别，而文渊阁《四库全书》收录的《周易参同契通真义》则合二者为一。《通志》卷67《艺文略》道家类参同契、《宋史》卷205道家附释氏神仙类著录《参同契明鉴诀》一卷，当与《明镜图诀》为一书。《通志》卷67《艺文略》道家类内丹中还著录有“真一子《还丹内象金钥匙》一卷”，宋张君房《云笈七签》卷70录有该书，元俞琰著《周易参同契发挥》、戴起宗疏张伯端《悟真篇》卷上也有引录。①

11.《周易揲蓍法》一卷，青城山人撰，佚。

冯椅《厚斋易学》附录二《历代著述》载：“《中兴书目》：《周易揲蓍法》一卷。序云：广政壬戌岁，青［城］山人以《阛阓揲法》鄙俚乖违，故依正经及注疏集出。广政，孟蜀年号也。”② 《宋史·艺文志》载有“青城山人《揲蓍法》一卷”。

12.《太玄经义训》，程赍撰，佚。

程赍，据宋马永易《实宾录》记载，乃五代蜀人。《通志·艺文略》易类拟易著录：“《太玄经手音》一卷，程赍。”③ 朱睦㮮《授经图义例》卷4、胡应麟《少室山房笔丛》卷12同。朱彝尊在《经义考》中称：“或作《义训》。”④ 是《太玄经义训》又称作《太玄经手音》，但为未完稿。

13.《易题》十卷，张道古撰，佚。

张道古，字子美，沧州蒲台人，一作青州临淄人，少有文辞，景福中擢进士第，释褐为著作郎，迁右拾遗。上《五危二乱表》，直谏后唐昭宗，反被谪授施州司户。然其所言，均得到应验。尔后张道古入蜀，王建闻其二乱疏中有“只今刘备、孙权已生于世矣”之语而“憾之”。前蜀开国，召道古为武部郎中。道古至玉垒关，对亲近的人说：“吾唐室谏

① 参见金生杨《汉唐巴蜀易学研究》，巴蜀书社2007年版。

② （宋）冯椅：《厚斋易学》附录二，文渊阁《四库全书》本，经部，第16册，第839页。

③ （宋）郑樵撰，王树民点校：《通志二十略·艺文略第一》，第1457页。

④ （清）朱彝尊原著，许维萍、冯晓庭、江永川点校，林庆彰、杨晋龙、蒋秋华、张广庆编审《（点校补正）经义考》卷269，第8册，第127页。

臣，终不能拳跽与鸡犬同食，虽召必再贬，于此之日，葬我于关东不毛之地，题曰：唐佐辅补阙张道古墓。”① 其后道古入朝，果然不为时所容，复被贬于茂州。武成元年（908），卒于灌州。张道古“深于《彖》《象》，著书号《易题》数卷，行于世”②。郑遨有《哭张道古》诗，“生前卖卜居三蜀，死后驰名遍大唐”。

（二）书类

1.《尚书广疏》十八卷，冯继先撰，佚。

2.《尚书小疏》十三卷，冯继先撰，佚。

王尧臣等《崇文总目》卷1著录，《尚书广疏》十八卷，伪蜀冯继先撰。以颖达《正义》为本，小加己意。《宋史·艺文志》载：冯继先《尚书广疏》十八卷，又《尚书小疏》十三卷。

（三）礼类

1.《五服图》十卷，仲子陵撰，佚。

《新唐书·艺文志》著录，仲子陵《五服图》十卷，贞元九年。嘉庆《四川通志》卷183《经籍》同。《新唐书·儒学下》“啖助”条载：“子陵，蜀人，好古学，舍峨眉山。举贤良方正，擢太常博士，通后苍、大小戴《礼》。有司请正太祖东向位，而迁献、懿二主。子陵议藏主德明、兴圣庙，其言典正。后异论纷洄，复为《通难》示诸儒，诸儒不能诎。久之，典黔中选补，乘传过家，西人以为荣。终司门员外郎。子陵以文义自怡，及亡，其家所存，惟图书及酒数斛而已。”③ 又，李贤《明一统志》卷72载：“唐仲子陵，嘉州峨眉人。以礼学推重于时，举贤良，为常侍，典黔中选补，乘传过家，人以为荣，及亡其家，所存惟图书及酒数斛而已。”④

2.《礼记》无卷数，（唐）仲子陵撰，佚。

曹学佺《蜀中广记》卷91《著作记一》著录，唐仲子陵《礼记》。

---

①（宋）计有功：《唐诗纪事》卷71，上海古籍出版社2013年版，第1048页。

②（宋）孙光宪撰，贾二强点校：《北梦琐言》卷5，中华书局2002年版，第114页。

③《新唐书》卷200《儒学下》，第5707页。

④（明）李贤等：《大明统一志》，三秦出版社1990年影印本，第4497—4498页。

（四）《春秋》类

1. 《春秋左氏传序》一卷，阴弘道撰，佚。

《新唐书·艺文志》著录阴弘道《春秋左氏传序》一卷；嘉庆《四川通志》卷183《经籍》著录，《春秋左氏传序》一卷（《唐志》），唐阴弘道撰。

2. 《春秋名号归一图》二卷，冯继先撰，宋岳珂重编。

王尧臣《崇文总目》卷2《春秋类》著录，《春秋名号归一图》二卷，伪蜀冯继先撰。以《春秋》官谥、名字裒附初名之左。嘉庆《四川通志》卷183《经籍》载：《春秋名号归一图》二卷（《宋志》），五代蜀冯继先撰，宋岳珂重编。

冯继先，史书无传，关于《春秋名号归一图》的内容，《四库全书总目》所述甚详，兹不赘述。

3. 《春秋名字同异录》五卷，冯继先撰，存。

郑樵《通志》卷63《艺文略》著录，《春秋名字同异录》五卷，冯继先；《宋史·艺文志》著录，冯继先《春秋名号归一图》，又《春秋名字同异录》五卷；朱彝尊《经义考》卷178著录，冯氏继先《春秋名字同异录》（《宋志》五卷），存；嘉庆《四川通志》卷183《经籍》著录，《春秋名字同异录》五卷（《宋志》），冯继先撰。

4. 《左氏传引帖断义》十卷，蹇遵品撰，佚。

郑樵《通志》卷63《艺文略》著录《左传引帖断义》七卷，伪蜀蹇遵品；王尧臣《崇文总目》卷2《春秋类》著录《左氏传引帖断义》十卷阙，伪蜀进士蹇遵品撰；《宋史·艺文志》著录蹇遵品《左传引帖断义》十卷。

蹇遵品小传，正史无可考，据《崇文总目》卷2载可知为伪蜀进士。至于该书之内容，王尧臣《崇文总目》卷2载："拟唐礼部试进士帖经旧式，敷经具对。"

5. 《春秋纂类义统》十卷，蹇遵品撰，佚。

《宋史·艺文志》著录蹇遵品《春秋纂类义统》十卷本十二卷，第二、第四阙。《四库阙书目·经部·春秋类》著录蹇遵品《春秋纂类义统》十卷；朱睦㮮《授经图义例》卷16著录《春秋纂类义统》十卷，蹇遵品。

6.《春秋通义》十二卷，蹇遵品撰，佚。

《宋史·艺文志》著录蹇遵品《春秋通义》十二卷；朱睦㮮《授经图义例》卷16：《春秋通义》十二卷，蹇遵品。

7.《春秋新义》十卷，蹇遵品撰，佚。

《宋史·艺文志》著录蹇遵品《春秋新义》十卷。按：朱彝尊《经义考》有著录，但未著撰人。

8.《春秋十二国年历》一卷，蹇遵品撰，佚。

《宋史·艺文志》著录蹇遵品《春秋十二国年历》一卷一名《春秋齐年》；朱睦㮮《授经图义例》卷16著录《春秋十二国年历》一卷，蹇遵品。

9.《春秋文权》五卷，蹇遵品撰，佚。

《宋史·艺文志》著录蹇遵品《春秋文权》五卷；朱睦㮮《授经图义例》卷16著录《春秋文权》五卷，蹇遵品。

（五）《孝经》类

1.《孝经义疏》三卷，何妥撰，佚。

《隋书·何妥传》卷75载："何妥……撰《孝经义疏》三卷。"《北史·何妥传》卷82载："何妥……撰《孝经义疏》二卷。"王应麟在《玉海》卷41《艺文》中有言"梁孝经义疏"："北史何妥《义疏》二卷。"朱彝尊《经义考》卷223著录：何氏妥《孝经义疏》三卷，佚。嘉庆《四川通志》卷183《经籍》著录：《孝经义疏》三卷，隋何妥撰。

2.《科斗书孝经》无卷数，李阳冰书，佚。

朱彝尊《经义考》卷224著录，李氏阳冰《科斗书孝经》，佚；嘉庆《四川通志》卷183《经籍》著录，《科斗书孝经》无卷数，唐李阳冰书。

（六）《乐》类

《乐要》无卷数，何妥撰，佚。

《隋书·何妥传》卷75载：何妥……撰《乐要》一卷。又《北史·何妥传》卷82、郑樵《通志》卷172、曹学佺《蜀中广记》卷91、嘉庆《四川通志》卷183皆有著录。

（七）“小学”类

1.《说文刊定》无卷数，李阳冰撰，佚。

嘉庆《四川通志》卷183《经籍》载：《说文刊定》无卷数，唐李阳冰撰。

按：唐林罕《小说》序云：“洎三国之后，历晋魏陈隋，隶书盛行，篆书殆将泯灭。至唐将作少监李阳冰，就许氏《说文》复加刊正，作三十卷，今之所行者是也。”

2.《说文字源》一卷，李腾集，佚。

《新唐书·艺文志》著录：李腾《说文字源》一卷，阳冰从子。郑樵《通志》卷64《艺文略》著录：《说文字源》一卷，唐李腾集。又见马端临《文献通考》卷189《经籍考》、嘉庆《四川通志》卷183《经籍》引《崇文总目》。

按，王尧臣《崇文总目》卷1：《说文字原》一卷，原释唐李腾集。初，李阳冰为滑州节度使李勉篆《新驿记》。贾耽镇滑州，见阳冰书，叹其精绝，因命阳冰侄腾，集许慎《说文》目录五百余字，刊于石，以为世法云。①

3.《字源偏傍小说》三卷，林罕撰，佚。

两唐《志》皆不著录。宋《志》著录，林罕《字源偏傍小说》三卷。

按：嘉庆《四川通志》卷143《人物志》“林罕”条载：“《蜀梼杌》：‘罕字仲缄，温江人。博通经史。献《车驾还都赋》，除温江主簿，迁太子洗马。落拓不羁，文多讥刺，尝为顾珣著《十臣文》以进，执政恶之，故不得大用。’”②《十国春秋》：“林罕字仲缄，西江人也。落魄不羁，博通经史而为文多讥刺，执政者往往忌之。初除温江主簿，稍迁太子洗马。……罕尤善六书之学，尝注《说文》二十篇，目曰《林氏小说》，刻石蜀中。”③《十国春秋》“西江”疑讹，当依《蜀梼杌》作温江

---

① 参见（宋）王尧臣等编次，钱东垣等辑释：《崇文总目》卷1，《丛书集成初编》，中华书局1985年版。

② 嘉庆《四川通志》卷143，巴蜀书社1984年影印本，第4364页。

③ （清）吴任臣撰，徐敏霞、周莹点校：《十国春秋》卷43，第636—637页。

人。至于其内容多“好怪”，后世颇贻笑之。[①]

4.《金华字苑》二十卷，（唐）林罕撰，佚。

《宋史·艺文志》著录，《金华苑》二十卷。嘉庆《四川通志》卷一八三《经籍》载：《金华字苑》二十卷，林罕撰。

5.《尔雅音略》，毋昭裔撰，佚。

《十国春秋》卷52载：“昭裔性嗜藏书，酷好古文，精经术。常按雍都旧本《九经》，命张德钊书之，刻石于成都学宫。蜀土自唐末以来学校废绝，昭裔出私财营学宫，立黉舍，且请后主镂版印“九经”，由是文学复盛。又令门人句中正、孙逢吉书《文选》《初学记》《白氏六帖》，刻版行之。后子守素赍至中朝，诸书遂大彰于世。所著有《尔雅音略》三卷。”[②]

以上著录隋唐五代巴蜀地区经学文献凡三十三种。隋代巴蜀经学以何妥为代表。《隋书·何妥传》载：“《隋书·何妥传》：何妥，字栖凤，西城人也。父细胡，通商入蜀，遂家郫县。……撰《周易讲疏》十三卷、《孝经义疏》三卷、《庄子义疏》四卷，及与沉重等撰《三十六科鬼神感应等大义》九卷、《封禅书》一卷、《乐要》一卷、文集十卷，并行于世。”何妥经学著作除本传记载之《周易讲疏》《乐要》[③] 外，又有《何氏六相论》一篇[④]、《五经大义》五卷。今俱已亡佚。

唐代巴蜀经学著述中，易类和“小学”类最多，各有九种，另有礼类

---

① 按：晁公武《郡斋读书志》载：《林氏小说》三卷，唐林罕撰。凡五百四十一字，其说颇与许慎不同，而互有得失。邵必缘进《礼记石经》陛对，仁宗顾问：“罕之书如何？”必曰：“虽有所长，而微好怪。《说文》归字，从堆，从止，从帚，以堆为声。罕云从追，于声为近，此长于许氏矣。《说文》哭，从吅，从狱省。罕乃云象犬嗥，此怪也。”有石刻在成都，公武尝从数友就观之，其解字殊可骇笑者，不疑好怪之论诚然。见晁公武撰，孙猛校证《郡斋读书志校证》，上海古籍出版社2011年版，第155页。

② （清）吴任臣撰，徐敏霞、周莹点校：《十国春秋》卷52，第768—769页。

③ 按：何妥精通古雅乐，是开皇乐议中的重要人物，著《乐要》一书。开皇九年（589），何妥上奏：“黄钟者，以象人君之德。”及奏黄钟之调，高祖曰：“滔滔和雅，甚与我心会。”妥因陈用黄钟一宫，不假余律，高祖大悦，班赐妥等修乐者。自是译等议寝。（《隋书·音乐志》）后世亦多因此非议何妥其人，《文献通考》引致堂胡氏的话云：“何妥，佞人也……寓意于黄钟，帝果悦而从之。”（马端临：《文献通考》卷131《乐考四》）

④ 按：晁说之《景迂生集》卷11《易规·象》云：“何襄城患之，乃为《六象之论》，曰实象，曰假象，曰偏象，曰圆象，曰义象，曰用象。”（文渊阁《四库全书》本，集部，第1118册，第212页）

两种、《春秋》类一种、《孝经》类两种。明于易学的人物主要有袁天纲、阴弘道、赵蕤、李鼎祚等。袁天纲，尤工相术，著有《易镜元要》一卷(或作《周易元要》)。阴弘道"世其父颢之业，杂采子夏、孟喜等十八家之说，参订其长，合七十二篇，于《易》有助云"①。著《周易新论传疏》十卷（或作《周易新论》《周易新传疏》)，其又明《春秋》之学，有《春秋左氏传序》一卷。梓州盐亭赵蕤，"博学韬钤，长于经世"，撰《长短经》十卷，著有《注关朗易传》一卷。资州李鼎祚以经学称于时，著《周易集解》十七卷（或作《集注周易》)、《易髓》三卷；精于"小学"的主要有李阳冰、李腾、林罕三人。合州李阳冰，善古书法，工于篆书，舒元舆在《玉筯篆志》中评价云："斯去千年，冰生唐时。千年有人，谁能待之。千年无人，篆止于斯。"所著有《科斗书孝经》《说文刊定》等。李阳冰从子李腾集有《说文字源》一卷。成都林罕，有《字源偏傍小说》三卷（或作《小说》《林氏小说》《说文字源偏旁小说》)，刻石蜀中，另有《金华字苑》二十卷。明于礼学者，有嘉州仲子陵一人，其读书峨眉山中，好古学，通后苍、大小戴《礼记》，以礼学推重于时，其成就卓异，着有《五服图》十卷、《礼记》。曹学佺《蜀中广记》卷91载"当大历时，啖助、赵康、陆质以《春秋》，施士匄以《诗》，子陵、袁彝、韦彤、韦茝以《礼》，蔡广成以《易》，强蒙以《论语》名专门，而士匄、子陵尤胜"。

五代蜀时期，经学以冯继先和蹇遵品为代表，冯继先著有《尚书广疏》十八卷、《尚书小疏》十三卷、《春秋名号归一图》两卷、《春秋名字同异录》五卷；蹇遵品著有《左氏传引帖断义》十卷（或作七卷)、《春秋纂类义统》十卷、《春秋通义》十二卷、《春秋新义》十卷、《春秋十二国年历》一卷、《春秋文权》五卷；蒲乾贯著有《易轨》一卷（或作若干卷)、《周易指迷照胆诀》三卷（或作《周易轨革指迷诀》两卷)。此时期经学著作以春秋类居多。

隋唐五代时期，可考的巴蜀经学文献大略如上所录。在有学说无著述的经学人物方面，有李逢、陈易甫、张九宗、刘暠、王昭图、刘孟温、刘玙七人。唐时，剑州李逢"文行俱高，尤邃于易"。遂宁人张九宗以儒

① （宋）王尧臣等编次，钱东垣等辑释：《崇文总目》卷1，《丛书集成初编》，第3页。

业起家。五代时期，成都刘翯与王昭图年德俱长，“当时号二人为宿儒”。成都刘孟温“以儒学教授成都中”，其长子刘玙“精于经术，广政十年，补石室教授”。此外，五代后蜀时期毋昭裔倡刻的“石室十三经”对蜀地儒学的传播也起着重要作用。

二　隋唐五代巴蜀经学文献的特点及其原因

综观隋唐五代巴蜀地区的经学文献以易类和《春秋》类为多，兹先述二者之特点。

巴蜀地区的易学传统源远流长，别具一格。逮及隋唐，《周易正义》独尊，由于其宗本王注，且谓王弼《注》独贯古今，因此，易学的发展逐渐由象数、玄学并重的局面走向玄学独盛的局面。在象数易学渐为人所淡忘的情况下，这一时期的巴蜀易学却尤能兼顾象数，实为难得。尤可称赞的是李鼎祚慧眼独识，广泛辑佚，“采群圣之遗言，议三圣之幽啧，集虞翻、荀爽三十余家，刊辅嗣之野文，补康成之逸象，各列名义，共契玄宗”（《周易集解序》），而撰成《周易集解》。此书保留了由汉至唐的三十五家易学资料，成为后人研究两汉至唐象数易学较为全面的、珍贵的资料。四库馆臣曾给予很高评价：“盖王学既盛，汉易遂亡，千百年后学者，得考见画卦之本旨者，惟赖此书之存耳！是真可宝之古笈也。”（《四库全书总目提要》）关于李鼎祚之《周易集解》，学界所论甚详，可参考林忠军《象数易学发展史》①，金生杨《汉唐巴蜀易学研究》②等，兹不赘述。

又，何妥撰《六象论》，尽阐释《易》之象数。晁说之言道：“今象之立，以尽不尽之意，非尽不尽之言也。学者乃争哓哓于象，是圣人欲以尽意者，欲尽言也，不亦悖乎？何襄城患之，乃为《六象之论》，曰实象，曰假象，曰偏象，曰圆象，曰义象，曰用象。”何妥患“学者”（嵇康、殷融）以言不尽意，象不尽意误以为《周易》之义不可得，故而力图阐明《易》象，以释圣人立《易》之义。《六象论》其书虽不传，其

① 参考林忠军《象数易学发展史》又名《象数周易演义》，齐鲁书社 1998 年版。

② 参见金生杨《汉唐巴蜀易学研究》，巴蜀书社 2007 年版。

说易家却每有引用，遗说颇有见于注疏者。孔颖达《周易正义》卷1《乾·大象传》疏：

> 先儒所云：此等象辞，或有实象，或有假象。实象者，若“地上有水，比”也，“地中生木，升”也，皆非虚，故言实也。假象者，若“天在山中”“风自火出”，如此之类，实无此象，假而为义，故谓之假也。虽有实象、假象，皆以义示人，总谓之象也（即“义象”也）。“天行健”者，谓天体之行，昼夜不息，周而复始，无时亏退，故云“天行健”，此谓天之自然之象。“君子以自强不息”，此以人事，法天所行，言君子之人，用此卦象（即“用象”也），自强勉力，不有止息。①

实际已经言及何妥“实象”“假象”“义象”“用象”四象之义。又《系辞传上》之“易有四象”疏，引“庄氏云：‘四象’，谓六十四卦之中，有实象，有假象，有义象，有用象，为四象也”。又引“何氏以为‘四象’，谓‘天生神物，圣人则之’，一也。‘天地变化，圣人效之’，二也。‘天垂象，见吉凶，圣人象之’，三也。‘河出图，洛出书，圣人则之’，四也”。“天生神物”是实有其物，“圣人则之”是实则其象，是为“实象”；“天地变化”，意主在动，圣人所效，全在想象，是为“假像”；天示“吉凶”，圣人见机而作，是为“用象”；河图洛书，各言其义，圣人则之，是为“义象”。可见《十三经注疏》所引庄氏、何氏“四象”之义，彼此契合，并无矛盾。但《周易正义》中所引“何氏”是否是何妥？孔氏未明指其人。清儒马国翰曾考之云：

> 李明标“何妥”，《正义》称“何氏”，其说每与张氏、周氏、褚氏、庄氏并引。庄氏不详何人，周为周弘正，张为张讥，褚为褚

---

① （魏）王弼、韩康伯注，（唐）孔颖达等正义：《周易正义》卷1，中华书局2009年影印清嘉庆阮元校刻《十三经注疏》本，第25页。

仲都，何即何妥，皆唐近代为讲疏者，《正义》亦疏也，故仅题某氏。①

又考《周易正义》所征引何氏之注，有王弼玄学之特色，又兼取象数易学之内容，如何氏注《系辞》云："上篇明无，故曰易有太极，太极即无也。"又云："圣人以此洗心，退藏于密，是其无也。下篇明几，从无入有，故云'知几其神乎'。"是以老庄注《易》。注《临》云："从建子阳生至建未为八月。"是取汉儒"消息卦"注《易》，这与李氏《周易集解》所引何妥注风格基本一致，故马国翰之论可信，亦知《周易正义》中的"何氏"，正是何妥其人。

至于"圆象"和"偏象"，金生杨《汉唐巴蜀易学研究》引《子夏易传》曰："天乾而地坤，雷动而山止，日照而雨濡，风散而泽润，物之大者也，在乎万物，其生也含阴阳而生；其受也偏象之气，故乾为马、坤为牛、震为龙、巽为鸡、离为雉、坎为豕、艮为狗、兑为羊，是以天下之受可得矣。于是始画八卦，见其象云云"（《系辞上》"天地之大德章"注），谓"乾天、坤地、震动、艮止、离日、坎雨、巽风、兑泽，乃含阴阳而生者（是为'圆象'）；而乾为马、坤为牛、震为龙、巽为鸡、离为雉、坎为豕、艮为狗、兑为羊之类，只得其一偏之气而成，故称之'偏象'。"② 可见，何氏之书亦属象数易学一脉。何妥在南学盛行之际，推崇王学，而又并举象数，以象数弥补王学的不足，重新肯定象数易学的价值，"这对郑学乃至整个象数易学的保存和传播都起到了重要作用"③。

又，袁天纲撰《易镜元要》，此书虽以亡佚，但通过袁氏之生平著述（上详）我们约略可以推知，此书亦是象数易学之流。赵蕤的《关氏易传注》，更是以术数见称于世。及至前、后蜀时期，此一特点更为突出。青城山人之《周易揲蓍法》，据《厚斋易学》载"青城山人以《阛阓揲蓍

① （清）马国翰：《玉函山房辑佚书》卷1，《续修四库全书》，子部，第1200册，第19—20页。

② 金生杨：《汉唐巴蜀易学研究》，巴蜀书社2007年版，第265—266页

③ 林忠军：《象数易学发展史》，齐鲁书社1998年版，第80页。

法》鄙俚乖违，故依正经及注疏集出”[①]。“揲”，即数数，“蓍”即“蓍草”，所谓“揲蓍法”，即利用蓍草通过数数来断卦的方法，朱熹在其《周易本义》中记述了揲蓍的方法和仪式。青城山人之书显为卖卜断卦隶象数之类；张道古“常自筮，遇凶卦，预造一穴，题‘唐左补阙张道古墓’”，“深于《彖》《象》，著《易题》数卷，行于世”[②]。蒲虔贯之《易轨》，晁公武《郡斋读书志》卷1载：“《易轨》一卷，右伪蜀蒲乾贯撰，专言流演。其序云：‘可以知否泰之源，察延促之数’，盖数学也。”[③] 可知，其书为象数一脉。又，陆游在《跋浦郎中易老解》中云：“易学自汉以后寖微，自晋以后与《老子》并行，其说愈高，愈非《易》之旧。宋兴，有酸枣先生以《易》名家。同时，种豹林亦开门传授，传至邵康节，遂大行于时。然康节欲以授伊川程先生，乃拒弗受。而伊川每称胡安定、王荆公《易传》，以为今学者所宜读，唯此二家。王公乃自毁其说，以为不足传，著论悔之。《易》之难知如此。夜读蜀蒲公《易传》《老子解》……盖各自立说，迹若与晋诸人同而实异也。”[④]《易经》《老子》互解，渊源已久，蒲虔贯深通《老子》《易经》，而其解《易经》却不曾掺以玄言，正是其重汉易象数，且受术数之风影响的结果。

在隋唐五代儒释道互相融合的大环境下，易学的发展受释、道二教之影响在所难免，此一特征在五代时期表现得尤为明显。自僖宗奔蜀，见“蜀道门牢落”，责令杜光庭主持，蜀中道教由是大兴。王衍以杜光庭为传真天师，崇真馆大学士。又尊王子晋为圣祖至道玉宸皇帝，塑王建及王衍侍立左右。后蜀主道号玉宵子，追求长生不老，频召道士问永寿之法。蜀中王庭对道教的重视可见一斑，受此影响，这一时期的易学著作亦多与道教有关，最具代表性的首推彭晓之《周易参同契分章通真义》。彭著《周易参同契分章通真义》是对《周易参同契》的注解，其目的是指出炼丹之要。他认为《周易参同契》“以乾坤为鼎器，以阴阳为堤防，以水火为化机，以五行为辅助，以真铅为药祖，以玄精为丹基，以坎离

① （宋）冯椅：《厚斋易学》附录二，文渊阁《四库全书》本，经部，第16册，第839页。

② （清）吴任臣撰，徐敏霞、周莹点校：《十国春秋》卷42，第617页。

③ （宋）晁公武撰，孙猛校证：《郡斋读书志校证》卷1，第27页。

④ （宋）陆游：《渭南文集》卷29《跋蒲郎中易老解》，《陆游集》，第4册，第2266页。

为夫妻，以天地为父母”①，这就指出了《周易参同契》隐晦文字的本来意思，说明炼丹所用鼎器、铅、水银等事物。② 彭晓的《周易参同契分章通真义》以黄老汇融《周易》、丹火之功于一体，用《易》的阴阳变化之理，阐述炼丹、内养之道，是易学受道教影响的典型著作。

隋唐五代时期巴蜀的《春秋》学著作多集中在前、后蜀时期。通观前、后蜀时期之《春秋》学，承啖助、赵匡、陆游《春秋》学派之遗续，主张经、传分离的同时，也因受蜀地文学氛围浓厚的影响表现出以文学解释《春秋》的倾向。而前、后蜀之经学唯《春秋》学著作甚多，这与当时乱世中士人渴望统一，借《春秋》阐发“尊王正统”之大义息息相关。

唐大历以后，以啖助、赵匡、陆淳为代表的《春秋》学派赫然成势，他们首先突破株守章句的学风，对层累造成的传疏大胆怀疑。并分别经史，以经驳传，大胆否定前儒对《春秋》的解释，重新厘定《春秋》本义。前、后蜀之《春秋》学受此风气之影响颇深。处士李谌与弟子讲授《春秋》时尝云：“孔圣见周德下衰，诸侯强盛，虽有典礼而不能举，虽有赏罚而莫得行，孔子因是笔削鲁史，上遵周公之制，下明将来之法，以褒贬而代赏罚，俾夫善人知劝而淫人知惧也。左丘明鲁国史官，受经于孔子，恐七十弟子各生异端，失其大旨，遂以诸国简牍博采众记而作传焉。其传忽先经以始事，忽后经以终义，忽依经以辩理，忽错经以合异，广记备言以成一家之通体尔。杜征南不思孔子修经与《诗》《书》《周易》为等，列丘明之传当与司马迁、班固为等列，岂合将经之年与传之年相附参而贯之，将令学者素无资禀纵意自裁，但务声律，罔知古道，将周孔之圣贤班马之文章，皆不由兹制作，靡得而达焉。然皇王帝霸之道，兴亡理乱之体，其可闻乎？遂引证当时以《左传》文为春秋者数人，今不具录，休复屡见失其旨归如处士之言者，倘能使《春秋》自为经，《左氏》自为传，则不迷于后生者矣。”③ 调和汇通“三传”或者极端舍

---

① （后蜀）彭晓：《周易参同契通真义·序》，文渊阁《四库全书》本，子部，第1058册，第511页。

② 参见金生杨《汉唐巴蜀易学研究》，巴蜀书社2007年版。

③ （宋）黄休复：《茅亭客话》卷2，文渊阁《四库全书》本，子部，第1042册，第923页。

弃“三传”以求本经，是中唐以来《春秋》学研究的总体走向，前、后蜀时期之《春秋》学研究亦不能置身其外。

范宁在《春秋穀梁传集解·序》中云“《左氏》艳而富，其失也巫；《穀梁》清而婉，其失也短；《公羊》辩而裁，其失也俗”①。此言立足于“三传”之整体风貌，可以称得上是对《左传》文学特征的最早点评。而关于《左传》的文学研究，始于唐代刘知几的《史通》，其《杂说》有言：“《左氏》之叙事也，述行师则薄领盈视，哤聒沸腾，论备火，则区分在目，修饰峻整；言胜捷，则收获都尽；记奔败，则披靡横前；申盟誓则慷慨有余，称谲诈则欺诬可见，谈恩惠则煦如春日，纪严切则凛若秋霜，叙兴邦则滋味无量，陈亡国则凄凉可悯。或腴辞润简牍，或美句入咏歌，跌宕而不群，纵横而自得。若斯才者，殆将工侔造化，思涉鬼神，著述罕闻，古今卓绝。如二《传》之叙事也，榛芜溢句，疣赘满行，华多而少实，言拙而寡味。若必方于《左氏》也，非唯不可为鲁、卫之政，差肩雁行，亦有云泥路阻，君臣礼隔者矣。”② 浦起龙按语曰：“此亦《申左》之余也。《申左》多论载事是合离，此条乃论文字之工拙。”③ 刘知几从《左传》的叙事文字风格、才思造诣、内容等方面，与《公羊》《穀梁》二传的比较来说明《左传》的叙事成就，是一篇史学家眼中关于《左传》文学特征的概括性纲领。韩愈在《进学解》中亦曰“《春秋》谨严，《左氏》浮夸”。韩氏认为《左传》浮夸，其着眼点即在阐明其文辞富赡。

五代受唐朝尚文之风的影响，对原本作为经典的《左传》，亦有人从文章学的角度入手整理或研究。蹇遵品之《左氏传引贴断义》即为其代表，《文献通考·经籍考》录《左氏传引贴新义》一书，下云“《崇文总目》伪蜀进士蹇遵品撰，拟唐礼部试进士帖经旧式，复经具对”④。《崇

① （晋）范宁：《春秋穀梁传集解·序》，文渊阁《四库全书》本，经部，第145册，第543页。

② （唐）刘知几：《史通·外篇·杂说上》，地赵吕甫校注《史通新校注》，重庆出版社1990年版，第890页。

③ （清）浦起龙：《史通通释》卷16，文渊阁《四库全书》本，史部，第685册，第385页。

④ （宋）马端临：《文献通考》卷182，中华书局211年版，第1569页。

文总目》卷1录此书为《左氏传引贴断义》十卷，钱东垣按曰："《通考》'断义'作'新义'，旧本'帖'讹为'古'，今校正。"[①] 蹇遵品为五代后蜀进士，蹇氏把《左传》作为进士考试时帖经议论的材料，具有范文的性质，似近于南宋吕祖谦之《左氏博议》。[②]

隋唐五代时期巴蜀的经学文献除易类和《春秋》类外，其他经学文献则相对较少，且大多亡佚，亦无甚新意。《尚书》学文献仅有冯继先之《尚书广疏》十八卷和《尚书小疏》十三卷，而冯氏之《尚书》学以孔颖达《尚书正义》为本，只是"小加己意"，未有新创见。诗学文献则无一部，《孝经》和乐学文献都已亡佚，至于礼，仲子陵在大历时期，虽以礼标新立异，惜其二书早已不可得见，故无从考释其思想之大概。"小学"类文献数量虽多，但多与隋唐书法相关联，如李阳冰之《说文刊定》、李腾集之《说文字源》、林罕之《字源偏傍小说》等，并非纯粹的经学文献。唯毋昭裔之《尔雅音略》，乃对释智骞及陆德明《释文》的文义进行重新厘定，惜已亡佚。隋唐五代巴蜀之经学文献大致如此，而其最具代表性的经学成就则非孟蜀石经莫属。

石经之刊刻渊源有自，自汉以迄于唐，迭有所出。后蜀之石经以后唐石经为蓝本，《玉海》卷43"后唐九经刻板"条载："伪蜀相毋昭裔，取唐太和本，琢石于成都学官。"[③] 孟蜀石经之刊刻时间，吴任臣一谓琢石刊经在广政七年（944），又谓在广政十四年（951）。而七年之说本乎宋席益《府学石经堂图籍记》，曰："伪蜀广政七年，其相毋昭裔按雍都旧本'九经'，命平原令张德钊书而刻诸石"[④]；十四年之说宋人洪迈亦有提及，其《容斋续笔·周蜀九经》云："成都石经本诸经……题云广政十四年，盖孟昶时所镌，其字体亦皆精审。"[⑤] 而曾宏父则认为孟蜀石经创刻于广政元年（938），而七年、十四年之说乃其中四部经典之刊成年

---

① （宋）王尧臣等编次，钱东垣等辑释：《崇文总目》卷1，《丛书集成初编》，第27页。

② 按：关于《左传》之文学性研究，具体可参见黄鸣之博士学位论文《春秋时代的文学与文学活动——〈左传〉研究札记》（复旦大学，2006年）。

③ （宋）王应麟：《玉海》卷43，光绪九年浙江书局刻本，第811页。

④ （宋）席益：《府学石经堂图籍记》，载（明）杨慎撰，刘琳、王晓波点校《全蜀艺文志》卷36，线装书局2003年版，第999页。

⑤ （宋）洪迈：《容斋续笔》卷14，文渊阁《四库全书》本，子部，第851册，第516页。

岁，其《石刻铺叙》载："益郡石经肇于孟蜀广政，悉选士大夫善书者，模丹入石。七年甲辰，《孝经》《论语》《尔雅》先成，时晋出帝改元开运。至十四年辛亥，《周易》继之，实周太祖广顺元年（951）。《诗》、《书》、"三礼"不书岁月，逮"《春秋》三传"则皇祐元年（1049）九月讫工，时我宋有天下已九十九年矣。通蜀广政元年肇始之日，凡一百一十二禩成之，若是其艰。又七十五年宣和五年（1123）癸卯，益帅席贡始凑镌《孟子》、运判彭慥继其成。"[①] 曾氏之说甚是，孟蜀石经实广政元年（938）刊刻，历七年而《孝经》《论语》《尔雅》三部经典告成，十四年《周易》刊成。自广政元年（938）至后蜀灭亡，凡二十七年，石刻经典完成九部又半，另《公羊》《穀梁》二传及《左传》之半，至赵宋皇祐元年方完刻。又宋宣和五年（1123）成都都帅席贡及运判彭慥将《孟子》十二卷镌刻于成都学官，至此"十三经"在蜀地完成集结，中国经学随之迈入"十三经"时代。

关于"蜀石经"之意义，前辈学者多有论述，具体可参看舒大刚先生《"蜀石经"与〈十三经〉的结集》[②]。今笔者试据唐宋时代"褒崇先圣"之周、孔、颜、孟地位之变化，来揭示"蜀石经"之意义。自唐至宋，朝廷对先圣之褒崇大体经历了周孔→孔颜→孔孟的新变化，唐武德初尊周公为先圣，孔子为先师；贞观时停祭周公，以孔子为先圣，颜回为先师。其后虽有微调，但变化不大。[③] 逮及赵宋，神宗熙宁七年（1074），诏封孟轲邹国公，元丰七年（1084）孟子入孔庙配享孔子，并要求国子监及天下学庙都塑孟子像，孟子与颜回一样以塑像跻身"配食"之列。同时《孟子》亦列于学官，升为"兼经"，成为科举考试的内容之一。南宋时朱熹将《孟子》与《大学》《论语》《中庸》结集成册后，《孟子》合入"四书"便成为不易之论，孟子其人的地位也愈益稳固，虽然此时孟子尚未有"亚圣"的桂冠，但已超越颜子、曾子、子思，成为仅次于孔子的儒家人物，孔孟并称基本奠定。

① （宋）曾宏父：《石刻铺叙》卷上，文渊阁《四库全书》本，史部，第682册，第40页。

② 参见舒大刚《"蜀石经"与〈十三经〉的结集》，《周易研究》2007年第6期。

③ 参见（宋）王溥：《唐会要》卷35，文渊阁《四库全书》本，史部，第606册。

终唐一代《孟子》始终未能跻身入经，但唐末《孟子》地位的“升格”[①] 无疑为《孟子》在宋代大放异彩奠定了基础，正如赵翼所言：“宋人之尊孟子，其端发于杨绾、韩愈，其说畅于皮日休也。”而自皮日休之后，“蜀石经”将《孟子》刊刻入石，并与其他“十二经”同列于学宫，这是《孟子》升经的前奏，更为后来《孟子》升列经典做了文本上的探索和准备。孟蜀广政元年（938）至赵宋宣和六年（1124），历一百八十六载，“十三经”之经注合刻官本最终刊定，儒家“十三经”完成了文本和经义上的认定。伴随儒家经典体系的结集和传播，《孟子》引起士人的广泛关注，孟子的道统地位亦最终确定。“唐宋古文，以经、史、子三者为本”[②]，这是对唐宋学术的综合概括。细言之，唐初经学独尊，史学亦重，中唐以后子学兴盛，至宋“四书”取代“五经”，经典体系发生变化，而中唐子学之兴与对《孟子》的重视正是这一学术传统转变的开端。“《孟子》之刻入石经，标志着儒学从‘尊经重传’，到‘尊经重子’传统的转变；也预示着儒学从重视‘经学’到重视‘理学’的时代的来临。”[③]

三　隋唐五代巴蜀经学文献的地位

隋唐五代时期蜀学“异军突起”，成果辉煌灿烂，处于蜀学百花园中的经学，虽然其间不乏奇葩闪现，但终显势单力薄。从历史的大脉络来看，仅就其数量而言，也是平平，这或许和整个隋唐时期经学环境有关。但五代前、后蜀时期的经学却在乱世中傲然挺秀。兹就其意义，略述之。

五代十国，武夫割据，裂土为邦，其君主或为罪犯，或为盗贼，贪婪刻削，牛马役人，以致“礼乐崩坏，三纲五常之道绝，而先王之制度文章，扫地而尽于是矣”[④]，故欧阳修撰《五代史记》而不著《艺文》。

① 按：周予同先生曾将唐宋间孟子地位上升的状况称为“孟子升格运动”，详见周予同《群经概论》，上海人民出版社 1983 年版。

② （清）阮元：《揅经室二集》卷 2《扬州隋文选楼记》，中华书局 1993 年版，第 388 页。

③ 舒大刚：《“蜀石经”与〈十三经〉的结集》，《周易研究》2007 年第 6 期。

④ 《新五代史》卷 17《晋家人传》，中华书局 1974 年点校本，第 188 页。

七八百年而下，吴任臣著《十国春秋》，因“世远人湮，书册难考”[①]，虽是书百余卷，学术文化部分却少。后顾櫰三据“五代人所自为书，广为搜辑，仿前史经、史、子、集例，分类而条列之”[②]，成《补五代史艺文志》，亦仅一卷。当彼之时，虽有雕版印刷之发明，成为典籍流传之助，“然以兵燹之常来，故典籍聚散无常，未尝不甚南北朝时期焉”[③]。十国之中，前、后蜀立官学、开贡举、聚典籍，通经著述之士不乏其人，更有后蜀后主孟昶刊石刻经，前、后蜀之经学冠绝其时。

“蜀学之盛，冠天下而垂无穷者，其具有三：一曰文翁之石室；二曰周公之礼殿；三曰石壁之九经。”[④] 石壁“九经”作为前、后蜀经学的代表，在流传千载、自成一脉的蜀学谱系中昂然高标。

唐亡而五代继之，自梁太祖开平元年（907）以至周世宗显德六年（959），此四十余年之政治史，称“五代十国”。隋唐连称，则多冠以“隋唐五代”或“五代残唐”，盖因五代多与唐制有关。对于经学而言，前、后蜀经学继承了唐后期经学致力于革新的风气，《春秋》学颇为发达，且受唐重文之风的影响，显现些许以文学解《春秋》的痕迹。前、后蜀易学发达，尤其是彭晓《周易参同契分章通真义》中所附诸图对宋初理学家周敦颐创作《太极图》启发甚大。前、后蜀时期，经学多私相传授，这与汉儒传经传统近似，亦是中唐以后民间学术群体之流裔。前、后蜀之经学既是隋唐经学的遗续，亦可作为宋代理学之先声，在唐宋学术由经学向理学的转变中承前启后。赵宋进一步拓展前、后蜀之文教事业，增学馆、续石经、成就斐然。

唐末以来，藩镇割据，战火纷飞，巴蜀以其安定的环境，吸引了大批移民。移民入蜀，在带来大量劳动力的同时，也带来了文化的种子。前、后蜀之经学、文学、艺术在这一时期大放异彩，俨然当时学术文化的中心，更是宋代中国古代文化中心转移完成的序曲。

---

① （清）吴任臣撰，徐敏霞、周莹点校：《十国春秋·序》，第1页。

② （清）顾櫰三：《补五代史艺文志》，《二十五史补编》，中华书局1995年版，第7753页。

③ （清）陈登原：《古今典籍聚散考》，上海书店1983年版，第188页。

④ （宋）吕陶：《经史阁记》，载（明）杨慎撰，刘琳、王晓波点校《全蜀艺文志》卷36，线装书局2003年版，第996页。

再造文化中国

——中华道统与熊十力、唐君毅的文化使命

吴龙灿*

摘　要：中华道统不仅是中国人身份认同、文化认同的精神内核，也是中国传统社会统治者政治合法性的必要依据。政统、学统最终都要以道统为准绳加以衡量，才能判断其是否具有道德、价值、文化的正当性，而在当代，传承中华道统正是唐君毅的文化使命。现代新儒家在近代以来的文化危机中以中华道统传承者自任，力图重建中国文化精神，为百年来抵制反传统和全盘西化思潮、维护中华道统不坠立下不朽的文化功绩。再造文化中国这一现代新儒家中华道统使命的圆成，熊十力体用不二的哲学体系为之立下根基，而唐君毅人文精神重建的文化哲学体系则为之奠定规模。唐君毅在现代新儒家中的地位也正如朱子之于宋明理学，是中国道统在当代的集大成的人物。

关键词：唐君毅　熊十力　现代新儒家　中华道统　文化中国

中华道统是中国人的血脉灵根，然而百年文化断裂却一度使之黯然不彰、花果飘零，于是现代新儒家贤哲，返本开新，灵根自植。再造文化中国这一历史使命，是现代新儒家中华道统意识的核心内容。熊十力、

---

* 作者简介：吴龙灿，生于1969年，浙江永嘉人，温州大学人文学院教授、硕士研究生导师。主要研究方向：中国哲学、历史文献学。

唐君毅师徒自觉地承担这一使命，发展出独步现代的中华文化哲学体系。本文从中华道统溯源、道统传承自觉担当和再造文化中国努力等几个方面阐述唐君毅师徒的中华道统担当和文化使命圆成。

一 中华道统与现代新儒家的道统意识

孔子说："人能弘道，非道弘人。"（《论语·卫灵公》）中华文化发展的一个重要特征，那就是历史上每到一个中华民族文化面临挑战和出现危机的时候，必有圣贤出并继承、发展伟大的中华文化传统，树立彰显中华传统文化主体性的中华道统旗帜。中华道统的提法，源自扬雄、韩愈、朱熹在中国文化主流——儒家思想面临异化的文化危机之中提出的道统说。中华道统不仅是中国人身份认同、文化认同的精神内核，也是中国传统社会统治者政治合法性的必要依据。政统、学统最终都要以道统为准绳加以衡量，才能判断是否符合华夏正统，即是否具有文化、道德、价值的现实正当性。现代新儒家在近代以来的文化危机中以中华道统传承者自任，力图重建中国文化，为百年来抵制反传统和全盘西化思潮、维护中华道统传续立下不朽的文化功绩。中华道统的传承，不仅为历代圣贤所重，也为普通百姓和统治者所仰赖。一方面在于民族认同、文化认同、身份认同、价值认同，中华道统是确立中华民族的主体性，是每一个中华儿女安身立命的道德和价值基础，失之则"非中国人"，乃至"非人"；另一方面是一个中国统治者确立统治地位合法性的根本依据，无之则天下众叛亲离。

据蔡方鹿先生研究，中华道统有广义和狭义之分："广义的道统思想指在中国文化史上客观存在的，以儒学道统论及其发展演变为主要线索，吸取容纳了中国文化各家各派思想而形成的中华道统思想。狭义的道统思想即指关于儒家圣人之道的理论及其传授系统说。"① 蔡方鹿认为，广、狭两义的中华道统之间既有联系又有区别："广义的中华道统思想以儒家道统为主导；儒学作为中华文化发展的主流，其道统思想亦成为中华道

① 蔡方鹿：《中华道统思想发展史》，四川人民出版社2003年版，第2页。

统思想发展的主流及其理论的主要构成。”[①] 但广义的中华道统还包括了道家等中国文化各家各派的道论，以及吸收了佛教、西学等外来文化的有关思想，具有较强的开放性与包容性；而狭义的中华道统即儒家道统比较认同自身的理论，为了继承和维护孔孟之道，具有一定的独立性与排他性。而这种区分又是相对的：“因儒家文化本身就是一个开放性的文化系统，具有容纳吸收各家文化优长的特点，这也体现了中华文化的一个基本特质。”[②] 按照蔡先生的分析，中华道统可划分为四个发展阶段：（一）从伏羲到周公，以文王仁政和周公之礼为代表；（二）从孔子到汉儒，以孔孟仁义之道为代表；（三）从韩愈到程朱陆王，以超越时代的心传说和天理论为代表；（四）20 世纪 20 年代以来的现代新儒家，以由内圣心性之学开出科学民主新外王说为代表。[③] 蔡先生对中华道统内涵的定义和历史的把握，为我们探讨现代新儒家的道统意识提供了参照体系。

考察中华文明史，我们发现，每到历史交接点，都是中华文化传统式微转型、起衰救弊的时候，中华文化传统面临危机而圣贤必出而勉强振兴。殷商之际，文武革命之后，百废待兴，周公损益夏商二代，制礼作乐；春秋末年，礼坏乐崩，诸侯争霸，孔子删述“六经”，打破“王官之学”的垄断地位，使君子之学下播民间。其余曾被认为道统传承者的孟子、荀子、董仲舒、扬雄、韩愈、程朱等，莫不面临中外异端文化猖獗、中华传统文化正道衰微之时。鸦片战争以来，晚清政府腐败无能，任凭西方列强坚船利炮欺凌蹂躏；清民之际，科举考试废除，经学教育取消，“五四”反传统和全盘西化思潮席卷中国，中华道统堕入历史最低谷！被摧毁了文明自信和文化自觉的无根的中国人，何其悲哉！在百年传统断裂之时，海内外民间以存续中华道统慧命为己任的现代新儒家，返本开新，继往开来，使中华道统得以绪脉不坠。

熊十力、唐君毅等现代新儒家处于比自元至清的中华道统极衰期更为惨淡的国土沦丧、斯文坠落的近现代时期。据郭齐勇先生定义，所谓“现代新儒家”，是在辛亥革命或五四运动以后，主要是“后五四时期”，

---

① 蔡方鹿：《中华道统思想发展史》，第 2 页。

② 蔡方鹿：《中华道统思想发展史》，第 2 页。

③ 参见蔡方鹿《中华道统思想发展史》，四川人民出版社 2003 年版。

面对西方文化的冲击，在“儒门淡泊”的背景下，认同儒学（特别是宋明儒者的心性之学）的基本价值，并在新时代的条件下加以创造性的发展的一种学说、一个流派或思潮。其代表人物有：梁漱溟、张君劢、熊十力、马一浮、冯友兰、贺麟、钱穆、方东美、唐君毅、牟宗三、徐复观等两代思想界或学者，以及受他们思想影响的第三代新儒家。[①] 其中第一代当代新儒家代表人物熊十力（1885—1968）、冯友兰（1895—1990）、金岳霖（1895—1984）、贺麟（1902—1992）四先生之哲学是“后五四时期”（20 世纪三四十年代）同时也是中国非马克思主义哲学的最高成就。[②] 第二代代表人物唐君毅（1909—1978）、牟宗三（1909—1995）、徐复观（1903—1982）三先生，构成当代港台新儒学的重镇。[③] 现代新儒家共同的、终极的关怀是重建中国哲学，尤其是他们的形而上学。他们的哲学出现的文化背景，是 19 世纪末至 20 世纪初，特别是“五四”时期，在激烈的文化冲突中产生的这一现代批评传统和以传统批评现代的双向互流的文化思想运动。正是在这样的文化背景下，通过对中外文化精髓的深层反省，他们摆脱了情绪化的对峙，开始了真正意义上的“新的综合”，即在吸收融化、超越扬弃中外文化遗产的基础上，重建民族文化精神。他们的哲学出现的时代背景，是百多年来深重的民族危机，尤其是在抗日战争时期，在艰难困苦、颠沛流离之际，他们满怀深挚而悲愤的忧患意识和中华民族必定复兴的坚定信念，发愤创制了各具特色的民族化的哲学体系，在吸收古今中、西、马思想资源的基础上，坚守了民族文化的主体性，为传统哲学的现代化进行了难能可贵的探索。他们面临的、必须做出回应的主要有三个问题。第一，如何在哲学层面上论证中国社会与中国文化的现代化，这是外王学的问题。第二，在欧风美雨冲刷之后，如何重新寻找我们民族失落了的精神家园，重新确立传统知识分子对宇宙、人生的根本意义的终极信念，这是内圣学的问题。第三，

① 参见郭齐勇《试论现代新儒学的几个特点》，载郭齐勇《郭齐勇自选集》，广西师范大学出版社 1999 年版。

② 参见郭齐勇：《熊十力、冯友兰、金岳霖、贺麟合论》，载郭齐勇《中国哲学智慧的探索》，中华书局 2008 年版。

③ 参见郭齐勇：《唐君毅、牟宗三、徐复观合论》，载郭齐勇《中国哲学智慧的探索》，中华书局 2008 年版。

能否重新使中国哲学挺立于世界现代文化之林，使之与当代世界各种思潮对话，取决于中国哲学家能否现代化地建构我们固有的文化精神、哲学智慧。这是中国哲学自身建设的问题。熊、冯、金、贺通过不同的理路，使用“体”“理”“道”“仁”“诚”“心”等不同范畴与范畴体系，以及不同的方法论重建传统的形而上学，捕捉到中国人关于精神世界和自身之觉解的共同本质，把握了人之所以为人、中国人之所以为中国人之“本”，即人生最根本的信念、信仰、依托、根据和动力，认为无论人们从事什么活动，政治的、经济的、科学的、文化的，如此等等，都必须有作为终极存在物的本体的支撑，失去了这一终极托付，就会像断了线的风筝。一个国家、一个民族抛弃了它，就会成为文化的殖民地；一个人抛弃了它，就会变成没有道德人格、没有主心骨的逐臭之蝇，就会异化为“非人”。[1] 唐、牟、徐三先生维护、发掘、发展中国文化的精神价值，融合中西重建新儒学，由于特殊的政治状况和文化环境，使得熊十力的这三位弟子互相支撑，成为现代新儒家第二代的中坚力量和第三代师长。例如，徐复观的时评、论战摧陷廓清，为哲学思想史研究和中西文化比较打下了坚实的基础；牟宗三建构、化约道德形而上学；唐君毅展开、泛化文化论与文化哲学，三位丰硕的学术成果和积极的学术活动，相互配合、相得益彰，形成流派，影响后学。[2]

现代新儒家代表人物有着自觉而强烈的道统意识，熊十力在 1925 年说：“吾所欲发抒者，至大至要，天不丧斯文，必将有以庇我矣。”[3] 梁漱溟在 1942 年说：“孔孟之学，现在晦暗不明。或许有人能明白其旨趣，却无人能深见其系基于人类生命的认识而来，并未之先建立他的心理学而后乃阐明其伦理思想。此事唯我能做。又必于人类生命有认识，乃有眼光可以判明中国文化在人类文化史上的位置，而指证其得失。此除我外，当世亦无人能做。前人云：‘为往圣继绝学，为万世开太平’，此正

① 参见郭齐勇《熊十力、冯友兰、金岳霖、贺麟合论》，载郭齐勇《中国哲学智慧的探索》，中华书局 2008 年版。

② 参见郭齐勇《唐君毅、牟宗三、徐复观合论》，载郭齐勇《中国哲学智慧的探索》，中华书局 2008 年版。

③ 熊十力：《与梁漱溟》（1925 年 3 月 29 日），载萧萐父主编《熊十力全集》第 8 卷，湖北教育出版社 2001 年版，第 381 页。

是我的使命。《人心与人生》等三书要写成，我乃可以死得；现在则不能死。我若死，天地将为之变色，历史将为之改辙，那是不可想象的，乃不会有的事。"[1] 马一浮则仁以为己任、倡明六艺统摄一切学术。熊十力、梁漱溟、马一浮因以道统存续者自任而被称为"现代三圣"，此中华民国之中华道统所系。20 世纪 50 年代起弘扬中国文化的熊十力的弟子唐君毅、牟宗三、徐复观，世称"熊门三子"。"熊十力与他的高足唐君毅、牟宗三、徐复观诸先生的关系，及他们师弟对中国现代人文精神的重建，是本世纪中国哲学史上的一段有趣的佳话和颇有深意的文化现象。"[2] 唐君毅属"仁者"型，建构中华人文世界；牟宗三属"智者"型，建构道德理想主义；徐复观属"勇者"型，以忧患意识重建中国政治传统，各得乃师之一体，此当代之中华道统所系。

现代新儒家的使命内涵，牟宗三 1948 年在大陆时曾宣之："自孔、孟、荀至董仲舒，为儒学第一期，宋明儒为第二期，今则进入第三期。儒家第三期之文化使命，应为'三统并建'，即重开生命的学问以光大道统，完成民主政体建国以继续政统，开出科学知识以建立学统。"(《重振鹅湖书院缘起》) 在 1959 年写的《道德的理想主义》序中，牟宗三认定中华道统的中心观念为："曰即孔孟之文化生命与德慧生命所印证之'怵惕恻隐之仁'是也。"并阐发"三统并建说"之内涵："一、道统之肯定，此即肯定道德宗教之价值，护住孔孟所开辟之人生宇宙之本源；二、学统之开出，此即转出'知性主体'以融通希腊传统，开出学术之独立性；三、政统之继续，此由认识政体之发展而肯定民主政治为必然。"[3] "三统并建说"既确立了现代新儒家的历史地位，也明确了现代新儒家中华道统传承的历史使命。

现代新儒家的中华道统的承续使命和当代表述，则集中体现在 1958 年元旦在《民主评论》发表、由唐君毅起草，牟宗三、徐复观、张君劢联合签名的《为中国文化敬告世界人士宣言——我们对中国学术研究及

---

① 梁漱溟：《香港脱险寄宽恕两儿》，《梁漱溟全集》，山东人民出版社 2005 年版，第 6 册，第 343 页。

② 郭齐勇：《唐君毅与熊十力》，台湾《鹅湖》第 164 期，1989 年 2 月。

③ 牟宗三：《道德的理想主义》，台北：台湾学生书局 2000 年修订版，第 5—6 页。

中国文化与世界文化前途之共同认识》[①]。此宣言的目的是要阐明“我们对中国文化之过去与现在之基本认识及对其前途之展望，与今日中国及世界人士研究中国学术文化及中国问题应取的方向，并附及我们对世界文化的期望”。他们真切地相信“中国文化问题，有其世界的重要性”，而“中国与世界人士研究中国学术文化者，须肯定承认中国文化之活的生命之存在”。又认定中国文化之性质是具有永久承续的中华道统这一“一本性”：“此一本性乃谓中国文化在本原上是一个文化体系。此一本并不否认其多根。此乃比喻在古代中国，亦有不同之文化地区。但此并不妨碍中国古代文化之有一脉相承之统绪。殷革夏命而承夏之文化，周革殷命而承殷之文化，即成三代文化之一统相承。此后秦继周，汉继秦，以至唐、宋、元、明、清，中国在政治上有分有合，但总以大一统为常道。且政治的分合，从未影响到文化学术思想的大归趋，此即所谓道统之相传。”中华道统的内核为心性之学传统：“共认此道德实践之行，与觉悟之知，二者系相依互进，共认一切对外在世界之道德实践行为，唯依于吾人之欲自尽此内在之心性，即出于吾人心性自身之所不容自已的要求；共认人能尽此内在心性，即所以达天德，天理，天心而与天地合德，或与天地参。此即中国心性之学之传统。”他们认为唯有传承、发展他们坚信的这一以心性之学传统为代表的中华道统，才能在现代开出以科学和民主为现实内涵的新外王。

二　熊十力与唐君毅的道统授受

熊十力和唐君毅作为现代新儒家第一代、第二代的核心代表人物，都曾出入儒释道、比较中印西的早年学术探索经历，最后都归宗儒家，以弘扬中华道统自任，以再造文化中国为历史使命。熊十力与唐君毅师徒之间的中华道统授受，是现代新儒家中华道统传承和发展

① 牟宗三、张君劢、徐复观、唐君毅：《为中国文化敬告世界人士宣言——我们对中国学术研究及中国文化与世界文化前途之共同认识》，《民主评论》1958 年 1 月；《中国文化与世界——我们对中国学术研究及中国文化与世界文化前途之共同认识》，载《唐君毅全集》卷 4，台北：台湾学生书局 1991 年版，第 1—67 页。

的典范。

唐君毅自幼形成了发愤为学、希圣希贤、高扬中华文化的志向，在他十五岁生日那天的日记中即赋诗明志："孔子十五志于学，吾今忽忽年相若。孔子十七道中庸，吾又何能自菲薄？……孔子虽生知，我今良知又何缺？圣贤可学在人为，何论天赋优还劣。"又曰："泰山何崔巍，长江何浩荡。郁郁中华民，文化多光芒。非我其谁来，一揭此宝藏。"① 1925年，唐君毅考入北京大学，师从熊十力先生，从此道脉生焉。据郭齐勇先生研究，早年唐君毅认为唯有由科学以通哲学是哲学的正途，对熊十力《新唯识论》所讲宇宙有大生命完全不能把握，师徒间时有辩难，《十力语要》卷2所载20世纪30年代中后期在通信讨论心与性、科学真理与玄学真理、思辨与体认的关系问题时，熊十力洋洋万言详为之解。唐君毅考虑的是如何从分析科学中之概念、假说以汇归或依附玄学，即科学真理与哲学真理的流通问题，而熊十力则批评近世学术，重客观而黜主观，虽于物理多所甄明，而于宇宙真理、人生真性之体验，恐日益疏隔而陷于迷离状态，科学解析只能得宇宙之分殊，玄学证会才能得宇宙之浑全。熊十力关于建立道德心性为本体的文化哲学思想，一直到1942年才为唐君毅所接受。唐君毅学术思想的重大转折发生在1924—1944年，1943年出版、收集了1934—1941年所写的论文——《中西哲学思想之比较研究集》代表了唐君毅早期思想，而1944年出版的《人生之体验》《道德自我之建立》才成为其新的界碑，由思辨地了解世界和自然宇宙论的观念转变为体悟地理解世界、确立道德自我的中心观念，这一过程变化的内因是唐君毅本人的生活体验。外因一是受德国唯心论如康德，特别是黑格尔的影响；二是受熊十力、梁漱溟、钱穆、蒙文通、方东美、宗白华诸师和程兆熊、牟宗三、李澄源、邓子琴诸友的影响。而唐君毅实现思想转变及对中国哲学的全面体悟乃深刻地受到熊十力其人其学的精神感召、思想影响。② 其晚年在日记中写道："昨夜睡不成眠，念自己学问，实无功夫，实庸人之不若，如何可至于圣贤之途？"（1976

① 唐君毅：《15岁生日诗》，转引自胡治洪《唐君毅》，云南教育出版社2008年版，第10页。

② 参见郭齐勇《熊十力哲学研究》，人民出版社2011年版。

年8月13日）此距归道仅两年，仍为圣贤之途念兹在兹而夜不成寐。

熊十力对唐君毅寄托了中华道统传承的期许。早在1936年，熊十力在信中勉励唐君毅："君毅有才气而能精思，吾所属望至切，倘得缘会，析诸疑义。则孤怀寂寥之余，良得所慰已。"① 此类寄望之语言谈书札间常常可见。中华人民共和国成立前夕，熊十力寄语海外游子，托付其志：

> 胡清二三百年，早无学术，人习浮妄所以成今局。复观推尊君毅人文社会文，此在时贤中自是难得，然老夫则欲其百尺竿头无忘求进。人文社会所以异于偏尚科学化之唯偏重经济与政治之严密组织与各专门技术等等而日趋于物化者（人文至此为长远），其必别有致力处，必有所归趋与真实据处。《示要》于变知常之义，在《示要》随处发挥（如九义之本于仁、《大学》之三纲八目总于致知诚意以立格物之本，中卷之始于立志与三畏、《易》之仁体，《春秋》之元、《尚书》之中，不能胜述）。若于此不能有真切发挥处，第泛言艺术、宗教、哲学、道德等语，恐终不会有根据处也。艺术、宗教、哲学、道德等学目固可列举，但须发明大本，而后言此等学目，皆为研讨之资，则吾亦赞成。……如谈未来之人文社会而不深穷一个超科学而并不遗科学、不遗科学而实超科学化之另一高尚路向，与更有致广大尽精微极高明道中庸（起细碎观会通）之道理在，为人类所不容不更求上进者，则如何得拔于物化之中？何以异于今之社会？君子于其言，无苟而已。……君毅吾倚以寄吾志者，年来于彼责之严，彼或不知吾之意，而反怪吾之不了彼也，岂不痛哉！……年来西学小生，以中国哲学与文化为艺术的，吾痛心此等奴性发于政治方面，则为人奴而不惜者，良有以也。禹拜昌言，子路人告之以有过则喜。君毅如志天民大人之学，幸勿自足而忘老人之戒！②

因时遭政治巨变，熊十力留居大陆前程未卜，言之切切，期之殷殷，此

① 熊十力：《答君毅书》，载萧萐父主编《熊十力全集》第8卷，第129页。

② 熊十力：《与张丕介、徐复观、唐君毅、钱穆、牟宗三》（1949年9月7日），载萧萐父《熊十力全集》第8卷，第588—589页。

信作熊十力与唐君毅之间中华道统授受之象征，亦无不可。

而唐君毅亦自认承续熊十力思想之衣钵。1951 年，唐氏自述中心观念转变："论文化最重要者，在所持以论文化之中心观念。如中心观念不清或错误，则全盘皆错。余在当时，虽已泛滥于中西哲学之著作，然于中西思想之大本大源，未能清楚。当时余所谓天人合一之天，唯是指自然生命现象之全，或一切变化流行之现象之全……对中国哲学思想，唯于心之虚灵不滞、周行万物一义，及自然宇宙之变化无方无往不复二义，有一深切之了解……又受新实在论者批评西方传统哲学中本体观念之影响，遂对一切所谓形而上之本体，皆视为一抽象之执着。故余于中国文化精神一文，开始即借用《易经》所谓'神无方而易无体'一语，以论中国先哲之宇宙观为无体观。此文初出，师友皆相称美，独熊先生见之，函谓开始一点即错了，然余当时并不心服……唯继后因个人生活之种种烦恼，而于人生道德问题，有所用心，对'人生之精神活动，恒自向上超越'一义，及'道德生活纯为自觉的依理而行'一义，有较真切之会悟，遂知人有其内在而复超越的心之本体或道德自我，乃有《人生之体验》《道德自我之建立》二书之作，同时对熊先生之形上学，亦略相契会。"① 1969 年，唐君毅在晚年定论之作《生命存在与心灵境界》的后序中，又重提熊先生对他的启发、引导，同时又指出，他在哲学义理上所契于熊先生的，是先已有所见得而后有所印证、契合的。

唐君毅在熊十力 1968 年逝世时拟《熊十力先生追悼会发起词》时说："当代儒宗、哲学先辈黄冈熊十力氏于前月逝世上海旅寓，寿八十六岁。熊氏少年参加辛亥革命，旋专力治学，由道而佛，由佛而儒。1921 年后，始讲学于北京大学、中央大学等校。其三十年前出版之《新唯识论》《十力语要》《读经示要》诸书，对中国思想界之专门学者，其影响至深至巨。西方、印度学者论述中国现代学术思想者，亦莫不及于熊氏之学。熊氏二十年来，息影沪滨，仍有自印之《乾坤衍》《明心篇》《韩非子评论》《原儒》之著行世，守死善道，未尝一语自离其宗。其交游与弟子门人，遍海内外，知名当世者，不可胜数。而熊氏则如神龙之潜渊，

① 唐君毅：《中国文化之精神价值·自序》，台北：正中书局 1987 年版，第 3—4 页。

独与天地精神相往来，玄览全生而全归。”[1] 此书深情而中肯地表达了对熊先生传承中华道统的人生赞颂，亦见自觉传承熊先生遗志之志愿。

与唐君毅同承熊十力道脉的牟宗三，高度评价熊十力为当今唯一“能直通黄帝尧舜以来之大生命而不隔”之圣者，高度评价唐君毅为“文化意识宇宙的巨人”。他这样定位熊十力、唐君毅和自己的关系：“生我者父母，教我者熊师，知我者君毅兄也。”（《五十自述》）又说：“我与熊先生相处，得以提斯吾之生命使不坠；与唐先生相聚谈，得以开发吾之慧解于多方。”[2] 他评价熊十力：“熊师那原始生命之光辉与风姿，家国天下族类之感之强烈，实开吾生命之源而永有所向往而不至退堕之重大缘由。吾于此实体会了慧命之相续。熊师之生命实即一有光辉之慧命。当今之世，唯彼一人能直通黄帝尧舜以来之大生命而不隔。此大生命是民族生命与文化生命之合一。他是直顶着华族文化生命之观念方向所开辟的人生宇宙之本源而抒发其义理与情感。他的学问直下是人生的，同时也是宇宙的。”（《五十自述》）评价唐君毅：“唐先生是‘文化意识宇宙’之中巨人，亦如牛顿、爱因斯坦之为科学宇宙之巨人，柏拉图、康德之为哲学宇宙中之巨人。吾这里所谓‘文化意识宇宙’与普通所谓‘文化界’不同，文化意识不同于文化。这一个文化意识宇宙是中国文化传统之所独辟与独显的。它是由夏商周之文质损益，经过孔孟内圣外王成德之教，而开辟出。此后中国历史之发展，尽管有许多曲折，无能外此范宇，宋明儒是此宇宙之巨人，顾、黄、王亦是此宇宙之巨人。唐先生是我们这个时代此宇宙之巨人。唐先生不是此宇宙之开辟者，乃是宇宙之机承与弘扬者。”[3] 以牟宗三之耿直，及作为“熊门三子”和最了解唐君毅的现代新儒家代表人物，特予表彰唐先生为继承和弘扬中华道统之巨人，列入与现代新儒家所表彰的孔孟，宋明儒，顾、黄、王等中华历代圣贤道统传承谱系，绝非虚言妄语，唐先生在天之灵，应会当仁不让。

---

① 唐君毅：《熊十力先生追悼会发起词》，载唐君毅《中华人文与当今世界补编》，广西师范大学出版社 2005 年版，第 960 页。

② 牟宗三：《哀悼唐君毅先生》，《明报月刊》1978 年第 13 卷 3 期。

③ 牟宗三：《哀悼唐君毅先生》，《明报月刊》1978 年第 13 卷 3 期。

三　文化中国再造之使命担当

熊十力与唐君毅的第三期中华道统建构较完整地代表了现代新儒家再造文化中国的中华道统传承使命。现代新儒家再造文化中国的基本范式是内圣开出新外王，包括两个方面：内圣的创造性转化和外王的创新性发展。在这两方面熊十力与唐君毅都有独步现当代的建构发明。

唐君毅直承其师熊十力，传承中华道统的问题意识在于再造文化中国。鸦片战争以来，中国内忧外患，民族危机深重，濒临亡国亡种。在中西古今之争的反思中，随着文化自信的迷失和学习西方风气的形成，中国文化和中国哲学处于剧烈转型时期。尤其是“五四”前后的新文化运动，打倒“孔家店”、反传统和“全盘西化”，造成了传统文化的深刻断裂。而这正是熊十力和唐君毅亲身体会的中国文化危机，无论身处大陆还是海外，他们提撕爱国仁心，为存续华夏慧命、再造文化中国而奋斗到最后一息。

熊十力通过对中国文化历史传统的认识批判，认为中西皆有体用，不可割裂，中西之学应当“互济而不可偏废”（《读经示要》），要在吸收中西之长中再造中体，重建中用。他提出复兴晚周文化的主张，认为“‘六经’为中国文化与学术思想之根源，晚周诸子百家皆出于是，中国人做人与立国之特殊精神实在‘六经’”①。他在《原儒》中认为，孔子早年束缚于小康礼教，尚无革命与民主思想，五十学《易》以后始作“六经”，创立大道学派，“天下为公”的理想和制度，主要体现在《大易》《春秋》《礼运》《周官》四经中，孔子外王学的真相是“同情天下劳苦人民，独持天下为公之大道，荡平阶级，实行民主，以臻天下一家、中国一人之盛”②。孟子、荀子只反暴君贪吏；汉儒忠君，维护帝制；至于汉唐，“汉魏之际，是中国文化浸衰而将变的时机；李唐之世，是印度佛化统一中国成功的时期”③，中国文化几乎中断。宋儒在心性论上颇有

---

① 熊十力：《论六经》，载萧萐父主编《熊十力全集》第 5 卷，第 757 页。

② 熊十力：《原儒》，载萧萐父主编《熊十力全集》第 6 卷，第 450—451 页。

③ 熊十力：《十力语要》，载萧萐父主编《熊十力全集》第 4 卷，第 504 页。

发明，保固华夏文化功不可没，但因绝欲、主静之主张使中国人无活力而萎靡不振，又无民族思想和民治思想，加上忠君思想的短处，故“宋儒倡鞭辟入里切己之学，可谓知本，惜其短于致用”①。而明清之际是复兴晚周文化的辉煌时期，王夫之、顾炎武、黄宗羲、颜元、李颙、方以智、傅山、唐甄、吕留良等“持论益恢宏，足以上追孔孟，而下与西洋相接纳矣”②，可惜国亡而斩其绪，但他们毕竟复兴了儒学典籍和晚周诸子的活的精神，以民主和科学思想，开启了晚清社会走向世界的先河。然而“清末以来，国人一意自卑而自毁其固有”（《读经示要》），“今当衰危之运，欧化侵凌，吾固有精荡然泯绝，人习于自卑、自暴、自弃，一切向外剽窃而无以自新”③，“长此不变，中国人当万世为奴，深堪为惧”④。因而他强调要立本反己之学而融合中西文化：“中西文化宜相互融合，以反己之学立本，则努力求知乃依自性而起大用，无逐末之患也。并心外驰，知见纷杂，而不见本原，无有归宿，则其害有不可胜言者矣。中西学术，合之两美，离则两伤。”⑤

熊十力的中国文化再造，是重立文化中国之大本，内圣为体、外王为用、体用不二、性量不二的道德实践和文化建设。熊在《新唯识论》中把儒家哲学的内核——内圣之学中所探讨的心性关系问题、道德哲学问题、人的安身立命的基础和终极寄托问题，把从孔孟到程朱陆王关于这些问题的回答，加以系统化、体系化，同时又投注了自己的生活体验，投注了自己的感情和全部生命，从而在中国儒学史上第一次公开地以“本体论”的名目标志他的儒家哲学体系的形成。“仁者本心也，即吾人与天地万物所同具之本体也。……盖自孔孟以迄宋明诸师，无不直指本心之仁，以为万化之原，万有之基。即此仁体，无可以知解向外求索也。”⑥ 以此仁体本心为文化建设之形上学根据，建构体用不二的文化哲

① 熊十力：《原儒》，载萧萐父主编《熊十力全集》第6卷，第748页。

② 熊十力：《读经示要》，载萧萐父主编《熊十力全集》第3卷，第563页。

③ 熊十力：《十力语要初续》，载萧萐父主编《熊十力全集》第5卷，第8—9页。

④ 熊十力：《十力语要初续》，载萧萐父主编《熊十力全集》第5卷，第64页。

⑤ 熊十力：《十力语要初续》，载萧萐父主编《熊十力全集》第5卷，第63页。

⑥ 熊十力：《新唯识论（语体文本）》，载萧萐父主编《熊十力全集》第3卷，第397—398页。

学体系。他吸收易学、佛学思想将本体表述为“乾元性海”，“乾元性海”不仅是一般的宇宙本体论的概念，弥纶天地之道，涵括万物、万事、万德（得）、万理、万化；而且是人道之根据，道德之根源，因而又是人的本体论或道德形上学的概念。就前者而言，一体两行，往来屈伸，范围天地之化而不过，曲成万物而不遗；就后者而言，前者只是变现而不是本然，只是表象而不是本质、本根。熊先生认为，本体必须具无量盛德，才能成为万物的本体，如刚健、生生、诚、常恒等，都是本体固有的、潜在的特质，即《易》《中庸》之学所谓“天德”；然而只有人，才能即物以穷理，反己以据德，以心会通、主领庶物，格物并施之于物，德理双持，“以实现天道于己身，而成人道，立人极。此其所以‘范围天地之化而不过’，惟有理以利于行；‘曲成万物而不遗’，惟有德以善其守。是故征验之人道，而知万德万理之端，一皆乾元性海所固有，易言之，即天道所本具。《易》赞乾元曰‘善之长也’，非洞彻天人之故者，能言及此哉?”[①] 此即体用不二思想。“内圣外王大备之鸿规，本体现象不二，道器不二，心物不二，理欲不二，动静不二，德慧知识不二，成己成物不二。”[②] 而定义体用为认识对象的认知能力为性智和量智。“德行之知既扩充，而闻见之知亦莫非德性之用。故学者求知，虽不遗散殊，而要在立本。”[③] “中学以发明心地为一大事，（借用宗门语，心地谓性智）西学大概是量智的发展，如使两方面互相了解，而以涵养性智，立天下之大本，则量智皆成性智之妙用。研究科学，经纶事业，岂非本体之流行而不容已耶。”（《新唯识论》）他认为中国文化之长处在性智，而西学之长处在量智，通过建本立极、中西文化融通，固本接枝，在坚持文化民族性的基础上吸纳异族文化，融通中印西之文化智慧，坚持体用不二、性量不二，内圣为体开出外王之用，才能创造出具备大本大原、富有实践智慧和永久生命力的中华文化。

熊十力的体用不二、立体开用的哲学文化体系，在其高足唐君毅的文化哲学体系中得到很好的传承、发展和补充。唐君毅继承熊十力体用

① 熊十力：《原儒》，载萧萐父主编《熊十力全集》第6卷，第568页。

② 熊十力：《原儒》，载萧萐父主编《熊十力全集》第6卷，第312页。

③ 熊十力：《答君毅》，载萧萐父主编《熊十力全集》第4卷，第178页。

观的同时，在“体用浑合之论”中将主体（即本体）之用更为周全地分疏为“由用返体之用”（即主体的消极活动、消极之用，屈、退而隐的层面）和“由体呈用之用”（即主体的积极活动、积极之用，伸、进而显的层面）。体用关系是体与积极之用或消极之用的关系。体用之间、积极之用与消极之用之间相互作用，主体的超越意义内在于“二用”之中并通过“二用”之转易而显现出来。主体不断克服活动的有限性，由降落而升进。唐氏以黑格尔《精神现象学》为样板，重视道德自我自觉地支配、展开、超越自己的发展过程，追溯道德自我在人生伦理、社会文化与自然宇宙中的地位。就心之本体统摄和展开为人类文化创造活动而言，熊十力侧重研究心体这一核心，而唐君毅则侧重研究心体所展开的各层次、各客观内容。熊氏哲学是道德形上学基础；唐氏哲学则是这一基础的衍生物——文化哲学。唐氏特别注意疏解客观化的过程，人类心灵外化为文化活动的各侧面、各层次、各系统，包括东西方思想史和文化史各方面的成就。熊氏对于用的无限丰富性、多样性实在是没有重视，也没有唐氏的这种知识结构。就人重于文、以人为体（本、主），以文为用（末、辅）而言，熊、唐是一致的；就人文精神贯穿到超人文的宗教和科学、民主各层面来说，熊氏则涉及不够，唐君毅更为广博、细腻。对儒学内部资源的理解和梳理，唐氏比熊氏也较为深透。如唐氏对儒学最独特也最重要的部分——工夫论（这是其他哲学系统所缺乏的）有很大的建树。[①]

唐君毅 1949 年以后的学术生涯、生活经历，使他耳闻目睹侨居海外的中国人在非中华道统自任的文化环境中导致的奴隶意识，而深刻认识到中华文化“花果飘零”的悲剧，并树立起“灵根自植”的悲愿。唐君毅文化哲学的中心观念——道德理性、人文精神或文化意识，都是在中华道统存续危机中人类命运之同体大悲和中华文化重建之终身努力中挺立起来的。他认为人类文化都是道德理性或超越自我的各种不同的表现。

唐氏道德的理想主义的文化哲学系统的一个根本出发点是把道德自我意识作为体，而把人类各种文化活动作为用，举凡家庭、经济、政

① 参见郭齐勇《熊十力哲学研究》，第 251—259 页。

治、哲学、科学、文学、艺术、宗教、体育、军事、法律、教育等文化活动都以人的道德理性为本；而道德意识又有自觉的与不自觉的之分，不自觉的道德意识为一切文化意识的基础，自觉的道德意识则涵盖一切文化意识。道德自我（体）与文化活动（用）是一种动态统一的关系。道，不过是人生、人性或人的心灵、生命活动的各种不同的表现形式、展示过程。所以，“道不能脱离人性的活动而说它是什么，人性亦不能脱离道而有它的表现……我们舍体无以说用，离用亦不能说有体的活动。故体用一元，性道亦一元。性为生命的流行，生生不已，道亦随性的生生不已而活动不已。又在人的生命活动上去说道，道不是静态的而是动态的……或说具有存在的意义的，而不只是客观外在于人之外的东西。在此一意义上说，我们实不能说性外之道，或心外之道，道必为心性的表现”①。也就是说，道是人性所表现出来的已成事实，积淀在人类的历史文化中，了解这些“客观外在于的东西”，虽然可以开启人的心灵，帮助人性的表现；但要使道成为了解者的道，必使道成为他生命活动的依靠，成为其自性自己的表现。人类一切文化活动，均统属于道德自我（或精神自我、超越自我）分殊的表现或发用。

通过中西文化的比较和融通，唐君毅对解决中国文化问题提出了四条纲领性的意见。一是依本成末，针对中国文化没有分门别类的发展，中华文化在度量、德量方面需吸收西方文化之长；二是返本开新，这是针对中国自清代以来学术文化精神的衰落而言的，中华文化失其所守，必酿中华民族的大悲剧，除了科学思想，文化不能复古者绝不能开新；三是回流反哺，针对中国共产党人对待传统文化的态度，提出海外中华儿女肩负复兴中华民族文化并回流反哺中国故土的使命；四是回应挑战，中国文化在几千年的历史发展中，已回应了各种外来民族文化的挑战，今天西方的挑战是全方位的，应当综合运用自古以来的各种回应方式，更好地回应今天西方的挑战。②

唐君毅晚年在肯定道德自我的主导性的同时，将它扩大为生命存

---

① 李杜：《唐君毅先生的哲学》，台北：学生书局 1983 年版，第 46—47 页。

② 参见刘俊哲、段吉福、唐代兴《熊十力、唐君毅：道德与文化思想研究》，巴蜀书社 2008 年版。

在，涵盖精神生命不同的内容和不同的活动方面，因而相应地有不同的境界。这实际上不仅扩大了用和相，而且丰富了体，充实了本体与主体的内涵。此外，唐氏所做的是一种广度式的判教工作，包含、判别了东西方宗教与哲学的主要思想传统。这就是他晚年著作，也是他的代表作《生命存在与心灵境界》的意义。此书与作者中年的文化哲学著作不同，打破了道德自我的狭隘性，从整个生命存在与心灵活动的广阔内涵出发，架构了弘大而辟的“三向九境”系统。[①] 这一人文世界涵摄古今中外人类文化思想智慧精华，又经唐氏独特发明，如日月星辰各得其恰当位置一样，树立中华道统，序列天下秩序，包罗人生社会，宇宙万象森然，拓展了中国人的精神世界和实践智慧，倘黑格尔见之，亦当望洋兴叹。

结　语

熊十力和唐君毅师徒的中华道统传承发展和再造文化中国的历史使命担当，是现当代中华道统传承的典范。从熊十力的体用不二到唐君毅的性道一元，以体用、本末、一多的关系来诠解道德自我与文化活动、精神理想与人文世界的关系，为建构道德理想主义的文化哲学体系奠立了基本的框架和模式。在理想人格的追求上，唐、熊对道德本体、道德人格的高扬，尤其表现在他们做人与做学问的一致上，智慧与生命的应合，真的生活、真的人格、真的知识的统一。直面现代社会对人性的肢解，他们同样忧心如焚。熊、唐在存在或人方面寻求一种一切有活力的生命和一切精神活动从中涌流出来的统一的有创造力的源泉。可以说，再造文化中国这一现代新儒家中华道统使命的圆成，熊十力体用不二的哲学体系为之立下根基，唐君毅人文精神重建的文化宏大哲学体系为之奠定规模。西方一些学者认为《生命存在与心灵境界》这部著作可与西方哲学家柏拉图、康德的著作相媲美，称誉他是中国自朱熹、王阳明以来的杰出哲学家。1980 年出版的《大英百科全书》将唐氏列为“中国近代五大哲学家”之一。熊十力与唐君毅之关系，可以宋明理学中的程朱

---

① 参见郭齐勇《熊十力哲学研究》，第 251—259 页。

关系作譬喻，而唐君毅在现代新儒家中的地位也正如朱子之于宋明理学，是中国道统在当代的集大成人物。其再造文化中国的文化哲学体系建构，不啻为当代和后世的文化中国重建立法，亦为当代中华道统和中国学术传承发展奠定了基本范式。

儒学探微

千古儒学的盛世之宴

——《宋集珍本丛刊》及《儒藏·史部》50 册观感

李冬梅*

摘　要：本文以四川大学古籍整理研究所编纂、舒大刚任主编的“宋学”文献珍稀版本集成《宋集珍本丛刊》（108 册）和儒学文献大型丛书《儒藏·史部》首批 50 册为对象，略作介绍，述其编纂体例及特色，以见二书于学界之贡献。

关键词：宋集珍本丛刊　儒藏　观感

按　语：此文初撰于 2005 年，时值舒师大刚先生任主编的《宋集珍本丛刊》和《儒藏·史部》50 册相继由线装书局和四川大学出版社出版，因笔者亲眼看见舒师所怀之宏愿及编纂体例之新之善，遂作此文以述观感。

时光荏苒，自笔者于 2000 年跟随舒师从学，至今倏忽已 18 载。18 年间，舒师耳提面命，不仅传道授业，而且关怀备至，每每忆起，感念弥深。今借同门之会，翻出未刊旧作，一来以忆师生情；二来聊作交流。不妥之处，还望众贤指正。

---

* 作者简介：李冬梅，生于 1977 年，辽宁葫芦岛人，四川大学古籍整理研究所副研究员。主要研究方向：儒学文献、巴蜀文献。

儒学是中国传统文化的主干，亦是无数华人共同的精神家园。在两千多年的历史长河中，儒学也经历了两千多年的发展。从先秦子学到两汉经学，从魏晋玄学到隋唐义疏学，从宋明理学到清代朴学，在两千余年间，其以自身的特质形成了中华民族特有的世界观、价值观和思维方式。儒学在我国传统文化中的地位，是我国历史上其他任何学派及任何外来思想都无法比拟的。然而这被称为“国学”的中国儒学，却不曾有一部属于自己的典籍大全，甚令国人遗憾。据史料记载，明代的曹学佺、清代的周永年都曾提出过要编纂《儒藏》，舒大刚先生又将其溯源到明代湘人孙羽侯，但他们的宏愿因种种原因，都未能使《儒藏》的编纂成为现实。2004 年、2005 年，四川大学古籍整理研究所编纂、舒大刚任主编的“宋学”文献珍稀版本集成《宋集珍本丛刊》（108 册）和儒学文献大型丛书《儒藏·史部》首批 50 册，已相继由线装书局和四川大学出版社正式出版了。它们的出版，标志着中国儒学文献已经进入了结集整理出版的新阶段，也标志着 400 年来国人梦寐以求的心愿成为现实。四川大学是中国近现代学术史上《儒藏》编纂最早的倡导者和先行者，其在《儒藏》编纂和儒学文献整理方面成果迭出，尤其引人注目。

一

《儒藏》系儒学文献的大型丛书，旨在收集、整理、保存和传播儒学文献及其史料。所收典籍上起先秦，下迄清末，将两千余年儒学成就及历史集兹于一编。然“宋学”可谓是儒学发展史中从文献整理到义理研究的转型时期。因此，四川大学古籍整理研究所结合自己的特点，发挥自己的长处，率先从宋代文献开始，先编纂了一套以保存和流通宋代文献珍稀版本为宗旨的专题丛书——《宋集珍本丛刊》（以下简称《丛刊》）。《丛刊》是该所在完成新编、校点的《全宋文》之后，在启动《儒藏》编纂工程之前，先期实施的一个项目。所以说《丛刊》既是《全宋文》的延续，又是《儒藏》编纂工程的前奏。作为《全宋文》的附产物，《丛刊》充分利用了编纂《全宋文》所搜集的原始资料，扫描影印，可与《全宋文》相辅相成，互为补充。《丛刊》又特别注重搜集宋代儒学大师们的文集，如周敦颐、二程、朱熹、张栻、陆九渊、真德秀、陈亮等人的文集，都可以在《丛刊》中找到，故可以说是为《儒藏》的编纂与研究工作进行了有益的尝试。

《丛刊》作为“国家211工程”重点学科建设项目和国际儒学联合会2004年规划项目，108册已于2004年6月由线装书局一次性推出。这套丛书在资料搜集和版式设计方面都具有自己鲜明的特点。

首先，涵盖面广，资料可珍。《丛刊》收入宋人别集、总集共405种，涉及的作者超过千人。在文集版本方面注重两点：一是择善，选入宋、元刻本60多种，明清钞本近200种，其中不少是各大图书馆视若拱璧的善本；二是聚珍，一些晚清、中华民国年间刻印的文集，虽难称“善本”，因其传世稀少甚至是孤本，《丛刊》予以收录，一些虽是善本，但已为《四部丛刊》《北京图书馆所藏珍本丛刊》等所收录，亦割爱不收，以保证版本的珍稀性。

其次，科技影印，善本再造。与普通影印不同，《丛刊》利用现代高科技手段，经过扫描、缩放等流程，将古书二页四面浓缩到一个版面上，极为经济实用。在对版框内文本进行高保真扫描处理的前提下，为美观和便于使用，又对全书版框、版心进行规范，加标了统一的书名和连贯的卷次、页码，对原刻书者极为随意的标引进行了修正，充分体现了现代人整理古籍的系统性与科学性，可以说是利用现代技术对古籍的重刻与再造。为求严谨，凡改动原书版心内容者，一般在提要中加以说明。而且还另附版本提要及书名、作者索引，便于使用。《丛刊》于每种文集前，均撰有提要，考述作者生平、版本源流及其价值所在，反映了研究者对该版本的初期研究成果。丛书的第108册是《目录提要》和《书名、作者笔画索引》，以便使用。

二

继《宋集珍本丛刊》出版之后，四川大学古籍整理研究所又于2005年推出了《儒藏》编纂的首批成果——《儒藏·史部》50册。这套丛书是国内目前倡导《儒藏》编纂的三所大学（另两家为北京大学、人民大学）中，率先推出的首批成果，它将与北京大学组织的《儒藏精华》、人民大学主持的《海外儒藏》彼此辉映，共同构建千古儒学成就的文献大厦。四川大学编纂的《儒藏·史部》50册不仅是其自创体例的重要成果，也是现今为止儒学史料收集最全面的集大成之作。下面就其史料、体例和版式方面分别述之。

首先，著录齐全、资料翔实。四川大学《儒藏》的首批成果共50册，总字数约2600万字，内容系儒学史文献的收集和整理，属于四川大学《儒藏》工程自创体例“三藏二十四目”中“经”“论”“史”的“史部”。首批50册包含“史部”的“孔孟类”“学案类”和“碑传类”三个部分，收书约80余种。

《孔孟史志》共13册，系历代记录和研究孔子、孟子、孔孟弟子及其后裔的著作和文献，大体上分为四类：一是儒门人物志，如《孔子弟子传略》《孟子弟子考》《圣门人物志》等；二是儒门家族志，如《东家杂记》《孔氏祖庭广记》《阙里文献考》《三迁志》《孔孟颜三氏志》等；三是儒门礼乐志，包括《圣门礼志》《圣门乐志》《文庙从祀弟子赞》《文庙从祀先贤先儒考》《学宫辑略》等；四是儒门综合志，包括《圣门志》《孔圣全书》《洙泗考信录》等。另外，还对先秦唐宋以至明清有关孔子和孔子弟子一些散见资料进行了分类辑录。

《历代学案》共23册，收录唐晏《两汉三国学案》，黄宗羲、全祖望《宋元学案》，冯云濠、王梓材《宋元学案补遗》，黄宗羲《明儒学案》，徐世昌《清儒学案》5部著作，是体例完备，内容齐全，资料充实，名副其实的儒学流派史。除了先秦、魏晋、南北朝、隋唐、五代等阶段的学案，目前尚付阙如外，五个《学案》蝉联而下，中国儒学史中“汉学”与“宋学”的代表时期，都有“案”可稽了。

《儒林碑传》共14册，是历代儒学人物原始资料——碑传文献的集成。自两汉迄于清末，共搜得碑传文章4000余篇，涉及传主3500余人。一律按时代为编，以生卒年为序，共为7书：《两汉魏晋南北朝儒林碑传集》《隋唐五代儒林碑传集》《宋儒碑传集》《辽金儒林碑传集》《元儒碑传集》《明儒碑传集》《清儒碑传集》。共分14册，文字不下千万。

其次，体例首创、新颖完善。四川大学古籍整理研究所在全面调查研究现存儒学文献的基础上，根据儒学文献的具体情况，结合儒学研究的现代需求，吸取了中国目录学分类成就和《大藏经》“经律论”和《道藏》“三洞四辅”等专题丛书的编纂经验，将儒学文献分为“经”“论”“史”三大部类。“经部”收录以儒家经典原文及注解为核心的“经学”类著作；“论部”收录以儒学理论为内容的“思想”性著作；“史部”收录以儒学史为主题的“历史”类著作。按“经”“论”“史”的顺序排列，以便反映出儒学发生、发展的历史。每一部下按本部文献实际，细分若干小类。如“史部”下分孔孟、学案、碑传、史传、年谱、别史、杂史7类，“论部”下分儒家、性理、礼教、政治、杂论5类，“经部”分元典、周易、尚书、诗经等12类，共同构成“三藏二十四目”的著录体系。

《儒藏》本着“辨章学术，考镜源流”的原则，按学术发展之脉络编排群书，使其源流清晰，首尾完整。同一主题的文献汇集一处，按作者时代先后编录，使其各自构成专题性丛书。一则反映每门学术之成就；二则考见该类学术之流变；三则为读者提供“即类求书，因书就学”之方便。同类之下，又遵循“分别部居，不相杂厕”的精神，将不同主题的图书相对集中，在类下又形成小型专题丛书。如“史部”“孔孟类”下，不再单纯按作者年代编排，而是将有关孔子、孔门弟子、孟子、孔庙礼乐等图书，各自分别集中编录。

《儒藏》试图通过一定著录体系，用图书反映儒学历史。不仅“经”“论”“史”的排列反映儒学发生和发展的过程，各部小类的顺序也体现出如下学术构思：如“史部”的排序，则以儒家圣贤“孔孟”居首，以下按反映学术流派的“学案”，提供主要儒家学者生平资料的“碑传”“史传”“年谱”，提供参考资料的“别史”“杂史”的顺序排列。至于“目录”“学校”“选举”“祠庙”“冢墓”“纪念”等，皆因其成书太少，而统统归入“杂史”之中。

《儒藏》尽可能全面地将儒学各类资料汇录起来。其既是“学术丛书”，又是“学术类书”。《儒藏》所录以专著为主，举凡内容齐全、资料集中的儒学著作，都整部收录，由此而言，《儒藏》是“丛书”。同时，为满足研究需要，一些散见于群书的儒学资料，如孔子、孔门弟子、儒者碑传及各种经论、经解等文章，亦加以辑录，类聚成各种专题的资料汇编，由此来说，《儒藏》又是“类书”。

再次，版式典雅、古今合璧。《儒藏》采用分类、总序、分序、小序、提要、标点、校勘、影印结合的整理方式。首先对儒学文献进行分类著录，使其类聚群分，眉目清楚。全藏有总序一篇，对儒学之地位与作用、历代对儒学文献的分类和整理进行全面概述。每部有分序一篇，概述儒学及其文献发生、发展的面貌。每类有小序一篇，概述本门学术的研究状况和文献组成情况。入选图书每种卷首都有提要一篇，分述作者之生平、著述之源流和内容之梗概，然后再对各种图书正文进行标点处理，还对其中的错误进行必要校勘，写成《校记》附于各卷之后。为避免重新排版造成新的错误，除了个别著作编者已有整理成果者采用仿古排版外，《儒藏》的主体部分都采取校点加影印的方式，在影印件上进行标点处理，然后扫描制版，尽量减少重新录入排版带来的错误。而且对所收各书在版式上都做了许多加工调整。设计了标准的版式、版框和书眉，在尽量保存原版面貌的前提下，还对原书中缝、页码做了统一处理。《儒藏》每页按上下两栏方式，将原版四个页面合为一页，重新编辑组版，以便在有限的篇幅内为读者和藏家提供尽可能多的资料信息。

另外，；四川大学学人充分考虑了儒学文献总量繁多、《儒藏》卷帙浩繁的特点，采取“分类著录，分期整理，分批出版，分别定价”的方式，分期分批，循序渐进。首批出版的50册即属于“史部”中的“孔孟”“学案”“碑传”三个类别。

总之，四川大学古籍整理研究所秉承四川大学前身锦江书院、尊经书院“通经学古、求实创新”的传统，继承廖平、吴之英、蒙文通、郭沫若等老一代学人的儒学研究成果，在21世纪以一种学人敏锐的目光和历史的使命感，孜孜以求地开展儒学文献的整理和研究工作，这是继承和发扬中国传统优秀文化遗产的最好行动。文章盛衰千古事，成败得失寸心知。尽管《儒藏》的编纂曾引来无数的争议之声，然而这一“文化圆梦工程”，在历经几个世纪的搁浅之后，伴随着《宋集珍本丛刊》及《儒藏·史部》50册书的出版，明代文人曹学佺“二氏（佛、道）有藏，吾儒独何无”的浩叹，可以喟然止矣。

河东儒学特征述论*

姚文永**

摘　要：河东儒学从产生时期而言，其他儒学家多发见于儒学产生与转折之时；从学术理路而言，河东儒学多重视义理，训诂考据较少；从学术成就而言，河东儒学有独特的流派，如河汾之学，河东学派。总体而言，河东儒学重视创新，重经学，重文史，是中国儒学史发展的杰出代表。

关键词：河东　儒学　河东学派

河东文化是儒家文明的源头之一。在中国儒学史上，河东先后出现了舜、荀子、王通、柳宗元、孙复、司马光、薛瑄、李毓秀等重要思想家。河东思想家主要以儒学为主，当然还有佛道等，如王维、稷山大佛、吕洞宾等。除此之外，还有天主教思想家如韩霖等。对于河东古代儒学思想进程与演变的特征，本文拟做一个初步探讨，以期为河东学术的进一步研究提供帮助。

一　儒学家多产生于儒学形成与转折之时

其一，舜。儒家有“祖述尧舜，宪章文武”之说，中华文化的重要

* 本文系山西省高等学校人文社会科学重点项目“河东儒学发展史”（编号：201801039）的系列成果之一。

** 姚文永，生于1978年，河南延津人，山西运城学院文化旅游系副教授。主要研究方向：儒学与宗教、河东文化等。

开拓者尧、舜、禹都曾活动于河东地域。其中，舜的主要活动地及陵墓均在河东。舜以孝德感天下，其主要思想是代表儒学文化的核心——孝。舜在世的时期，儒学还远未形成，因此，舜是儒学产生的早期重要奠基者。

其二，荀子。荀子诞生于百家争鸣时期，是儒学大家。荀子属于儒学转折时期的重要人物。当时，孟子、荀子并重，只是后来孟子被韩愈、宋明理学等奉为正统，其地位得以上升。而荀子在许多年之后，才被世人真正读懂。现在看来，荀子在儒学甚至中国思想史中的地位也是十分重要的。

其三，王通。王通生活于隋末，当时，儒学、佛教、道教三家并立，且佛道地位日隆，儒学不受重视。王通的“三教可一”实为变相提高儒学地位。同时，王通的“三教可一”思想也开宋儒吸纳佛道为儒家所用之先声。更难能可贵的是，王通是儒家学人第一次站在儒学角度言及“三教可一”，而不是如其他人站在佛或道的角度上言及“三教可一”。明嘉靖九年（1530），给事中张九功和大学士张璁提议，后由礼部裁定，把王通增入从祀孔庙之列，这也是官方对王通地位的认可。其从祀的次序是：“董仲舒、后苍、杜之春、王通、韩愈、胡瑗、周敦颐、程颢、欧阳修、邵雍、张载、司马光、程颐、扬时、胡安国、朱熹、张栻、陆九渊、吕祖谦、蔡沈、真德秀、许衡。”①

其四，柳宗元。柳宗元生活的年代，两汉的“天人感应”和“谶纬迷信”之说虽然已经远去，但并未根除。柳宗元主张客观的天，对董仲舒的天人感应之说批判甚大。同时，也主张儒学应吸收佛道思想。两汉时期，董仲舒夹杂法家、神学因素的儒学传统一直没有得到根除，王通重视原始儒学，柳宗元重视客观之天，这些都为在社会上从根本肃清董仲舒的不良影响奠定了基础。

其五，孙复。孙复，字明复，河东临汾人，“宋初三先生”之一。孙复是庆历前后著名的《春秋》学者，代表作是《春秋尊王发微》。孙复生活于北宋初年，当时，五代战乱刚过，礼崩乐坏，儒家思想的地位严重下降，因此，重振儒家的伦理纲常，恢复皇帝的绝对权威是当务之急，这些在孙复的学术中都有直接的体现。

① 《明史》卷50《礼四》，中华书局1974年标点本，第1301页。

从东汉开始直到隋唐，《左传》几乎成了《春秋》的代名词。孙复的《春秋尊王发微》不被《左传》局限，多取法《穀梁传》和《公羊传》。在《春秋尊王发微》中，几乎处处都在标榜君权神圣、无君可致乱等“尊王”思想，这些思想大多本于《穀梁传》，可以说，《春秋尊王发微》是时代的产物，是北宋前期建构新的社会秩序的必然要求。孙复的学术思想关注现实，是宋学重要奠基人之一。

其六，司马光。司马光以儒术承家，“世家相承，习尚儒素”①，与周敦颐、邵雍、张载、程颢、程颐一起被誉为“道学六先生”，足见其对儒学之贡献。然而，朱熹在其《伊洛渊源录》中却将司马光除去了，“六先生”成了“五子”，司马光也就逐渐淡出了道学的视阈。那么，司马光的道学成就究竟如何呢？对于司马光在道学上的贡献，应首推其对《中庸》的阐释，并著有《中庸广义》② 一卷行世。在司马光时代，《中庸》还不是独立的书目，更非儒学经书之一。但司马光以犀利的眼光，较早地对《中庸》的关键词性与诚进行了阐释与界定，但遗憾的是，司马光对性与诚等核心概念的阐释并不符合程朱理学的范式，这也是其最终被排除在“北宋五子之外”的主要原因。然而，司马光在宋学奠基之时，作出了自己的贡献，这不应该被后人忘记。

其七，薛瑄。薛瑄为明初大儒，其思想主复性论，其思想价值在于，由宋学以性证理，转而为以理证性，把理学的为学进路简介化，到后来的心学（以理证心）诞生起了促进作用。

薛瑄在明初程朱理学中处于重要地位，被誉为“明代醇儒”③，然而，随着研究的深入，特别是对薛瑄的主要思想如格物致知、主敬、复性等进行细致考察，发现薛瑄的一些核心思想虽然还在程朱范式之下，但已与程朱有较大不同。以复性为例，程朱理学以天理为中心，难以把外在道德与主体合二为一。相对于程朱天理的外在性与超验性，薛瑄把孔孟

---

① （宋）司马光：《传家集》卷58《谢校勘启》，文渊阁《四库全书》本，集部，第1094册，第512页。

② 按：司马光《中庸广义》已佚，南宋卫湜《礼记集说》中保留有22条司马光注释《中庸》的材料。

③ （清）永瑢等：《四库全书总目》卷170《薛文清集》提要，中华书局1965年版，第4册，第1486页。

以来的德性建立在性体之上，把天理置于性之下，并提出“理即性”说：

> 万事万物一理贯之，理即性也。①
>
> 因读《论语》漆雕开“吾斯”之言，“斯”指此理，而理即性也。天下万理不出于一性，知性则可以悟道。②

“理即性”是薛瑄对程朱“性即理”的重大修改，如果说程朱的“性即理”是道德主体通过后天修养所达到的性与理的经验统一，那么，薛瑄的“理即性”是天理在根源上与性的先天统一，并具有必然性与普遍性。同时，薛瑄的“理即性”也是对程朱的“性即理”的简化。程朱的“性即理”割裂了形而上与形而下的关联，拉开了天理与性理的距离，增加了为学的难度。薛瑄的“理即性”有效地规避了程朱的不足，把天理与性理统一，简化了为学路径。在此意义上，“薛瑄的复性说简化了程朱理学，在一定程度上为心学的发展做了铺垫”③。可见，薛瑄也是程朱理学转型时期的理学代表。

其八，李毓秀。整个清代，考据学兴起，心学式微，兴旺不再。1712 年康熙下诏朱熹配享孔庙，并编纂《朱子大全》，朱学的地位重新得以确立。然随着君主专制的加强，文化思想领域的生机不再。反映到学术上，清代不管是程朱理学还是陆王心学，都繁荣不再。李毓秀，堪称一代理学家，其贡献在于将儒家普及化。在考据学兴盛的年代，李毓秀能把原始儒学与程朱理学融合并进行普及和推广，也是难能可贵，李毓秀对儒家的坚持为新儒学的复兴奠定了基础。

二　河东儒学多重视义理，训诂考据较少

义理与考据是两种不同的学术思路与方式，义理主要关涉宇宙、社

---

① （明）薛瑄：《薛瑄全集》，《读书续录》卷 9，山西人民出版社 1990 年版，第 1473 页。

② （明）薛瑄：《薛瑄全集》，《读书续录》卷 3，第 1360 页。

③ 姚文永：《浅析王阳明致良知与薛瑄复性说的关联》，《西华大学学报》（哲学社会科学版）2013 年第 3 期。

会、人生等大事，主要是一种价值体系与行为规范。考据主要是对文献资料所做的专题研究。义理与考据不同，义理虽然抽象，但义理与实际联系更为紧密，主要应用于社会生活。同时，义理比较关注价值，故往往具有超越性。

一般而言，义理之学产生的年代多是社会价值需要重构之时。河东学术从其主要代表人物的活动时期来看，舜为国家产生初期，荀子为百家争鸣时期，王通为佛道昌盛、儒学不振之时，柳宗元为神化之天未被彻底消除之时，孙复、司马光两者为宋学初创之时，薛瑄为程朱正统逐渐衰败之时，李毓秀为清代君主专制强化之时。因此，面对社会及价值变迁，河东儒学家都以社会需要为目的，专注于义理之学。

如王通生活于隋末之时，其思想应时而生。王通重视原始儒学，对儒学的人性本善、人性平等、君权有限合法、君臣关系必须在道义之上、君主必须从谏等思想一一做了陈述，这些都突破董仲舒对儒学的看法，重新厘定了儒学正统。正如朱熹所言：

> 问荀扬王韩四子。曰："凡人著书，须自有个规模，自有个作用处。或流于申韩，或归于黄老，或有体而无用，或有用而无体，不可一律观。且如王通这人，于世务变故、人情物态，施为作用处，极见得分晓，只是于这作用晓得处却有病。韩退之则于大体处见得，而于作用施为处却不晓。……王通极开爽，说得广阔。缘它于事上讲究得精，故于世变兴亡，人情物态，更革沿袭，施为作用，先后次第，都晓得；识得个仁义礼乐都有用处。若用于世，必有可观。只可惜不曾向上透一着，于大体处有所欠阙，所以如此！若更晓得高处一着，那里得来！只细看它书，便见他极有好处，非特荀扬道不到，虽韩退之也道不到。韩退之只晓得个大纲，下面工夫都空虚，要做更无下手处，其作用处全疏，如何敢望王通！然王通所以如此者，其病亦只在于不曾仔细读书。他只见圣人有个六经，便欲别做一本六经，将圣人腔子填满里面。若是仔细读书，知圣人所说义理之无穷，自然无工夫闲做。他死时极后生，只得三十余岁。它却火

急要做许多事。”①

王通“于世务变故、人情物态，施为作用处，极见得分晓”，可见，王通是鉴于佛道兴盛，儒学日下的情况下，才有“三教可一”的思想。王通之所以走向义理之学，是因为他于“世变兴亡，人情物态，更革沿袭，施为作用，先后次第，都晓得”，即王通生活在隋末，隋朝又是三国以来几百年分裂后实现国家初步统一的王朝，故王通首先要做的是建立儒家的价值体系。然而，王通的问题也是明显的。“知圣人所说义理之无穷，自然无工夫闲做”，即王通续“六经”是没有必要的，因为经书“义理之无穷”。惜王通英年早逝，其许多著述并没有定型或完成，这也是非常遗憾的事情。

再如孙复，孙复的《春秋尊王发微》，多借鉴《公羊传》和《穀梁传》，少借鉴《左传》。其重要的原因是《左传》之重点在于记录历史，而《公羊传》和《穀梁传》则重义理的阐发。正如朱熹所言：“以《三传》言之，《左氏》是史学，《公》《穀》是经学。”② 北宋初年，国家需要构建新的价值体系，特别是面对佛道的兴盛，重义理、轻训诂也成了一时学风。孙复走以义理说经的道路，一改汉唐重名物、训诂的治经传统，这是汉学向理学的转变的前兆，更是宋初以义理解经治学理念的典型代表。孙复的义理之学也得到了朱熹的肯定，“近时言《春秋》者，皆是计较利害，大义却不曾见。如唐之陆淳，本朝孙明复之徒，他虽未能深于圣经，然观其推言治道，凛凛然可畏，终是得圣人个意思”③。“推言治道”是以义理为学模式，“终是得圣人个意思”，是说孙复走对了道路。

河东儒家重视义理之学，然而在考据学兴盛的清代，河东（临汾、运城）并没有产生大的考据学家，这可能是历史的必然。

---

① （宋）黎靖德等编，王星贤点校：《朱子语类》卷137《战国汉唐诸子》，中华书局1986年版，第3255—3257页。

② （宋）黎靖德等编，王星贤点校：《朱子语类》卷83《春秋·纲领》，第2152页。

③ （宋）黎靖德等编，王星贤点校：《朱子语类》卷83《春秋·经》，第2174页。

三　河东儒学有独特的流派，如河汾之学、河东学派

思想的原创性成果往往由一人或多人、独立或共同发掘，思想的继承或发展却需要一代人或数代人共同完成，执有此共同思想的人在完善和发展此思想的过程中，因共同的志趣、共同的追求、共同的责任，往往在思想上能以不同形式集中起来，此就是学派成立的基础。正如章太炎所言：

> 视天下之郁苍苍，立学术者无所因。各因地齐、政俗、材性发舒，而名一家。[①]

不同的时代有不同的际遇，就会有不同的思想底蕴，所以就会产生不同灵气的思想旨向。在河东历史上，儒学思想主要有两个学派：河汾之学和河东学派。

其一，河汾之学。隋末，文中子王通在河汾聚徒讲学，有《中说》一书，故有河汾之学之称。河汾之学由王通开创，主要人物为王绩、薛收、贾琼、董常、程元、姚义、温彦博、杜淹等人。当然，如果与王通有密切交游的都包括在内，那么，还有窦威、杜如晦、陈叔达、房乔(字玄龄)、魏征、李靖、薛方士、叔恬、仇璋等。魏征、杜如晦等都是唐初一代之杰，这也可以看出河汾之学的政治影响。

河汾之学之核心是王通和王绩，王通是河汾之学的儒学一派，以王绩为代表的这些人形成了河汾作家群。

河汾之学是隋唐之际文化精神的体现，是世人对社会政治有道，重新发现儒学文化的强烈要求。河汾之学重政教，力图恢复王道之志，这为后来的贞观之政奠定了一定的思想基础。同时，河汾之学也为贞观之政提供了一流的人才储备，这些人才品德高尚，且重实用，是唐初必不可少的人才。唐朝虽以武功定天下，终当以文德抚海内。王通论文必及

① 章炳麟：《章太炎全集》卷3《訄书》，上海人民出版社1984年版，第133页。

义、理，以儒家之道为旨归，主张文学的政教性，这些都符合国家初期以史为鉴的特征。一般而言，国家战乱时期，会有文风的淫放与纵欲的倾向；国家安定时期，文风一般积极向上。以王通为代表的河汾之学适应时代的发展，是社会思潮的引领者。同时，王通重视义理，存道寡欲，特别是“三教可一”思想可谓宋明理学肇始发端者。

其二，河东学派。河东学派以明代薛瑄为开创者与集大成者，其宗旨以复性为要，弟子遍布山西、河南、陕西一带，并成为与王学并驾齐驱的程朱理学学派之一，在明代堪称显学。对此，《四库全书总目》有明确的说明：

> 明初理学，以端与薛瑄为最醇。①
>
> 大抵朱、陆分门以后，至明朱之传流为河东，陆之传流为姚江，其余或出或入，总往来于二派之间。②
>
> 明河东一派，沿朱之波，姚江一派，嘘陆之焰，其余千变万化，总出入于二者之间，脉络相传，一一可案。③
>
> 至于朱、陆二派，在元则金、吴分承，在明则薛、王异尚，四百年中，出此入彼，渊源有自，脉络不诬。④

可见，薛瑄所创立的河东之学在明代的影响是非常重大的，甚至可以与后来居上的姚江之学并称。

人们一般把“薛瑄与弟子张鼎、阎禹锡和私淑段坚等形成‘河东之学’”⑤。关于河东学派，《明儒学案》撰有《河东学案》，分上、下编介绍，上编列有包括薛瑄在内九人：薛瑄、阎禹锡、张鼎、段坚、张杰、王鸿儒、周蕙、薛敬之、李锦；下编列有六人：吕柟、吕潜、张节、李挺、郭郛、扬应诏。同时，一般认为，三原学派是河东学派的别派，“关

---

① （清）永瑢等：《四库全书总目》卷170《曹月川集》提要，第4册，第1485页。

② （清）永瑢等：《四库全书总目》卷58《明儒学案》提要，第2册，第527页。

③ （清）永瑢等：《四库全书总目》卷94“子部·儒家类”按语，第3册，第799—800页。

④ （清）永瑢等：《四库全书总目》卷58《儒林宗派》提要，第2册，第528页。

⑤ 侯外庐、邱汉生、张岂之：《宋明理学史》下卷，人民出版社1987年版，第120页。

学大概宗薛氏，三原又其别派也”[①]。三原学派主要有王恕、王承裕、马理、韩邦奇、扬爵、王之士。

河东学派的核心是薛瑄。从思想的进程而言，程朱理学发展到元明时期，其心性二元论的体系造就了一个庞大的客观法则，然而面对格物法则的存在，人的主观性得不到有效的释放。因此，呈现在人民面前的更多的是一种客观而纯粹的价值体系，而不是探究终极目的的园地。其前进动力和发展空间均不甚明朗，程朱学者们继承多于创新，消化多于吸收。纵然曹端、薛瑄在理气、心性一元上进行了有益的探索，但却在客观上促进了罗钦顺气本理末的唯物主义的诞生。同时，“理即性”是薛瑄对程朱“性即理”理学范式的重大修改与完善，如果说程朱的“性即理”是道德主体通过后天修养所达到的性与理的经验统一，那么，薛瑄的“理即性”是天理在根源上与性的先天统一，并具有必然性与普遍性。其意义有二：一是把性与理（理合于性）合一，这就避免了程朱理学的支离与繁杂；二是为学路径上的简化与容易操作。

综上，河东儒学从产生时期而言，儒学家多产生于儒学形成与转折之时；河东儒学从学术理路而言，河东儒学多重视义理，训诂考据较少；河东儒学从学术成就而言，河东儒学有独特的流派，如河汾之学、河东学派。总体而言，河东儒学重视创新，重经学，重文史，是中国儒学史发展的杰出代表。同时，河东自古重视教化，因此，自古以来，在儒家忠君爱国、积极有为思想的指引下，河东自古不乏将相之才，关羽、薛仁贵、赵鼎、张四维、王崇古、杨博等皆是杰出代表。同时，从河东思想史而言，还有佛道等，如王维佛学思想、稷山大佛、吕洞宾道教思想等，除了中国传统文化，还有天主教思想，如韩霖等。当然，在河东，不管是佛道，还是天主教思想，皆不是河东思想的主流，这些思想的产生也是中国文化多元性的产物。

---

① 黄宗羲：《明儒学案》卷9《三原学案》，中华书局1985年版，第158页。

海南儒学发展概要*

史振卿**

摘　要：作为中国传统文化的核心的儒学，自西汉以来就在“南溟奇甸”的海南传播发展。其历史发展经历了两汉的权舆、隋唐的勃兴、宋代的自信、蒙元的定性、明代的兴盛和清朝的转向等不同阶段，呈现出海南儒学发展历程的丰富多彩。

关键词：儒学　海南　丘濬　冯骥声

儒学，是以儒家经典为研究对象的一门学术，自孔子开创以来，成为中华文化的重要组成部分。“南溟奇甸”的海南，椰风、海浪、阳光和沙滩，是一片干净的沃土。从考古资料来看，大约10000年前，海南有了早期的人类社会，从秦朝移民戍边政策来看，中原民众已经到达海南岛，自汉唐以来，同样浸淫在儒学之中。其发展经历了汉代的权舆、唐代的勃兴、宋代的自信、元代的定性、明代的兴盛和清代的转向，向我们展现出其不同的特质。

一　两汉：海南儒学的权舆

海南儒学的起源最早可追溯到先秦时期。据《旧唐书·地理志》载：

---

* 此文系海南省社会科学院项目“海南儒学研究”（编号：HNSKY201802）的系列成果之一。

** 作者简介：史振卿，生于1977年，河南柘城人，海南师范大学副教授、历史文化学院副院长、硕士研究生导师。主要研究方向：历史文献学、海南历史文化等。

“南海，五领之南，涨海之北，三代以前，是为荒服。秦灭六国，始开越置三郡，曰南海、桂林、象郡，以谪戍守之。”① 秦始皇三十三年（前214），统一岭南广大地区，在南方设置桂林郡、南海郡和象郡，海南岛为象郡之外徼。与此同时，秦始皇采取移民边疆的政策，《史记·南越列传》载：“略定杨越……以谪徙民，与越杂处。”② 说的是当时有很多中原民众迁徙岭南，与当地人杂居在一起，自此以后中原的儒家文化才得以进入海南岛。

元鼎六年（前111）十月，汉政府设立南海、苍梧、郁林、合浦、交趾、九真、日南、珠崖、儋耳九郡。汉置珠崖、儋耳二郡，这是海南正式设郡的开始。建元元年（前140），董仲舒在举贤良对策中提出建议“罢黜百家，独尊儒术”，于是受到汉武帝重视，并转向以儒学治国的方略。儒家思想应该随着当时地方官吏驻守此处，而传到这一地域。正德《琼台志》记载：“善人，武帝置郡之初已有三万之数。”③ 所谓“善人”，就是指迁到海南的汉商贾小贩及接受汉化的越人。在汉武帝时期，已经有这么多来自岭南和中原地域的商人，他们自然对儒家思想有一定的了解，自然也会不断传播儒家思想。

汉武帝在边疆地区采取“以其故俗治，毋赋税”的治理策略，取得一定的成效，海南在设郡后的十年左右，很少出现动乱。到武帝末年，珠崖郡太守孙幸贪婪民财，广征贡品向皇帝进献，引发黎族人的反乱。据史书记载孙幸“调广幅布献之，蛮不堪役，遂攻郡杀幸”。后来他的儿子孙豹自领郡事，并上书朝廷，“封还印绶”。朝廷于是命孙豹为太守，加大武力统治的力度，使得“威政大行”，孙豹“讨击余党，连年乃平”。④ 这个时期之所以汉政府采取强硬的对地方势力的打压政策，与当时的时代背景密切相关。

武帝末年好大喜功，到处传诵“大一统”，加上连年的战争，于是加大对地方的暴征。珠崖郡建郡20年间，到昭帝始元元年（前86）共有6次动乱。汉朝为了便于统治，于昭帝始元五年（前82）罢儋耳郡并归属

---

① 《旧唐书》卷41《地理四》，中华书局1975年标点本，第1712页

② 《史记》卷113《南越列传》，中华书局1982年标点本，第2967页。

③ （明）唐胄：正德《琼台志》卷11，海南出版社2006年版，第267页。

④ （明）唐胄：正德《琼台志》卷11，第267页。

珠崖郡。但是也没有减少本地民众的反抗，宣帝神爵三年（前59），珠崖郡3县动乱，甘露元年（前53）珠崖郡9县动乱，汉遣都尉张禄率兵平定。元帝初元元年（前48）珠崖郡动乱，汉发兵击败叛乱者。

到汉元帝即位，汉政权处在内忧外患之中，加上海南反抗激烈，于是汉元帝采纳了贾捐之罢弃珠崖郡的建议，并下诏罢弃珠崖郡。设置朱卢县，隶属交州合浦郡。

东汉建武十六年（40），交趾郡（现越南境内）姐妹徵侧、徵贰反叛，占据九真、日南及合浦（含雷州半岛）等城。光武帝刘秀封马援为伏波将军，率水陆大军，沿海进发，三年后平息战乱。东汉建武十九年（43），伏波将军马援平定交趾，往来南海，抚定珠崖，复置珠崖县，属合浦郡。东汉明帝永平十年（67）又复置儋耳县，珠崖、儋耳二县均隶属于合浦郡，督于交州，东汉王朝加强对海南的管理。

道光《琼州府志》载："东汉永平十七年（74），丹阳人僮尹被任命为儋耳太守，劝课农桑，教育民众读儒家经典。"① 光绪《澄迈县志》有言："澄僻居海岛，旧俗颇陋，与中州相远。一变于汉之锡光，再变于唐之义方，三变于宋之守之。"② 锡光，字长冲，东汉汉中西城县人，汉哀帝、汉平帝期间，为交州刺史，徙交趾（今越南河内）太守。《后汉书·南蛮西南夷列传》卷86记载："锡光为交趾，任延守九真，于是教其耕稼，制为冠履，初设媒娉，始知姻聚，建立学校，导之礼义。"③

据临高《王氏族谱》记载，建武二年（26），山东王氏来到海南。其中王琳，汉代时来琼，总管南黎，后落地于此。儋州《符氏族谱》也有这样的记载，东汉光武帝的时候，其祖上随马援来到儋州，后在此地生活，等等。④ 虽然我们对家谱中的很多资料不能全信，但是由这些记载可以看到，这个时候已经有大量北方的民众来到海南。

总的来说，两汉时期，在中央王朝将儒家思想作为正统思想后，儒学在海南不断传播，这为以后海南儒学的发展提供了有利的土壤。

---

① （清）明谊修，张岳崧撰：道光《琼州府志》卷23，海南出版社2006年版，第967页。

② （清）龙朝翊主修，陈所能等纂修：光绪《澄迈县志》卷10，海南出版社2004年版，第231页。

③ 《后汉书》卷86《南蛮西南夷列传》，中华书局1965年标点本，第2836页。

④ 参见王俞春《海南移民史志》，中国文联出版社2003年版。

二　隋唐：海南儒学的渤兴

魏晋南北朝时期，由于中原地区战乱不断，海南虽与中原王朝保持一定的联系，但在政治上，海南岛处于自我发展阶段。随着隋朝的统一，海南岛不久也纳入中原王朝的管辖范围，唐朝开始加强对海南岛的治理。主要采取通过府、州、县的行政机构进行直接管理。从唐初到武德五年（622），基本上沿用了隋朝的设置，即 3 州 12 县，经过贞观五年（631）和龙朔二年（662）的调整，到唐末的时候，有 5 州 22 县，唐朝经略海南岛，成为后代治理海南的基本理路。

据正德在《琼台志》中记载："琼自古在荒服之表，历汉及唐，至宣宗朝，文化始洽。"① 可见，唐朝海南儒学得到快速的发展。隋唐时期，科举考试成为国家选举官吏的必要手段。唐贞观年间确定的《九经正义》成为科举考试的必要内容。这些来海南的官吏，均科举考试出身，有深厚的儒学素养，来到海南岛后，用儒家思想教化一方。其中一批流寓海南的官吏发挥着重要作用。

据《钟筠溪集》载："自唐以前学校之政未立，造士之方多阙。"② 而流寓海南的文人，则改变这一现状。《新唐书》中记载，唐代贬流到海南的官员大臣有 46 人，包括朝中大臣宰相，皇室宗亲等。《新唐书》载流放海南官吏如表 1 所示。

表 1　　《新唐书》载流放海南官吏一览表

	姓名	籍贯	官职	贬谪
1	韩瑗（606—659 年）	陕西三原	宰相	振州刺史
2	韦方质（？—609 年）	陕西西安	宰相	儋州
3	崔元综	河南新郑	宰相	振州
4	敬晖（？—706 年）	山西临汾	宰相	崖州司马，后又改迁琼州

① （明）唐胄：正德《琼台志》卷 11，海南出版社 2006 年版，第 267 页。
② （明）钟芳：《钟筠溪集》卷 13，海南出版社 2006 年版，第 273 页。

续表

	姓名	籍贯	官职	贬谪
5	韦执谊（769—814 年）	陕西西安		崖州司马，再贬司户，后卒于此
6	皇甫镈	甘肃镇原	宰相	崖州司户参军，后卒于此
7	崔蓬		御史丞	儋州，后卒于此
8	李茂（？—760 年）	李渊之孙	淮南王	振州，后卒于此
9	李灵夔（？—688 年）	李渊之子		振州，遂自杀
10	胡元范	河南信阳		琼州
11	薛枢			崖州
12	薛浑			崖州
13	刘崇鲁	河南滑县		崖州司户参军
14	王方翼（625—687 年）	山西祁县	名将	放至崖州，病逝途中
15	王抟	陕西咸阳	宰相	崖州司户参军
16	李昭德（？—697 年）	陕西西安		振州陵水尉
17	薛季昶（？—706 年）			儋州司马，在家自杀
18	郑普思		秘书员外监	儋州
19	唐地文		将军	振州
20	思结归国		河西节度使	琼州
21	杨炎（727—781 年）	陕西宝鸡	宰相	崖州司马，后途中赐死
22	茅汇			崖州
23	刘瞻	广东清远	宰相	琼州司马
24	顾师邕		翰林学士	崖州
25	李贞素	陕西西安	嗣道王李实之子	崖州
26	吴贤秀（742—807 年）	河南开封	户部尚书	崖州
27	李德裕（787—850 年）	河北赞皇	宰相	崖州，后卒于此
28	路岩（829—874 年）	山东冠县	宰相	儋州，遂赐死
29	韦保衡（？—873 年）	陕西西安	娶同昌公主为妻	崖州澄迈令，不久便赐死
30	薛元龟			崖州司户
31	刘讷言		章怀太子李贤的侍读	振州
32	郎余庆	河北定州		琼州
33	林蕴	福建莆田		儋州，后卒于此

续表

	姓名	籍贯	官职	贬谪
34	欧阳秬	福建泉州		崖州，后赐死
35	符凤			儋州，中途被海盗杀死
36	武元爽	山西文水	武士彟之子，司户参军	振州，后卒于此
37	田令孜（？—893 年）	四川	剑南监军使	儋州，后卒于此
38	西门君遂			儋州，不久便被斩杀
39	李周潼			儋州，不久便被斩杀
40	王弘义（？—694 年）	河北衡水	左台侍御史	琼州
41	姚绍之	浙江湖州		琼山尉，被贬途中逃跑
42	阿史那献		突厥可汗阿史那元庆之子，大将军	崖州
43	蔡京（1047—1126 年）	福建莆田	岭南西道节度使	崖州，后卒于此
44	李津			振州
45	柳璨（？—906 年）	山西永济		崖州
46	朱友恭	安徽寿春		崖州司户参军，不久便被斩杀

这些流寓海南的官吏，大都是科举考试出身，有良好的儒学素养。如王义方，他到海南后，看到岛上文教落后，于是用儒家礼乐思想教化当地民众。给子弟们讲经说礼："稍选生徒，为开陈经书，行释奠礼，清歌吹笛，登降跽立，人人悦顺。"① 《太平广记》记载："自广南祭海十数州，多不立文宣王庙，有刺史不知礼，将释奠，即署一胥吏为文宣王亚圣，鞠躬候于门外，或进止不如仪，即判云：文宣、亚圣决若干下。"② 王义方开创珠崖礼乐教化事业的先河，影响深远。更为重要的是使儒家思想在各地传播，尤其是他们的后人一直生活在这里，使这块处于边缘的海岛，接受儒学的熏陶，日益成为一个心向儒学的地方。

① 《新唐书》卷 112《王义方传》，第 4160 页。

② （宋）李昉等：《太平广记》卷 261《南海祭文宣王》，中华书局 1961 年版，第 483 页。

三　宋朝：海南儒学的自觉

宋代海南的儒学延续着流寓官宦的文化传统，并引领着海南文化的转型，海南日益将儒学作为自己文化的展现，这主要表现在三个方面。

（一）在科考上，海南的学子榜上有名

史书记载海南在宋代进士人数不一，《方舆志》增加符确、钟洽为7人，《刘志》增加赵荆为8人，《外纪》增加陈孚为9人。据道光《琼州府志》记载，进士共12人，他们的籍贯分布如表2所示。

表2　　道光《琼州府志》载进士籍贯分布一览表

州县	昌化	乐会	万州	琼山
人数	2	4	1	5

道光《琼州府志》记载宋代举人共14人，分布表3所示。

表3　　道光《琼州府志》载宋代举人籍贯分布一览表

州县	琼山	昌化	临高	万州
人数	5	2	2	5

此外，据道光《琼州府志》记载“征辟”，还有很多人才，如表4所示。

表4　　道光《琼州府志》载“征辟”人才籍贯一览表

类型	人数	分布							
		琼山	崖州	澄迈	临高	定安	儋州	万州	万安军
举贤良	2	2	0	0	0	0	0	0	0
举文学	6	5	1	0	0	0	0	0	0

续表

类型	人数	分布							
		琼山	崖州	澄迈	临高	定安	儋州	万州	万安军
举人	2	2	0	0	0	0	0	0	0
荐辟	32	2	4	3	1	1	13	6	1
合计	42	11	5	3	1	1	13	6	1

这些先贤，尤其是成为进士后，不断提升海南儒学的地位。如陈应元，7岁能作诗文，后考中进士，受到各方的推荐，被称为“学行政教为琼士先”。再如，陈孚，琼山人，从宋贯之学，举进士，受到士人的羡慕，从此不断有学子开始习进士科。[①] 自陈孚以下，有何一鹏、陈国华、黄文光、郑真辅等，尤其郑真辅，在当年的进士中为最年少者，“人争艳之”，那是何等的荣耀。总的说来，此时的海南儒学由外传而来后，已在此生根发芽，引导着一批士人吟诵和践行儒家经典。

（二）在官宦的仕途上，海南的官吏在奔走

宋代对海南治理，初期基本是任用本地官来治理海南，周仁浚作为琼州知州，是当时宋代在海南的第一位长官。《续资治通鉴》卷7中记载宋太祖与宰相赵普的一段对话：“初，平岭南，命太子中允周仁浚知琼州，以儋、崖、振、万安属焉。帝谓宰相曰：‘遐荒烟瘴，不必别命正官，且令仁浚择伪官，因其俗治之。’”[②] 正德《琼台志》记载，开宝五年（972）闰二月，遵照宋“不必别命正官”的指示，周仁浚呈上自己选定的原南汉王朝官员骆崇璨等4名“伪官”名单，请皇帝任命4人管理儋、崖、振、万安四个属州。[③] 宋政府很快批准骆崇璨等人以检校官的身份担任属州官员。这样就开启了海南学者为政一方的先河。

除了中举的乡贤外，宋代还有琼山的骆崇璨、杜介之、陈襄、林椿、符南运、唐文严、蔡文达，澄迈的李材卿、吴瑞、梁大成，临高的戴雄

① （明）唐胄：正德《琼台志》卷36，第741页。
② （清）毕沅：《续资治通鉴》卷7，上海古籍出版社1987年，第348页。
③ （明）唐胄：正德《琼台志》卷36，第339页。

飞,文昌的邢宣议,儋州的陈猷、羊瑾、陈公义、羊载、陈亢、羊郁、王中、羊华、许觐、曹諟、许见、许孝光,万州的陈舜中、陈泰、朱良、高节、陈绍元,崖州的陈中孚、陈适、慕容居中、陈端章、陈继先。他们曾去过各地做司法、校尉、文学、判官、学录、县丞、知县、迪功郎等。最有代表性的是儋州羊氏,有 4 人在地方为官;崖州陈中孚和陈适父子相继为官,成为当时人们争相传诵的人物。他们在各自的岗位上践行着儒家的理论。

(三)在教育体系上,海南有了一定规制的书院

学校是儒学教化最好的地方,宋代在海南已经有一定规制的府学。北宋庆历三年(1043),在范仲淹等人的提议下,宋仁宗下诏兴办儒学:"诸路州府军监,除旧有学外,余并各令立学。"① 海南的府儒学,就是在这样的背景下,于庆历四年(1044)设立的,而后各州县也相继创办府儒学。府儒学建造之初有殿堂、御书阁、两庑和戟门,元丰中李时亮得到赐书,这些书都是儒家经典,又创建书阁。到郡守宋守之的时候,又建尊儒亭,并亲自在此为诸生讲授"五经",于是州人由此始知儒学。设有学田,是学生的生活来源和保障。绍兴末年,开始设置学官,主管儒学的教学等事务。

淳熙八年(1181),韩璧被擢升为琼州知州,到任后,韩璧在文化上"为民陈礼义廉耻之意以开晓之,又表从化者,以厉不率",并在淳熙九年(1182)重修明伦堂,并请朱熹撰写《琼州学明伦堂记》。明伦堂,是读书、讲学、弘道、研究之所。此语来自《孟子·滕文公上》:"夏曰校,殷曰序,周曰庠,学则三代共之,皆所以明人伦也。"重修明伦堂,表明韩璧加强儒学在海南传播的决心。同时,自己又建造知乐亭。朱熹撰写了《琼州学明伦堂记》和《琼州知乐亭记》,对韩璧的政绩予以高度评价:"使凡居侯之位而游于是者,必以侯之心为心,又观于其政而取法焉,则庶乎民生日厚、民德日新,而王化之纯无远迩矣,世岂有终不可

① (清)徐松辑,刘琳、刁忠民、舒大刚等校点:《宋会要辑稿·崇儒二》,上海古籍出版社 2014 年版,第 5 册,第 2763 页。

教之民哉?”①

庆元年间，刘汉修崇庙像、祭器、庖厨，增益学费等。崇庙像是崇文宣王庙像，即孔子像。嘉定二年（1209），帅守赵厦重加修缮；咸淳二年（1266），蒋科于讲堂北面重建御书阁。次年，增拨学田；八年，乡人于东波书院锦衣堂内立进士题名碑。府学办学的成效不断提升，正如《锦衣堂题名记》所记人才之盛，“（理宗）四十年间，进士四榜，连破天荒。琼之学者能文者众矣”②。

四 元代：海南儒学定型

元世祖至元十五年（1278）七月，元将阿里海牙进兵海南，遣宣慰旧帅马成旺招降，没有达到预期的效果，宋琼州安抚赵与珞拒降，义勇谢明、谢富、冉安国、黄之杰等率兵拒守在白沙口，经过激烈的斗争，最后在十一月，元军登上海南岛，开始了蒙元在海南岛的治理。在元朝治理海南岛的过程中，海南儒学得到发展，确定了海南儒学发展的路径。

（一）明确海南儒学以程朱理学为价值取向

元朝从“戊戌选试”，开始开科取士，选拔士人，结果“得士凡四千三十人，免为奴者四分之一”。虽然，从体制看这次科考不是一次严格意义上的科举考试，但是却开始了元朝选士的关键。至延祐二年（1315）二月，首次廷试进士，元代科举考试选拔人才的制度正式建立起来。海南儒学有了明确的航标，即士人熟读程朱解读儒家经典的著述，“以去人欲、存天理、扶树三纲五常之道为本”③。延祐年间，时任海北海南道廉访司照磨的范梈到乐会县，“慨然以黉宫未建为忧。捐俸委黎兵千夫长王有益督建文庙。学校之兴，自此始”。

此外还有一些《学记》如，王仕熙《乐会县学记》、梁继祖《琼州府学纪略》、罗益中《琼州府学记》、罗伯龙《儋州学记》、雷德高《昌

---

① （清）明谊修，张岳崧撰：道光《琼州府志》卷38，第1628页。

② （明）唐胄：正德《琼台志》卷36，第339页。

③ （明）唐胄：正德《琼台志》卷15，第340页。

化县学记》、王侪翁《珠崖乡校纪略》等。这些作品，都以儒家思想为核心，传承着程朱理学的思想。

(二) 健全了海南官方教育系统

元代在学校教育上，设立校官，作为官方管理者。据正德《琼台志》记载，琼州府学在元时“立教授、学正、学录官、典教，隶湖广儒学提举司。察验通经之士，给凭据，为儒藉。且免除其杂役，招收其子弟在府学当生徒学习”。学校的管理者很关注书籍的补充，到1351年，学正符元裔补买经史诸书。他认为在他任期间，府学却无书可供学者借阅，是他的责任，遂禀告典教“收买书集，乃吾之职”，“水浮陆走二千余里”。

在基层教育上，元朝主要体现在“社学”上。“社学”，是古代由官府或乡绅建于乡社间的学校。正德《琼台志》载：元代海南也有珠崖乡校、惠通乡校和蒙古学等。①

蒙古学，是元代教育的一个特色，按照元代教育系统的要求，海南在琼山县城内，由湖广行省平章事阔里吉思所建。此外，元代在海南设有“寨学”。据湖广行省员外郎乌古孙泽的建议，在黎区广为兴建“寨学”。道光《琼州府志》记载至元间，阔里吉思平黎后，“从省幕乌古孙泽议，立寨学训谕诸峒”，这是直接在黎峒设立“寨学”，用以专门教育黎人子弟学习，且“分属儒学李元吉，王季恭等掌之”。② 此外，当时大部分学校都有“招收黎人子弟入学”的任务，“教之以诗书，率之以孝悌”，“而民俗于变，可与中州比”。③

(三) 科举取士日趋增加

元代海南科考中进士有两名，据道光《琼州府志》记载，诸科出身的人数较多，这在一定程度上明确了海南儒学发展的趋势。

---

① (明) 唐胄：正德《琼台志》，卷36，第330页。

② (清) 明谊修，张岳崧撰：道光《琼州府志》卷38，第1734页。

③ (清) 明谊修，张岳崧撰：道光《琼州府志》卷38，第1698页。

表 5　　道光《琼州府志》载诸科一览表

类型	人数	分布						
		琼山	文昌	万州	澄迈	临高	儋州	陵水
举经明行修	2	2	0	0	0	0	0	0
举文学	5	3	1	1	0	0	0	0
举人才	1	1	0	0	0	0	0	0
荐辟	68	31	13	2	14	3	4	1
合计	76	37	14	3	14	3	4	1

备注：把王丽珠算作万州人。

五　明代：海南儒学的昌盛

海南儒学到明代的时候，业已达到昌盛，不仅出现一批著名的学者，影响海内外，而且也彰显了海南文化的自信。[①]

（一）科考中举数量之多为海南历代之最

据道光《琼州府志》记载，明代海南共有进士 58 人。[②]

表 6　　道光《琼州府志》载进士一览表

朝代	人数	分布								
		文昌	琼山	澄迈	万州	陵水	定安	海南卫	崖州	临高
洪武	2	1	1	0	0	0	0	0	0	0
永乐	8	1	6	1	0	0	0	0	0	0
正统	2	1	1	0	0	0	0	0	0	0
景泰	2	0	2	0	0	0	0	0	0	0
成化	4	0	4	0	0	0	0	0	0	0
弘治	9	1	5	0	1	1	1	0	0	0
正德	5	0	3	0	0	0	0	1	1	0
嘉靖	14	0	11	0	1	0	1	0	1	0

① 参见张硕人《明代海南文化研究》，博士学位论文，南开大学，2012 年。

② （清）明谊修，张岳崧撰：《道光琼州府志》卷 38，第 1767 页。

续表

朝代	人数	分布								
		文昌	琼山	澄迈	万州	陵水	定安	海南卫	崖州	临高
隆庆	2	2	0	0	0	0	0	0	0	0
万历	7	1	5	0	0	0	0	0	0	1
崇祯	3	2	1	0	0	0	0	0	0	0
合计	58	9	39	1	2	1	2	1	2	1

据道光《琼州府志》记载的海南先贤中“征辟”共有59人。

表7　　道光《琼州府志》记载“征辟”一览表

类型	人数	分布											
		琼山	文昌	乐会	崖州	澄迈	定安	会同	澄迈	临高	昌化	万州	感恩
举贤良方正	2	2	0	0	0	0	0	0	0	0	0	0	0
举经明行修	15	9	4	1	1	0	0	0	0	0	0	0	0
举茂才	1	1	0	0	0	0	0	0	0	0	0	0	0
举人	38	13	0	0	0	3	3	3	4	2	3	2	8
荐辟	3	2	0	0	0	0	0	1	0	0	0	0	0
合计	59	27	4	1	1	3	3	4	4	2	3	2	8

据道光《琼州府志》记载进士、举人和武举分布如表8所示。

表8　　道光《琼州府志》载进士、举人、武举、功选一览表

类型	人数	分布															
		琼山	文昌	定安	会同	乐会	万州	澄迈	临高	儋州	宜伦	陵水	崖州	宁远	昌化	感恩	海南卫
进士	58	39	9	2	0	0	2	1	1	0	0	1	2	0	0	0	1
举人	599	303	60	48	17	18	32	30	18	10	20	3	19	7	5	7	3
武举	15	9	1	0	0	0	0	2	0	0	0	0	3	0	0	0	0
功选	672	141	168	185	146	179	196	177	152	222	0	103	225	0	115	113	0

备注：其中琼州府贡316人。

（二）"鼎臣继出，名满神州"

明代海南的学者众多。由于海南士人对国家的贡献，海南先贤中入选《明史》的有丘濬、海瑞、唐胄、廖纪、薛远、邢宥、冯颙、郑廷鹄、荣瑄多达9人。为历代入选正史最多的人次。琼山丘濬官至文渊阁大学士（正品）；琼山薛远、陵水廖纪、定安王弘诲官至尚书（正二品）；琼山海瑞官至都察院右都御史（正二品）；琼山唐胄、崖州钟芳官至侍郎（正三品）；定安胡濂、琼山梁云龙官至布政使（从二品）；海南卫左所夏升；官至太常寺卿（正三品）；琼山有林士元（人）官至按察使（正三品）。道光《琼州府志》中"吏员"有（见表9）：

表9　　道光《琼州府志》载吏员、封赠、荫袭一览表

类型	人数	分布											
		琼山	定安	文昌	会同	乐会	临高	儋州	万州	澄迈	万州	崖州	陵水
吏员	51	5	10	8	9	3	9	1	6	0	0	0	0
封赠	69	43	7	7	0	2	0	2	0	2	3	0	3
荫袭	14	10	0	3	0	0	0	0	0	0	0	1	0
合计	134	58	17	18	9	5	9	3	6	2	3	1	3

（三）明代儒学文献数量涵盖4部，而且有一些影响后世的巨著出现

儒学文献分类，按照舒大刚先生设定的"儒藏"框架，把儒学文献分为三纲、六编、二十目。[①] 沿着这一路径对明代海南儒学文献进行梳理，道光《琼州府志·艺文志》共载录明代海南儒学文献中，经部21部，子部11部，集部38部，共计70部，胪列如下。

① 参见舒大刚《儒藏总序：论儒学文献整理的紧迫性和必要性》［《西南民族大学学报》（人文社科版）2005年第9期］和《儒学文献通论》（福建人民出版社2012年版），以及相关文章和著述。

表 10　　道光《琼州府志·艺文志》记载儒经文献一览表

序号	著述	著者	籍贯	序号	著述	著者	籍贯
1	《学易疑义》2 卷	钟芳	崖州	13	《小学广义》无卷数	钟芳	崖州
2	《易说》不分卷	郑廷鹄	琼山	14	《童训》1 卷	廖纪	陵水
3	《广易通》2 卷	许子伟	琼山	15	《纪籍目略》2 卷	王佐	临高
4	《春秋集要》12 卷	钟芳	崖州	16	《读经录》《读经附录》	林士元	琼山
5	《春秋说》	郑廷鹄	琼山	17	《读书钞》	李应和	—
6	《礼说》	郑廷鹄	琼山	18	《编正信都芳乐义》7 卷	薛远	儋州
7	《射礼仪节》1 卷	丘濬	琼山	19	《琴瑟谱》3 卷	汪浩然	琼山
8	《家礼仪节》8 卷	丘濬	琼山	20	《八音摘要》2 卷	汪浩然	琼山
9	《家礼存羊仪节》	曾应唯	—	21	《四书管窥》4 卷	廖纪	陵水
10	《四礼集重训》	王时元	—	22	《大学衍义补》160 卷	丘濬	琼山
11	《戴记讲意》	丘承箕	琼山	23	《朱子学的》2 卷	丘濬	琼山
12	《学思子〈中庸〉〈孟子〉衍义》	林士元	琼山				

表 11　　道光《琼州府志·艺文志》记载儒论文献一览表

序号	著述	著者	籍贯	序号	著述	著者	籍贯
1	《儒林一览》	林茂森	临高	5	《原教编》2 卷	王佐	临高
2	《〈孔子世家〉〈颜子列传〉讨论》	林士元	琼山	6	《敦仁编》	许子伟	琼山
3	《皇极经世图续》	钟芳	琼山	7	《琼州三祠录》	唐胄	琼山
4	《发冢论》	丘敦	琼山	8	《养生举要》5 卷	钟芳	琼山

表 12　　道光《琼州府志·艺文志》记载儒史文献一览表

序号	著述	著者	籍贯	序号	著述	著者	籍贯
1	《元祐党人碑考》	海瑞	琼山	2	《孔子弟子列传》	王佐	临高

从道光《琼州府志·艺文志》载录的 92 部明代海南儒家文献情况来看，经部文献 21 部中，易类文献有 7 部，“四书”类文献多达 14 部，明代海南儒学先贤，对“四书”的研究重视程度要略胜过经学研究，明代海南

儒学的发展是围绕着以“四书”为核心的儒学体系进行下去的。另外从地域来看，明代海南儒学的研究以琼山为文化中心，向周边扩散。

还有大量儒学文献散在诸先贤文集中，下面胪列《海南先贤诗文丛刊》① 中的分布情况。

表 13　　《海南先贤诗文丛刊》中经部文献一览表

内容	著者	来源	内容	著者	来源
《四书要义》11 卷	海瑞	《海瑞集》	《乐论》上、下卷	钟芳	《钟均溪集》
《广易通》	许子伟	《许忠直集》	《周礼》4 卷	钟芳	《钟均溪集》
《学思子》	林士元	《北泉草堂遗稿》	《读经附录》	林士元	《北泉草堂遗稿》
《读经录》	林士元	《北泉草堂遗稿》	《〈中庸〉〈孟子〉衍义》	林士元	《北泉草堂遗稿》
《礼说》	郑廷鹄	《石湖遗稿》	《春秋说》	郑廷鹄	《石湖遗稿》

表 14　　《海南先贤诗文丛刊》中儒论文献一览表

内　容	作者	出处
“奏疏”15 条、“治黎策”1 条、“训诸子说”1 条、“参评”11 条、“参语”8 条、“申文”8 条、“禀帖”4 条、“告示”14 条、“条理”8 条、“册式”8 条、“重修琼山学宫记”1 条、“议论”3 条、“论”11 条	海瑞	《海瑞集》
“琼州府学大成殿记”“琼州府学射圃记”“重修文昌明伦学记”“乐会县儒学记”“五子字说”“林教志道字说”	邢宥	《湄丘集》
“莫君简居敬字说”“杨君泰钟大字说”	陈繗	《唾余集》
“谏讨安南疏”“驳郭英配享庙祀疏”“明堂享礼疏”“重修儋州儒学记”“重建万州儒学记”“节录平黎事以备后论”“节录抚黎土官事以备后论”“节录征黎以备后论”“平黎总论”，各 1 条	唐胄	《传芳集》

① 按：以下表格内容从周文彰等主编《海南先贤诗文丛刊》（海南出版社 2003 年版）中辑出。

续表

内　容	作者	出处
“记类”26 条、“论类”6 条（存养、君臣、祠堂、理气、讲学、台谏）、“杂著”15 条（谦说、性说、字原、八腊正礼注之误、五维、深衣、礼服、朝冠之簪由左达右、祭服、中单、锡袭、丧仪、道义、后深衣说、私谥）、“戒”2 条、“铭”14 条、“箴”1 条、“拟策问”6 条、“琼崖各论”1 条、“崖城东楼上梁文”1 条	钟芳	《钟筠溪集》
“平黎疏”“琼山县儒学记”“临高县儒学记”“新置都昌洞田记”“玉龙泉铭”，各 1 条	郑廷鹄	《石湖遗稿》
“世养斋说”“祭陆川迁学告庙文”，各 1 条	张子翼	《张事轩摘稿》
“八箴”（廉箴、让箴、慎箴、勤箴、仁箴、节箴、爱箴、明箴）	陈是集	《中秘稿》
“《进珠崖录》表”2 条、“上都督府韩公边情策”1 条、“记”12 条、“说”11 条、“辨”3 条（名实辨、疑辨、鬼物辨）、“志怪”1 条、“酒箴”1 条、“原”3 条（原篓、原憨、原瓜期）	王佐	《鸡肋集》
“琼州府儒学正乐碑记”	梁云龙	《梁中丞集》
“记”8 条	许子伟	《许忠直集》
“外制”3 条、“册文”2 条、“谥议”1 条、“表笺”3 条、“奏疏”12 条、“记”13 条、“碑记”9 条、“乙丑会试程”1 条、“议”2 条、“馆课”7 条、“神道碑”4 条	王弘诲	《天池草》
“章奏”14 条、“表”8 条、“策问”3 条、“记”30 条、“说”13 条、“事宜”2 条、“箴”3 条、“德馨堂铭”1 条、“神道碑”5 条	丘濬	《丘濬集·琼台诗文会稿》

表 15　　《海南先贤诗文丛刊》中儒史文献一览表

内容	著者	来源	内容	著者	来源
《元祐党人碑考》	海瑞	《海瑞集》	《孔子弟子列传》	王佐	《鸡肋集》
“传”5 条	钟芳	《钟筠溪集》	《海忠介公行状》	梁云龙	《梁中丞集》
《俞义士传》	郑廷鹄	《石湖遗稿》	《善化令寰瀛潘公传》	陈是集	《中秘稿》

续表

内容	著者	来源	内容	著者	来源
“传”6条	王佐	《鸡肋集》	《刘氏合传》 《海忠介公传》 《特进荣禄大夫后军都督右都督兰村麦公行状》	王弘诲	《天池草》
“传”7条	丘濬	《丘濬集·琼台诗文会稿》	《五伦全备忠孝记》3卷	丘濬	《丘濬集·琼台诗文会稿》

从这些儒学文献中，我们可以看出明代是海南儒学传播最为繁盛的时代。下面以丘濬的《大学衍义补》为例，说明明代海南儒学传播盛况。

丘濬（1419—1495年），明代著名理学家，海南四大才子之一，同海瑞合称为“海南双璧”。字仲深，号深庵、玉峰，别号海山老人，琼州琼台（今海南海口）人。景泰五年（1454）进士，历官经筵讲官、侍讲、侍讲学士、翰林学士、国子临祭酒、礼部侍郎、尚书、纂修《宪宗实录》总裁官、文渊阁大学士、户部尚书兼武英殿大学士等职。丘濬为官廉洁，通熟国家典故，以经济自负。弘治八年（1495）卒，年七十六。赠太傅，谥文庄。《明史》有传。濬性嗜学，既老，右目失明，犹披览不辍，研究领域涉及政治、经济、文学、医学、史学等。著述甚丰，著有《大学衍义补》《世史正纲》《朱子学的》《家礼仪节》《射礼仪节》《盐法考略》《钱法纂要》《平定交南录》《琼台诗话》《琼台吟稿》《琼台类稿》以及传记《五伦全备记》《投笔记》《举鼎记》《罗囊记》等。

《大学衍义补》成书于成化二十三年（1480），共164卷，仿真德秀原书体例，辑经史及百家之言，以为治国平天下之要，补《大学衍义》之阙略，分为正朝廷、正百官、固邦本、制国用、明礼乐、秩祭祀、崇教化、备规制、慎刑宪、严武备、柔远方、成功化十二目，目下又分为119个子目，子目又进一步分成若干条，每一条由若干引文与濬之按语组成。皇皇巨著广征博引著述达101种，引用前人语录达411人。自序曰：“非独举其要，资出治者以御世抚民之居，亦所以明其义，广正君者以辅世泽民之术。”书成后奏上，有诏嘉奖，命录副本付书坊刊行。神宗序云：“揭治国平天下新民之要，以收明德之功。采古今嘉言善行之遗，以发经传之指，而后体用具备，成真氏之完书，为孔曾之羽翼，有功于《大学》不浅。是以孝庙嘉其考据精详，论述赅博，有补政治。”此书按照从诚意、正心到治国、平天下的儒学理路，加之丘濬对国家治理需求，为经世致用的名作。尤其在经济上的理财制度、货币制度、土地分配制度等方面多有创制，凸显出濬之经济之才，展现出当时经济发展的趋势。

后代学人广传此书，曾纂有多种节本或述要行世，如明凌迪知《大学衍义补精华》、胡世甯《读大学衍义虞见》，清陈弘谋《大学衍义补辑要》等。而且传出国界，朝鲜《李朝实录》中载1487年朝鲜国王曾下令刊刻此书，而日本于宽政四年（1792）刊刻此书。足见此书的价值。然如此巨著，“所引之事。类多重复，所修之辞，不能雅驯”（自序），粗疏冗杂之处难免。同时，在判定史实上也有失记误断之处。

《大学衍义补》成书后献于朝廷，孝宗随即令礼部誊抄此书，并发福建布政司著书坊刊刻，是为此书最早的抄本。而最早的刻本是弘治元年（1488）由福建建宁府刊刻。此后有正德元年（1506）建安书林郑氏宗文堂据弘治年间刻本重印，即宗文堂本。清华大学图书馆所藏为《大学衍义补》40册，嘉靖十二年（1533）本重印宗文堂本。吉澄均主持刊刻过嘉靖十四年（1535）、三十五年（1556）、三十八年（1559）本，即吉澄刻本。万历三十三年（1605）有内府刻本和乔应甲刻本。天启四年（1624）有南京国子监刻本。崇祯五年（1632）陈仁锡于常州刊行《大学衍义补》的评刻本，成为后代多个《大学衍义补》版本的底本。清有顺治十三年（1656）张熊麟删刻本、《四库荟要》本、《四库全书》本、道光十七年（1891）刻本、同治十三年（1874）云邑郭氏塾本、光绪二十一年（1895）桂垣书局本。海南书局于中华民国二十年（1931）刊以《四库全书》本刻铅印本。1972年中国台湾丘濬学会印行的《丘文庄公丛书》中收入的《大学衍义补》是弘治元年影印本。在国外此书也有流传，朝鲜《李朝实录》载1487年朝鲜国王曾下令刊刻过《大学衍义补》；日本于宽政四年（1792）年刊刻和刻本，日本京都中文出版社1979年影印和刻本。

（四）学术思想，以程朱为主，糅合阳明心学

有明一代，学术发展一直是在程朱理学的思想下进行的。除了丘濬外，还有钟芳（1476—1544 年），字钟实，号筠溪，琼山人。正德三年（1508）进士，历官经翰林院庶士，宁国推官，漳州同知，江西右布政使，太常市卿，兵部右侍郎。讲道论学把程朱之学作为正宗。其思想被认为是程朱理学的一支。黄佐在《筠溪钟公墓志铭》中评价其“论学以程朱为宗”①。他被当作程朱一派。钟芳在明代海南儒学史上起到了举足轻重的作用，作出的贡献巨大，《广东通志》评价其“上接文庄，下启忠介”②，是一位取学于儒学正孔之道与丘濬海瑞齐名的“岭南巨儒”。

这个时期，海南的先贤也接触过心学。王佐在广东参加乡试，考取《礼经》魁首，此时陈献章也参加考试，也中举，被时人称为“同榜二俊”，一时传为佳话。王佐与陈献章有交集，也受到陈的影响。弘治十年（1497），海南盐课提举汪廷贞与陈献章有交集，汪上任后不久，便兴建义学，寄书信和钱财聘请陈献章到琼州讲学，陈以母丧未除，婉言谢绝。汪廷贞将陈献章的回信刻在石碑上，同时建造一个亭子表示纪念，即怀沙亭。

陈献章的得意门生之一——湛若水与唐胄又有很好的交往。嘉靖三年（1524）二月，唐胄任广西按察司佥事，湛若水写成《赠唐西洲佥宪之任广西序》，表达自己对唐胄的不公。嘉靖十三年（1534），唐胄迁南京户部右侍郎，在南京，湛若水与唐胄相见，二者虽然各自有各自的旨趣，但是二人关系甚密。嘉靖十五年（1536），唐胄转任北京户部右侍郎，湛于是作《赠唐西洲司徒转北部有序》，称“予忝与三十年交，义不浅”。

海瑞思想最为代表。海瑞，字汝贤，琼山人，《明史》本传载：“平生为学以刚为主，因自号刚峰。”海瑞之刚直忠介之事，可谓妇孺皆知，然观其行则知其学。其之学旨趣，万历年间的琼山进士梁云龙指出：“其平生所学惟务识真，必为圣贤，不为乡原。”③ 其学术思想重点分析孟子

---

① （明）黄佐：《筠溪钟公墓志铭》，载钟芳《钟筠溪集》卷 12，第 273 页。

② （清）阮元总裁，陈昌齐总撰：道光《广东通志》卷 23，海南出版社 2003 年版，第 796 页。

③ （明）梁云龙：《海忠介公行状》，载海瑞《海瑞集》卷 7 附录，海南出版社 2003 年版，第 800 页。

的心性论。[①]“君子之于天下，立己治人而已矣。立己治人，孰为之？心为之。心为之，心自知之。得若失心自致之。”[②] 海瑞对陆子之学的认同是因为陆子之心性之学与他对心的重视是分不开的。他在对朱子之学与陆子之学评判的时候也是以心为主，“朱陆之论定久矣，何自而辨之？辨之以吾之心而已。维天之命，其在人则为性而具于心，古今共之，圣愚同之”[③]。

六　清代：海南儒学的转向

清代，海南儒学的发展伴随着清朝对海南的治理而不断发展。清政府不仅在各州县普遍设立儒学，订立严格的学规戒律，而且广设书院、义学和社学等各类学校`，而且在科举取士上也照应海南的士人。

在学制上讲，海南与全国的情况是一致的：顺治九年（1652）礼部奉旨刊立卧碑晓示生员；康熙十五年（1676）始以广东提学道巡视琼府；雍正元年（1723）题准广东之儋州向系中学，今改为大学，取进十五名。而后不断增加海南科考的人数。

清朝海南岛登进士的共有 21 人，其中琼山有 6 人，文昌有 5 人，定安有 4 人，会同有 3 人，澄迈有 1 人，儋州有 1 人，万州有 1 人。中举人者共有 178 人，其中琼山最多，有 53 人。在数量上清代没有明代进士多，这里面原因很多，其中一个原因是当时海南士人仍浸淫在程朱理学之中，而此时的清朝以乾嘉考据学为导向。从这个角度来说，海南士人的学风与整个时代的学风不相符了。

（一）阳明心学在海南得到传播

明朝，心学虽然与海南有交集，但是没有在海南传播，也就是说海南的一批在外地为官的士大夫接触心学，但是没有通过书院在海南传播。

① 参见史振卿《浅论海瑞的心性论》，《兰台世界》2014 年第 12 期。

② （明）海瑞：《海瑞集》卷 4《序·赠郡侯肖野郭公膺保荐序》，海南出版社 2003 年版，第 511—512 页。

③ （明）海瑞：《海瑞集》卷 4《论·朱陆》，第 713 页。

到清代就不一样了。云茂琦（1790—1849年），字以卓，号贝山，又号澹人，文昌人。道光六年（1826）进士，授江苏沛县知县。后任六合知县，兵部、吏部郎中。自幼聪慧，授业张岳崧。有一次到京应试，读了《王阳明集》后，顿觉得自己终于醒悟了。他对王阳明把封建伦理道德说成人生而具有的良知的思想，倍加推崇，再三体味，有如大梦初醒。《云茂琦墓志铭》记载说："比入都，读王阳明先生集，慨然有必为圣贤之志，乃作责前警后二箴，语语沉痛。"《责前警后二箴》中说道："今与心盟，鬼神莅之。""毋外之逐，而内之治。敛华塞兑，守黑守雌。"可见，王阳明心性之学，对云茂琦影响很大。到后来，云茂琦辞官回家，主讲琼台书院，不断阐发阳明的思想。[①]

有清一代，海南的书院数量达37个，超过明代32个。从这些书院的课程来看，仍然以程朱儒学为主，如陵水的顺湖书院，乾隆二十年（1755），知县召集本地的乡绅，建一个书院，"循邑之古名，抑亦窃比鹅湖、鹿洞云尔"。代表性的是琼台书院，康熙四十四年（1705），巡道焦映汉赴任抵琼时，便捐献薪俸，筹建书院，"琼州文风骚骏日上，一时科甲联翩而起"。[②] 但是，到晚晴时期，在云茂琦的影响下，一些书院不断传播阳明心学。

（二）考据学在海南落下了根

乾嘉汉学是清代学术的标志，随着海南的学子到广东参加乡试，慢慢接触到很多考据学的典籍，尤其是阮元主政广东，编修《广东省通志》，着重培养一批从事考据学的人才。冯骥声（1841—1891年），字少颜，清同治拔贡。冯骥声自幼好诗文，资质颖异，好学勤奋，很有才气。诗词独特，与被后人誉为"诗界革命"旗帜的黄遵宪交往颇深，被黄遵宪叹为奇才。他致力于经学研究，他的解经著述，在前人的基础上，广泛搜集文献资料，运用文字学、古音学和训诂学的理论和常识，深入研究经学，特别是对今、古文《尚书》的精心考证，往往有独到之处。著

---

① 参见史振卿《清代海南循吏云茂琦》，南方出版社2016年版。

② （清）顾芝：《建立顺乘胡书院碑记》载（清）瞿云魁纂修《（乾隆）陵水县志》卷9《艺文志》，清乾隆五十七年刻本。

有《经解》、《尚书古今文疏证》16卷。比如，他在解读《尚书》中“文思安安”之语，引用《史记》《汉书》《后汉书》《论衡》等。[①] 大量用史书和子部文献证“经”，这样的方法是清代考据学的主要辨伪方法。

当然这个时候，主旨学术还是程朱理学。吴典（1740—1789年），字国猷，号学斋，海口人，乾隆三十四年（1769）中进士，授翰林院编修，曾参加《四库全书》编修。乾隆五十年（1785）任琼台书院主讲，一生研求理学，精于义利之辨，辞章著称于世。教育生徒，督课甚严，经常汇刻先贤格言，辑录给诸生，后病逝于书院；王承烈，在雁峰书院主讲十多年，恪守程朱之学；郑天章，他少承家训，有志于宋儒之学，主教琼台书院的时候，凡程朱著述，他都一一采购，深入钻研，并将学习心得日积月累地记在《程薄》上，编成《程朱粹一言》，以教育生徒和传授后人。

张岳崧认为读书以“四书”为主，求助于经义：“必先求之宋儒传注，使大义显明，然后知圣贤之指归，皆切于日用践履之实，而非徒托空言。”而后张岳崧分析宋学和汉学之间的利弊：“若夫经书中名物象数，制度典章，则汉唐诸儒如马、郑、贾、孔之学，去古未远，家法师承，源流有自。更需考证参稽，庶不致空疏无据。”也就说汉学重在考据，“非宋儒之不精考据，而汉唐之学之不晓大义也”。[②] 究其二者利弊，张岳崧认为，应该先从解经大义之宋学开始。

（三）关注实学，倡导实业救国

潘存在《论学说》中谈道：“天下事，求精不如求实。果能实，精亦好，粗亦好，由粗可以至精。不务实而言精，纸上空谈，弊有不可胜言矣。”[③] 他把做实际之事看得如此重要，“读书须务得其要，措之事业。若徒于章句上雕琢，是无用之学”[④]。

冯骥声这位“书呆子”也关心时事，他曾写《自鸣钟》，在这首诗中

① 参见（清）冯骥声：《抱经阁集》之《经解》，海南出版社2004年版。

② （清）张岳崧：《筠心堂集》之《外集》，海南出版社2004年版，第375页。

③ （清）潘存：《潘孺初集》之《论学说》，海南出版社2004年版，第50页。

④ （清）潘存：《潘孺初集》之《解中庸注》，第63页。

描述出他对西方科技的赞叹："此更巧制胜铜壶，尺寸之间气候俱。钟声按候鲸喉振，消息潜与葭管符。"① 在《铁路火轮车》中说："一车雷动百车从，轰声撼地烟迷空。""水村山郭瞥眼过，顷刻可行万里程。噫嘻！我朝若仿火车制，遍开铁路通边地。商贾操奇赢，贩运尤便利。一旦兵变财狼嗥，迅赍军粮资接济。往返曾未浃半旬，何至旷岁经年动扰驴马多倒毙！"② 在《铁路火轮车》中也谈到西方的科技。《电报》中指出："电报之制奇又奇，岂惟迅传军务商情来边陲？"③ 还有《煤气灯》《氢气球》《远镜》等，如此绘声绘色地描述西方科技成果，必然给海南社会风气带来一阵清风。

除了冯骥声对火车的关注外，还有一批士人投身到伟大的爱国事业之中，如韩锦云。韩锦云（1806—1874 年），字紫东，文昌人。他游宦期间，正值列强入侵中国，他极力主张禁烟，抵抗英法。咸丰六年（1856）十月，他两次上疏咸丰皇帝《奏为广东英夷滋扰情形疏》与《奏为英夷滋扰督臣玩延贻误疏》，揭露英国的侵略阴谋，揭露叶名琛等官员的卖国行为，一时朝野惊佩，直声满天下，时人以"海忠介后第一人"誉之。此外，云茂琦也支持林则徐戒烟和抵抗外国的侵略，他回到海南后，一方面强令戒烟；一方面修筑文昌城池，以防列强入侵。

（四）新式教育的出现

光绪二十九年（1903），清政府首次在全国颁布并推行《奏定学程章程》，即"癸卯学制"，在教育体制上进行改革，设有幼儿教育的蒙养院、中小学堂即大学堂。光绪二十八年（1902），海南琼州府刘尚伦率先将琼台书院改名为琼州府中学堂，到光绪三十二年（1906），又改为琼崖中学堂。光绪三十年（1904），文昌蔚文书院改名为文昌中学堂，宣统元年（1909），又改为文昌县立中学。这是海南创建最早的两所中学堂。据史志记载，海南改制后分为初等小学堂、高等小学堂、中学堂、游艺学堂等，还有一些社学、义学也先后改为小学堂。这样，一些西学知识也在

① （清）冯骥声：《抱经阁集》之《诗》，第 253 页。
② （清）冯骥声：《抱经阁集》之《诗》，第 254 页。
③ （清）冯骥声：《抱经阁集》之《诗》，第 256 页。

海南开始传播。

此时基督教也深入到海南，创办一些教会学校，如，海南天主教传教区在宣统二年（1910）创办私立天门小学校，还有一些女子学校。[①] 他们在课程上虽然主要学习《圣经》，但是也讲授儒家的“四书”、《女儿经》等。

结　语

纵观海南儒学的发展历程，使我们清晰地看到，海南儒学发展既与全国儒学发展有一致的地方，又有自己独特的一面。就是这些独特的地方，才造就了海南文化特有的风采。总的来说，海南文化有三个主要特质。第一，包容性。海南文明是农耕文明与海洋文明的融合。在交流的过程中互通有无。当然，由于海南特殊的地域性，两种文明没有明显地呈现出特有的优势，可以说是均衡发展。第二，慕他性。每当一种文明进入海南后，一般都受到原有文明的尊重，没有明显的排斥和打击，形成海南多样性的文化体系。第三，连续性。自秦汉以来，海南的各种文化蜂拥而至，从后来的发展来看，均有各自的理路和模式，基本上没有中断。

其实这在某种程度上来说，也是海南士人循规蹈矩的思想形成的根源。当我们从思想史的角度分析海南历史文化发展的时候，会更加清晰地看到海南思想演变的过程，明代的高峰、清代的低回，而到中华民国时期，海南的文化又拓展了。这是因为清朝海南士人心中独一的程朱理学，随着鸦片战争的一声炮响，被炸碎了。随着海南士人思想的进一步解放，加之海南的区位更接近于西方文化传播的国家和地区，这使得海南的文化慢慢地拓展开来。

---

① 参见张小群《基督教与清末民初的海南社会》，硕士学位论文，湖南师范大学，2012年。

经学纵横

《尚书》为什么难读难治?*

王小红**

摘　要：在儒家经典中，《尚书》历来号称难读。究其原因，其起源、形成、名称、篇目、流传、语言、内容、思想等庞杂繁复，令释读困难重重。

关键词：《尚书》　治道之本　佶屈聱牙

《尚书》是我国最早的一部历史文献汇编，上起唐虞之世，下讫春秋前期，其内容主要是“人君辞诰之典，右史记言之策”①，保存着上古时期的语言、文字、文学、哲学、历史、地理、天文、历法、神话、社会生活等多方面的史料，故为我国先秦时期的重要史籍之一，亦被儒家选编为最早的经典之一。其内容恢宏博大，思想深邃宏阔，很早就被奉为

* 本文系国家社会科学基金项目（编号：17BZS028）、四川省哲学社会科学研究基地项目（编号：SC12E002）、国家社会科学基金重大项目“巴蜀全书”的（编号：10@ZH005）、四川省重大文化工程项目“巴蜀全书”（川宣2012.11号）的阶段性成果。

** 作者简介：王小红，生于1973年，重庆梁平人，四川大学古籍整理研究所研究员、硕士研究生导师。主要研究方向：历史文献学、中国儒学、巴蜀文化。

① （汉）孔安国传，（唐）孔颖达正义，黄怀信整理：《尚书正义》卷首《尚书正义序》，上海古籍出版社2007年版，第1页。

"七经之冠冕，百氏之襟袖"①，"治道之本"②，影响深远。历代帝王将相以《尚书》安邦定国，工商士民以《尚书》修身待物，学者更以《尚书》著书立说。然自古至今，在儒家经典中，《尚书》历来号称难读。唐代韩愈曾经指出："《周诰》《殷盘》，佶屈聱牙。"③ 王国维曾感叹自己"于《书》所不能解者殆十之五"④。钱穆亦谓："《尚书》是中国古代一部大家都读的书。但在今天来讲，《尚书》是一部很难读的书。"⑤《尚书》之所以难读难治，从历代学者的实践来看，大致有六个方面原因。

一　起源和形成茫然难知

在所有先秦典籍中，《尚书》的起源及其成书后在历史上的遭遇都纷繁复杂。

《尚书》的起源很早，一说始于三皇五帝之书。《周礼·春官》记载："外史掌书外令……掌三皇五帝之书，掌达书名于四方；若以书使于四方，则书其令。"郑玄注"三皇五帝之书"云："楚灵王所谓《三坟》《五典》。"⑥《左传·昭公十二年》载："王曰：（左史倚相）能读《三坟》《五典》。"《春秋左传正义》引贾逵之说曰："《三坟》，三王之书；《五典》，五帝之典。"⑦ 所谓三皇五帝，历史上说法很多，或曰天皇、地

① （唐）刘知几：《史通·内篇·断限》，载赵吕甫校注《史通新校注》，重庆出版社 1990 年版，第 234 页。

② （宋）杨万里：《故工部尚书焕章阁直学士朝议大夫赠通议大夫谢公神道碑》，载辛更儒笺校《杨万里集笺校》卷 121，中华书局 2007 年版，第 4691 页。

③ （唐）韩愈：《进学解》，载刘真伦、岳珍校注《韩愈文集汇校笺注》卷 2，中华书局 2010 年版，第 146 页。

④ 王国维：《与友人论〈诗〉〈书〉中成语书》，《观堂集林》卷 2，中华书局 1959 年版，上册，第 75 页。

⑤ 钱穆：《中国史学名著》，生活·读书·新知三联书店 2001 年版，第 1 页。

⑥ （汉）郑玄注，（唐）贾公彦疏：《周礼注疏》卷 26，中华书局 2009 年影印清嘉庆阮元校刻《十三经注疏》本，第 1771 页。

⑦ （晋）杜预注，（唐）孔颖达等正义：《春秋左传正义》卷 45，中华书局 2009 年影印清嘉庆阮元校刻《十三经注疏》本，第 4482、4483 页。

皇、人皇[①]，或云燧人氏、伏羲氏、神农氏[②]……不一而足；五帝，一说指太皞、炎帝、黄帝、少皞、颛顼（《礼记·月令》）[③]，一说指黄帝、颛顼、帝喾、唐尧、虞、舜（《史记·五帝本纪》）……说法各异。以上史料皆表明，黄帝之前已有《尚书》。而《史记·孔子世家》云孔子序《书传》，“上纪唐虞之际”[④]，《汉书·艺文志》云孔子纂《书》，“上断于尧”[⑤]，均指孔子选编一部分《尚书》史料，作为儒家经典，并非指《尚书》的起源。因此宋代王应麟在《困学纪闻》卷2中云：“《周官》‘外史掌三皇五帝之书’，《春秋传》所谓‘《三坟》《五典》’是也。”[⑥]清章学诚《文史通义·书教上》载：“《周官》外史，掌三皇五帝之书。今存虞、夏、商、周之策而已，五帝仅有二，而三皇无闻焉。《左氏》所谓《三坟》《五典》，今不可知，未知即是其书否也？以三王之誓、诰、贡、范诸篇，推测三皇诸帝之义例，则上古简质，结绳未远，文字肇兴，书取足以达微隐通形名而已矣。因事命篇，本无成法，不得如后史之方圆求备，拘于一定之名义者也。”[⑦] 其云“五帝仅有二”，即尧、舜；而所谓“《五典》”，或包含《尧典》《舜典》，孔子将此二《典》选入儒家经典《尚书》之中。可见孔子编次《尚书》，以唐尧以前事迹难以证实，乃断远取近，仅从《尧典》以下篇章选取，并不是说尧以前无《尚书》篇章。

一说《尚书》发端于文字始作之初。《周易·系辞》有言：“上古结

---

① 按：据《史记·秦始皇本纪》记载，秦初并天下，令议尊号。丞相王绾、御史大夫冯劫、廷尉李斯与博士等议曰“古有天皇，有地皇，有泰皇”，唐司马贞《史记索隐》谓“泰皇”当作“人皇”，后世多从之。宋李昉等编纂《太平御览》卷78专释天皇、地皇、人皇。中国上古传说之一，盘古开天后，盘古之下始说天皇氏、地皇氏、人皇氏，然后说有巢氏、燧人氏、伏羲氏、女娲氏……。

② （旧题汉）伏生撰，王闿运补注：《尚书大传》卷6，商务印书馆1937年版，第57页。

③ （汉）郑玄注，（唐）孔颖达正义：《礼记正义》卷15，中华书局2009年影印清嘉庆阮元校刻《十三经注疏》本，第2137页。

④ 《史记》卷47《孔子世家》，中华书局1982年标点本，第1935页。

⑤ （汉）班固：《汉书》卷30《艺文志》，中华书局1962年标点本，第1706页。

⑥ （宋）王应麟：《困学纪闻》卷2，上海古籍出版社2008年标点本，第141页。

⑦ （清）章学诚著，叶瑛校注：《文史通义校注》卷1《内篇一·书教上》，中华书局1985年版，第30页。

绳而治，后世圣人易之以书契，百官以治，万民以察。”① 所谓孔安国《尚书序》有言：“古者伏羲氏之王天下也，始画八卦，造书契，以代结绳之政，由是文籍生焉。”② 许慎在《说文解字·自叙》中亦云：“黄帝之史仓颉，见鸟兽蹄迒之迹，知分理之可相别异也，初造书契。”③ 又释“书”云“书，箸也”④，象人持笔作文字。《隋书·经籍志·经部·书类叙》有言：“《书》之所兴，盖与文字俱起。”⑤ 近人马宗霍据以上诸说，主张《尚书》篇章出现于文字起源之时，断自黄帝时代。其于《中国经学史》云：“及黄帝时而有书契，于是左史记言，右史记事，亦有其具。事为《春秋》，言为《尚书》，故……《隋书·经籍志》溯《尚书》之始，谓‘与文字俱起’。”⑥ 考证流传至今各《尚书》篇章和不知篇名的《尚书》佚文，可以发现《尚书》以《尧典》篇及记载唐尧事迹为最早，不见尧以前篇章文字。

一说《尚书》之兴起始于历史记录。出土文献《郭店战国楚墓竹简》之《性自命出》有言：“时（诗）、箸（书）、豊（礼）、乐，其司出皆生于人。”⑦ 明确说明《书》之兴起始出于人的需要。人类要保存和传播知识，寄托自己对历史的认识，就需要历史记录。中国的历史记录起源很早，自古就有绘画、结绳记事、刻木为契、实物符号、象形符号、抽象符号等记录和保存语言的方式，而《尚书》就是主于政事的历史记录。正如许慎在《说文解字·自叙》中云：“造书契，百工以乂，万品以察。”⑧《荀子·劝学篇》亦有言：“《书》者，政事之纪也。”⑨《史记·太史公自序》有言：“《书》记先王之事，故长于政。”⑩ 而古之政令，发

---

① （魏）王弼、韩康伯注，（唐）孔颖达等正义：《周易正义》卷8《系辞下》，中华书局2009年影印清嘉庆阮元校刻《十三经注疏》本，第181页。

② （汉）孔安国传，（唐）孔颖达正义，黄怀信整理：《尚书正义》卷1《尚书序》，第2页。

③ 《说文解字》卷15上，中华书局1963年影印本，第314页。

④ 《说文解字》卷3下，第65页。

⑤ 《隋书》卷32《经籍志》，中华书局1973年标点本，第914页。

⑥ 马宗霍：《中国经学史》第一篇《古之六经》，上海书店1984年版，第1页。

⑦ 荆门市博物馆《郭店楚墓竹简》，文化出版社1998年版，第20页。

⑧ 《说文解字》卷15上，第314页。

⑨ （清）王先谦：《荀子集解》卷1《劝学篇》，中华书局1988年标点本，第11页。

⑩ 《史记》卷130《太史公自序》，第3297页。

于君王，出于史官之笔。《礼记·玉藻》称古之君王“动则左史书之，言则右史书之”[①]，史官记录君王的言行，汇编成册，就成《书》了。《汉书·艺文志》有言：“古之王者世有史官[②]，君举必书，所以慎言行，昭法式也。左史记言，右史记事，事为《春秋》，言为《尚书》，帝王靡不同之。”[③] 可见史官于“君举必书”，是我国先秦史官制度的主要职能。我们从《周礼》等传世文献和今文中可以看到不少史职，如太史、小史、内史、外史、左史、右史、御史等，不仅中央王室有，各诸侯国也有。这些史官主要有两方面的职责：一是做统治者政治活动中的文书工作，把君主所要形成的文件写下来，结果就成为史料；二是给统治者总结经验，垂训将来，为了历史的目的替君主的言行做记录工作，即直接“记注”史料，这就是古代史职的“记注”工作。马雍在《尚书史话》中说：“我国在很古的时候就有了专门记载历史的史官，古代史官所记载的历史文献在体裁上大致分为两类：一类是按着年月次序逐条记录国家大事的‘编年史’；另一类是记录国王和大臣们有关国家大事的言论和政令的档案。《尚书》就是后面这种档案文献的一部汇编。”[④] 记政事被称为“书”的档案，最初恐怕还是一件件的，并未集结成具有一定编排体例的定本。《尚书·多士》载西周初年的周公旦曾说：“惟殷先人有册有典。”[⑤] 说明周公见过殷先人的典册。今人在研究殷墟卜辞时，发现甲骨片上多有钻孔，且有“册六”等字样，这大概是典册的编号。由此可见，“册”“典”的观念在殷商时代已存在，或许就是当时档案文献的称谓，而且巫史已尝试汇编档案并加以分类。可见作为档案文献的《书》的汇编早已开始。

---

① （汉）郑玄注，（唐）孔颖达正义：《礼记正义》卷29《玉藻》，第3193页。

② 按：史官制度起源何时，现在无从精确考据，但从甲骨文中可以看出，商代应有史官。商王无论向上帝请示一件什么事，或卜问一件什么疑难的问题，或准备进行一项什么活动，涉及宗教、典礼、征伐、生产、生活等各方面，都由贞卜官员如实地记载在甲骨上，这些贞卜人员实际就是商代原始的史官。“殷因于夏礼”（《论语·为政》），商代承继了夏代文明，夏代有史官也完全可能。

③ （汉）班固：《汉书》卷30《艺文志》，第1715页。

④ 马雍：《〈尚书〉史话》，中华书局1982年版，第5页。

⑤ （汉）孔安国传，（唐）孔颖达正义，黄怀信整理：《尚书正义》卷16《多士》，第624页。

《书》的最早汇编起于何时已不可确考。《左传·僖廿七》记载赵衰之言曰:"臣亟闻其言矣,说《礼》《乐》而敦《诗》《书》。《诗》《书》,义之府也;《礼》《乐》,德之则也;德、义,利之本也。"① 这是传世文献中最早并言《诗》《书》者。鲁僖公二十七年(前633),由赵衰称说的情况可知,《书》与《诗》《礼》《乐》已在当时的文化阶层中普遍存在,故《书》的汇编应远早于赵衰的时代。

汇编后的《尚书》多包含古之圣王贤臣修身立德、为政理民的内容和思想,故先秦诸子常常引《书》用《书》来称道古史,如《论语》引用《尚书》9次1篇、《墨子》引用47次22篇、《孟子》引用38次7篇、《荀子》引用22次3篇、《管子》引用6次1篇、《韩非子》引用7次1篇、《吕氏春秋》引用14次2篇等②,称引、诠释《尚书》来宣扬自己的学说主张,以及议政干政。儒家和墨家对《尚书》引用的次数最多,他们沿用一些旧篇材料,凡能为自己学说张目者,就选编、引用;有不尽适合者,他们就删去,或加工改造,或作断章取义的阐释,用以体现自己的学说观点。

尤其是儒家学派,在发展过程中把《尚书》中的贤君明王纳入其道统中,在选编、诠释、传授《尚书》的过程中,虽免不了掺入自己的思想,但后世流传的伏生今文《尚书》、孔壁《古文尚书》、梅赜所献晚出孔安国传本《古文尚书》(以下简称"晚出《古文尚书》")等各种版本,基本素材都是上古流传下来的《书》篇。③ 儒家还将以《书》为教从官学下移到民间,孔子"序《书传》",即选编和整理《书》,并"以诗书

---

① (晋)杜预注,(唐)孔颖达等正义:《春秋左传正义》卷16《僖公二十七年》,第3956页。

② 参见刘起釪《尚书学史》(修订本),中华书局1989年版。

③ 按:被人甚为怀疑的晚出《古文尚书》,出土和传世的先秦诸子文献所引《尚书》文见于其中的就达10余篇,相互比对后可以发现,它们在文字内容上有许多相同或相似之处,这说明晚出《古文尚书》在先秦是有源头的。同时,先秦文献所引《尚书》文又有许多不见于晚出《古文尚书》者,这又说明晚出《古文尚书》并非是从先秦文献中抄袭文句造作的,故清代以来所谓"梅赜造作古文《尚书》"(清代以阎若璩、惠栋为代表的许多学者都认为梅赜所献《尚书孔安传》系梅氏自己所伪造。阎若璩在《尚书古文疏证》卷8第113节中说:"梅赜上伪书,冒以安国之名,则是梅赜始伪。"惠栋亦在《古文尚书考》中云:"今世谓古文者乃梅赜之书,非壁中之古文也")的说法亦当重新审视。

礼乐教，弟子盖三千焉”①，孔门弟子、孟子、荀子等多继承了孔子以《书》授徒的传统，促使《尚书》的流布更为广泛、影响更为深远。孟子还“序《诗》《书》，述仲尼之意”②，再次对《尚书》进行选编整理。荀子还在将书学从诸子学形态上升到经学方面做了大量工作，其云：“学恶乎始？恶乎终？曰：其数则始乎诵经……故《书》者，政事之纪也。……《礼》之敬文也，《乐》之中和也，《诗》《书》之博也，《春秋》之微也，在天地之间者毕矣。”③ 为汉代《尚书》的经典化奠定了基础。由此可见，儒家在传播《尚书》、发掘《尚书》的思想内涵等方面作出了重大贡献，并一步步将《尚书》经典化。《尚书》在后世的流传和运用，主要是作为儒家经典进行的。

二　名称不一

先秦时期被广泛称作“书”的书，自西汉初以来基本都以“尚书”之名代替。为什么会出现如此变化？《尚书》之称始于何时？历代学者众说纷纭，至今仍无定论。

早在汉晋时期，“尚书”得名来历就有三种不同的说法。

1. 孔子命名。郑玄在《书赞》中云：“孔子乃尊而命之曰《尚书》。”④

2. 伏生命名。晚出孔传之《大序》有言：“济南伏生……以其上古之书，谓之《尚书》。”⑤

3. 欧阳氏命名。刘歆在《七略》中云：“《尚书》直言也，始欧阳氏先名之。”⑥

---

① 《史记》卷47《孔子世家》，第1938页。

② 《史记》卷74《孟子荀卿列传》，第2343页。

③ （清）王先谦：《荀子集解》卷1《劝学篇》，第11、12页。

④ （汉）孔安国传，（唐）孔颖达正义，黄怀信整理：《尚书正义》卷1《尚书序》引，第16页。

⑤ （汉）孔安国传，（唐）孔颖达正义，黄怀信整理：《尚书正义》卷1《尚书序》引，第14页。

⑥ （宋）王应麟著，张三夕、杨毅点校：《汉艺文志考证》引，中华书局2011年版，第146页。

以上三说，都没有充分的根据，难以令人信服。故近年来，学者根据司马迁在《史记》的《五帝本纪》《三代世表》《高祖功臣侯年表》《建元以来侯者年表》《封禅书》《晁错列传》《儒林列传》《大宛列传》等多篇章中把儒家“六经”之一的《书》称为“尚书”达数十次，认为“尚书”始称起于西汉。例如，蒋伯潜说：“秦以前之经传诸子中，凡引《尚书》，皆但称《书》，不曰《尚书》；似《尚书》一名，起于西汉。”①刘起釪也认为：“《书》的以《尚书》为专名，是到汉代才有的事……明定《尚书》为书名的，是汉代今文家。”②但这一说法也值得商榷，司马迁已大量使用“尚书”这一专名，只能说明该专名在司马迁以前就产生了，有可能是汉初，也有可能是先秦某个时候，上限难以确定。

近年来大量文献的出土，推动了这一问题的深入研究。现已有更早的材料证明“尚书”的得名可能在汉初以前。1973年轰动世界的马王堆三号汉墓出土了大批《周易》帛书经传，包括《周易》《二三子》《系辞》《衷》《要》《缪和》等篇。经考证，该墓入葬时间是汉文帝公元前十二年（前168）③，故这批帛书的写作时代至少在该年之前。廖名春依据这批帛书的错简多及《要》篇书写形制、篇题、所记字数等信息，考证出《要》篇“应有更早的篆书竹简本存在，而《要》的写成，当又在更早。《要》篇系摘录性质，其材料来源应较其成书更早。考虑到秦始皇公元前213年据李斯议制定了《挟书令》，而该令直到汉惠帝四年（前191）才得以废除。考古发掘表明，迄今在《挟书令》施行时期以内的墓葬，所出书籍均未超出此令的规定。所以，帛书《要》篇的记载不可能出自汉初，也不可能出自短短十五年的秦代，应该会早到战国”④。在《要》篇中，出现了“尚书”一词。原文云：

> 夫子老而好《易》，居则在席，行则在囊。子赣曰：“夫子它日教此弟子曰：‘德行亡者，神灵之趋；知谋远者，卜筮之蘩。’赐以

① 蒋伯潜：《十三经概论》，上海古籍出版社1983年版，第95页。

② 刘起釪：《尚书学史》（修订本），第7—8页。

③ 晓菡：《长沙马王堆帛书概述》，《文物》1974年9期。

④ 廖名春：《〈尚书〉始称新证》，《文献》1996年4期。

此为然矣。以此言取之，赐缗行之为也。夫子何以老而好之乎？”夫子曰：“君子言以矩方也，前祥而至者，弗羊而巧也。察其要者，不诡其福。《尚书》多仒矣，《周易》未失也，且又古之遗言焉。予非安其用也。”①

这段话采用孔子后人追溯的方式记叙，“夫子”与“子赣”相答对，“夫子”显然是孔子。廖名春研究后认为，“就迄今所发现的文献而言，《尚书》之称始于孔子。保守一点，它也不会晚于战国。说它起于西汉，是完全错误的”②。其推论有相当的道理，但有一个问题值得思考，即从孔子到司马迁这么长的时间内，传世文献引《尚书》之文，或以“《书》曰”，或以“《夏书》曰”“《商书》曰”“《周书》曰”，或以具体篇名及具体语句称引，而几乎没有称“尚书”之名的③；出土的先秦文献如《郭店战国楚墓竹简》的《缁衣》《成之闻之》《唐虞之道》《性自命出》《六德》《语丛一》诸篇，《上海博物馆藏战国楚竹书》的《缁衣》篇，称引《尚书》之文，或以“《书》曰”，或直接称引《书》的具体篇名，也基本没有径称“尚书”之名的。④ 另外，《要》篇中出现了“《书》”与“尚书”并行称说的情况，这二者所指实体是什么？是相同还是不同？以及《要》篇的确切时代，都需要进一步研究，故“孔子始称《尚书》”之说还需要进一步的证据，而“尚书”得名最早出现在西汉初年的旧说也需要修正。

《尚书》后来又被儒家称为“书经”，原因又何在？这得从“经”的

---

① 廖名春《马王堆帛书周易经传释文》，载杨世文等编《易学集成》，四川大学出版社1998年版，第3043—3044页。

② 廖名春：《〈尚书〉始称新证》，《文献》1996年4期。

③ 按：传世先秦文献《墨子·明鬼下》提及“尚书”一词，云“故尚书夏书，其次商周之书”。以其文观之，似乎是在墨子时期已有《尚书》之专称。如清人惠栋在《九经古义·尚书古文》中说：“《墨子·明鬼篇》云‘尚书夏书，其次商周之书’，则‘尚’字为孔子所加信矣。”但王念孙对此有不同的解释，其云：“‘尚书夏书’，文不成义。‘尚’与‘上’同，‘书’当为‘者’，言上者则《夏书》；其次则商、周之《书》也。此涉上下文‘书’字而误。”自此，学术界多以此说为定谳，认为此“尚书”不是儒家“六经”《尚书》之专称。

④ 参见王传富、汤学锋《荆门郭店一号楚墓》，《文物》1997年第7期。

含义谈起。“经”本是丝织之名，由于可以用来把竹木典籍编连成册(策)①，故而引申为书籍，进而专指某种提纲型的书籍。“经”作为书名，起于春秋战国。《庄子·天运篇》载：“孔子谓老聃曰：‘丘治《诗》《书》《礼》《乐》《易》《春秋》六经，自以为久矣。’”② 《庄子·天下篇》亦记载：“墨者……俱诵《墨经》。”③ 今存世有《墨子》的《经上》《经下》两篇。可见以书名加“经”连称，战国时已有。《韩非子》的《内储说》《外储说》也有“经”和“说”之分。《荀子·劝学篇》有言：“学恶乎始？恶乎终？曰：其数则始乎诵经。……《礼》之敬文也，《乐》之中和也，《诗》《书》之博也，《春秋》之微也，在天地之间毕矣。”④ 荀子是把所有儒家的经典都说成“经”，《书》也在其中。

然而，“书经”一名出现较晚。蒋善国在《尚书综述》中说：“周、秦间只把《礼》《乐》《诗》《书》《春秋》混称‘经’，而实际未把‘经’字加于《礼》《乐》《诗》《书》《春秋》下。”⑤ 西汉立五经博士，通晓儒家经典成为公卿、大夫、士吏做官食禄的主要条件，儒学和政权紧密相连，从而确立了儒学的权威地位，儒家的经书开始具有经典的尊贵地位，但此时还是称“书”或“尚书”，而不称“书经”。直到隋唐亦然。蒋善国认为：“‘书经’二字连称，当起于赵宋以后。”⑥ 此时，以程朱理学为代表的新儒学完全成为治国经邦的指导思想，而程朱理学的理论载体是“四书”“五经”。“五经”之一的《尚书》达到了“会当凌绝顶”的崇高地位，被径称为“书经”。

三 语言和文体古奥难懂

自从唐代韩愈感叹《尚书》“佶屈聱牙”后，后人述及《尚书》的语言和文体，大多袭用“佶屈聱牙”四字来描述。

① 按：这在考古发掘中屡有发现。

② （清）王先谦：《庄子集解》卷4《天运篇》，中华书局1999年标点本，第130页。

③ （清）王先谦：《庄子集解》卷8《天下篇》，第290页。

④ （清）王先谦：《荀子集解》卷1《劝学篇》，中华书局1988年标点本，第11页。

⑤ 蒋善国：《尚书综述》，上海古籍出版社1988年版，第2页。

⑥ 蒋善国：《尚书综述》，第3页。

（一）语言“佶屈聱牙”

宋项安世在《项氏家说》卷3中云：“《商盘》《周诰》，古今以为聱牙，而当时用之以告民庶。……告民庶之辞，与做文章不同。告民庶者，必俯而就之，或用时语，或用方言，或用官府吏文，或辨释当时事因，所以在当时众庶为易晓，在异代异俗为难通也。”① 他分析了后世读《尚书》难懂的原因，即时空之差异及语体之别。

顾颉刚在解释《周书·大诰》的语言为何艰涩难懂时说：“周民族起源于渭水流域，说的是一口陕西方言，史官忠实记录了下来。”② 其从侧面道出《尚书》语言的区域方言性质。汉代扬雄在《方言》中曰“考九服之逸言，标六代之绝语”③，整理保存了若干周秦方言古词，真实记录了汉代各地口语词汇。朱岩经过仔细地分析《尚书》和《方言》的语料，寻检出51例同时在这两本书中出现的方言古词，其中《尚书》中有35例某一义项与《方言》中义项基本相同，占68.6%。“这些词被《方言》收录，说明在汉代它们依然是方言，那么这些词目在《尚书》时代是区域方言词，当毋庸置疑。”④ 其用《尚书》本身的词汇，表明《尚书》语言具有地域方言的性质。

宋代陈骙在《文则》中则云：“《商盘》告民，民何以晓？然在当时，用民间之通语，非若后世待训诂而后明。”⑤ 其谓《尚书》语言对时人而言是明白晓畅的，然因时间久远，本为当时民间的通用语，在后世看来也非常古奥。也正因如此，司马迁写《史记》引用《尚书》时，或录全文，或取部分文字，因其语言难懂，都运用了“以训诂代经文”的原则，把所引《尚书》原文翻译一遍，使先秦的古书，变成汉代通行的语言文字。而历时更久之后，对《尚书》原文，即使是唐宋“古文八大家”之首的韩愈，也发出“《周诰》《殷盘》，佶屈聱牙”之叹，在他看

---

① （宋）项安世：《项氏家说》卷3《说经篇三》，中华书局1985年版，第28页。

② 顾颉刚：《〈尚书·大诰〉今译（摘要）》，《历史研究》1962年第4期。

③ （清）钱绎：《方言笺疏》，中华书局1991年标点本，第3页。

④ 朱岩：《于高古处觅奇崛——〈尚书〉体语言风格述略》，《扬州大学学报》（人文社会科学版）2013年第2期。

⑤ （宋）陈骙：《文则》，人民文学出版社1998年版，第22页。

来，像《尚书》中类似《盘庚》《康诰》《大诰》之类文字，艰涩难懂，已经不能融入人们的语言体系之中了。宋代大儒朱熹也说："如《盘庚》诸篇已难解，而《康诰》之属，则已不可解矣。"①

（二）文体多样

《尚书》侧重记言，以记载人物的嘉言懿行为主，通过对帝王将相等人物的对话和言论，展示夏、商、周最高统治阶层的思想意识和政治决策，以及社会文化内涵。《尚书》各色各样的"言"，体现出各种《尚书》文体。

汉伏生《尚书大传》载孔子之语云："六《誓》可以观义，五《诰》可以观仁，《甫刑》可以观诫，《洪范》可以观度，《禹贡》可以观事，《皋陶》可以观治，《尧典》可以观美。"② 刘勰于《文心雕龙·宗经篇》将此归结为"《书》标七观"③。此说虽未必出自孔子，但却道出了各种《书》类的内容，这或许是这七类《书》被选入儒家《尚书》的原因之一。此处所云"《书》标七观"，当为后世所言《尚书》文体之滥觞。后来，有所谓汉孔氏《尚书序》，云孔子"讨论坟、典，断自唐、虞以下，讫于周。芟夷烦乱，剪截浮辞，举其宏纲，撮其机要，足以垂世立教，典、谟、训、诰、誓、命之文，凡百篇"④，这是迄今发现最早对《尚书》体式进行正式分类的文字，分为典、谟、训、诰、誓、命六体。唐陆德明在《经典释文》中称凡以典、谟、训、诰、誓、命之名命名的《书》篇为"正"，不以上述之名命名但内容可归纳入六体者则称"摄"，其将"六体"区别为"正""摄"两种。⑤ 孔颖达于《尚书正义·尧典第一》"疏"云："自《甘誓》已下，皆多言辞……检其此体，为例有十：

---

① （宋）黎靖德等编，王星贤点校：《朱子语类》卷78《尚书一·纲领》，中华书局1986年版，第1984页。

② （旧题汉）伏生撰，（汉）郑玄注，（清）陈寿祺辑校，《尚书大传》卷5，《四部丛刊初编》影印上海涵芬楼藏《左海文集》本，经部，第45册，第16页a。

③ （梁）刘勰：《文心雕龙》卷1《宗经第三》，载杨明照等校注《增订文心雕龙校注》，中华书局2012年版，第26页。

④ （汉）孔安国传，（唐）孔颖达正义，黄怀信整理：《尚书正义》卷1《尚书序》，第11页。

⑤ 参见（唐）陆德明《经典释文》卷3《尚书音义》，中华书局1983年影印本。

一曰典；二曰谟；三曰贡；四曰歌；五曰誓；六曰诰；七曰训；八曰命；九曰征；十曰范。”① 自汉孔氏《尚书序》后，孔颖达是将《书》篇与“六体”联系的第一人，他通过将“六体”增加为“十体”的方法解决了每一篇的归类问题。可见，《尚书》文体多种多样。

在这些文体中，典、诰、誓、命四类是《尚书》的主要文体。《尚书》中的“典”是经典的意思，如《虞书》中的《尧典》，记载的关于尧、舜及禹、稷等诸大臣的言行具有经典的意义。从“典”这个字的使用来看，《尧典》之“典”或是后来者追加，因为此文记录的是古代贤明帝王的事迹，所以被奉为经典，文字也较浅显易懂。

“诰”的意思是诰谕，如《大诰》《洛诰》《康诰》《盘庚》等。“诰”，既有上对下的发话，如《盘庚》篇说的是盘庚如何对那些不愿迁移的臣民发话，以及要他们遵守美德；也有下对上的陈词，如《召诰》，说的是召公诰成王之辞。

“誓”大意指宣誓，如《汤誓》等。“誓”通常指帝王出兵征伐时对臣下的誓师辞。“誓”在《尚书》中较为多见。“誓”的文气有很强的命令色彩，如《甘誓》，此篇描写夏国君与有扈氏战于甘这个地方，夏国君要求战士们勇敢作战，“予誓告汝……左不攻于左，汝不恭命；右不攻于右，汝不恭命”②，译为：在“我”左边的如果不去攻击左边的敌人，你们就是不服从“我”的命令；在“我”右边的如果不去攻击“我”右边的敌人，你们就是不服从“我”的命令。“誓”这类文章在《尚书》中较为易读。

“命”有赐命之义。《尚书》中的“命”是一种命辞即君王奖励或赏赐臣子之命，或者是君王之意的传达，如《顾命》就包含成王的劝谕之意。

然而，不论是《尚书》的“六体”还是“十体”，很早就有学者表示质疑。唐刘知几从史书角度审视《尚书》，把隋唐以前的主要史书归纳

---

① （汉）孔安国传，（唐）孔颖达正义，黄怀信整理：《尚书正义》卷 2《尧典》，第 27 页。

② （汉）孔安国传，（唐）孔颖达正义，黄怀信整理：《尚书正义》卷 7《甘誓》，第 258 页。

为六种体例，即“六家”，他认为“六家”之一的《尚书》“为例不纯”[①]。宋林之奇在《尚书全解》中于《洪范》篇题下云：“《书》之为体虽尽于典、谟、训、诰、誓、命之六者，然而以篇名求之，则不皆系以此六者之名也。虽不皆系于六者之名，然其体则无以出于六者之外。”[②]其道出了《尚书》多体杂糅的现象。实际上，《尚书》篇章内容涉及当时社会政治、经济、文化、历史等的方方面面，各种文体之间也存在相互交叉、渗透的情况，的确很难对其文体类型和篇章归属做绝对科学的归纳，故清代章学诚认为“《书》无定体”。他在《文史通义》中说：“典、谟、诰、训、诰、贡、范、官、刑之属，详略去取，惟意所命，不必著为一定之例焉。”[③] 又说：“《书》无定体，故易失其传；亦惟《书》无定体，故托之者众。”[④]

更有学者直接以“王言之体”“《尚书》体”来统称《尚书》文体。《尚书》多载君王当时口语，号令天下，篇中多见语气词，如都、俞、于、惟、呜呼、奠……多直录发话者叹词，语体独特，北宋真德秀称其为“王言之体”。其云：“欲知王言之体，当以《书》之诰、誓、命为祖而参之。”[⑤] 真德秀所谓“王言之体”，当代学者称为“《尚书》体”。谭家健在《先秦散文纲要》中说，《尚书》这种文体从春秋末年以后就不再在社会上流行了。[⑥] 他还说，在文风不一的春秋言辞特别是《逸周书》中，“（我们）可以看出从艰涩的《尚书》体到通畅的战国文风并存杂糅的现象和逐渐演进的过程”[⑦]。因此，不论是文体多，还是无定体，都表明《尚书》本身文体形态复杂，故后世之人读《尚书》，颇觉艰深难懂。

另外，《尚书》在流传过程中字体也发生变化，转写错误较多，造成

---

① （唐）刘知几：《史通·内篇·六家》，载赵吕甫校注《史通新校注》，重庆出版社 1990 年版，第 9 页。

② （宋）林之奇《尚书全解》卷 24，文渊阁《四库全书》本，经部，第 55 册，第 445 页。

③ （清）章学诚著，叶瑛校注：《文史通义校注》卷 1《内篇一·书教上》，中华书局 1985 年版，第 30 页。

④ （清）章学诚著，叶瑛校注：《文史通义校注》卷 1《内篇一·书教上》，第 39 页。

⑤ （宋）真德秀：《文章正宗·纲目》，文渊阁《四库全书》本，集部，第 1355 册，第 5 页。

⑥ 参见谭家健、郑君华《先秦散文纲要》，山西人民出版社 1987 年版。

⑦ 褚斌杰、谭家健：《先秦文学史》，人民文学出版社 1998 年版，第 172 页。

后世难读。如汉代今文《尚书》学开创者伏生，将其壁藏后发掘出的《尚书》用汉代通行的隶书转写，宋吴棫却谓其较孔安国《古文尚书》更“佶屈聱牙”。其云：“而安国所增多之书，今篇目具在，皆文从字顺，非若伏生之书佶屈聱牙，至有不可读者。”① 后来，东晋晚出孔传本《古文尚书》，又有隶古定工作，唐玄宗则命卫包改隶古定文字为楷体今字，这种改写，必然存在释读不准造成的错误，致使《尚书》不但文字艰涩，经义亦晦奥难懂。

四　篇目繁杂，传本多种

从《尚书》的起源和形成来看，其形成儒家《尚书》之前，篇目繁多；而删订为儒家经典之后，其流传系统又纷繁复杂，增加了释读《尚书》的难度。

（一）《尚书》篇目

《尚书》是从众多档案文献选编而来的，篇目很多，或谓孔子所见有三千余篇。晚出孔传本《古文尚书》有所谓孔氏撰《尚书序》，唐孔颖达作《正义》，曰：“郑（玄）作《书论》，依《尚书纬》云：‘孔子求《书》，得黄帝玄孙帝魁之书，迄于秦穆公，凡三千二百四十篇。断远取近，定可以为世法者百二十篇，以百二篇为《尚书》，十八篇为《中候》。’以为去三千一百二十篇。”② 班固在《白虎通义》中云：“孔子曰：‘《书》曰孝乎惟孝，友于兄弟，施于有政，是亦为政’也。孔子未定五经如何？周衰道失，纲散纪乱，五教废坏，故五常之经咸失其所，象《易》失理，则阴阳万物失其性而乖，设法谤之言，并作《书》三千篇。”③ 都是指孔子未选编整理《尚书》之前之篇目。此说多被后世认为取自《纬书》，不足为信。然《史记·孔子世家》中说孔子编《书》采

① （明）梅鷟：《尚书考异》卷1引，文渊阁《四库全书》本，经部，第64册，第10页。

② （汉）孔安国传，（唐）孔颖达正义，黄怀信整理：《尚书正义》卷1《尚书序》，第12页。

③ （汉）班固撰，（清）陈立疏证：《白虎通疏证》卷9《五经》，中华书局1994年版，第445页。

取了“上纪唐虞之际，下至秦缪”这一时间断限，这本身就说明了孔子的确删过《书》。我们从先秦文献对《书》的引用也可得到佐证。据刘起釪《〈尚书〉存佚各篇先秦引用情况总表》统计，先秦文献引用《书》篇除属于今文28篇、古文16篇及《书序》百余篇以外，还引不知篇名逸句达69次；分篇称引《书序》百篇以外的逸篇有32篇（有些篇目保存在《逸周书》中）；用“先王”“大臣”“史臣”“史志”专名等特殊用法称引达37次。[①] 加上古《书》篇不可能都见于其他文献称引，由此可以推知，孔子整理之前，《尚书》有3000余篇并非完全是伪说。

孔子所定《尚书》，或谓初为120篇。赵岐注《孟子·滕文公下》云：“《太誓》，古《尚书》百二十篇之时《泰誓》也。”[②] 又《万章上》注云：“《尚书》凡百二十篇，逸《书》有《舜典》之叙，亡失其文。”[③] 其说源自何处，学人多推测据纬书而言。[④] 而《汉书·艺文志》于“书类”后叙曰：“故《书》之所起远矣，至孔子纂焉，上断于尧，下讫于秦，凡百篇。”[⑤] 王充在《论衡·正说篇》中云：“盖《尚书》本百篇，孔子以授也。……至孝景帝时，鲁共王坏孔子教授堂以为殿，得百篇《尚书》于墙壁中。”[⑥] 前引所谓汉孔氏《尚书序》亦载，孔子“讨论坟典，断自唐虞以下，讫于周，芟夷烦乱，剪截浮辞，举其宏纲，撮其机要，足以垂世立教，典、谟、训、诰、誓、命之凡百篇”[⑦]，皆谓孔子删《书》为百篇。此说多被宋代朱熹及后之金履祥、郝敬、阎若璩、魏源、康有为、钱玄同、顾颉刚等学者质疑。

孔子删订编次《尚书》的具体情况，据现有史料难以厘清。而汉代以后，儒家《尚书》的流传，可归结为三大系统。

---

① 参见刘起釪《尚书学史》（修订本），中华书局1989年版。

② （汉）赵岐注，（宋）孙奭疏：《孟子注疏》卷6《滕文公章句下》，中华书局2009年影印清嘉庆阮元校刻《十三经注疏》本，第5897页。

③ （汉）赵岐注，（宋）孙奭疏：《孟子注疏》卷9《万章章句上》，第5946页。

④ 参见邵瑞彭《太誓决疑·序目》，《河南图书馆馆刊》1933年第2期。

⑤ （汉）班固：《汉书》卷30《艺文志》，中华书局1982年标点本，第1706页。

⑥ （汉）王充撰，黄晖校释：《论衡校释》卷28《正说篇》，中华书局1990年版，第1123—1125页。

⑦ （汉）孔安国传，（唐）孔颖达正义，黄怀信整理：《尚书正义》卷1《尚书序》，第11页。

（二）《尚书》流传三大系统

除逸篇外，《尚书》在历史上有多个传本系统，流传广且影响大者则有伏生今文《尚书》、孔壁《古文尚书》、梅赜所献晚出孔传本《古文尚书》三大系统，它们的篇名、篇目和篇序都有所区别。

1. 今文《尚书》

《尚书》因陈前代史迹，可作以古非今之资，在秦之焚书时焚毁严重。汉兴，曾任伏生秦博士之伏生，发其所藏《尚书》，用汉代隶书加以转写。因隶书是汉代流行的文字，是当朝，故谓之“今文”。此亦相对于后来出现的所谓“古文”而言的。伏生以今文《尚书》教授学生，以及后来其书被征于朝廷，是汉代《尚书》学的发轫，开创了汉代今文《尚书》学一派。

关于今文《尚书》的篇目记载及传授，历史上有28篇与29篇两种相异之记载。《史记·儒林列传》记载，汉初伏生从壁中取出其藏书时“亡数十篇，独得二十九篇”①。《汉书·艺文志》亦有言：“秦燔书禁学，济南伏生独壁藏之。汉兴亡失，求得二十九篇。”② 司马迁、班固均谓伏生所传的《书》是29篇。但刘向、刘歆、王充等说《泰誓》（又作《大誓》《太誓》）后得，后世学者据此推说伏生所传今文《尚书》篇数原本只有28篇。《尚书正义·尚书序》引刘向《别录》曰：“武帝末，民有得《泰誓》书于壁内者，献之，与博士使读说之，数月，皆起传以教人。”③刘歆在《移书让太常博士》中说汉武帝时“《泰誓》后得，博士集而读之”④。王充却说：“至孝宣皇帝之时，河内女子发老屋，得逸《易》《礼》《尚书》各一篇，奏之。宣帝下示博士，然后《易》《礼》《尚书》各益一篇，而《尚书》二十九篇始定矣。”⑤ 王充说《泰誓》是宣时帝所

---

① 《史记》卷121《儒林列传》，第3124页。

② 《汉书》卷30《艺文志》，第1706页。

③ （汉）孔安国传，（唐）孔颖达正义，黄怀信整理：《尚书正义》卷1《尚书序》，第15页。

④ 《汉书》卷36《楚元王传》，第1969页。

⑤ （汉）王充撰，黄晖校释：《论衡校释》卷28《正说篇》，中华书局1990年版，第1124页。

得，与刘向、刘歆所说不同，不过他们都道出后得《泰誓》一篇实有其事。于是，关于伏生所传今文《尚书》究竟是29篇还是28篇，历代学者议论纷纷，难以定论。

（1）东汉马融、郑玄①，唐孔颖达②，《隋书·经籍志》③，宋林之奇、朱熹、蔡沈、熊朋来④，元吴澄、黄镇成、陈师凯，明胡广、郝敬，清毛奇龄、戴震、陆奎勋等认为⑤，伏生所传今文《尚书》原本只有28篇，《泰誓》是后来加入其中的。

（2）宋魏了翁，明梅鷟、陈第，清朱彝尊、陈寿祺等认为⑥，《史记》所说伏生所传今文《尚书》29篇是并《书序》而言，经文只有28篇。

（3）清毛奇龄、王引之、刘逢禄、刘师培、方勇⑦，今人蒋善国等主张⑧，伏生今文《尚书》29篇本来就有《泰誓》。

（4）清江声、龚自珍、俞正燮、成瓘、皮锡瑞等认为⑨，《史记》所

① 按：唐孔颖达《尚书正义》疏汉孔氏《尚书序》云："马融云：'《泰誓》后得。'郑玄《书论》亦云'民间得《泰誓》'。"

② 按：唐孔颖达《尚书正义》疏汉孔氏《尚书序》云："《泰誓》非伏生所传。而言二十九篇者，以司马迁在武帝之世，见《泰誓》出而得行，入于伏生所传内，故为史总之，并云伏生所出，不复曲别分析。"

③ 按：《隋书·经籍志》载："济南伏生口传二十八篇，又河内女子得《泰誓》一篇，献之。"

④ 按：宋林之奇《尚书全解序》云："至汉时伏生口授得二十八篇，后又得伪《泰誓》一篇，为二十九篇。"蔡沈说："伏生本二十八篇，今加《泰誓》一篇，故为二十九篇。"是从朱熹说。

⑤ 按：清毛奇龄《古文尚书冤词》卷1说："伏《书》去《泰誓》只二十八篇……则二十九篇中当补《泰誓》矣。"戴震《经考》、龚自珍《泰誓答问》、陈寿祺《今文尚书太誓后得说》、康有为《新学伪经考》第七《辨孔子书并无太誓》《序此篇亦伪》皆有类似说法。

⑥ 按：梅鷟《尚书考异》、朱彝尊《经义考》与《曝书亭集·书论》、陈寿祺《左海经辨》、王咏霓《书序答问》、康有为《新学伪经考》与《辨今文尚书无序》、刘师培《今文尚书无序说》、龚自珍《太誓答问》、王舟瑶《辨今文尚书无序》。

⑦ 按：王引之《伏生尚书二十九篇说》（《经义述闻》）、方勇《太誓答问平》（载《安徽大学季刊》）、刘师培《驳泰誓答问》（《左盦外集》一）、《答方勇书论太誓答问》（《左盦外集》十六）。

⑧ 按：蒋善国在《尚书综述》中说："据近出土汉熹平《石经·书序》残石，上连《文侯之命》，篇目下有'廿八'二字，那么《泰誓》是第廿九无疑。"

⑨ 按：江声《尚书集注音疏》、俞正燮《癸巳类稿》卷1《尚书篇目七篇说》、成瓘《伏生今文二十八篇二十九篇两说不同考》（《篛园日札》）、皮锡瑞《书经通论》、王先谦《尚书孔传参正》。

说的29篇，是把28篇里面的《顾命》一篇分为《顾命》和《康王之诰》两篇而计。

其实，以上所述今文《尚书》分篇及名目，于两汉流传期间并非固定不变。如29篇，据《汉书》记载，汉武帝时民间献《泰誓》，所以变为30篇，但为了保留原有29篇之篇目，故将《顾命》和《康王之诰》合二为一，所以仍为29篇。经师欧阳氏，又分《盘庚》为3篇，于是多出2篇，29篇变为31篇。东汉贾逵、马融注今文《尚书》，不但分《盘庚》为3篇，还分《泰誓》为3篇，又从《顾命》分出《康王之诰》，于是共为34篇。详见表1。

2. 孔壁《古文尚书》

在伏生今文《尚书》出现之后，汉代又发现古文《尚书》，而且有孔氏家传本、孔壁古文本、中古文本、河间献王本、张霸伪百两篇本、杜林本等多种版本，造成汉代《尚书》"最纠纷难辨"①。

汉代出现了多种古文《尚书》本，它们的篇目、内容相同吗？《尚书正义》引郑玄注《书序》列出了孔壁《古文尚书》较今文《尚书》所多之16篇：

> 《舜典》一；《汩作》二；《九共》九篇十一；《大禹谟》十二；《益稷》十三；《五子之歌》十四；《胤征》十五；《汤诰》十六；《咸有一德》十七；《典宝》十八；《伊训》十九；《肆命》二十；《原命》二十一；《武成》二十二；《旅獒》二十三；《冏命》二十四。以此二十四为十六卷，以《九共》九篇共卷，除八篇，故为十六。②

由此可见，从篇名来看，孔壁《古文尚书》较今文《尚书》只多16篇，但其中《九共》1篇，分之则为9篇，所以有时亦云多24篇。

杜林本，有郑玄的注本传于后世，孔颖达在《尚书正义》中对其篇

---

① （清）皮锡瑞：《经学通论·书经》，中华书局2015年版，第189页。

② （汉）孔安国传，（唐）孔颖达正义，黄怀信整理：《尚书正义》卷2《尧典》，第29页。

目有说明，其云：“郑玄则于伏生二十九篇之内，分出《盘庚》二篇、《康王之诰》，又《泰誓》三篇，为三十四篇。”① 又云：“二十九篇，自是计卷。若计篇，则三十四。去《泰誓》，犹有三十一。”② 它是把篇幅较大的篇如《盘庚》《泰誓》等分出了两篇，且又多出《康王之诰》1篇，共为34篇。见表1所示。

其实，就内容多寡来看，郑所注杜林本《古文尚书》是完全同于今文《尚书》的，篇章仅多出《康王之诰》1篇。故郑玄谓其“篇与夏侯等同，而经字多异”③，字体的不同才是二者主要的区别。

至于张霸的“百两篇”本，在东汉马融、郑玄所作的《（古文）尚书注》之《书序注》中有详细的篇名记载，详见清代李调元、孔广森辑及孙星衍补辑的《古文尚书马郑注》卷10《书序》，此处不再赘列。

3. 梅赜所献晚出孔传本《古文尚书》

西晋末年发生“永嘉之乱”后，王室倾覆，文物沦丧，“众家之书并灭亡”，今文、古文《尚书》都散佚了。东晋王朝在南方建立起来后，为了继续以儒家思想来维持统治，便要恢复儒家经籍，故下令求书，于是“《古文孔传》始兴”④。即“元帝（317—322年在位）时，豫章内史（枚）〔梅〕赜奏上孔传《古文尚书》，亡《舜典》一篇”⑤。该部《尚书传》据说出自孔安国，故后世多以“孔传”称之。其所依据的与《传》并行的《尚书》经文，称作孔传本《古文尚书》，清人又多称“《晚书》”。此部孔传本《古文尚书》的渊源，史料记载矛盾重重，且传授系统缺乏一些重要环节，加上内容、篇章等与传世的其他《尚书》经文出入较大，故宋代以来历代学者怀疑其真实性，进行了大量的考辨⑥，产生

① （汉）孔安国传，（唐）孔颖达正义，黄怀信整理：《尚书正义》卷2《尧典》。按：孔颖达是把《泰誓》篇列入伏生今文《尚书》内。

② （汉）孔安国传，（唐）孔颖达正义，黄怀信整理：《尚书正义》卷1《尚书序》，第15页。

③ （汉）孔安国传，（唐）孔颖达正义，黄怀信整理：《尚书正义》卷2《尧典》，第30页。

④ （唐）陆德明：《经典释文》卷1《注解传述人》，中华书局1983年影印本，第8页。

⑤ （唐）陆德明：《经典释文》卷1《注解传述人》，第8页。

⑥ 按：对关于这部晚出《古文尚书》经传的考辨，自宋代吴棫开始，直到今天，一直在进行。当代学者陈梦家的《尚书通论》、蒋善国的《尚书综述》和刘起釪、程元敏的《尚书学史》等皆有系统的总结，可以参见。本文不再赘述。

出繁多的考辨类《尚书》文献。汉代今、古文《尚书》的消亡和此部孔传本《古文尚书》的出现，是《尚书》学史上一次非常重大的变化。

该部晚出的孔传本《古文尚书》共计46卷，58篇。其中，33篇内容与伏生旧传今文《尚书》28篇略同，唯《益稷》《康王之诰》是伏生本《皋陶谟》《顾命》中的一部分，《盘庚》篇则是伏生本的一分为三，而《舜典》却与王肃《尚书注》本同。另外的25篇，内容、篇章不见于汉代流行的今、古文传本。其篇目见表1所示。

表1　　唐以后通行本《尚书》总篇目

虞书	★《尧典》，☆《舜典》，※《大禹谟》，★《皋陶谟》，☆《益稷》
夏书	★《禹贡》，★《甘誓》，※《五子之歌》，※《胤征》
商书	★《汤誓》，※《仲虺之诰》，※《汤诰》，※《伊训》，※《太甲上》，※《太甲中》，※《太甲下》，※《咸有一德》，★《盘庚上》，☆《盘庚中》，☆《盘庚下》，※《说命上》，※《说命中》，※《说命下》，★《高宗肜日》，★《西伯戡黎》，★《微子》
周书	※《泰誓上》，※《泰誓中》，※《泰誓下》，★《牧誓》，※《武成》，★《洪范》，※《旅獒》，★《金縢》，★《大诰》，※《微子之命》，★《康诰》，★《酒诰》，★《梓材》，★《召诰》，★《洛诰》，★《多士》，★《无逸》，★《君奭》，※《蔡仲之命》，★《多方》，★《立政》，※《周官》，※《君陈》，☆《顾命》，★《康王之诰》，※《毕命》，※《君牙》，※《冏命》，★《吕刑》，★《文侯之命》，★《费誓》，★《秦誓》

按：表中所示为东晋梅赜所献孔传本《古文尚书》58篇的篇目（据孔颖达《尚书正义》载孔氏《尚书序》）。其中，标注★☆者为孔氏《尚书序》认定的今文《尚书》33篇（孔氏《尚书序》的分法），标注※者是真伪混杂的25篇《古文尚书》。

梅氏所献的这部孔传本《古文尚书》，初出即被视为瑰宝，与郑学并立于学官，呈现出“南‘孔’北郑”之势。自南朝梁陈时逐渐兴盛，蔡大宝、费甝分别为之作疏。其后，为之作疏、标注音义者不乏其人。唐初陆德明撰《经典释文》，以其为《尚书》之底本。北朝入隋的刘炫又为之作《述义》，从此孔传本《古文尚书》盛行于隋唐，“近唯崇古文，马、郑、王注遂废。今以孔氏为正”①。它取代了此前的马、郑、王三家《尚书》学，在学界流行开来，尤其是唐代孔颖达受太宗诏命作《五经正义》，《尚书》选用其为底本，颁定天下后，遂成为官方定本。至清代阮元校刻《十三经注疏》，《尚书》依然采用此本。可以说，唐以后《尚书》学的发展，都是围绕着孔传本《古文尚书》而展开的：义理、训诂以此为底本而作，考辨则多以其为对象。它是《尚书》学史上继伏生今文《尚书》、郑注《古文尚书》之后广泛流传的第三种传本。

经历代学者考辨，孔传本《古文尚书》经传在作者和传授系统方面的历史真实性难以做实，难以洗脱作伪之名。但是，从史料之珍稀和思想内容而言，其价值不容忽视。孔传本《古文尚书》独有的篇章，内容及精神实质与伏生本今文《尚书》是一脉相承的，并非空穴来风，其思想深度也绝不亚于伏生本。尤其在《大禹谟》中，宋儒寻得“人心惟危，道心惟微，惟精惟一，允执厥中”四语是尧、舜、禹代代相传的心学原则，称之为“虞廷十六字心传”②，并进行了系统诠释，成为宋代的道统论的理论基础。

五　真伪难辨

《尚书》初为档案文献时篇章很多，但被选为儒家经典时，号称孔子删《书》为百篇。汉初，《尚书》因经秦焚书浩劫大多亡佚，而秦博士伏生发其所藏《尚书》，仅得29篇，《尚书》由是开始成为残缺不全之书，其余篇章将在后世被发现的序幕也渐渐拉开。汉晋之世，统治者奖励献书，这种政策刺激了一些人造作伪经。如《尚书正义》载汉孔氏《尚书序》引刘向《别录》谓“武帝末，民有得《泰誓》书于壁内者”③，刘歆在《移书让太常博士》中说汉武帝时“《泰誓》后得，博士集而读之”④。王充却说：“至孝宣皇帝之时，河内女子发老屋，得逸《易》《礼》《尚

① （唐）陆德明：《经典释文》卷1《注解传述人》，第8页。

② （宋）朱熹：《四书章句集注·中庸章句序》，中华书局1983年版，第14页。

③ （汉）孔安国传，（唐）孔颖达正义，黄怀信整理：《尚书正义》卷1《尚书序》，第15页。

④ 《汉书》卷36《楚元王传》，第1969页。

书》各一篇，奏之。宣帝下示博士，然后《易》《礼》《尚书》各益一篇，而《尚书》二十九篇始定矣。”① 唐陆德明《经典释文·序录》谓：“汉宣帝本始中，河内女子得《太誓》一篇，献之。”② 如果我们折中“武帝末”与“宣帝初”两种说法，其间相距不过120年。东汉诸大儒曾将此篇《泰誓》与古籍所引《泰誓》语比对，无从印证，从而皆疑其为伪作，如马融指出，《左传》《国语》《孟子》《荀子》《礼记》所引《泰誓》之文，今文《泰誓》皆无其语，故谓“《泰誓》后得”③。此可谓历史上最早的《尚书》辨伪。

《汉书·儒林传》载：“世所传《百两篇》者，出东莱张霸，分析合二十九篇以为数十，又采《左氏传》《书叙》为作首尾，凡百二篇。篇或数简，文意浅陋。成帝时求其古文者，霸以能为《百两》征，以中书校之，非是。”④ 王充也说：“说《尚书》者，或以为本百两篇，后遭秦燔《诗》《书》，遗在者二十九篇。夫言秦燔《诗》《书》者是也；言本百两篇者，妄也……至孝成皇帝时，征为古文《尚书》学。东海张霸案百篇之序，空造百两之篇，献之成帝。帝出祕百篇以校之，皆不相应，于是下霸于吏。吏白霸罪当至死。成帝高其才而不诛，亦惜其文而不灭。故百两之篇传在世间者，传见之人则谓《尚书》本有百两篇矣。”⑤ 班固、王充等与张霸几乎是同时代之人，他们皆云张霸“百两篇”为伪，可见张霸之书为伪书当是事实。

东晋梅赜所献晚出孔传本《古文尚书》58篇，其中有33篇与伏生所传今文《尚书》的内容相合，另多出25篇。此部书的篇数与马融《尚书注》和郑玄《尚书注》的篇数相合；其托名孔安国的《传》和《序》，与历史上孔安国献书之事相合；其相关文句又能与流传下来的先秦古籍所引《尚书》之语相吻合；其中的很多格言警语，还深化了儒家义理，故吴澄说：“梅赜二十五篇之书出，则凡传记所引《书》语，注家指为逸

① （汉）王充撰，黄晖校释：《论衡校释》卷28《正说篇》，1124页。
② （唐）陆德明：《经典释文》卷1《注解传述人》，第7—8页。
③ 按：唐孔颖达《尚书正义》疏汉孔氏《尚书序》云。
④ 《汉书》卷88《儒林传》，第3607页。
⑤ （汉）王充撰，黄晖校释：《论衡校释》卷28《正说篇》，第1123—1126页。

书者，收拾无遗，既有证验，而其言率依于理，比张霸伪书辽绝矣。”①正是由于有这些特点，许多学者相信这就是孔壁《古文尚书》，并在习惯上称之为“孔传”。其出现后就得立学官，与《尚书》郑学并行，获到很多学者的青睐，纷纷为之音疏，更在唐代官方敕纂《五经正义》时被选为《尚书》底本，从此流传于历史长河中，不但取得宋元明清《尚书》官学定本之地位，而且成为《尚书》学史上流传最为久远的传本，直到今天依然大行其道。尽管如此，此本之流传仍与质疑之声相伴而行，而且几乎成为后世《尚书》辨伪的唯一对象。

从宋代开始，陆续有学者怀疑晚出孔传本《古文尚书》增多的25篇为伪作。首先提出怀疑的是吴棫，其云：“增多之《书》皆文从字顺，非若伏生之《书》佶屈聱牙。”② 他认识到今文《尚书》篇目和晚出孔传本《古文尚书》的篇目之间文字差异很大。朱熹则进一步怀疑孔传及《古文尚书》经文、《小序》、《大序》，谓：“《尚书》孔安国传，此恐是魏晋间人所作，托安国为名。”又说：“伏生所传皆难读。如何伏生偏记得难底，至于易底全不记得?”③ 朱熹之后，对《尚书》进行疑辨的学者逐渐增多。蔡沈承朱熹之旨，作《书集传》一书，“别今古文之有无，辨《大序》《小序》之讹舛”④。其注《尚书》，在每篇之首把今、古文标注清楚，暗示了真伪观念；又将《书序》从各篇之前删除，附于书后辨析之；还将孔安国《序》列后，全篇加以疑辨。除此之外，王居正《尚书辨学》、杨时《书义辨疑》、郑樵《书辨讹》、丁铁《书辨疑》、杨炎正《书辨》、胡谦《尚书释疑》、李半千《尚书辨疑》、蔡傅《书考辨》、赵汝谈《南塘书说》、陈振孙《尚书说》、王柏《书疑》及《尚书附传》、金履祥《书经注》及《尚书表注》等均是考辨《尚书》的专书。赵汝谈疑古文，

---

① （元）吴澄：《吴文正集》卷1《四经叙录》，文渊阁《四库全书》本，集部，第1197册，第4页。

② （元）吴澄：《吴文正集》卷1《四经叙录》引，文渊阁《四库全书》本，集部，第1197册，第5页。

③ （宋）黎靖德等编，王星贤点校：《朱子语类》卷78《尚书一·纲领》，第1984、1978页。

④ （清）朱彝尊原著，许维萍、冯晓庭、江永川点校，林庆彰、杨晋龙、蒋秋华、张广庆编审《（点校补正）经义考》卷82引何乔新语，台北：“中央研究院中国文哲研究所”筹备处1997年版，第3册，第345页。

甚至较朱熹为甚，陈振孙说《南塘书说》“疑古文非真者五条。朱文公尝疑之而未若此之决也。然于伏生所传诸篇亦多所掊击抵排，则似过甚”①。其对今文还开展疑辨。王应麟亦疑古文，辑马融、郑玄之注，作《古文尚书》十卷。又在其《困学纪闻》中多次对《尚书》进行疑辨。不过，在这些《尚书》辨伪学者中，最有影响的当数王柏，其撰《书疑》，将宋人对《尚书》的怀疑推到了极致。首先，他重订《尚书》的篇次和篇名，如合并《尧典》与《舜典》为一篇；将《禹贡》置于《夏书》之首，列于三谟之前；《泰誓》三篇改为《周诰》《河誓》《明誓》；《金縢》《大诰》等篇移后；等等，改后的《尚书》为55篇。其次，他以文字的顺畅和义理的连贯为依据，考辨《尚书》的错简，并对《尧典》《皋陶谟》《说命》《武成》《洪范》《多士》《多方》《立政》八篇的篇序加以移改。该书可谓宋代《尚书》辨疑之作中最有特色、也最引起后世争议的。四库馆臣斥其“师心杜撰，窜乱圣经”②，故仅将其列入存目之中。皮锡瑞批评其“知古文之伪，不知今文之真”③。王氏之后，弟子金履祥撰《书经注》和《尚书表注》二书，继续疑辨《尚书》，并改易经文。

元明时期，《尚书》的辨伪工作一直在持续，赵孟頫、吴澄、王充耘、郑瑗、梅鷟、汪玉、郑晓、归有光、罗敦仁、吴炯、焦竑、郝敬等学者都有相关著述。其中，以吴澄、梅鷟的成就最大。吴澄撰《书纂言》，把今文从古文中分出，只注解今文，认为东晋梅赜所献晚出的孔传本《古文尚书》是伪造的。其云：“窃尝读之伏氏书，虽难尽通，然辞义古奥，其为上古之书无疑；梅赜所增二十五篇，体制如出一手，采集补缀，虽无一字无所本，而平缓卑弱，殊不类先汉以前之文。夫千年古书，最晚乃出，而字画略无脱误，文势略无龃龉，不亦大可疑乎？”④ 吴氏的疑辨工作主要有：一是弃晚出古文，只释今文，开只释今文之风；二是不提朱熹“十六字心法”，只根据先秦儒家典籍提出“中”与“敬”之说，超越朱熹疑古文经又用古文经之矛盾；三是以脱简、错简为名，直

① （宋）陈振孙：《直斋书录解题》卷2，上海古籍出版社1987年版，第34页。

② （清）永瑢等：《四库全书总目》卷13《书疑》提要，中华书局1965年版，第1册，第107页。

③ （清）皮锡瑞：《经学通论·书经》，第260页。

④ （元）吴澄：《书纂言·目录》，文渊阁《四库全书》本，经部，第61册，第7页。

接移易经文，承袭宋代王柏等人的疑经精神，有匡正《尚书》义理之志；四是以史证经，以帝王系事。吴氏《书纂言》对后世的影响较大，在方法和内容上都启发了明、清二代的疑伪；其弃“十六字心法”，也为宋明理学向清考据学推进作出了重要贡献。在《校定古文尚书二十五篇序》中，吴澄又明确指出25篇系收拾遗佚连缀而成，对后来梅鷟、阎若璩等启发最大。因此，四库馆臣认为，经吴澄进一步研究，梅赜本《古文尚书》“其伪益彰”①。另外，郝经、王充耘对此也有辨正。王充耘不仅提出25篇《尚书》是伪作，还比较伪古文词句，指出其重复之处，说：“‘皇天无亲’止‘终以困穷’，绝与《太甲》篇相出入。言天辅民怀，即是‘克敬惟亲’‘怀于有仁’之说；‘为善同归于治，为恶同归于乱’，即是‘与治同道罔不兴，与乱同事罔不亡’之说；‘惟厥终，终以不困；不惟厥终，终以困穷’，即是‘自周有终，相亦惟终。其后嗣王罔克有终，相亦罔终’之说。吾意古文只是出于一手，掇拾附会，故自不觉犯重耳。”② 他把对伪古文和今文文体词句的怀疑推进到对伪古文本身词句的怀疑。蒋善国认为，王充耘“这种怀疑重复词句，开辟疑伪古文方法上的第二个阶段，由疑伪古文与今文文体和词句，演进到就伪古文本身词句，来证明它的重复。王氏是疑伪古文文词重复的第一个人”③。

然而，吴棫、朱熹、吴澄等人对晚出孔传本《古文尚书》只是怀疑而未加以系统考论，而明代梅鷟则在系统考辨基础上撰有专著，是历史上有《尚书》辨伪专著的第一人。其撰《尚书谱》《尚书考异》，坚决攻击晚出《古文尚书》25篇是伪作，从不同的角度对晚出孔传本《古文尚书》经传进行考辨。一是在文字语句上找出破绽：梅鷟认为“东晋之伪，无一书不搜葺，无一字无所本”④，因此他在考辨过程中注意探究伪《书》文字依傍的本源及其拼凑的痕迹。如其谓《大禹谟》之“人心惟危，道心惟微，惟精惟一，允执厥中”一句中，只有“允执厥中”一句为尧之言，“人心惟危，道心惟危”出自于《荀子·解蔽篇》所引《道

① （清）永瑢等：《四库全书总目》卷12《尚书古文疏证》提要，第1册，第101页。
② （元）王充耘：《王耕野先生读书管见》卷下，清康熙刻《通志堂经解》本。
③ 蒋善国：《尚书综述》，上海古籍出版社1988年版，第279页。
④ （明）梅鷟：《尚书考异》卷1，文渊阁《四库全书》本，经部，第64册，第14页。

经》"人心之危，道心之危"，惟将两"之"字改为"惟"字。"惟精惟一"则是"直抄略荀卿前后文字而攘以为己有"①。二是在文章体例上找出其破绽：如在考辨《大禹谟》时，指出："变乱圣经之体者，《大禹谟》是也。凡伏生《书》，典则典，谟则谟，誓则誓，典、谟、誓杂者未之有也。今此篇，自篇首至'万世永赖，时乃功'，谟之体也；自'帝曰格汝禹'至'率百官若帝之初'，典之体也；自'帝曰咨禹惟时有苗弗率'至'七旬有苗格'，誓之体也，混三体而成一篇。吾故曰：变乱圣经之体者，《大禹谟》是也。"② 三是在史实上找出其破绽：如对孔传《古文尚书》释《禹贡》"积石山在金城西南"，梅氏认为"积石山在西南羌中，汉昭帝始元六年始置金城郡，而孔《传》乃云'积石山在金城西南'，孔安国卒于武帝时，载在《史记》，则犹在司马迁以前，安得知此地名乎？其为依托，尤佐证显然"③。他一一指出《史记·儒林传》《汉书·艺文志》《后汉书·儒林传》《隋书·经籍志》等文献中与《古文尚书》经文蹈袭雷同之处，揭发晋人造伪之迹。他还明确指出作伪之人是皇甫谧。梅鷟所进行的揭发工作规模相当广泛，涉及多个方面，有许多证据是非常有力的。尽管如此，他的一些证据说服力还不够，一些论证也尚武断。④ 但总的来说，梅氏的辨伪已经找到了主要的论据，为清人疑辨工作奠定了良好的基础，他的开创性功绩是不可埋没的。正如朱琳在《尚书考异跋》中认为："后儒阎百诗《尚书古文疏证》、惠定宇《古文尚书考》其门径皆自先生开之。"⑤

至清代，《尚书》的疑古辨伪之风呈现出越刮越猛之势，顾炎武、黄宗羲、朱彝尊、姚际恒、胡渭、钱煌、方素北、阎若璩等，无不检举东晋梅赜奏献的晚出孔安国《古文尚书传》及经文，其中尤以阎若璩的成就最为突出。在前人的研究基础上，阎若璩通过从其他书中直接找出证

① （明）梅鷟：《尚书考异》卷2，文渊阁《四库全书》本，经部，第64册，第33页。

② （明）梅鷟：《尚书考异》卷2，文渊阁《四库全书》本，经部，第64册，第25页。

③ （清）永瑢等：《四库全书总目》卷12《尚书考异》提要，第1册，第99页。

④ 按：阎若璩在《尚书古文疏证》卷8中说："余读《焦氏笔乘》，称家有梅鷟《尚书谱》五卷，专攻古文《书》之伪，将版行之不果……求其《谱》凡十载，得于友人黄虞稷家，急缮写以来。读之，殊武断也。"

⑤ （清）朱琳：《尚书考异跋》，清道光五年立本斋刊本。

据、依据旁证加以推理等直接和间接证明方法，提出128条证据，繁引博征，反复厘剔，对经文的篇数、篇名、《小序》及孔传《古文尚书》的《序》、作者、传授源流等诸多方面进行了系统的考辨，著成《尚书古文疏证》一书，证明晚出《古文尚书孔传》及多出25篇经文是伪书。阎氏之后，惠栋撰《古文尚书考》、宋鉴撰《尚书考辨》、孙乔年撰《古文尚书证疑》、程廷祚撰《晚书订疑》及《冤冤词》、王懋竑撰《读经记疑》和《论尚书叙录》、李绂撰《古文尚书考》、杨椿撰《孔安国书传辨》、唐焕撰《尚书辨伪》、崔述撰《古文尚书辨伪》、丁晏撰《尚书余论》等许多著作，继续对《古文尚书孔传》及经文辨伪，但这些著述十之七八是对阎氏之说的附和与变相重复。

当然，阎氏及其前辈、后学的证伪并不十分完善，如证据不充分、系统性不足、立论太武断等，尤其是古文25篇与先秦两汉文献蹈袭雷同之处，到底是“谁抄谁”，无法证明。因此，很早就有学者撰文为晚出《古文尚书》经传鸣冤叫屈。其中最著名的当为与阎若璩同时代的毛奇龄。毛奇龄撰《古文尚书冤词》，广征博引，对朱熹、吴澄、梅鷟、阎若璩等众家辨伪者的观点，择其要者进行反驳，为孔传《古文尚书》作辩护，坚信孔传《古文尚书》为真，从而引发了一桩学术公案。陆陇其撰《古文尚书考》，朱鹤龄著《尚书埤传》，朱朝瑛著《读尚书略记》，齐召南著《尚书注疏考证》，方苞撰《读古文尚书》，顾昺撰《书经札记》，江昱撰《尚书私学》，郭兆奎撰《心园书经知新》，张文岚著《古文尚书辨》，茹敦和撰《尚书未定稿》，周春撰《古文尚书冤词补正》，梁上国撰《驳阎氏古文尚书疏证》，张崇兰撰《古文尚书私议》，王劼撰《尚书后案驳正》，赵佑撰《尚书质疑》，洪良品撰《古文尚书辨惑》《释难》《析疑》《商是》及《续古文冤词》，谢廷兰撰《古文尚书辨》，吴光耀撰《古文尚书正辞》，张偕之撰《古文尚书辨惑》等，皆尊信孔传《古文尚书》，为其被定为“伪书”进行辩护。近年来，在“走出疑古时代”思潮的影响下，这一辩护得以加强，李学勤、王保德、杨善群、张岩诸位学者撰有专论专著。然而，阎氏认定经伪的诸条证据难以驳倒。孔传《古文尚书》的来历不明，传授系统不连贯，此其一；篇数与篇名与两汉人所说的《古文尚书》不合，此其二；孔传《古文尚书》经文与两汉今、古文《尚书》存在很大的差异，此其三。这三条是断定晚出《古文尚书》

真伪的关键问题，现在的文献资料和研究都还不足以给梅赜所献晚出孔传本《古文尚书》彻底翻案。

《尚书》辨伪，尤其是东晋梅赜所献晚出孔传本《古文尚书》经传的考辨，纷繁复杂，至今仍无定论。今之通行本《尚书》采用此本，故尤其难读。

六　内容庞杂，思想深邃

《荀子·劝学篇》有言："《书》者，政事之纪也。"[①]《史记·太史公自序》有言："《书》记先王之事，故长于政。"[②]《尚书》的内容多与政事相关，然"政事懋哉懋哉！"[③] 宏大而多种多样的政事记录于《尚书》之中，故其内容庞杂。其含"二帝三王治天下之大经大法"[④]，"所以恢宏至道，示人主以轨范也"[⑤]，因此思想丰富而深邃。

（一）《尚书》的内容

《尚书》的内容根据时代，可分为《虞书》《夏书》《商书》《周书》四大部分。仅就今文《尚书》28 篇进行讨论。

《虞书》2 篇记载的是有关尧舜二帝的政治活动，包括尧禅位于虞舜，舜与大臣禹及皋陶等人的对话。其中，《尧典》记尧帝功德满天下，春夏秋冬如何划分，尧帝挑选接班人；《皋陶谟》记从政者要具备 9 种品德，尊卑等级由上天命定。

《夏书》2 篇。《禹贡》记载大禹治理河水之事，其中有九州地理面貌的详细记载；另一篇《甘誓》则记载禹之子启征伐有扈氏时所发布的战争动员令。因属夏朝事，故称之为"夏书"。

---

① （清）王先谦：《荀子集解》卷 1《劝学篇》，第 11 页。

② 《史记》卷 130《太史公自序》，第 3297 页。

③ （汉）孔安国传，（唐）孔颖达正义，黄怀信整理：《尚书正义》卷 4《皋陶谟》，第 151 页。

④ （宋）蔡沈：《书集传》卷首《九峰蔡先生书集传序》，载朱杰人、严佐之、刘永翔主编《朱子全书外编》，华东师范大学出版社 2010 年版，第 1 页。

⑤ （汉）孔安国传，（唐）孔颖达正义，黄怀信整理：《尚书正义》卷 1《尚书序》，第 13 页。

《商书》共5篇，除第一篇《汤誓》记载商汤伐桀之事，余篇皆属商代后半期之事。桀为夏朝最后一个国君，荒淫无道，最后为汤所灭，《汤誓》就是记录商汤讨伐夏桀的檄文；《盘庚》3篇描写商朝第二十位君王盘庚迁都告喻臣民之事；《西伯戡黎》记商纣王诤臣祖伊直言进谏的对话；《微子》记纣王的哥哥多次规劝纣王改恶从善无果，打算出逃前与父师两人的谈话。

《周书》10篇，主要记载周灭殷及周人如何巩固统治的策略，其大部分篇章皆以周公为中心人物。《牧誓》是周武王在牧野与纣王军队决战前的誓师辞；《武成》记周武王灭商大成之后的政事；《洪范》记载周武王向箕子询问治国方略，箕子依据《洛书》详细阐述了9种大法；《周书》"五《诰》"主要记载周初君臣关于治国理政的对话，"五《诰》"即《大诰》《康诰》《酒诰》《召诰》《洛诰》；《顾命》记载成王弥留之际召集群臣的遗辞，及康王继位后的文辞；《多士》《多方》两篇记载周公对商朝旧臣民和诸方国首领的训辞……《秦誓》是秦穆公派军偷袭郑国惨败以后，沉痛总结失败教训之作。可见《尚书》各篇内容不一。往往同一人物或同一事件的材料，又分布穿插和贯穿在各篇之中，使人很难把握，这就大大增加了该书阅读的困难。

（二）《尚书》的思想

《尚书》的内容不仅十分丰富庞杂，而且涉及面很广，具有多方面思想与观念。古人常谓其记"二帝三王治天下之大经大法"，"典章文物"①，"宣王道之正义"②，"恢宏至道，示人主以轨范"③，"垂世立教"④，是后世正统观念和儒家"忠君"、"尊王"、"修身、齐家、治国、平天下"及"中庸之道"等政治理论的思想基础和理论依据；其记载历

---

① （宋）蔡沈:《书集传》卷首《九峯蔡先生书集传序》，载朱杰人、严佐之、刘永翔主编《朱子全书外编》，第1页。

② （唐）刘知几:《史通·内篇·六家》，载赵吕甫校注《史通新校注》，重庆出版社1990年版，第9页。

③ （汉）孔安国传，（唐）孔颖达正义，黄怀信整理:《尚书正义》卷1《尚书序》，第13页。

④ （汉）孔安国传，（唐）孔颖达正义，黄怀信整理:《尚书正义》卷1《尚书序》，第11页。

史，“疏通知远”“网罗历代”，为后世认识、了解和研究先秦上古史记录、保存提供了丰富而又真实可靠的史料，并从而开我国修撰史书的先河，为我国后世“正史”和史学的发展、繁荣奠定了好的基础，形成了优良的传统。另外，其在法律、道德、文学、典章文物、宗教信仰、军事战争、哲学、历法、经济、地理和古代汉语等的研究上具有重要的价值。《尚书》是中国众多传统思想文化学术的荟萃和渊源，且文辞风格古奥质朴，精神蕴涵，庄严典雅，故对于一切欲知先秦上古史、中国古代文学和中国传统思想文化学术的人来说，《尚书》都是一部必读的书，甚至还应该“先精此书，次览群籍”①，才是正确的读书门径。《尚书》的思想观念，试举其大者概述为六个方面。

1.“敬天保民”的天人观

这是中国上古时期，诸多帝王在杀伐征战、祭天祀祖和治国安民过程中言必称道的一个永恒话题。今文《尚书》28篇中，除《禹贡》之外，其余各篇对于这个问题均有不同程度的阐述。如《尧典》的“钦若昊天”，《皋陶谟》的“天叙有典”。《召诰》云“有夏服天命”；《甘誓》载夏启征讨有扈氏时，声称“天用剿绝其命，今予惟恭行天之罚”；商汤讨伐夏桀，一再表明，“有夏多罪，天命殛之”，“予畏上帝，不敢不正”（《尚书·汤誓》）；殷末，纣王处在众叛亲离，“民罔弗欲丧”之际，还扬言：“我生不有命在天”（《尚书·西伯戡黎》），可以说，商代对天的崇拜程度远远超过夏代。周人也尊天。他们解释重大历史事件时往往与天联系起来，如谓武王伐纣是“恭行天之罚”（《尚书·牧誓》），言及商王朝的灭亡为“天既终大邦殷之命”（《尚书·召诰》）。然而，他们也同样疑天，认为“天不可信”（《尚书·君奭》），“惟命不于常”（《尚书·康诰》）。在尊天与疑天的矛盾对立过程中，周人提出了以德配天的主张，并把有德与天德看成天命转移的先决条件。商纣王由于“惟不敬德，乃坠厥命”（《尚书·召诰》），周文王因“克明德”，“闻于上帝，帝休，天乃大命文王”（《尚书·康诰》），“王其德之用，祈天永命”（《尚书·召诰》）。周初统治者反复强调敬德，其目的就在于此。在《尚书》所有篇章中，殷商以前的有8篇，在对天、人的论述方面大体相同，即将天或

① （唐）刘知几：《史通·内篇·断限》，载赵吕甫校注《史通新校注》，第234页。

上帝视为宇宙万物的主宰，一般民众以绝对服从天意为其修身处世之本。而殷商之后的今文《尚书》有19篇，在言尊天、敬天的同时，更多谈及的则是民情问题。统治者往往把天意与民情放在同样重要的位置上予以考虑，提出了以德配天、敬天保民等政治主张，如谓“天视自我民视，天听自我民听”（《尚书·泰誓中》）。正因为如此，周代统治者才把民事问题摆在了极其重要的位置。由重天转向重民，是周人较之商人在思想意识领域内的一大飞跃。《尚书》中所反映的天人观，就是中国人自上古以来就有的观念，认为天帝高高在上，时刻注视民间，能赏善而罚恶，尤其重视统治者的行为，所以统治者要敬天保民。

2. “大一统”的天下观

“大一统”思想是我国传统文化中影响很大的一种思想意识。所谓“大一统”，简言之，就是指中国人特别看重将中国（当时人心目中的“天下”或“世界”）统一于一个政权之下。这个政权有一个共主，当时称为“天子”，即上天的儿子。《尧典》和《皋陶谟》中的尧、皋陶和禹，都俨然是“大一统”王朝的君臣关系，而不是原始部族首领的平等议事。《禹贡》记述大禹治理洪水并划分全国土地的疆界的情形，“大一统”观念体现得充分。其一，《禹贡》将天下九州都纳入描述范围，并且以此表现大禹通过治理洪水统一天下的功劳。其二，天下九州都是在统一的领导人禹之率领下治理好了水患，可见作者也是将天下视为在一个统一政权管理之下的。其三，《禹贡》全篇一再强调各地的土质、赋税和出产等方面的情况。而各州的土质和赋税都从全国对比的角度，被划分为不同等次，土产都从地方对中央的“贡物”角度描述。可见，作者心中始终存在一个统一王朝的观念，是从全国“大一统”的角度着笔的。其四，在全篇最后，作者一再强调大禹治水成功后，“九州攸同”，“四海会同”，“东渐于海，西被于流沙，朔南暨声教讫于四海”，并且将天下划分为甸服、侯服、绥服、要服、荒服“五服”，各服对中央政权所负的义务各有差异。对此，蒋善国在《尚书综述》中说：“把全国的地方按这种棋盘式来分区定服，纯粹是一种理想；如认为是夏代的制度，那就太不实际了。他是周季的理想制度，意味着大一统思想……《禹贡》用‘贡’名篇，里面意味着大一统思想……《禹贡》里面虽没有万国来朝的气氛，却是天下一统的局面，差不多是秦始皇统一天下的时候所希望的政权统一的现象。”[1]《禹贡》在政治地理思想方面的“大一统”倾向由此可见一斑。也正因为如此，《禹贡》很早就被视为地理志之祖，也是世界地理学著作的典范之作。近代中国历史地理学开创时期的杂志及学者群，就以《禹贡》为命。

《尚书》记唐、虞、夏、商、周，一路下来，中国是一个“大一统”的国家，地广人多。从那时直到现在，这个“大一统”的“天下观”就一直烙刻在中华民族的思维之中。它既是我们中国人的一种政治观点，也深深地影响我们的人生观、地理观，乃至整个宇宙观！

3. “协和万邦”的外交思想

中国传统文化中有着悠久的和谐思想，除了“天人合一”外，还主张族与族之间、国与国之间的和谐。强调在处理国与国之间的关系时，以“睦乃四邻”“协和万邦”为最高准则。“睦乃四邻”出自《尚书·蔡仲之命》，成王告诫叛臣蔡叔之子蔡仲治理蔡国要达到“懋乃攸绩，睦乃四邻，以蕃王室，以和兄弟”[2]。“协和万邦”语出《尚书·尧典》。其云：“克明俊德，以亲九族。九族既睦，平章百姓。百姓昭明，协和万邦，黎民于变时雍。”[3]大意是由家族和谐，扩展到社会和谐，乃至不同邦族之间的和谐。《尚书》中类似这样的思想还有“和恒四方民”（《尚书·洛诰》），“用咸和万民”（《尚书·无逸》）。据初步统计，在今日通行本《尚书》中，“和”字一共出现了44次，今文《尚书》共26次，古文《尚书》共18次。其实，在《尚书》中不用“和”字但却表达和谐的意思，还有“睦”“雍”“燮”“协”“合”字以及“彝伦攸叙”短语等，这些字、短语都表达了古代政治家如何追求邦国内部和谐与万邦之间（天下）和谐的政治理想。

“协和万邦”思想早已成为中国文化的基因与核心价值之一，对中华各民族的融合起到了至关重要的作用。今日中国坚持和平发展，把“协和万邦”作为国际观和基本准则，是一种大气度、大情怀，既有拥抱世

---

① 蒋善国：《尚书综述》，第185页。

② （汉）孔安国传，（唐）孔颖达正义，黄怀信整理：《尚书正义》卷16《蔡仲之命》，第662页。

③ （汉）孔安国传，（唐）孔颖达正义，黄怀信整理：《尚书正义》卷2《尧典》，第36—37页。

界的眼光，更有和谐世界的胸襟。

4. 治国理政：“明德慎罚”

司马迁说：“《书》记先王之事，故长于政。”[①]《尚书》记载了我国上古时期部落、氏族首领、国君和辅臣等人的重要政事，反映出十分复杂而丰富的治国安民的思想。这其中，有一条主线贯穿始终，那就是“明德慎罚”“以德治国”。

《尚书》的德治思想，既非空穴来风，也非主要来自上天的启示，而是我国上古社会治国安民的历史经验的总结。从《尧典》的单纯事实的叙述，到后来逐渐加深的理论概括，形成一个比较完整的以德治国的思想体系。这一思想体系经儒家发扬光大，对我国的历史发展产生了深远影响。从《尚书》记载的史事更可看出，其德治思想渊源于长期的历史经验。全书记载帝王及其辅佐人物前后不下数十人，这些人被分为两类，一类是具有历史功绩的成功人物，如唐尧、虞舜、夏禹、商汤、武丁、周文王、周武王，以及皋陶、伊尹、傅说、吕尚（姜太公）、姬旦（周公）等，都是顺应天意、深得民心的道德高尚的人。唐尧去世，“百姓如丧考妣。三载，四海遏密八音”[②]，反映百姓对德高望重的唐尧的崇敬。《皋陶谟》是《尚书》中“以德治国”思想较为集中的篇章，记载舜和大禹、皋陶的对话，谈论如何保持尧的良好风尚，推行以德治国，从而达到治国安民的目标。其开篇就载：“曰若稽古，皋陶曰：‘允迪厥德，谟明弼谐。’”[③] 所谓“允迪厥德”，就是要真诚地恪守先王尧的圣德，以达到大臣之间团结和谐，同心同德。

“明德慎罚”思想贯穿整部《尚书》，许多篇章始终反复讲此思想，而直接被提出是在《康诰》中。其云：“孟侯、朕其弟小子封：惟乃丕显考文王，克明德慎罚，不敢侮鳏寡，庸庸、祗祗、威威，显民，用肇造

---

① 《史记》卷130《太史公自序》，第3297页。

② （汉）孔安国传，（唐）孔颖达正义，黄怀信整理：《尚书正义》卷13《酒诰》，第549、551、555页。

③ （汉）孔安国传，（唐）孔颖达正义，黄怀信整理：《尚书正义》卷3《舜典》，第94页。

我区夏。”[①] 此篇是周公在平定三监之乱后封康叔于殷时对康叔的训诫之词。所谓“庸庸，祗祗”，是指任用那些该任用的人，尊敬那些该尊敬的人，这属于统治者修身明德的范畴；至于“威威”，是说惩罚那些该惩罚的人，属于“慎罚”内涵。周公指出，文王创业奠基，武王灭殷都秉承“明德慎罚”原则，宽厚驭民之术，即所谓“不敢侮鳏寡”，告诫康叔恪守文王之德治，即对他进行德教。

“以德治国”推行德教与德政是从防止统治阶级自身腐化开始的。《酒诰》是周代统治者施行的戒酒令，其重要内涵是强调德教。由于嗜酒之俗的流行，“我民用大乱丧德”，究其根由，“亦罔非酒惟行”。如果在祭祀或庆典以及民众丰收之际饮酒，也要做到“德将无醉”，亦即非饮酒不可时，也要按德的要求约束自己不要喝得烂醉如泥。普通民众也要“经德秉哲”。[②] 德教的核心当然是德政的实施，但是，周代的统治阶级也认识到德教并非万能，于是提出了“慎罚”和“慎刑”的主张。非使用刑罚不可的时候必须做到“敬明乃罚”（《尚书·康诰》），同时要颁示刑罚于众，“汝时陈皋”，让民众知悉遵守。更不许“罔厉杀人”（《尚书·梓材》），重视“明德”宽大政策的实施，“肆往，奸宄，杀人，历人，宥。肆亦见厥君事、戕败人，宥”（《尚书·梓材》）。意即对过去的犯罪只要不再犯就可以宽恕。这就是周公所重申的“无胥戕，无胥虐，至于敬寡，至于属妇，合由以容”。在《尚书》中不难发现，“明德慎罚”思想在上古政治活动中占有重要的地位。不仅如此，其对后世的影响也很大。从《论语》中不难看出，作为儒家创始人的孔子就深受“明德慎罚”观念的影响。

5. “民惟邦本，本固邦宁”思想

“民”是《尚书》中极其重要的概念。据初步统计，在今文《尚书》中，“民”字出现187次（不包括“百姓”“众”“人”等），“天”字出现184次（不包括“上帝”），“德”为116次。这说明“民”在《尚书》

① （汉）孔安国传，（唐）孔颖达正义，黄怀信整理：《尚书正义》卷13《康诰》，第532页。

② （汉）孔安国传，（唐）孔颖达正义，黄怀信整理：《尚书正义》卷4《皋陶谟》，第143页。

中受到极大的关注，其程度甚至超过“德”和“天”。

《尚书》各篇多载统治者重视人民的作用。《皋陶谟》记载舜帝与皋陶、大禹讨论政务，皋陶曰：“在知人，在安民。”《甘誓》则云“民惟邦本，本固邦宁”，意为人民是国家的根本，根本巩固了，国家才能安定。《盘庚》又有言“邦之臧，惟汝众”，即国家兴旺发达，都是人民大众的功勋。人民在治国安邦中作用重大，因此要敬民、保民，“若保赤子，惟民其康乂”（《尚书·康诰》），治国者要像保护初生的婴儿一样保护人民，人民才能安心而自治。爱民要重民，《尚书》把重民与天命观连在一起，说“天视自我民视，天听自我民听”，“惟天惠民，惟辟奉天”（《尚书·泰誓中》），意为上天看到的是百姓所看到的，上天听到的是百姓所听到的，所以君王要奉承天意以爱民。

6. “修身、齐家、治国、平天下”思想

修身与治国是儒家政治哲学思想的核心，而且由来久远。《尚书》中多次强调统治者要自醒自警，对统治者的美德和操守有很高的要求。《尚书·尧典》有言：“克明俊德，以亲九族。九族既睦，平章百姓。百姓昭明，协和万邦。黎民于变时雍。”“克明俊德”是赞扬帝尧的品德，是他的个人修养。《皋陶谟》记皋陶与禹谈德政时对禹说：“都！慎厥身修，思永。惇叙九族，庶明励翼，迩可远，在兹。”① 即要求禹谨慎其身，且要坚持不懈，这样才能使近亲宽厚顺从，而那些贤明的人就会相互勉励来辅助，由近及远，道理就在于此。《皋陶谟》还详细地记载了九种德行：“宽而栗，柔而立，愿而恭，乱而敬，扰而毅，直而温，简而廉，刚而塞，强而义。”② “德”是《尚书》中对人的要求，“九德”是个人修身要达到的标准。所以《尧典》记尧“克明俊德”，所以才能“亲九族”；“九族既睦”，才能“平章百姓”；“百姓昭明”，才能“协和万邦，黎民于变时雍”。

这种“修身、齐家、治国、平天下”的思想在儒家的其他典籍中也

---

① （汉）孔安国传，（唐）孔颖达正义，黄怀信整理：《尚书正义》卷4《皋陶谟》，第143—144页。

② （汉）孔安国传，（唐）孔颖达正义，黄怀信整理：《尚书正义》卷4《皋陶谟》，第147页。

有详细的描述，我们从中仿佛看到《尚书》的影子。《礼记·大学》有言："古之欲明明德于天下者，先治其国；欲治其国者，先齐其家；欲齐其家者，先修其身。"[①]《孟子·离娄上》载："人有恒言，皆曰：'天下国家，天下之本在国，国之本在家，家之本在身。'"[②] "身修而后家齐，家齐而后国治，国治而后天下平。"[③]《孟子》《大学》的这两段话与《尧典》的"修身、齐家、治国、平天下"的政治思想完全一样。行文也一样，前者是后者的条件。修身，才能齐家；齐家，才能治国；治国，才能平天下。

以上所列《尚书》的起源、形成、名称、篇目、流传、语言、内容、思想等问题纷繁复杂，历代学者释读又众说纷纭，因此给我们今天解读研治《尚书》带来了很大困难。

① （汉）郑玄注，（唐）孔颖达正义：《礼记正义》卷60《大学》，第3631页。
② （汉）赵岐注，（宋）孙奭疏：《孟子注疏》卷7《离娄章句上》，第5913页。
③ （汉）郑玄注，（唐）孔颖达正义：《礼记正义》卷60《大学》，第3631页。

《卷耳》“官人说”新证*

陈伦敦**

摘　要：《诗经·周南·卷耳》主旨之说历代观点分歧。先秦两汉主要着眼于君主需要贤臣辅佐、君主任用贤臣来论述。但随着时间的流逝，后代人在解诗时不再强调君主任用贤臣，甚至不再认同“官人”之说。但上博简《诗论》的出现，使人们重新审视《卷耳》的“官人”之意。至于为什么以“卷耳”起兴？“卷耳”意象与诗的“官人”主旨又有何关联？学界尚未对此有所讨论。我们认为，“卷耳”是一种“甘草”，这一意象本身就与“官人”含义有着密切联系。

关键词：卷耳　甘草　官人

一　引论：《卷耳》一诗主旨纷纭

《诗经·周南·卷耳》一诗的主旨有各种观点，存在较大分歧。我们发现，先秦两汉解《卷耳》一诗时主要着眼于君主需要贤臣辅佐、君主任用贤臣来进行论述的。

第一，明君思贤。《左传·襄公十五年》曰：“《诗》云：‘嗟我怀

---

* 此文曾以《〈卷耳〉“官人说”补证》发表于《江海学刊》（2015 年第 6 期），但由于文字缩减太大，使得文意不明，此文是足本。

** 作者简介：陈伦敦，生于 1978 年，福建连江人，西南交通大学人文学院副教授。主要研究方向：中国古典文学文献。

人，寘彼周行。’能官人也。王及公、侯、伯、子、男、甸、采卫、大夫，各居其列，所谓周行也。”杜预注：“周，徧也。诗人嗟叹，言我思得贤人，置之徧于列位。是后妃之志以官人为急。”① 思贤而又能加以任用，置之列位。明君思贤说，代表了春秋中期人们对《卷耳》一诗主旨的理解。

第二，后妃辅佐文王求贤。《毛诗序》有言：“《卷耳》，后妃之志也。又当辅佐君子求贤审官。知臣下之勤劳，内有进贤之志，而无险诐私谒之心，朝夕思念，至于忧勤也。”② 此说其实亦同明君求贤，只不过把“明君”换成了“后妃”。郑笺、孔疏均赞同此说。

不仅毛诗这样理解此诗，鲁诗也是这样解诗的，《诗三家义集疏》序《卷耳》曰：“鲁曰：思古君子官贤人，置之列位也。”③ 王先谦又明确指出：“此诗为慕古怀贤，欲得徧置列位，思念深长。诸家无异说。”④ 诸家无异说，可见对于《卷耳》的主旨，齐、鲁、韩、毛皆认为是“官贤人”之作。

第三，贤士追慕远世明君能用贤。《淮南子·俶真训》载：“故《诗》云：‘采采卷耳，不盈倾筐。嗟我怀人，寘彼周行。’以言慕远世也。”高诱注：“言采采易得之菜，不满易盈之器，以言君子为国，执心不精，不能以成其道，采易得之菜，不能盈易满之器也。‘嗟我怀人，寘彼周行’，言我思古君子官贤人置之列位也。诚古之贤人，各得其行列，故曰‘慕远’也。”⑤ 可见《淮南子》作者与高诱都与《左传》的观点一致，认为《卷耳》的主旨为选贤任官。

以上几种对《卷耳》主旨的理解，无论“明君思贤”“后妃辅佐文王求贤”，还是“贤士追慕远世能用贤”的观点，均围绕“官人”之意发挥，即君主能任用贤臣。

---

① （晋）杜预注，（唐）孔颖达等正义：《春秋左传正义》卷45，中华书局2009年影印清嘉庆阮元校刻《十三经注疏》本，第4253—4254页。

② （汉）毛公传，（汉）郑玄笺，（唐）孔颖达等正义：《毛诗正义》卷1，中华书局2009年影印清嘉庆阮元校刻《十三经注疏》本，第583页。

③ （清）王先谦：《诗三家义集疏》卷1《卷耳》，中华书局1987年版，第23页。

④ （清）王先谦：《诗三家义集疏》卷1《卷耳》，第23页。

⑤ （汉）刘安撰，何宁集释：《淮南子集释》卷2《俶真训》，中华书局1998年版，第163页。

关于“官人”，早在《尚书·虞书·皋陶谟》就有，其云：“惟帝其难之。知人则哲，能官人。”① 可知“能官人”是君主需要具备的能力或德行。

但随着时间的流逝，后代人在解《卷耳》一诗时不再强调君主任用贤臣，甚而不再认同“官人说”了。由此，对《卷耳》一诗的理解又出现了多种不同解释。

第一，女子怀念征夫说。朱熹兼采《毛诗》说，但又认为：“后妃以君子不在而思念之，故赋此诗。”② 此说盛行后世，如方玉润《诗经原始》有言：“此诗当是妇人念夫行役而悯其劳苦之作。”③ 今人陈子展、余冠英、程俊英等均从此说。

第二，征夫思念室家说。中国台湾学者屈万里在20世纪50年代初期曾提出此说，其《诗经诠释》说：“此当是行役者思家之诗。首章述家人思己之苦；二、三、四章，则行役者自述思家之情也。观其有仆有马，亦似非平民或兵卒。”④ 高亨的《诗经今注》也说：“作者似乎是个在外服役的小官吏，叙写他坐着车子，走着艰阻的山路，怀念着家中的妻子。”⑤

第三，贵族官吏叹行役之苦说。曹文安在《〈诗经·卷耳〉新探》一文中说：“《卷耳》的主题是写一个贵族官吏（因为他上山有马，御马有仆，酌酒有金罍、兕觥）在外行役之苦，客观上反映了当时统治阶级的内部矛盾。首章头两句是以采卷耳不盈顷筐起兴，接着三、四句总叙自己的忧愁、苦闷和行役之苦。二、三、四三章则从道路的险曲、马病、仆病、酌酒消愁等几方面，一层深一层地具体写出行役途中的苦痛。”⑥

---

① （汉）孔安国传，（唐）孔颖达正义，黄怀信整理：《尚书正义》卷4《皋陶谟》，第145页。

② （南宋）朱熹：《诗集传》卷1《卷耳》，《四部丛刊三编》第276函，商务印书馆1936年版，第1册，第7页。

③ （清）方玉润：《诗经原始》卷1《卷耳》，中华书局1986年版，第78页。

④ 屈万里：《屈万里全集》第五《诗经诠释》，台北：联经出版事业公司1983年版，第8页。

⑤ 高亨：《诗经今注》，清华大学出版社2010年版，第5页。

⑥ 《文学评论》编辑部：《文学评论丛刊》第18辑，中国社会科学出版社1983年版，第400页。

孙作云在《诗经与周代社会研究》一书中推测这两首诗的原始形式应该如下：

采采卷耳，不盈顷筐；嗟我怀人，寘彼周行。

其另一诗曰：

陟彼崔嵬，我马虺隤；我姑酌彼金罍，维以不永怀！
陟彼高冈，我马玄黄，我姑酌彼兕觥，维以不永伤！
陟彼砠矣，我马瘏矣；我仆痡矣！云何吁矣！①

上述几种观点基本抛开了《卷耳》与"官人"之意的联系。但上博简《诗论》的出现，使人们重新审视《卷耳》一诗的"官人"之意。上博简《诗论》第29简："《惓（卷）而（耳）》，不智（知）人。"② 这一记载引发了众多学者思考，如尚学峰《竹简诗论"〈卷耳〉不知人"的阐释史意义》、晁福林《〈诗经·卷耳〉再认识——上博简〈诗论〉第29简的一个启示》等，前者着重探讨了先秦两汉诗说对"卷耳不知人"主旨的阐释变化规律；后者重在探讨分析《卷耳》主旨解释纷纭的原因，他们均对《卷耳》的"官人"的主旨做了肯定，同时也提示我们，经整编后进入《诗经》的《卷耳》一诗主旨为"官人"，这一观点曾是《诗经》传播较早期的共识。但遗憾的是，对于为什么以"卷耳"起兴，"卷耳"的意象与诗的"官人"主旨又有何关联，学界尚未对此有所解释。

本文拟从"卷耳"的意象入手，对此问题试做讨论，或可为《卷耳》主旨的认识提供一种新的思考。

二 "卷耳"是甘草

《卷耳》不仅主旨说法纷纭，对于"卷耳"是什么历来也颇多争议。

① 孙作云：《诗经与周代社会研究》，中华书局1966年版，第406页。
② 马承源：《上海博物馆藏战国楚竹书》，上海古籍出版社2001年版，第41页。

根据梳理资料的结果，我们认为，“卷耳”是一种甘草。

《毛诗·周南·卷耳》“采采卷耳”句毛传：“卷耳，苓耳也。”①《尔雅·释草》也提出：“菤耳，苓耳。”（《尔雅》卷下）又《说文解字》有言：“苓，卷耳也。”② 可知“卷耳”即“苓耳”或“苓”。

《毛诗·邶风·简兮》载“山有榛，隰有苓”句毛传曰：“苓，大苦。”③《说文解字》“苦”字下云：“苦，大苦，苓也。”④

而“苓”也可作“蘦”。《尔雅·释草》：“蘦，大苦。”（《尔雅》卷下）郝懿行《尔雅义疏》曰：“蘦，大苦也。通作苓。”⑤ 王先谦在《诗三家义集疏》中引陈乔枞曰：“《毛诗》作苓，《传》云‘大苦’，字异训同。盖毛、鲁文异。”⑥ 王先谦提出：“《说文》：‘苓，卷耳也。’‘蘦，大苦也。’是鲁用正字，毛借字。”⑦ 可见，“蘦”或“苓”是“大苦”，也就是说“卷耳”是“大苦”。

“大苦”是什么？《毛诗正义·邶风·简兮》“山有榛，隰有苓”句孔颖达疏：“《释草》云：‘蘦，大苦。’孙炎曰：《本草》云：‘蘦，今甘草’是也。”⑧ 孔颖达引用了三国时期经学家孙炎的说法，认为“蘦”、“大苦”、甘草为同一物。徐锴《说文系传通释》在“大苦，苓也”下也按曰：“臣锴按：《尔雅》：‘蘦，大苦，甘草也。’”⑨

《毛诗正义·唐风·采苓》引陆德明《音义》云：“苓，力丁反，即甘草，叶似地黄。”⑩ 由此可知，“卷耳”确实就是苓耳或“苓”（蘦），也被称为“大苦”或甘草。

---

① （汉）毛公传，（汉）郑玄笺，（唐）孔颖达等正义：《毛诗正义》卷1，第583页。

② （汉）许慎《说文解字》卷1下，《四部丛刊初编》第7函，商务印书馆1936年版，第1册，第3页。

③ （汉）毛公传，（汉）郑玄笺，（唐）孔颖达等正义：《毛诗正义》卷1，第651页。

④ （汉）许慎《说文解字》卷1下，《四部丛刊初编》第7函，商务印书馆1936年版，第1册，第2页。

⑤ （清）郝懿行：《尔雅义疏》卷1下《释草》，上海古籍出版社1983年版，第1044页。

⑥ （清）王先谦：《诗三家义集疏》卷3上《简兮》，中华书局1987年版，第189页。

⑦ （清）王先谦：《诗三家义集疏》卷3上《简兮》，第189页。

⑧ （汉）毛公传，（汉）郑玄笺，（唐）孔颖达等正义：《毛诗正义》卷1，第651页。

⑨ （南唐）徐锴：《说文系传通释》卷2，《四部丛刊初编》第8函，商务印书馆1936年版，第1册，第7页。

⑩ （汉）毛公传，（汉）郑玄笺，（唐）孔颖达等正义：《毛诗正义》卷1，第778页。

段玉裁在《说文解字注·艸部》"苦"字注中虽提出不同看法，认为"大苦断非苓耳"，并引用沈括的观点证明，但王念孙在《广雅疏证》中对此观点已有反驳。沈括认为"其味极苦谓之大苦"，王念孙则认为"苦"实为古"苄"字的假借，与味道无关。

三 甘草与"官人"的联系

根据以上分析，可知"卷耳"即甘草，那么甘草与"官人"有何联系？

《尔雅》曰：

> 西方有比肩兽焉。与邛邛岠虚比，为邛邛岠虚啮甘草，即有难，邛邛岠虚负而走，其名谓之蟨。（《尔雅·释地》）

在这段文字中，"蟨"与"邛邛岠虚"比肩而行，甘草乃其报偿"邛邛岠虚"负其逃难之物。由甘草所联系起来的"蟨"与"邛邛岠虚"的这种关系往往用于比喻借助某种优势或能力。如《吕氏春秋》载：

> 智者之举事必因时，时不可必成。其人事则不广，成亦可，不成亦可。以其所能托其所不能，若舟之与车。北方有兽，名曰蹶，鼠前而兔后，趋则跲，走则颠，常为蛩蛩距虚取甘草以与之。蹶有患害也，蛩蛩距虚必负而走。此以其所能托其所不能。（《吕氏春秋·慎大览·不广》）

"蹶"不善行走，却常取甘草给"蛩蛩距虚"，所以每遇危险"蛩蛩距虚"必定背负"蹶"逃跑。此段中"以其所能托其所不能"句引起我们的注意，这是以"蹶"和"蛩蛩距虚"的相互依靠、相互帮助的关系来说明，借助长处补足短处是让"智者举事"成功的有效方法。类似论述在《淮南子·道应训》中也可见到。

《说苑·复恩》更将这种借助、依靠的关系应用到对君臣关系的探讨上：

> 君臣相与，以市道接，君县禄以待之，臣竭力以报之，逮臣有不测之功，则主加之以重赏，如主有超异之恩，则臣必死以复之。孔子曰：北方有兽，其名曰蟨，前足鼠，后足兔，是兽也，甚矣其爱蛩蛩巨虚也，食得甘草，必啮以遗蛩蛩巨虚，蛩蛩巨虚见人将来，必负蟨以走，蟨非性之爱蛩蛩巨虚也，为其假足之故也。二兽者，亦非性之爱蟨也，为其得甘草而遗之故也。夫禽兽昆虫，犹知比假而相有报也，况于士君子之欲兴名利于天下者乎？夫臣不复君之恩，而苟营其私门，祸之原也；君不能报臣之功，而惮行赏者，亦乱之基也。夫祸乱之原，基由不报恩生矣。①

这里论述"君臣相与"之道，以"蟨"啮甘草"以遗蛩蛩巨虚"来比喻，言"禽兽昆虫，犹知比假而相有报"，故而引出为臣者要复君恩，而为君者应报臣之功。

而这种君臣关系在《韩诗外传》中说得更明白：

> 蓝有青，而丝假之青于蓝。地有黄，而丝假之黄于地。蓝青地黄，犹可假也。仁义之事，不可假乎哉！……西方有兽名曰蟨，前足鼠，后足兔，得甘草必衔以遗蛩蛩距虚，其性非爱蛩蛩距虚，将为假足之故也。夫鸟兽鱼犹知相假，而况万乘之主乎？而独不知假此天下英雄俊士与之为伍，则岂不病哉！②

此处言"蟨""得甘草必衔以遗蛩蛩距虚"，其原因乃是"将为假足"。由"鸟兽鱼犹知相假"，引出万乘之主也应与天下英雄俊士为伍，以便假其才能治天下，即君臣要相假而行，特别是君需臣的大力辅佐和帮助。而君得臣辅佐的前提则是，君主能知人善任，将贤臣置之列位，

---

① （汉）刘向撰，向宗鲁校证：《说苑校证》卷6《复恩》，中华书局1987年版，第116页。

② （汉）韩婴撰，许维遹校释：《韩诗外传集释》卷5《第二十六章》，中华书局1980年版，第192页。

即能“官人”。这恰正对应了《左传》等关于《卷耳》“官人”主旨的说法。

这种君臣间的相互关系，贤臣辅佐君主，君主任用贤臣的观念是通过“蟨”“得甘草必衔以遗蛩蛩距虚”的论述引申出来的，而其中甘草起了重要作用，正是甘草沟通了君与臣的关系。换句话说，甘草即为君者或为臣者对对方的报偿，甘草即“卷耳”，在此已与君主任贤“官人”密切联系起来了。

四 “卷耳”和“官人”相关并非孤证

“卷耳”与任贤“官人”发生联系并非只此一例，在《诗经》中我们还可找到其他证据。《诗经》直接出现“卷耳”仅《卷耳》一首诗，但提及“卷耳”异名“苓”的却还有另外两处。

《邶风·简兮》中有“山有榛，隰有苓。云谁之思？西方美人。彼美人兮，西方之人兮”句，又提到了“卷耳”的异名“苓”。而《简兮》的主旨恰恰为“刺不用贤也”，正是“能官人”的反面例子。郑玄笺曰：“我谁思乎？思周室之贤者，以其宜荐硕人与在王位。彼美人，谓硕人也。”① 所言亦是关于贤者在其位之事。

《唐风·采苓》以“采苓”起兴，小序明确指出此诗“刺晋献公也。献公好听谗焉”②。“正义曰：以献公好听用谗之言，或见贬退贤者，或进用恶人，故刺之。”③ 据小序及孔颖达注，此诗乃刺晋献公好听信谗言，不能任用贤人，即刺其不能“官人”之作。

《诗经》这几首诗中均提及“苓”或“卷耳”这一意象，且其主旨均与君主“官人”相关，这应当不是偶然。因此可以认为，在《诗经》被整理和传播的较早期，“卷耳”本身或许就已经成了一种能使人联想到君主任用贤臣之意的意象或符号。

曹植在《赠白马王彪》中咏到“修坂造云日，我马玄以黄。……孤

① （汉）毛公传，（汉）郑玄笺，（唐）孔颖达等正义：《毛诗正义》卷1，第651页。
② （汉）毛公传，（汉）郑玄笺，（唐）孔颖达等正义：《毛诗正义》卷1，第778页。
③ （汉）毛公传，（汉）郑玄笺，（唐）孔颖达等正义：《毛诗正义》卷1，第778页。

兽走索群，衔草不遑食”[①]，表达受君主猜嫌的孤独苦闷，明显是对《卷耳》的化用。东晋束皙的《读书赋》仍有“颂《卷耳》则忠臣喜”[②]。可见直至东晋人们对《卷耳》“官人”之意仍是明确的。因不明“卷耳”意象本身即隐含君主任用贤臣这一内涵，而对《卷耳》一诗的“官人”主旨产生怀疑，不能不说是一种遗憾。

① （魏）曹植著，赵幼文校注：《曹植集校注》卷2《赠白马王彪》，人民文学出版社1984年版，第296页。

② （唐）欧阳询撰，汪绍楹校：《艺文类聚》卷55，中华书局1965年版，第991页。

《诗》在春秋时期的社会功能初探

王贞贞[*]

摘　要：《诗》自形成以来，以其丰富的内涵、优美的语言、包罗万象的书写对象，在社会中上层中广泛传播。在汉代儒学家们对其进行系统解读之前，《诗》的功能性较为广泛，对其各类诗歌的解读也各有千秋。春秋时期是一个很特别的社会阶段，承接周公定礼作乐之教化熏陶，因此重礼崇德，然王室衰微，诸侯相互攻伐不可避免，礼乐崩坏之势初见端倪。作为历史发展一个特殊的过渡阶段，本文试结合春秋时期的社会背景对《诗》广泛的社会功能进行分析解读。

关键词：《诗经》　社会功能　礼乐　邦交　原则

《诗经》是我国最早的一部诗歌总集，收录了从西周初期到春秋末年的各类诗歌。在春秋时期，《诗》还未取得“经”的正式地位，时人称之为《诗》或者《诗三百》。尽管如此，其在春秋时期已经具有了很高的价值，在上流社会中广泛传播，并影响到社会生活的各个层面。《左传·僖公二十七年》记载，晋国大臣赵衰说：“《诗》《书》，义之府也。”在当时，《诗》被人们公认为义理的府库。孔子也极为推崇《诗》的作用，《论语》中提到《诗》有20处。孔子云，“小子何莫夫学《诗》？诗，可以兴，可以观；可以群，可以怨。远之事君，迩之事父，多识于草木鸟

＊ 作者简介：王贞贞，生于1982年，四川成都人，四川大学古籍整理研究所兼职副研究员。主要研究方向：中国儒学。

兽之明”（《论语·阳货》）。可见，《诗》在春秋时代已经广泛流行并被尊奉为经典著作，其权威性得到社会一致认可。

《诗》在春秋时期具有特别的价值与社会功能。作为教育手段而言，它是一部无所不包的百科全书；作为社会交际手段而言，它是贵族阶层特别是外交官员不可或缺的外交工具；作为政治参考而言，其中记录的民风民俗是政治得失的重要考量；《诗》中的诗句篇章也被春秋时代的人们用作规范礼仪的标准。其社会功能丰富、多样，值得深入研究。

一　人格养成的重要教材

春秋时期，以诗教、礼教、乐教作为贵族子弟的必修课程。孔子云，“兴于诗，立于礼，成于乐”。《论语》中，孔子关于《诗》的评论很多，其中关于学《诗》的重要性，孔子对自己的儿子孔鲤就特别强调过两次。一次是问孔鲤当日可曾学《诗》，孔鲤回答没有学，孔子告之“不学诗，无以言”，于是孔鲤“退而学诗”。

> 陈亢问于伯鱼曰：“子亦有异闻乎？”对曰：“未也。尝独立，鲤趋而过庭，曰：‘学《诗》乎？’对曰：‘未也。’‘不学诗，无以言。’鲤退而学《诗》。”（《论语·季氏》）

第二次是问孔鲤是否研习《诗经》中的《周南》与《召南》，并且告诉他，若不能歌二南，将一人独默，虽在人群中，正犹面对墙壁而孤立而站。

> 子谓伯鱼曰：“女为周南召南矣乎？人而不为周南召南，其犹正墙面而立也与！”（《论语·阳货》）

孔子以《诗》教子，再三强调《诗》的重要性。除此之外，《论语》中涉及孔子谈《诗》的内容的，还有 18 条。

事实上，早在孔子之前，《诗》已经具备广泛的教化功能。《国语·楚语上》中有言，“教之诗，而为之导广显德，以耀明其志；教之礼，使知上下之则；教之乐，以疏其秽而镇其浮”。其诗礼乐的排列顺序与孔子的提法完全一样，这其中，诗教排在第一位，其作用是昭显美德、端正心志。礼教的作用是辨明尊卑，分别上下；乐教的作用是疏散污秽、镇制轻浮。《国语》中这段话，是楚国大夫申叔时对楚庄王的太子所说的，连自称蛮夷的楚国，对诗教都如此重视，可见在华夏各国，诗教一定更为流行，而且流行的时间应该更早一些。春秋时期的《诗》，以歌舞、音乐、吟唱为一体，其内容也有规范礼仪、宣扬道德的部分，可以说恰恰具备了诗、礼、乐三者的功能，是贵族子弟成才成人的必修课。

《诗》在春秋时期，不仅作为教育的重要载体，其教育方式，也已经有一定的规范性。《礼记·内则》篇有言：“十有三年学乐，诵《诗》，舞《勺》，成童舞《象》，学射御。”《周礼·春官》也记载，大司乐“以乐语教国子，兴、道、讽、诵、言、语”。古代唱诗时配乐而歌，乐语就是配乐的歌词——诗歌。兴，道，讽，诵，就是关于乐语的正确表达方式。说明国子们在求学时，要通过大司乐对乐语的正确传授和严格训练，才能正确掌握《诗》的社会交流的功能。

在学习礼仪的各个环节，《诗》也与各类礼仪配合使用。《周礼·春官》记载，大司乐官署中有乐师，其职责是教国子们小舞与乐仪。配合音乐如何行走，如何快走，如何登车等。其职文中有言“教乐仪，行以《肆夏》，趋以《采荠》，车亦如之。……凡射，王以《驺虞》为节，诸侯以《狸首》为节，卿大夫以《采蘋》为节，士以《采繁》为节”。这之中所配合的乐篇，如《肆夏》《采荠》《驺虞》《狸首》等篇如今已散佚，《采蘋》现存《诗》之《召南》；《采繁》现存《诗》之《周南》。这个例子，一方面说明诗乐舞原本是一体的；另一方面也可看出，在春秋时期的教育系统中，《诗》的篇章与礼乐教育密不可分，具有不可取代的重要作用。

不但贵族子弟能够系统地接受到诗教，春秋时期的当政者也鼓励平民中的优秀人才学习《诗》。《管子·山权数》中有言，“诗者，所以记物也。……民之能此者，皆一马之田，一金之衣……诗，记人无失辞；行，殚道无失义；易，守福祸吉凶不相乱”。其意思是说，懂得《诗》的平民，可以用他来记述社会事物……有老百姓能够懂得《诗》并且运用的，就要赐给他一匹马所能耕种的田地，一斤金所能买到的衣服。懂诗的官，记述人们的行动而免于差错。

二　各类礼仪的重要组成

《诗》自诞生之初，便与礼乐紧密联系在一起。周公制定礼乐，是要规范社会秩序及人民思想，最终达到教化的目的，因此礼乐必然有与之配合的文字和辞章，这便是《诗》中的雅、颂题材最初产生的渊源。

在周人最频繁的祭礼中，处处可见《诗》的踪迹。《逸周书·世俘解》中对武王祭祀过程中的用乐做了说明："籥人奏《武》，王入，进万，献《明明》三终。"这之中提到的《武》就是诗经中《大武》的前身，"《明明》三终"，就是《大雅》中的《文王》《大明》《绵》三篇。《万》舞是前代舞蹈，始于夏人，到春秋中期仍然在使用。《诗经·邶风》中有一篇《简兮》，有诗句说："简兮简兮，方将万舞。"万舞，正是祭祀宗庙山川时所跳的规定舞蹈。

根据《周礼》及其他文献资料梳理，目前能归纳出来的周代天子普通祭祀用到的乐曲是：《王夏》《肆夏》《昭夏》《雍》。前三首曲子乐调和歌词已经失落，用于祭祀尾声时撤乐用的《雍》还保留在《毛诗·周颂·雍》中。鲁国季孙氏等三家权臣在祭祀先祖时，使用了天子所用的祭祀礼，在祭祀完毕撤乐时，用了《雍》这个曲子。这是明显的僭越礼法的行为，因此被孔子批评。《论语·八佾》记载：

> 三家者以《雍》彻。子曰："'相维辟公，天子穆穆'，奚取于三家之堂？"

至今在《毛诗》中，我们仍然能看到大量的祭祀先祖、天地山川神灵的诗篇。成文较早的《周颂》中保留了大量的祭祀诗，是这一礼法的直接反映。其中祭祀文王的有《清庙》《维天之命》《维清》，祭祀武王的有《执竞》《载见》，祭祀天地山川的有《天作》《时迈》《思文》等，祭祀社稷、田祖、农神的有《噫嘻》《丰年》等。

除去祭礼，在燕礼的各个阶段，诗乐也是必不可少的一部分。燕礼之"燕"通"宴"，义为安闲、休息。燕礼是春秋时期贵族们为联络感情而宴饮的礼仪。《仪礼·燕礼记》记载的各个程序中，各个步骤都伴随着

《诗》中不同篇章的演奏和吟咏。先是堂上的乐工在瑟的伴奏下，歌唱《鹿鸣》《四牡》《皇皇者华》等乐曲。演唱完毕，主人向乐工献酒。接着，吹笙者站在钟、磬的中间，吹奏《南陔》《白华》《华黍》等乐曲。演奏完毕，主人向吹笙者献酒。之后，堂上堂下交替歌奏乐曲：堂上鼓瑟《鱼丽》之歌，堂下则笙奏《由庚》之曲；堂上鼓瑟《南有嘉鱼》之歌，堂下则笙奏《崇丘》之曲；堂上鼓瑟《南山有台》之歌，堂下则笙奏《由仪》之曲。接着歌奏地方乐曲：《周南》中的《关雎》《葛覃》《卷耳》，《召南》中的《鹊巢》《采蘩》等。从这两类礼仪中《诗》所发挥的作用来推测，其他礼仪中，一定也有乐歌的程序，一定也少不了《诗》的踪迹。诗在春秋时期，是各类礼仪中不可分割的一部分，当确定无疑。

三　社会交流的重要手段

《诗》在春秋时期的另外一个重要的社会功能，是其在社交层面的沟通交流功能。班固在《汉书·艺文志》中对此做了非常详细地阐述。

> 古者诸侯卿大夫交接邻国，以微言相感，当揖让之时，必称《诗》以谕其志，盖以别贤不肖而观盛衰焉。故孔子曰“不学诗，无以言”也。春秋之后，周道浸坏，聘问歌咏不行于列国，学《诗》之士逸在布衣，而贤人失志之赋作矣。①

《左传》和《国语》中记载了大量赋诗言志、托诗言他的事实。《国语》中引《诗》31条，《左传》中记载，在春秋240年间，各种人物在各个场合引用《诗经》表情达意的达134处。《诗》引用的次数远在《书》《易》之上。春秋时期国家层面的社交场合中，贵族们借用《诗》中的词句，婉转表达自己的意见，或借以礼敬，或请求帮助，或加以劝谏，或表达感激或者讽刺。

春秋时期的外交宴会中，宾主相互表达恭维礼敬，常常用《诗》中

① （汉）班固：《汉书》卷30《艺文志》，中华书局1962年标点本，第1755页。

的篇章来委婉地表达。《左传·僖公二十三年》记载：

> 他日，公享之，子犯曰："吾不如衰之文也，请使衰从。"公子赋《河水》，公赋《六月》。赵衰曰："重耳拜赐！"

外逃的落难公子重耳到达秦国后，受到秦穆公的热情款待。重耳借百川归海赞颂秦国的国势强盛，比喻小国家依附于秦国，就好像河水归附于大海一样。当时重耳尚在流亡途中，借用《河水》的诗句，巧妙而得体地表达了对秦穆公的称颂和礼敬之意。秦穆公也听懂了他的恭敬，以《六月》回敬他，取的是以尹吉甫辅佐宣王征伐之意，表达对重耳能回到晋国当上国君，并能辅佐周王匡正王国之意。

又《左传·昭公三年》记载：

> 宣子自齐聘于卫，卫侯享之。北宫文子赋《淇奥》。宣子赋《木瓜》。

韩宣子从齐国到卫国访问，卫侯设礼款待。卫国大臣北宫喜赋《淇奥》表示欢迎，《淇奥》是《卫风》中的诗篇，主旨是歌颂卫武公的品德和学问，其中有"有匪君子，如切如磋，如琢如磨"等句，此处是以此诗来赞扬宣子有武公之德，也是一位有品行、有学问的谦谦君子。表达对宣子的礼敬。

春秋时期，各国之间经常发生战争，较为弱小的国家，需要请求别国出兵干预或者帮助时，使臣也常常借用《诗》中的篇章来表达请求和催促之意。事关国家前途和命运的外交斡旋和请托，全部都以赋《诗》为媒介，在打哑谜一般的酬唱应答中悄然完成。如《左传·文公十三年》记载：

> 冬，公如晋，朝，且寻盟。卫侯会公于沓，请平于晋。公还，郑伯会公于棐，亦请平于晋。公皆成之。郑伯与公宴于棐。子家赋《鸿雁》。季文子曰：寡君未免于此。文子赋《四月》。子家赋《载驰》之四章。文子赋《采薇》之四章。郑伯拜。公答拜。

这个故事的背景是，鲁文公到晋国朝见，重温衡庸之盟建立的友好关系。卫侯在沓地会见文公，请求鲁国帮助卫国和晋国讲和。鲁文公在回国的路上，郑伯在棐地会见鲁文公，也请求鲁国帮助郑国来跟晋国讲和。郑、卫两国都曾经背叛晋国，投靠楚国，这个时候又见风使舵，想要请鲁文公为中间人与晋国讲和。鲁文公这两个忙都帮了。但其中曲折，在诗歌对答中表现得很明显。在棐地的宴会上，郑国的大臣子家，赋了《鸿雁》，其首章说，“鸿雁于飞，肃肃其羽。之子于征，劬劳于野。爰及矜人，哀此鳏寡”。子家主要借用诗句中的“哀此鳏寡”一句，将郑国比喻为无依无靠，处境可怜的鳏寡，希望能唤起庄公的同情之心，请他返回晋国，去做晋国的工作。鲁国也很为难，因为鲁文公十二年（前615）秦晋在河曲大战，秦国在伐晋之前，曾派大臣来鲁国做过工作，鲁国态度暧昧。河曲之战，晋国失利，因此对鲁国多有不满。此次鲁文公到晋国朝见晋侯，重申昔日的盟约来缓和调整关系。所以对子家的《鸿雁》所表达的意思，鲁国的权臣季文子推辞了，季文子赋了《四月》作答，《四月》首章：“四月维夏，六月徂暑。先祖匪人，胡宁忍予?”主要是讲大夫行役在外已经很久，想要回到家乡去祭祖。这是委婉拒绝的意思。而子家接着又继续表示请求，赋了《载驰》，这首诗里有“控于大邦，谁因谁极”，是表达小国有危难，想要请求鲁国这样的“大邦”伸出援助之手的意思。意思一次比一次恳切，言辞一次比一次恭敬。鲁国抹不过情面，终于答应为郑国奔走斡旋。此时季文子赋了《采薇》，其四章云，“岂敢定居，一月三捷”。表达愿意折回晋国，为其奔走的意思。

朱自清先生在《诗言志辨》中对此评论说，“郑人赋诗，求而兼诵；鲁人赋诗，谢而后许”。这个如长镜头般的记录，将《诗》表述请求的功能作用层层深入，叙述得淋漓尽致。

借用《诗》表达劝诫的例子也很多。《左传·文公七年》记载：

> 先蔑之使也，荀林父止之，曰：夫人、大子犹在，而外求君，此必不行。子以疾辞，若何？不然，将及。摄卿以往可也，何必子？同官为寮，吾尝同寮，敢不尽心乎！弗听。为赋《板》之三章。又弗听。

《板》见《诗经·大雅》,《板》之三章曰:“我虽异事,及尔同僚。我即尔谋,听我嚣嚣。我言维服,勿以为笑。先民有言,询于刍荛。”荀林父劝诫“同寮”不要听从赵盾的命令,去迎回不合法的继承人公子雍,因为晋国的夫人和太子都还健在。这里用《板》中的句子,取的是你我“同寮”一场,故此见你行为有所不妥,特此规劝,希望你能听一听山野之人的意见。放在此处,符合荀林父的身份,规劝之意,表达也十分中肯和诚挚。

还有借用《诗》委婉表达讽刺之意的例子。《左传·襄公二十七年》记载:

> 齐庆封来聘,其车美。孟孙谓叔孙曰:“庆季之车,不亦美乎?”叔孙曰:“豹闻之:‘服美不称,必以恶终。’美车何为?”叔孙与庆封食,不敬。为赋《相鼠》,亦不知也。

齐国的庆封这个人不知道礼仪,也不通诗歌,是个不学无术的鲁莽贵族。因为他在接受鲁国宴请的时候,表现粗鲁,对叔孙不敬,因此叔孙用《相鼠》来直接地嘲讽他。《相鼠》是《诗经》中骂人骂得最直接的一首诗,诗意也浅显易懂,“相鼠有皮,人而无仪。人而无仪,不死何为!相鼠有齿,人而无止。人而无止,不死何俟!相鼠有体,人而无礼。人而无礼,胡不遄死!”直接讽刺庆封不知礼、不懂礼,可惜庆封竟然听不懂。

综上,在春秋时期的外交事件中,《诗》的功能性被极大地发挥。出于不同的立场和目的,各种人物引用诗经,或赋或诵,表达了各种丰富的情感,或委婉陈情,或直言讽喻,达到了各种不同的社交目的。

四　言行规范的尺度标准

春秋时期,《诗》中包含的礼仪规范和道德规范,被社会各阶层的人士称为不成文的“礼记”来解读,并以此来规范行为,劝诫不良。

《左传·襄公三十一年》中记载了北宫文子的一段话,说明“威严”的礼仪内涵,多次引用《诗》来解读礼仪,把《诗》作为礼仪的范本来解读，充分体现了《诗》在春秋时代作为礼仪规范标尺的应用。其云：

卫侯在楚，北宫文子见令尹围之威仪，言于卫侯曰："令尹似君矣！将有他志，虽获其志，不能终也。《诗》云：'靡不有初，鲜克有终。'终之实难，令尹其将不免？"公曰："子何以知之？"对曰："《诗》云：'敬慎威仪，惟民之则。'令尹无威仪，民无则焉。民所不则，以在民上，不可以终。"

北宫文子先用了《大雅·荡》中的句子"靡不有初，鲜克有终"来推断楚国令尹子围的下场，再用《大雅·抑》中"敬慎威仪，惟民之则"提出为人君者应该具备的德行和礼仪，解释"威仪"的含义和形成，北宫文子先后五次用《诗》来阐释"威仪"的意思，体现了《诗》在礼仪方面的权威性和准则性。

《诗》作为礼仪范本的另外一方面，是借用《诗》褒扬有礼有节之行和贬斥无礼无德之行。《左传·昭公二年》记载：

叔弓聘于晋，报宣子也。……叔向曰："子叔子知礼哉！吾闻之曰：'忠信，礼之器也；卑让，礼之宗也。'辞不忘国，忠信也；先国后己，卑让也。《诗》曰：'敬慎威仪，以近有德。'夫子近德矣。"

叔弓到晋国聘问，晋平公派人在郊外慰劳，叔弓的表现有礼有节，受到了晋国大臣叔向的欣赏。叔向引用《诗》"敬慎威仪，以近有德"来褒扬叔弓的行为符合礼仪，是有德行的表现，阐明了忠义与卑让，是礼的两个重要方面，进一步说叔弓辞不忘国和先国后己的举动正是忠义与卑让的具体体现。

对于没有尊卑上下、不符合礼仪的行为，《左传》中记载了许多事实，贤者以《诗》中的句子为标准来评论和批判这些无礼的行为，并预测无礼之人今后的命运。《左传·昭公二十一年》记载：

三月，葬蔡平公。蔡大子朱失位，位在卑。大夫送葬者归，见

> 昭子。昭子问蔡故，以告。昭子叹曰："蔡其亡乎！若不亡，是君也必不终。《诗》曰：'不解于位，民之攸塈。'今蔡侯始即位，而适卑，身将从之。"

安葬蔡平公时，蔡国的太子朱没有站在葬礼中应该站的位置，站在下面。鲁国大臣叔孙昭子感叹，蔡国大概快要灭亡了吧。即便不灭亡，这个继任的国君也不得善终。其依据就是《大雅·假乐》中的"不解于位，民之攸塈"。在他的位置上不懈怠，百姓就能休息无事。现在刚刚即位就处于卑位，他自身也会随之卑微下去。

同样的一句诗，在另外一个事件中被其他人加以引用，用来批评郑国驷秦不得当的行为。《左传·哀公五年》记载：

> 郑驷秦富而侈，嬖大夫也，而常陈卿之车服于其庭。郑人恶而杀之。子思曰："《诗》曰：'不解于位，民之攸塈。'不守其位，而能久者鲜矣。《商颂》曰：'不僭不滥，不敢怠皇，命以多福。'"

这里同样用"不解于位，民之攸塈"一句，来指责不守其位，不根据自己的身份来确定车马服饰的等级的驷秦。从这两处可见，《诗》中的句子，已经普遍成为当时社会礼仪的标准和规范。

五　春秋时期《诗》运用的特点及原因探究

《诗》在春秋时期，虽已集结成册，但并未有汉时《毛诗》那样较为规范的分类和排序，其中收录的诗歌也并未有统一的解释和理解，除用于宗庙之上的各颂，用于燕礼之上的散存于《二南》《大雅》《小雅》之中固定的诗篇外，大部分诗篇，尤其是各地陆续采集的"风诗"① 的意义并未有统一的判断。在这样的背景下，《诗》的应用有两

---

① 按：春秋时期，尚无"风"的说法。春秋时已有"雅""颂"的固定说法，而"风"之词出现较晚，《论语》中只有"南""郑"的称谓，没有"国风"的统称。汉儒制作的《礼记》中，才首次出现"国风"的名词。

个基本的特点。

一是诗歌乐舞，“四位一体”。墨子《公孟篇》云：“诵诗三百，弦诗三百，歌诗三百，舞诗三百。”春秋时期的《诗》，是诗、乐、歌、舞一体的丰富表达。如前文列举，在各种礼仪和社交场合，《诗》是配合乐曲和舞蹈同时出现的。再加上礼仪的各种规定动作，如揖让之礼——登、降、辞、拜的动作，使得诗歌的表达能够在模糊的语境中较为准确地传达赋诗者的意思，使得交流双方能够在特定的语境中理解彼此，达到信息交流的目的。

诗可赋，可诵，也就是可以唱出来，也可以朗诵出来，根据指定赋诗者的意思来选择对诗的表现方式，达到不同的目的。比较典型的一个例子，《左传·襄公十四年》中记载，一名乐师为了陷害卫献公，故意违反命令用“诵”的方式将《巧言》读出来，激怒了孙文子。

> 卫献公戒孙文子、宁惠子食，皆服二朝，日旰不召，而射鸿于囿。二子从之，不释皮冠而与之言。二子怒。孙文子如戚，孙蒯入使。公饮之酒，使大师歌《巧言》之卒章。大师辞。师曹请为之。初，公有嬖妾，使师曹诲之琴，师曹鞭之。公怒，鞭师曹三百。故师曹欲歌之，以怒孙子，以报公。公使歌之，遂诵之。蒯惧，告文子。文子曰：“君忌我矣。弗先，必死。”

卫献公让乐师将《巧言》的最后一章唱出来“歌之”，用以给孙文子难堪。乐师没有答应这么做，师曹因为与卫献公有仇，想要激怒孙文子杀死卫献公，故此时跳出来愿意做这件事。他害怕用歌唱的方式，孙文子会听不懂其中的讽刺之意，特地用了更为清楚的朗诵的方式，成功地激怒了孙文子。

二是断章取义，实用为上。春秋时代，赋《诗》断章取义成风，只取《诗》整篇中的一句之意，来表达自己的观点，完全不顾及诗歌整体的意思。这一点，春秋时期的蒲癸自己也说，“蒲癸曰……赋《诗》断章，余取所求焉”。（《左传·襄公二十八年》）这在当时典籍的记载中多不胜数。因此，所引之诗，其义因人而异，正如曾异在《纺授堂文集》卷 5《复曾叔祈书》中说“左氏引《诗》，皆非《诗》

人之旨”。

不仅不同人，对同一首诗的引用发挥不同；同一人对同一首诗中的同一句，也可颠倒意思，根据自己的需要随意发挥。比如，《左传·成公十二年》中，有这样一段记载：

> 政以礼成，民是以息。百官承事，朝而不夕，此公侯之所以扞城其民也。故《诗》曰：“赳赳武夫，公侯干城。”及其乱也，诸侯贪冒，侵欲不忌，争寻常以尽其民，略其武夫，以为己腹心股肱爪牙。故《诗》曰：“赳赳武夫，公侯腹心。”天下有道，则公侯能为民干城，而制其腹心。乱则反之。

此段中，将“赳赳武夫，公侯干城”先解释为公侯为德政是为人民造福，是人民的藩篱城池。而同一首诗中的“赳赳武夫，公侯腹心”被解释为公侯为了一己之私欲，网罗武夫，发动战争，是取乱之道。前后不一，偏离本意，不过是为己所需。这不过是最为典型的一个例子，从《左传》赋诗的例子来看，几乎没有一篇《诗》的本意与其原来的诗意完全相同。

《诗》在春秋时期广泛运用，有其深厚的社会历史背景。首先是《诗》的普及和影响为其功能性提供了生长发展的土壤。春秋时期，如《易象》《春秋》这两类书，仅藏于鲁宫，学士大夫犹不能轻易见之。若礼、乐之类，则太常工瞽设有专司，寻常人是不可以随便诵读和引用的。唯有《诗》，因其在社会生活中的普及性和实用性，促进了其运用；又因其日益广泛的应用，促进了其广泛的传播。

《诗》的广泛流传和其崇高的社会地位是其丰富社会功能发展起来的基础。春秋时期，不仅中原地区汉族的贵族和平民学诗通诗，以此来培育品格，塑造风雅；甚至少数民族也深受《诗》的熏陶，能够出口成章，赋诗言志。《左传·襄公十四年》记载了一个当时的少数民族“戎人”也能随口赋诗，以应对责难的事例。

> 十四年，春，吴告败于晋，会于向，为吴谋楚故也，范宣子数吴之不德也，以退吴人，执莒公子务娄，以其通楚使也，将执戎子

> 驹支……（戎子）赋青蝇而退，宣子辞焉。

《青蝇》是《小雅》中的一篇，中有“岂弟君子，无信谗言”之句，用以提醒君子不要受到谗言的蛊惑。范宣子轻信谗言迁怒诸戎，作为礼俗不同、语言不通的戎子驹支，竟能侃侃而谈，赋诗《青蝇》应对，说服了强势的范宣子，维护了部族的尊严。从侧面说明了春秋时期《诗》流行之广泛，深入人心，连华夏之外的部族也研习《诗经》，这在春秋诗学中是一个典型的例子。

清代的劳孝舆在其《春秋诗话》中对此做了很好的总结。

> 自朝会聘享以至事物细微，皆引《诗》以证其得失焉。大而公卿大夫，以至舆台贱卒，所有论说，皆引《诗》以畅厥旨焉。余尝伏而读之，愈益知《诗》为当时家传户颂之书。

其次，春秋时期频繁往来的各类邦交为《诗》的运用提供了广阔的施展平台。春秋时期，各诸侯国之间的朝、聘、会、盟频繁进行，使节穿梭不息，这是春秋时期社会政治一大显著的特点。仅在《春秋》所记载的242年间，记载了鲁国见证或参与的朝聘会盟450次，这还不能完全总括春秋时期全面的邦交状况。邦交的频繁，必然需要能言善道、有礼有辞的外交人员进行周旋和交涉，而《诗》中优美含蓄而意蕴丰富的词句，是外交辞令的绝佳载体。这为《诗》的广泛运用提供了广阔的平台。

最后，邦交中以德为先的基本原则确保了《诗》的功能性得以有效地发挥。春秋时期，尽管王室衰微，诸侯相互征伐，有礼乐崩坏的现象和弑君弑父的恶行，但在国家邦交层面，仍然主要以德为准则来处理邦交关系。《左传》记载僖公七年（前653），“管仲言于齐侯曰：臣闻之，招携以礼，怀远以德，德礼不易，无有不怀”。又，文公七年（前620），晋郤缺在劝说执政赵宣子归还卫国土地时，说“非威非怀，何以示德？无德，何以主盟？子为正卿，而不务德，将若之何？”可见在当时人们的普遍意识中，将德作为处理邦交关系的最高原则。在这样的前提下，邦交时运用《诗》进行的劝谏、调和、周旋、请求和反对才有了效果，只要言之成理，符合德中包含的礼、信、仁、义、忠，一般都会取得较好的效果。离开这个前提，引《诗》和用《诗》就是无源之水、无本之木，空有辞章而已。当春秋时代结束，战国时代来临时，国家关系已经完全撕破了德的面纱，弱肉强食，实力为大，《诗》也就失去了发挥的舞台和应用的效果了。

宋代经学文献述论

钟雅琼*

摘　要：宋代经学文献自成系统，且具有明显的特色。宋儒在传统的传注形式之下，赋予了经学文献丰富的义理，并在图谱之学上大有创获，而又进一步由义理上的创见引发了对经学文献的辨疑和考据，远肇明清考辨之风。经学文献是宋儒义理之学的根基，宋儒也通过义理的创发赋予经学文献以新的生命力。

关键词：宋代　经学　经学文献

宋人在经学上重视义理，然而亦不废文献，宋儒对经学文献的诠释，将儒家经典中的德性、天理之论充分地激发出来，不仅在经典诠释的方式上对元、明、清儒学有所启示，而且在精神旨归上超越汉唐，回归周秦，从郑孔推元至孔孟，实际上恢复了儒学元典应有的地位。

一　宋代经学文献数量考述

宋代自太宗开国之始，便很注重文献的搜集与整理。官方每隔几朝就修国史，其中便有《艺文志》，馆阁亦常常编修书目。此时在士大夫及民间学者中亦有藏书之风，且在整理所藏之书的过程中形成了私人编目的传统，但其所反映的只是一家的藏书，就其完备性来说，还是不如官

---

* 作者简介：钟雅琼，生于1987年，湖南益阳人，国防科技大学文理学院人文科学系讲师。主要研究方向：宋代儒学文献及思想。

方目录。因此尽管宋人自己所编的官方目录今已散佚不全，而元人所编《宋史·艺文志》又多有舛误，饱受诟病，但这些资料仍然是我们今天统计宋代经部文献的主要依据。近人对这些书目也进行了不少钩沉辑佚工作，这为我们提供了更多的线索。

宋代官修书目总共有 7 部，大体可以分为馆阁和《国史·艺文志》两个系列。最早的官方书目是《崇文总目》，记载了庆历以前崇文院——也就是“三馆”和秘阁所收藏的书目，此后北宋历朝都将新收的书计入《国史·艺文志》中。南宋绍兴年间进行了两次修目，主要是对当时秘书省缺失书目的补遗，《秘书省续编到四库阙书目》（《秘书省续四库书目》）一书，后来陈骙编《中兴馆阁书目》，对南宋淳熙以前的图籍进行总的统计，前者的成果也就融入其中。宁宗嘉定年间续编《中兴馆阁书目》，补充了淳熙以后的馆阁藏书情况。元人编修《宋史·艺文志》，基本上是依据宋人的这些已有书目抄撮而成。由于经部的重要性及传播的广泛性，故后人在整理时相对来说比较容易，所得到的成果也就更具参考性。虽然书目的具体内容我们无法全部恢复，但根据晚清民国以来学者的辑佚和史料中的记载，大致可以了解到总体发展的情况。

表 1　　宋代官修书目经部文献统计总表

<table>
<tr><th>书目名称</th><th colspan="2">经部文献总计</th><th>编纂时间或所记载内容</th><th>编纂形式</th></tr>
<tr><td>《崇文总目》①</td><td colspan="2">223 部 2904 卷</td><td>北宋庆历元年（1041）</td><td>新编</td></tr>
<tr><td rowspan="3">北宋《国史·艺文志》系列</td><td>三朝志</td><td>312 部 3533 卷</td><td>太祖、太宗、真宗朝图籍</td><td>新编</td></tr>
<tr><td>两朝志</td><td>92 部 669 卷</td><td>英宗、仁宗朝图籍</td><td rowspan="2">续编</td></tr>
<tr><td>四朝志</td><td>197 部 2274 卷</td><td>神宗、哲宗、徽宗、钦宗朝图籍</td></tr>
</table>

① 《崇文总目》今有两个辑本，一为清乾隆年间四库馆臣由《永乐大典》中所辑 12 卷本；一为清嘉庆四年（1800）钱侗所辑《辑释》5 卷、《补遗》1 卷。二者各有所长，在经部文献的数量上，钱辑本为 223 部、2904 卷，《四库全书》本为 223 部、2905 卷，参见范艳君《〈崇文总目〉与学术史研究》，硕士学位论文，吉林大学，2008 年。今表中数据以钱辑本为准，实际上经部文献的统计二本应当都是比较准确的。但这个数字只是清人辑出的数字，真实的书目数量应不止于此。

续表

书目名称	经部文献总计	编纂时间或所记载内容	编纂形式
《秘书省续编到四库阙书目》	（阙乐、经解、小学类）1154 卷①	南宋绍兴初年	补编
《中兴馆阁书目》	572 家 5542 卷	南宋淳熙五年（1178）	新编
《中兴馆阁续书目》	122 家 2190 卷	南宋嘉定十三年（1220）	续编
《中兴国史艺文志》	814 家 9790 卷	高宗、孝宗、光宗、宁宗朝图籍	新编

在以上书目中，北宋《国史·艺文志》系列可以反映出北宋的经部文献发展情况，《中兴馆阁书目》及其续编反映了南宋嘉定十三年（1220）以前的文献情况，南宋理宗绍定年以前所编的《中兴国史艺文志》则又涵盖了《中兴馆阁书目》及续目之后到理宗以前的文献发展情况。以北宋、南宋《国史·艺文志》的记载观之，整个北宋总共有经部文献 601 部、6476 卷，南宋理宗以前有经部文献 814 部、9790 卷。北宋享国 168 年，而南宋高宗建炎元年（1127）至理宗即位（1225）以前仅 98 年，这样算来南宋年均产生的经部图籍卷数大约是北宋的 2.5 倍。这其中固然有南宋对北宋文献继承的原因——尽管战火使馆阁图书损失严重，但南方地区的官、私文献仍旧得到了较好的保存。另外，南宋以后理学居于主流，民间讲学之风盛行，相对稳定、活跃的学术氛围为经学文献的恢复和积累也提供了有利条件。

但以上书目的局限性又是非常明显的。无论是《国史·艺文志》还是馆阁书目，所记录的都是中央馆阁藏书的情况，其间的连续性并不强，缺漏又多，而理宗以后还有半个世纪的藏书情况也无法得到确认。因此，欲了解整个宋代的文献情况，我们仍只得在最接近那一时期的《宋史·艺文志》中寻找踪迹。

《宋史·艺文志》对于经部的分类是：《易》、《诗》、《书》、《礼》、

① （清）朱彝尊原著，许维萍、冯晓庭、江永川点校，林庆彰、杨晋龙、蒋秋华、张广庆编审《（点校补正）经义考》卷 294，台北："中央研究院中国文哲研究所"筹备处 1997 年版，第 8 册，第 756 页。

《乐》、《春秋》、《孝经》、《论语》、“群经”、“小学”。“四书”类文献在元代才开始单独建目，但南宋中后期，已经有不少衍说之书，而翻检宋代目录著录的实际情况，《大学》《中庸》的单篇论说，一般编入礼类《礼记》之中，有总论“四书”者，或分别散入《论语》《礼记》之类，或列入群经（经解）之中，实际仍属经部。另外，整个宋代现存的官私目录书中，除了尤袤的《遂初堂书目》之外，其他都将《孟子》列入了子部儒家类，《宋史·艺文志补》则根据元、明、清以来的传统，将《孟子》列入经部。我们在整理时，遵循近世的习惯，将《孟子》类从子部儒家类中单独统计出来，并入经部的总数。于是可以得到以下数据：

表2　　《宋史·艺文志》及《宋史·艺文志补》经部文献统计表

		宋史·艺文志		宋史·艺文志补		合计	
		部数	卷数	部数	卷数	部数	卷数
合计	总	1209	12087①	109	900	1318	12987
	宋	972	9625	109	900	1081	10525

关于《宋史·艺文志》中的错误，已有不少学者指出，根据目前所见的最新研究成果，经部文献涉及重复、卷数有误的有十余条，最终得到的比较准确的数字是：与前代合计1318部、12987卷，其中宋人所著文献1081部、10525卷。

二　宋代经学文献的类型与特色

（一）以传注为主，以义理见长

古籍分类在隋唐时期基本定型，是为四部之法，其中经部之下又依各经为目著录，郑樵的《通志·艺文略》在各经之下，又设子目，如易类分为“古易”“石经”“章句”“传”“注”“集注”“义疏”“论”

① 《宋史·艺文志》总计经部（不含《孟子》类）为1304部、13608卷，实际经部（不含《孟子》类）1182部、11806卷，表中数据是加上儒家《孟子》类的数量，并根据陈乐素先生《宋史·艺文志考证》进行修订得出。

“说”“类例”“谱”“考正”“数”“图”“音”“谶纬”“拟易”等，其他经亦采取相似方法。这种将文献体例与内容相结合的分类方式，经过沿袭与改革，今人著录时大体分正文（白文）、传注（传说、注疏）、单篇（分篇）、专著（论说）、文字音义等几个大类，同时根据各经的特点，还有图、谱、总义、考证之类。当我们以这种分类方式来审视宋代经部文献时，可以发现，无论何种经典，传注（传说）之属数量都是最多的，几乎占到90%。这与宋代儒学的发展状况也是相适应的。宋人从义理方面对经典做出了超越汉唐诸儒的全新解释，以新的传注取代汉唐旧注，注解方式和语言风格都有极大的转变，实现了经学取向、经学方法上的范式转移。因此大量传说、传注、疏解等注释类文献产生，成为宋代经部文献的第一大特点——形式以传注为主，内容以义理见长。

宋代经部传注文献大体可以分为两类。一是抛开字词训诂，直接论说大意，以刘敞的《七经小传》为代表。魏晋以来佛、道思想迅速蔓延，并与儒学融合而有玄学之思，这也令儒者开始反思汉儒严格的训诂章句的解经方式，转而直接从经典中体会圣人之道、圣人之心。

> 读书者，当观圣人所以作经之意，与圣人所以为圣人，而吾之所以未至者，求圣人之心，而吾之所以未得焉者，昼诵而味之，中夜而思之，平其心，易其气，阙其疑，其必有见矣。①
>
> 今之学者有三弊：一溺于文章；二牵于训诂；三惑于异端。苟无此三者，则将何归？必趋于道矣。②

这种直切主旨、体贴圣人之意的精神，改变了宋儒对待经典的思维方式，开启了疑传甚至疑经的风气，同时鼓励了儒者大胆独创，形成“六经注我”的气魄。因有这种精神的灌溉，宋代经学文献方能开出多彩的花朵。

二是形式上仍循传统章句训诂之式，但对经义的诠释最终仍落到义理之上，这一点朱熹的著作最为典型。朱熹强调“读书须是仔细，逐句

---

① （宋）程颢、程颐撰，王孝鱼点校：《二程集》，中华书局2004年版，第1207页。
② （宋）程颢、程颐撰，王孝鱼点校：《二程集》，第187页。

逐字，要见着落”[①]，“须是穷究道理彻底”[②]，所以他注重从文字音韵训诂入手，细致地读书，而不是一翻开书本就“明心见性”。当然，重视字词的解释并不意味着要走汉唐的老路，如《四书章句集注》对于《大学》首句中“明德”一词的理解：

> 明，明之也。明德者，人之所得乎天，而虚灵不昧，以具众理而应万事者也，但为气禀所拘、人欲所蔽，则有时而昏，然其本体之明，则有未尝息者。故学者当因其所发而遂明之，以复其初也。[③]

对比孔颖达在《礼记注疏》中的解释：

> 明明德，谓显明其至德也。[④]

孔疏简洁明了，其说并非排斥或摒弃义理，但因为《正义》系列肩负着统一经说的任务，故在现实应用中又局限于义理的发挥；而朱熹则在心性层面上做出了深入的阐发，直指“道德本心”。这种解经思路在宋儒中是普遍存在的，并且他们以此作为学者治学、君主治国的依据。

> 为天下之术有二，内焉正心，外焉治国。正心在乎务学，治国在乎用人。然知本末而后为善务学，辩忠邪而后为善用人。因圣人之经，求圣人之心，得圣人之道，此本也。[⑤]

《五经正义》带来的经学大一统，是评价唐代经学的一把双刃剑，对于六朝以来经学南北分立的局面来说，无疑具有消弭鸿沟、融合学术的作用，

---

① （宋）黎靖德等编，王星贤点校：《朱子语类》卷10《读书法上》，第169页。

② （宋）黎靖德等编，王星贤点校：《朱子语类》卷10《读书法上》，第163页。

③ （宋）朱熹：《四书章句集注·大学章句》，中华书局1983年版，第3页。

④ （汉）郑玄注，（唐）孔颖达正义：《礼记正义》卷60，中华书局2009年影印清嘉庆阮元校刻《十三经注疏》本，第3631页。

⑤ （宋）李幼武：《宋名臣言行录》别集卷5引陈公辅奏折，文渊阁《四库全书》本，史部，第449册，第441页。

但在长期稳定的环境下，对于思想的自由发展来说，却可能是一道束缚的绳索。可以说，唐代经疏出于统一思想的需要，政治由上而下影响经学，而宋儒却常常以己说劝谏君主，经学由下而上影响政治。

(二) 图谱文献丰富

图谱文献古已有之，不过并不被视为专门之学，甚至长期为各书目所无视。南朝宋、齐之间，王俭作《七志》，中有《图谱志》1 卷，亦未能引起重视。梁阮孝绪在《七录》中亦有相关记载，不过他是将图谱文献散入各类目录中，而非专立一目。宋郑樵在《通志》中专辟《图谱略》以记这类文献，一般被视为图谱文献成为专学的开始。郑樵对于前人忽视图谱文献和图谱之学的做法感到惋惜，他在《通志·总序》中说：

> 河出图，天地有自然之象，图谱之学由此而兴；洛出书，天地有自然之文，书籍之学由此而出。图成经，书成纬，一经一纬，错综而成文。古之学者左图右书，不可偏废，刘氏作《七略》，收书不收图。班固即其书为《艺文志》。自此以还，图谱日亡，书籍日冗，所以困后学而隳良材者，皆由于此，何哉？即图而求易，即书而求难，舍易从难，成功者少。臣乃立为二记：一曰记有，记今之所有者不可不聚；二曰记无，记今之所无者，不可不求。故作《图谱略》。①

《通志》中不仅专有《图谱略》，在《艺文略》经类各经之下，也收录了许多相关的图谱文献，其中以易、书、诗、礼类的图说、谱系文献为多。如宋初开始流行河图洛书，由此衍生出刘牧的《钩隐图》、邵雍的《先天图》、周敦颐的《太极图》等，并产生大批相关文献。刘牧的《钩隐图》在宋代《易》图之中形成较早，盛行于仁宗之时，但其后对它的批评较多，李觏在《删定易图序论》中即驳其穿凿。但《太极图》与《先天图》的影响很大。前者有周敦颐自撰《太极通书》相匹配，程颐《易

① （宋）郑樵：《通志总序》，载曾枣庄、刘琳主编《全宋文》，上海辞书出版社、安徽教育出版社 2006 年版，第 198 册，第 61 页。

传》为其流衍，甚至道学的形成也与此有莫大关系，有学者便直言“宋之道学虽以抬高孟子为其特征，其始则并非出自《孟子》而出自图书”①。《先天图》则为朱熹所深信，《周易本义》卷首所载的《伏羲八卦次序》《伏羲六十四卦次序》《伏羲八卦方位》及《伏羲六十四卦方位》四图皆本于邵氏之图，且后世宗朱者众，在易学上亦悉以《本义》为宗。

书学图谱文献多与《禹贡》《洪范》相关。《禹贡》是经学文献中最古老的地理文献，北宋时期的《禹贡》学多以寻求治水经验为诉求，从经义中归纳出治河政策，因此以文字论说为主。南宋中原沦陷以后，《禹贡》中的地理观念更加引发学者感慨，遂有较多地图出现。孝宗时期程大昌所进《禹贡论》及《禹贡山川地理图》是现存最早的历史地图，最初绘制时乃以彩色绘成，后来刻板付印时因套色印刷技术尚未成熟，而改用不同的图例标示不同的地理单位，虽未如原稿完美，但足以为治《禹贡》者参考。《洪范》中五行、九畴等观念，也引起学者以图说经的兴趣，如苏洵《洪范图论》、夏唐老《九畴图》、卢硕《洪范图章》等。此外，还有以图表研究人物关系的著作，如范雍《尚书四代图》等。

礼图是经部图谱文献中的大宗。宋太祖时聂崇义上《三礼图》20卷，是宋代最早的礼图，最初是聂氏奉周世宗之命差定郊庙祭玉而作，赵匡胤即位后，聂崇义及其他礼官又加修订。由于当时未有其他礼图，而对于赵宋朝廷来说又急需这类文献，因此聂氏之图尽管有穿凿之处，但仍被画于国子监宣圣殿后北轩墙壁上，直到北宋后期陈祥道《礼书》（亦称《礼图》）问世，始对《三礼图》有所纠正，并与之并行参用。这两种礼图是对于衣冠裳服、宫室建筑、礼器形制等各方面的综合考察，还有专门研究某一方面的著作，夏休《周礼井田谱》、余希文《井田王制图》等。

在这几种之外，原来并不以图谱文献见长的《春秋》与“小学”文献也有新的突破。《春秋》类文献中的图、谱、表主要内容是世系梳理及诸侯国之间的关系，如崔表《世本图》、沈滋仁《春秋兴亡图鉴》、邓名世《春秋四谱》《辨论谱说》、环中《左氏春秋二十国年表》等。“小学”类文献中则出现了一些与考古、博物相关的图谱文献，如吕大临《考古

① 马宗霍、马巨：《经学通论》，中华书局2011年版，第298页。

图》、李公麟《古器图》《宣和重修博古图录》《庆元嘉定古器图》等。甚至《孝经》《论语》《中庸》等亦有图。

南宋以后，还出现了集成性的经图，今存有《六经图》和《帝王经世图谱》两种。《六经图》由杨甲撰、毛邦翰增补、叶仲堪重编，陈振孙所见时有《易》图一百三十、《书》图六十三、《诗》图四十七、《周礼》图六十一、《礼记》图六十二、《春秋》图七十二，此图集在流传刊印的过程中，有所散佚，到清代编《四库全书》时，尚存《易》图七十、《书》图五十五、《诗》图四十五、《周礼》图五十七、《礼记》图四十一、《春秋》图四十三。唐仲友所撰《帝王经世图谱》，涉及《易》、《书》、《春秋》、声律音韵等方面，图、谱、表俱全，“纵横贯串，曲畅旁通”①。《六经图》尚多前人成果，而《帝王经世图谱》基本上出于唐氏自撰，可知其学有根。

（三）辨疑、考据之作层出迭见

宋人提倡破旧立新、大胆怀疑的精神带动了大量辨伪、考据之作的产生。学者不仅批评前人对于经典的注疏，甚至对经典本身也产生怀疑。辨疑思潮遍布四部，而尤以经部与子部文献浸染最深。在经部文献中，又以《易》、《书》、《诗》、《周礼》、“《春秋》三传”的辨说最为丰富。

《易》既为群经之首，又兼涉儒、道两家，思想玄妙，在宋代最为学者所重。有关《易》的辨伪与考证，由欧阳修对《周易》的“提问”打开大门。欧阳修本人很重视《周易》，他认为“六经皆载圣人之道，而《易》著圣人之用”②，但对于“十翼”却心存疑窦，《易童子问》首问就否定了《文言》乃圣人之言的观点，认为“是鲁穆姜之言也，在襄公之九年”③，随后更总结说：“何独《系辞》焉，《文言》《说卦》而下，皆非圣人之作，而众说淆乱，亦非一人之言也。”④ 欧阳修当时的声望使他的这个观点在学界迅速传播并引起轩然大波，“初若可骇，余为此论迄今

① （清）永瑢等：《四库全书总目》卷135《帝王经世图谱》提要，第3册，第1147页。

② （宋）欧阳修：《送王陶序》，载曾枣庄、刘琳主编《全宋文》，上海辞书出版社、安徽教育出版社2006年版，第34册，第28页。

③ （宋）欧阳修：《送王陶序》，载曾枣庄、刘琳主编《全宋文》，第35册，第61页。

④ （宋）欧阳修：《送王陶序》，载曾枣庄、刘琳主编《全宋文》，第35册，第74页。

二十五年矣，稍稍以余言为然也”[①]。此后学者对“十翼”中相互抵牾、义理未安之处提出了不少有启发性的见解。而到南宋，辨疑的范围更广，甚至有如赵汝谈这样全面否定“十翼”者。宋代学者对于“十翼”的考辨，在今天看来也是有价值的，这反映出他们对于孔子与《周易》关系的思考，实际上是欲为《周易》与儒学的渊源做出解释，是构建儒家道统的必然需求。

同样源流复杂的《尚书》也是宋儒辨伪的重点之一。而自问世起就争讼不休的《古文尚书》，虽在唐代被作为“五经”官方文本，但却为宋儒所疑。吴棫就是对孔安国传《古文尚书》提出质疑的先锋：

> 《书》古文出魏晋间，距东晋建武元年凡五十三四年，始上献于朝，立学官。建武元年下到宋南渡初八百一十一年，有吴棫字才老者出，始以此书为疑，真可谓天启其衷矣。[②]

吴棫有《书禆传》13卷，全书分为《总说》《书序》《君辨》《臣辨》《考异》《诂训》《差互》《孔传》8篇，可惜不传，但从他人的引用和记载中可知，此书中对于《古文尚书》之伪进行了大量辨证，尤其是在语言风格上对今、古文进行比较后，发现所谓古文比今文反而更通顺：

> 伏生传于既耄之时，而安国为隶古，又特定其所可知者，而一篇之中、一简之内，其不可知者盖不无矣。乃欲以是尽求作书之本意，与夫本末先后之义，其亦可谓难矣。而安国所增多之书，今书目具在，皆文从字顺，非若伏生之书屈曲聱牙，至有不可读者，夫四代之书，作者不一，乃至二人之手而遂定为二体乎？其亦难言矣。[③]

吴棫提出的这一疑点为后世学者提供了重要思路，在被今人认为是《古

---

① （宋）欧阳修：《系辞说》，载曾枣庄、刘琳主编《全宋文》，第35册，第99页。
② （清）阎若璩：《尚书古文疏证》卷8，上海古籍出版社1978年版，第1113页。
③ （清）阎若璩：《尚书古文疏证》卷8，第1113页。

文尚书》辨伪扛鼎之作的清阎若璩的《尚书古文疏证》中，便借重此语展开了一系列论述。不过吴棫的辨伪毕竟尚属草创，有不足之处，朱熹就指出：

> 如吴才叔《书裨传》，专是致疑于前人之说，至于圣经所载而无可疑者，或并疑之，所得处固有之，所失处亦不少。①

朱熹沿着吴棫所提出的文体文风的角度，对《古文尚书》中《禹谟》《五子之歌》《胤征》《泰誓》《武成》《冏命》《微子之命》《蔡仲之命》《君牙》等篇提出质疑，同时又从制度、文辞义理、地理、史实等诸多方面考辨，对于《今文尚书》中《金縢》《盘庚》《吕刑》《禹贡》《康诰》《酒诰》《梓材》等篇目亦持审慎的态度。这些观点为继承其书学的蔡沈在《书集传》中所采纳。朱熹对于今、古文《尚书》的辨伪是节制而理性的，并不全盘否定，各有取舍，而且无论辨伪的理由、角度是什么，最终质疑的点多集中在成书时代、作者等问题上，对于《尚书》中所蕴含的儒家思想，仍然是肯定并维护的。《古文尚书·大禹谟》中的“道心惟微，人心惟危，惟精惟一，允执厥中”十六字，是朱熹解《中庸》的依据，更是宋代道学传授、道统传承的“心法”。这也可从侧面反映出宋人的经典辨伪，不是为了反对经典、批判经典，而是为了扫清积累已久的旧说尘埃，澄清圣人本意。

宋人对于《诗》的辨伪，起于对《诗序》作者问题的讨论。汉唐儒者尊信《诗序》，但对《诗序》作者究竟为何人也莫衷一是，大多数不出子夏、毛公、卫宏三大说法，也有这三种说法皆不信者，如韩愈《诗之序议》。宋人中对《诗序》首先发难的是欧阳修，其在《诗本义》中特设《序问》以辨：

> 或问：“《诗》之《序》，卜商作乎？卫宏作乎？非二人之作，则作者其谁乎？”应之曰：“《书》《春秋》皆有《序》，而著其名氏，

① （宋）陈大猷：《书集传或问》卷下，文渊阁《四库全书》本，经部，第60册，第260页。

> 故可知其作者。《诗》之《序》不著其名氏，安得而知之乎？虽然，非子夏之作，则可以知也。”①

欧阳修认为，子夏得孔子亲自传授，故说《诗》应与孔子对《诗》的看法一致，但《诗序》中的某些观点诸如《风》《雅》有变、正，《关雎》《鹊巢》为周公、召公所作等，皆与孔子论《诗》的大旨不符，反而多与孟子说《诗》相合。因此，欧阳修还是以《诗序》为圣人之意，并不因否定子夏的著作权而否定《诗序》的思想本身，且《诗本义》中绝大部分仍旧以《诗序》说《诗》。在欧阳修之后有苏辙著《诗集传》，比之《诗本义》来说，对《诗序》的怀疑更深，虽不尽废《诗序》，但已不全尊信，只取部分：

> 故予存其一言而已，曰是诗言是事也，而尽去其余，独采其可者，见于今传，其尤不可者，皆明著其失，以为此孔氏之旧也。②

这种相对温和的态度到南宋时变得比较彻底，已不单单是对《诗序》作者存疑，更对其思想展开了批判。例如，郑樵著有《诗辨妄》6 卷，辨《关雎》序中“后妃”连称的说法，认为三代之前，后与妃分别是“天子之耦”（偶）与“太子之耦”（偶）的称呼，不可合称，又说汉人多取齐、鲁、韩三家诗，而不取毛诗原因就在于毛诗“妄诞”等。③ 朱熹对郑樵批评《诗序》的言论基本上都认同，并在《诗序辨说》中对《诗序》作者、行文和内容进行了较为系统的辨说。经过宋人的辨析，《诗序》不再成为人们读《诗》解《诗》的唯一标准，而是参考材料之一，诗学由此走向新的发展阶段。

宋代“三礼”之中，《仪礼》《礼记》所疑不多，《周礼》的真伪问题则早在汉代就已被提出。不过在北宋前期，学者还是多相信郑玄的

---

① （宋）欧阳修：《序问》，载曾枣庄、刘琳主编《全宋文》，第 35 册，第 25 页。

② （宋）苏辙：《诗集传》，李文泽校点，载舒大刚、李文泽主编《三苏经解集校》，四川大学出版社 2017 年版，下册，第 429 页。

③ （宋）周孚：《蠹斋铅刀编》卷 31 引郑樵《非诗辨妄》，文渊阁《四库全书》本，集部，第 1154 册，第 682 页。

“周公致太平之迹”的说法，李觏更依据《周礼》作《周礼致太平论》51篇，从内治、国用、军卫、刑禁、官人、教道六个方面提出了一系列治国之策。王安石以《周礼》变法，并作《周官新义》颁行于学，其点燃了宋人对《周礼》辨伪火花的引线。《周礼》是周公致太平之书，但古往今来未尝有人成功地实践，托词《周礼》的“熙宁新法”更是引起朝野不满，这一矛盾令学者对此书言及的制度、蕴含的经义及作者等几个问题做出思考。比较激烈的否定观点来自于胡宏，他的文集中有多处相关的议论，通过对史实、礼制等方面的考证，提出由于刘歆等篡乱伪造，以至于“《周礼》之书颠倒人伦，不可以为经也”①。这一观点的目的在于驳斥新法的合法性，略失偏颇，不过对后人思考《周礼》成书时代与作者问题确实有所启发，并且经过这些激烈的反驳，后人也越来越多地将《周礼》视为一个理想蓝图而非真实史料，这对于经学、史学而言都是一个巨大的突破。

在政治与经学的交错之外，《周礼·冬官》的存与佚是宋代《周礼》学的一大热点。《冬官》一篇自汉代起就被认为是缺失的，汉唐之间人多以为是刘歆或其同时代人以《考工记》补入。宋人既知《考工记》是后人补入，并未在这方面纠缠，而是直接考察《冬官》一篇的存佚。胡宏的《极论周礼》篇中就提出：

> 世传《周礼》阙《冬官》，愚考其书而质其事，则《冬官》未尝阙也，乃刘歆颠迷，妄以《冬官》事属之《地官》。②

之后俞庭椿作《周礼复古编》，不仅明确提出《冬官》杂入“五官”之中，还将其他“五官”进行重编，选出“四十九职”补为《冬官》。他的这一大胆设想影响了南宋中后期以至明末的众多学者。

与北方辽、金、夏长期对峙的现实使得《春秋》“尊王攘夷”的观念在宋代受到重视，学者纷纷发明此义。但在陈说大义的同时，也有学者发现“《穀梁》《公羊》《左氏》三家说经，多同异不相能久矣，此之所

① （宋）胡宏：《皇王大纪论》，吴仁华点校《胡宏集》，中华书局1987年版，第253页。
② （宋）胡宏：《皇王大纪论》，吴仁华点校《胡宏集》，第258页。

是彼以为非，彼之所是此以为非，未易据此难彼也”[①]，由此展开了对“三传”的辨伪与考证。与前述几经类似，“《春秋》三传”的作者、成书等问题也被提出探讨了一番，叶梦得、郑樵皆认为《左传》不是左丘明所作，左丘明乃孔子以前人，分别见于《春秋考》与《六经奥论》中，大体可以涵括宋人关于此事的主流见解。至于《公羊传》《穀梁传》，较早的观点是刘敞在其《春秋权衡》中多次提出的《穀梁》多处附益《公羊》，故晚于《公羊》所出的说法，后来诸学者沿着刘敞的思路，相继发现二传之中确实互有借鉴，但究竟谁先谁后，二者之间是否存在“窃取”、附益的关系，公羊高、穀梁俶到底何许人，至今仍是《春秋》学的一大公案。

此外，有关《孝经》《论语》《孟子》《中庸》也有一些辨疑，不过未如这几种大经的探讨这般热烈，所考辨的多为比较细节的问题，而且更多的是从义理而非文献方面去议论，兹不在此赘述，而置于后文各经的研讨中。

三　宋儒与经学文献之关系

宋儒在构建宋学理论体系的过程中，基本的依据是经学文献，同时经学文献也由于宋儒的新阐释呈现出不同于前人的面貌，但宋学的理论成果却未必一定以经学文献的方式呈现，而且通过对经学文献的梳理我们甚至可以发现，许多大儒在经学的领域甚至没有专门的著作。宋儒与经学文献之间这种若即若离的关系，实际上是“我注六经”与“六经注我”的区别。

（一）“我注六经”：宋儒对经学文献的改造

宋儒在经学文献上取得了不同于前人的进展，这主要体现为对经学文献诠释体例的突破和对经典主旨的新认识。汉代经学传承谱系明确，师法家法严明，其中西汉重师法，东汉重家法，“师法者，溯其源；家法

① （宋）刘敞：《春秋权衡》卷16，文渊阁《四库全书》本，经部，第147册，第346页。

者，衍其流”[1]，同时又有今、古文之争，今文之学讲求微言大义，古文之学重治文字训诂。但无论是微言大义还是文字训诂，都有一个总原则，即“疏不破注，注不破传”。尽管这个原则未必人人都遵守，但从大趋势上看，直到唐代《五经正义》都是如此。

然而受到佛教和道教——特别是前者——盛行带来的三个层面的挑战：“价值层面的个体安顿，知识层面的哲学思辨，生活层面的身心修养，”[2] 儒家学者不得不转变思想理路，从经学文献中寻找对应的方式，由此带来了对经学文献的再审视和改造。第一个改变就是跳脱旧注疏的形式桎梏，不再以字词的解释为束缚，而是转向主旨大意的贯通理解。体现在文献上，就是体式的变化，训诂变为议论，陈述式的诠释变为哲思式的论说，这在正文中已有多处举例。更重要的变化则是对经典文献主旨的重新定位。

关于儒家六经主旨的论说，最早也最著名的是《庄子·天下篇》载：

> 《诗》以道志，《书》以道事，《礼》以道行，《乐》以道和，《易》以道阴阳，《春秋》以道名分。

此语对“六经”而言应该是一种普适性的评说，后世即使标新立异，也并没有对这番话进行太激烈的批评。尽管没有批评，但宋儒对于“五经”的认识还是与此有很大的不同。吕祖谦对“五经”曾有一番议论，虽未必字字句句都能统摄所有宋儒的意见，但颇具有宋学之风，兹详引以做对照：

> 夫人之生不能无喜怒哀乐之情。喜怒哀乐之情，好恶美刺之所从生也，是以有《诗》。盖《诗》者，民之情也。夫民之情虽易以放，而其辞逊之心则固有也。因其固有之心而为之节文，则于是乎有《礼》。《礼》者，敬而已矣。民一于敬则待上也过高，而自居也过卑。高卑之相形，而上下之情暌，于是因其自卑之势也而有《书》。《书》者，上之所以通乎其下也。上下之情通，而圣人之应之

① 皮锡瑞：《经学历史》，中华书局 2011 年版，第 91 页。

② 朱汉民：《玄学与理学的学术思想理路研究》，中国社会科学出版社 2013 年版，第 4 页。

也亦已劳，而民之求乎上者亦浸渎。于是因民之有吉凶悔吝也，而使之自取决于一筮，夫是以有《易》。《易》者，圣人洗心退藏之书也。嗟乎！至于《易》，圣人亦可以无事矣，而所以未免焉者，犹有《春秋》也。盖《春秋》之作，情已离，敬已衰，上下已乖，而吉凶已贸，于是乎《春秋》终焉。①

宋代儒学发展到南宋时，有关本末、体用、心性、工夫等由内到外的宋学思想体系已经比较成熟，吕祖谦对“五经”的这段解释，实际上已将上述这几种因素融入其中，是由经穷理、由经求道的宋学理路。

北宋庆历以后，兴起对经学文献的辨疑思潮，这股思潮一直延续到南宋后期，可以说是贯穿了天水一朝，而这股思潮，实际上“是经学领域中关于‘圣人之意’与汉唐诸儒之言的矛盾和紧张的体现”②，是对汉唐之学言不尽意的反思：

然尝窃谓秦汉以来，圣学不传，儒者惟知章句训诂之为事，而不知复求圣人之意，以明夫性命道德之归。至于近世先知先觉之士，始发明之，则学者既有以知夫前日之为陋矣。③

这种反思引起宋儒对汉唐注疏的批判，进而深入到对经文的怀疑，但同时内圣外王的圣人之道，又成为他们的终极追求，于是在批驳《古文尚书》之伪讹错乱的同时，又高扬“人心惟危，道心惟微，惟精惟一，允执厥中”的“十六字心传”这样的现象。而这一看似矛盾的思维方式，实际通过另一种渠道已得到化解，那就是宋儒借由“六经注我”构建的个人儒学思想体系。

---

① （宋）吕祖谦：《五经论序》，载曾枣庄、刘琳主编《全宋文》，第261册，第266—267页。

② 朱汉民：《玄学与理学的学术思想理路研究》，第138页。

③ （宋）朱熹：《中庸集解序》，《朱文公文集》卷75，载朱杰人等主编《朱子全书》，上海古籍出版社、安徽教育出版社2002年版，第24册，第3640页。

（二）“六经注我”：宋儒对经学文献的化用

无论对经与传抱何种态度，治儒学都不可绕过经学文献，正因为如此，宋代的大儒都有一种或数种经学专著，但陆九渊却稍显特别，即使是其文集中的单篇文献，专门涉及经典文献的，也仅有关于《论语》《孟子》《易》《大学》《春秋》的少数几篇。但是他并非完全抛弃经学；相反，他的成就正是得之于他对经学文献的贯通，“六经皆我注脚”① 的说法就是他提出的。

陆九渊认为道理要向内心求，是以倡导不立文字，不为经典文献的文本所束缚，他说：

> 书不可以不信，亦不可以必信。使书而皆合于理，虽非圣人之经，尽取之可也。况夫圣人之经，又安得而不信哉？如皆不合于理，则虽二三策之寡，亦不可得而取之也，又何必信之乎？盖非不信之也，理之所在，不得而必信之也。古人之于书，稽求师式，至于为圣为贤。而后世乃有疲精神、劳思虑，皓首穷年，以求通经学古，而内无益于身，外无益于人，败事之诮，空言坐谈之讥，皆归之者，庸非不通于理，而惟书之信，其取之者不精而致然耶？②

陆九渊对经学文献的态度基本上在这段话中得到了体现。首先，他并不反对经学文献中的思想，他认为判定书是否可用的唯一标准就是是否合于理，然而圣人之经不可能不合于理，故圣人之经是皆可用的，在圣人之经以外的书，方才需要以理去选择。其次，他的不注经书的方式，其实也是对经书的一种注解，汉人皓首穷经的方式走向的是知识堆砌的误区，而经典本来应用于身心的修养和人事的致用。因此如何将圣人之经及符合圣人之理的书内化于本心，以此尽心、知性、知天，才是经学的本真。

陆九渊的这种思路，实际也是宋儒致力的大方向，所有学说的争论，

---

① （宋）陆九渊：《语录》上，钟哲点校《陆九渊集》，中华书局1980年版，第395页。

② （宋）陆九渊：《取二三策而已矣》，载钟哲点校《陆九渊集》，第381—382页。

解经方式的探求，文字上的推究，其实殊途同归，“几乎均是在建构宇宙本体论中统一社会关切与个人安顿”①。不仅经学文献之外的儒学文献可以证明，如周敦颐之《太极图说》与《通书》，张载之《西铭》，程颢之《识仁篇》与《定性书》，胡宏之《知言》，陆九渊之《语录》，吕祖谦与朱熹所编《近思录》，等等，即使是建立在经学文献的诠释上的著作，也可以达到这一目标。如宋人解《易》，有象数与义理两途，但最终都归于天人合一。又如程朱之以《大学》《中庸》《论语》《孟子》为“四书”，杨简、钱时之以《论语》《孝经》《大学》《中庸》为“四书”，最后也都是为了教人养成圣贤气象，是“六经注我”的理念在经学文献体系建构上的实践。

从先秦到清朝，中国传统经典文献历经了“六经”“五经”“七经”“九经”“十二经”“十三经”“四书”等一系列的变迁。经典文献之产生，未尝始于孔子，但经典文献成为经学，确是由于孔子的编次修起，“孔子出而有经之名”②。入汉以后，所谓的经学，大体就是“六经”（或者以《乐经》之亡而称“五经”）之学。经学文献在宋代产生大变化，从整体观照，“六经”（“五经”）变而为“四书”“五经”，“十三经”的框架也见雏形，从文本内部具体分析，经学文献的阐释方式、经学观念也焕然一新。这种变化与宋代儒学的新变相伴相生。过去对宋代儒学的研究已经很深入，但站在经学文献角度进行的观察尚不多。故立足于经典本身，反观宋代儒学之变，或可理出不同的思路。

① 朱汉民：《玄学与理学的学术思想理路研究》，第19页。

② 皮锡瑞：《经学历史》，第16页。

朱熹的经学研究成就及特色*

——以《朱子语类》为中心的考察

程得中**

摘　要：朱熹在日常讲学中对经学有精深研讨，收录于门人汇编的《朱子语类》中。朱熹解《诗》注重探求诗歌的抒情本义，并对其中正当的男女之情予以肯定；解《尚书》以文字训诂为方法，疑传、序为伪，甚至怀疑孔安国所传非本经；解《易》首先肯定其为卜著之书，在此前提下探寻其义理；以义理解《礼》，将理与礼结合，以理为体、礼为用；主张以史书眼光解《春秋》，反对穿凿附会。根据《朱子语类》所载，其解经思想义理与文献并重，以"经义"释己见，将训诂、考证、达意相结合，形成较完备的经学架构。

关键词：朱熹　语类　经学　研究　特色　成就

二程援佛老入儒，对传统儒家经典"五经"都有质疑和批判，而将关注点更多转向"四书"等新经典，认为这些经典直接阐发义理，更契合圣人本意。朱熹继承了二程这一思想，将"四书"置于传统的"五经"之上，再以与义理的关系评判"五经"的重要程度，朱熹日常讲学的

---

* 本文系重庆水利电力职业技术学院水文化育人体系建设专项研究课题"中华传统水文化挖掘整理"（编号：SWH2018004），重庆市水文化研究会、重庆水利电力职业技术学院开放课题"重庆水利文献整理与研究"（编号：CQSWH—201702）的阶段性成果。

** 作者简介：程得中，生于1983年，山东临沂人，重庆交通大学马克思主义学院副教授。研究方向：历史文献学、中国学术史。

《朱子语类》记载:《诗》《书》是“隔一重两重说”,《易》《礼》《春秋》是“隔三重四重说”。①

依照与义理的联系程度,朱熹将“五经”依次排列为《诗》《书》《易》《礼》《春秋》,对比朱熹的专经著作,其解《礼》著作数量介于《易》与《春秋》之间。② 就篇幅而言,《朱子语类》共140卷,“四书”部分51卷,占全书1/3以上,约是“五经”部分(26卷)的两倍。

朱熹一方面继承了二程的义理解经思想,但对于二程及其门人“悬空”说经却不认同,其解经思想为义理与文献并重,《朱子语类》中记载:

> 圣人语言甚实,且即吾身日用常行之间可见。不必求之太高。论语一书,何尝有悬空说底话。只为汉儒一向寻求训诂,更不看圣人意思,所以二程先生不得不发明本意,放的稍高。不期今日学者,乃舍近求远,处下窥高,一向悬空说了,扛的两脚都不着地。③
>
> 解经立言,须要得实。如前辈说“伊尹耕于有莘之野,而乐尧舜之道”,只夏葛冬裘,饥食渴饮处便是,如此则全身已浸在尧舜之道中。“文武之道未坠于地,在人”,常昭然在日用之间。此皆是说得不实。孔子盖是言周家之典章,人尚传诵得在,未至沦没,非是指十方常住者而言也。④

朱熹认为经书所载圣人的言说都是实实在在的话,但宋代解经者多不看经文,凭己意发挥。虽然赞赏二程发明本意,但也觉得“放的稍高”,有失经典本意。至于程门后学,更是流于空疏,如杨时解“伊尹耕于有莘之野,而乐尧舜之道”,李光祖解“文武之道未坠于地,在人”,明显有违史实和孔子本意,孔子只是在陈述周代典章制度,杨时等却将其胡乱

① 参见(宋)黎靖德等编,王星贤点校:《朱子语类》卷104《朱子一·自论为学工夫》,中华书局1986年版。

② 按:朱熹易学著作有《周易本义》《启蒙》《蓍卦考误》三种,礼学著作有《家礼》,于春秋无专门著作。

③ (宋)黎靖德等编,王星贤点校:《朱子语类》卷113《朱子十·训门人一》,第2739页。

④ (宋)黎靖德等编,王星贤点校:《朱子语类》卷62《中庸一·第一章》,第1450页。

发挥。

有鉴于程门“悬空”说经之弊病，朱熹的解经虽重阐发义理，但却不废经文传注。

一 《朱子语类》中的诗学思想

朱熹的解《诗》著作，包括《诗集解》《诗集传》《诗序辨说》，其中《诗集解》为早期著作，主《毛序》；《诗集传》《诗序辨说》为后期著作，主张废《诗序》。《朱子语类》对这种前后期的诗学思想变化做出了解释：

> 某向作《诗解》文字，初用《小序》，至解不行处，亦曲为之说。后来觉得不安，第二次解者，虽存《小序》，间为辨破，然终是不见诗人本意。后来方知，只尽去《小序》，便自可通。于是尽涤旧说，《诗》意方活。①

《朱子语类》明确提出了《诗序》作者非孔子，主张废弃《诗序》，以《诗》说《诗》。

> 《诗小序》全部可信。……又，其《序》与《诗》全不相合。《诗》词理甚顺，平易易看，不如《序》所云。……毛公全无序解，郑间见之。《序》是卫宏作。
>
> 今人不以《诗》说《诗》，却以《序》解《诗》，是以委曲牵合，必欲如序者之意，宁失诗人之本意不恤也。此事序者大害处！②

朱熹认为《诗序》为汉儒所作，以《诗序》解《诗》，只会牵强附会，失去《诗》之本旨。因此主张废弃《诗序》，“以《诗》说《诗》”，就《诗》之内容解说《诗》之主旨。

---

① （宋）黎靖德等编，王星贤点校：《朱子语类》卷 80《诗一·论读诗》，第 2085 页。

② （宋）黎靖德等编，王星贤点校：《朱子语类》卷 80《诗一·论读诗》，第 2077 页。

既然主张废弃说教“思无邪”的《诗序》，朱熹的解《诗》便与汉唐诗学完全不同，朱熹的解《诗》注重探讨诗歌的抒情本义，并对其中正当的男女之情予以肯定。

> 至于《诗》，则发乎情。[①]
>
> 看《诗》，义理外更好看他文章。[②]
>
> 圣人有法度之言，如《春秋》《书》《礼》是也，一字皆有理。如《诗》亦要逐字将理去读，便都碍了。[③]
>
> 今人多被“止乎礼义”一句泥了，只管去曲说。且要平心看诗人之意。如《北门》只是说官卑禄薄，无可如何。又如《摽有梅》，女子自言婚姻之意如此。看来自非正理，但人情自有如此者，不可不知。[④]

朱熹认为《诗》与《春秋》《书》《礼》等其他经书“一字皆有理”的性质不同，“义理外更好看他文章”，应注重其文学成就，而不能被“止乎礼义”所拘泥。

与从文学角度解读《诗》的主张相应，朱熹提出“沉潜讽诵”的读《诗》之法。《朱子语类》记载：

> 《诗》，如今恁地注解了，自是分晓，易理会。但须是沉潜讽诵，玩味义理，咀嚼滋味，方有所益。[⑤]
>
> 读《诗》者须当讽咏，看他诗人之意在甚处。[⑥]
>
> 大凡读书，多在讽诵中见义理，况《诗》又全在讽诵之功。[⑦]

朱熹认为《诗》不同于《尚书》等文字的古奥和《周易》的饱含义理，

---

① （宋）黎靖德等编，王星贤点校：《朱子语类》卷81《诗二·殷其雷》，第2100页。

② （宋）黎靖德等编，王星贤点校：《朱子语类》卷81《诗一·论读诗》，第2083页。

③ （宋）黎靖德等编，王星贤点校：《朱子语类》卷80《诗一·论读诗》，第2077页。

④ （宋）黎靖德等编，王星贤点校：《朱子语类》卷81《诗二·式微》，第2104页。

⑤ （宋）黎靖德等编，王星贤点校：《朱子语类》卷80《诗一·论读诗》，第2086页。

⑥ （宋）黎靖德等编，王星贤点校：《朱子语类》卷81《诗二·殷其雷》，第2102页。

⑦ （宋）黎靖德等编，王星贤点校：《朱子语类》卷104《朱子一·自论为学工夫》，第2612页。

其文字简单明了，通俗易懂。但是如果不加沉潜吟诵、咀嚼滋味，就无法从中体会出优美的文学意境。

二 《朱子语类》中的《尚书》学思想

朱熹没有专门为《尚书》作注解，但其门人曾辑录其单篇论述、序跋等，如《书传辑说》《文公书说》《书经答问》，可惜这些辑录之作现也都亡佚，因此《朱子语类》成为研究朱熹《尚书》学思想的唯一资料。

朱熹的《尚书》学首先表现在惑传疑经上，他不仅怀疑《孔传》《孔序》《诗序》为伪，而且大胆怀疑《古文尚书》。《朱子语类》记载：

> 《尚书》决非孔安国所注，盖文字困善，不是西汉人文章。安国，汉武帝时，文章岂如此！但有太粗处，决不如此困善也。……此恐是魏晋间人所作，托安国为名。①
>
> 《书序》恐不是孔安国做。汉文粗枝大叶，今《书序》细腻，只似六朝时文字。《小序》断不是孔子作。②
>
> 《书小序》亦未是。只如《尧典》《舜典》便不能贯通一篇之意。《尧典》不独为逊舜一事。《舜典》到“历试诸艰”之外，便不该通了，其他《书序》亦然。③
>
> 某尝疑孔安国《书》是假书。比毛公《诗》如此高简，大段争事。汉儒训释文字，多是如此，有疑则阙。今此却尽释之，岂有千百年前人说底话，收拾于灰烬屋壁中与口传之余，更无一字讹舛！理会不得。……况孔《书》至东晋方出，前此诸儒皆不曾见，可疑之甚！④

朱熹首先从文字训诂的角度怀疑《尚书孔氏传》《书序》非孔安国所作，因为两者文字过于精致，不像西汉时的粗放文风。继而怀疑《书小序》

① （宋）黎靖德等编，王星贤点校：《朱子语类》卷78《尚书一·纲领》，第1984页。
② （宋）黎靖德等编，王星贤点校：《朱子语类》卷78《尚书一·纲领》，第1984页。
③ （宋）黎靖德等编，王星贤点校：《朱子语类》卷80《诗一·纲领》，第2075页。
④ （宋）黎靖德等编，王星贤点校：《朱子语类》卷78《尚书一·纲领》，第1985页。

非孔子所作，除文风不合汉代之外，还从内容考校，认为多有与经文不合处。在疑传、序的基础上，朱熹最终将怀疑指向孔安国所传《尚书》本经，理由包括不类汉代注释风格，而且非常完整，不像经过火焚，还有其在东晋忽然冒出，之前不见于任何书目和记载。

朱熹的解《尚书》之法是求其“圣人之心”，因此特别看重《大禹谟》的“十六字心传”，《朱子语类》载：

> 问可学：“近读何书？”曰：“读尚书。”曰：“尚书如何看？”曰：“须要考历代之变。”曰：“世变难看。唐禹三代事，浩大阔远，何处测度？不若求圣人之心。如尧，则考其所以治民；舜，则考其所以事君。且如《汤誓》，汤曰：‘予畏上帝，不敢不正。’熟读岂不见汤之心？”①
>
> 林恭甫说“允执厥中”，未明。先生曰：“中，只是个恰好底道理。允，信也，是真个晓得。尧当时告舜时，只说这一句。后来舜告禹，又添得‘人心惟危，道心惟微，惟精惟一’三句，是舜说得又较子细。……尧舜禹汤文武治天下，只是这个道理。圣门所说，也只是这个。”

朱熹教导学生研读《尚书》不需斤斤于史实的考究，而应求“圣人之心”，即尧、舜治民事君之心，这就是尧、舜、禹三代相传的“十六字心传”。这既是尧舜禹赖以成功的秘诀，也是孔门一脉相承的道统。

三　《朱子语类》中的易学思想

朱熹的易学著作有《易传》《周易本义》及与弟子蔡元定合著的《易学启蒙》，但朱熹是否作《易传》有争议，并且《易传》为其早年思想未成熟时的著作，朱熹自己也不甚看重。《周易本义》与《易学启蒙》重点讲《易》的卜筮之义，对于义理探求较少。《朱子语类》既讲卜筮，也谈义理，比朱熹的其他易学著作更能全面地体现其易学思想。

---

① （宋）黎靖德等编，王星贤点校：《朱子语类》卷78《尚书一·纲领》，第1983页。

朱熹强调《易》的本义即其卜筮思想，《朱子语类》载：

《易》本为卜筮而作。古人淳质，初无文、义，故画卦爻以“开物成务”。……此《易》之大意如此。①

自伏羲而上，但有此六画，而未有文字可传，到得文王、周公，乃系之以辞，故曰：“圣人设卦观象，系辞焉而明吉凶。”②

朱熹认为《易》本为卜筮，是为了引导先民趋吉避凶，此即“开物成务”之道。伏羲画卦，文王、周公作卦爻辞，其目的都是教民占卜。

朱熹对当时学界只讲义理不讲卜筮提出批评，《朱子语类》记载：

今学者忌言《易》本为卜筮作，须要说做为义理作。若果为义理作时，何不直述一件文字，如《中庸》《大学》之书，言义理以晓人？需要画八卦则甚？③

据某看得来，圣人作《易》，专为卜筮，后来儒者讳道是卜筮之书，全不要惹他卜筮之意，所以费力。今若要说，且可须用添一重卜筮意，自然通透。④

朱熹认为八卦之画本为占卜，否则只讲义理就不如直接作《中庸》《大学》那样的著作。朱熹认为学者大可不必讳言《易》的卜筮之义，因为其占卜本义正是发挥义理的基础，后儒抛开本义只讲义理，就有陷入凭己臆断的危险。

朱熹在承认《易》起源于卜筮的前提下，也注重探寻其义理，《朱子语类》记载：

---

① （宋）黎靖德等编，王星贤点校：《朱子语类》卷66《易二·纲领上之下·卜筮》，第1620页。

② （宋）黎靖德等编，王星贤点校：《朱子语类》卷67《易三·纲领下·三圣易》，第1646页。

③ （宋）黎靖德等编，王星贤点校：《朱子语类》卷66《易二·纲领上之下·卜筮》，第1622页。

④ （宋）黎靖德等编，王星贤点校：《朱子语类》卷66《易三·纲领下·程子易传》，第1652页。

> 且如《易》之作，本只是为卜筮。……圣人恐人一向只把做卜筮看，便以义理说出来。①
>
> 圣人因做《易》，教他占，吉则为，凶则否，所谓“通天下之志，定天下之业，断天下之疑”者，即此也。及后来理义明，有事则便断以理义。如舜传禹曰：“朕志先定，鬼神其必依，龟筮必协从。”已自吉了，更不用重去卜吉也。②

朱熹解释重视《易》义理的原因是，该书产生于蒙昧的上古时代，当时人类智力并不发达，于是伏羲作《易》教人卜筮，以趋利避害、为善去恶。但人类社会进入文明时代之后，便不能以占卜而应以理义来作为自己为人处事的行为规范。此外，朱熹还征引《尚书》强调人的主观能动性和义理的重要性。

四　《朱子语类》中的礼学思想

朱熹的礼学著作有《祭仪》《家礼》及《仪礼经传通解》，其中《家礼》真伪聚讼很多，《仪礼经传通解》朱熹未成而卒，由弟子续写成书。《朱子语类》中的礼学思想非常丰富。

朱熹于“三礼”最重《仪礼》，其次《礼记》，再次《周礼》，《朱子语类》有载：

> 德明问：“编丧、祭礼，当依先生指授，以《仪礼》为经，《戴记》为传，《周礼》作旁证。”曰：“和《通典》也须看，就中却又议论更革处。”③

---

① （宋）黎靖德等编，王星贤点校：《朱子语类》卷66《易二·纲领上之下·卜筮》，第1621页。

② （宋）黎靖德等编，王星贤点校：《朱子语类》卷66《易二·纲领上之下·卜筮》，第1620页。

③ （宋）黎靖德等编，王星贤点校：《朱子语类》卷113《朱子十·训门人一》，第2739页。

《仪礼》是经，《礼记》是解《仪礼》。如《仪礼》有《冠礼》，《礼记》便有《冠记》；《仪礼》有《昏礼》，《礼记》便有《昏义》；以至燕、射之类，莫不皆然。①

朱熹认为《仪礼》是经，《礼记》是传，是解释《仪礼》之书，读《礼记》要与《仪礼》一起读，《周礼》可作旁证。

朱熹以义理解《礼》，将理与礼结合，以理为体、礼为用。《朱子语类》记载：

某之意，不欲其只说复理而不说“礼”字。盖说复礼，即说的著实；若说作理，则悬空，是个甚物事？②

这个典礼，自是天理之当然，欠他一毫不得，添他一毫不得。惟是圣人之心与天合一，故行出这理，无一不与天合。……后之人此心未得似圣人之心，只得将圣人已行底，圣人所传于后世底，依这样子做。做得合时，便是合天理自然。③

五　《朱子语类》中的《春秋》学思想

朱熹无专门解《春秋》之作，《朱子语类》是研究朱熹《春秋》学思想的唯一文本。

探寻经书本义是朱熹一贯的解经态度，朱熹认为《春秋》本义是史书。《朱子语类》记载：

问：“《春秋》当如何看？”曰：“只如看史样看。”④

此事圣人据鲁史以书其事，使人自观之以为鉴戒尔。⑤

① （宋）黎靖德等编，王星贤点校：《朱子语类》卷85《礼二·仪礼·总论》，第2194页。

② （宋）黎靖德等编，王星贤点校：《朱子语类》卷41《论语二十三·颜渊篇上·颜渊问仁章》，第1065页。

③ （宋）黎靖德等编，王星贤点校：《朱子语类》卷84《礼一·论后世礼书》，第2184页。

④ （宋）黎靖德等编，王星贤点校：《朱子语类》卷83《春秋·纲领》，第2148页。

⑤ （宋）黎靖德等编，王星贤点校：《朱子语类》卷83《春秋·纲领》，第2145页。

当时史书掌于史官，想人不得见，及孔子取而笔削之，而其义大明。孔子何尝有意说用某字，使人知劝；用某字，使人知惧；用某字，有甚微词奥义，使人晓不得，足以褒贬荣辱人来？不过如今之史书，直书其事，善者恶者了然在目，观之者知所惩劝，故乱臣贼子有所畏惧而不犯耳。近世说《春秋》者太巧，皆失圣人之意。又立为凡例，加某字，某例为如何；去某字，其例为如何，尽是胡说。①

朱熹指出《春秋》是孔子依据鲁国历史所写的一部史书，用于劝善止恶。对于汉唐以来的《春秋》学名为探究微言大义，实则牵强附会的解经方法颇为不满。

朱熹的解《春秋》之法是不斤斤于史实的考证，而应结合义理，将是否合义理作为评判史实的准则。《语类》记载：

张元德问《春秋》《周礼》疑难。曰："此等皆无佐证，强说不得。若穿凿说出来，便是侮圣言。不如且研究义理，义理明，则皆可遍诵矣。"因曰："看文字且先看明白易晓者。此语是某发出来，诸公可记取。"②

无他法，只是据经所书之事迹，准折之以先王之道，某是某非，某人是底尤有未是处，不是底又有彼善于此处。自将道理折衷便见。……只将自家平日讲明底道理去折衷看，便见。看《春秋》亦如此。只是圣人言语细密，要人仔细斟量考察耳。③

今理会的一个义理后，将他事来处置，合于义理者为是，不合于义理者为非。亦有唤作是而未尽善者，亦有谓之不是而彼善于此者。……只是春秋却精细，也都不说破，教后人自将义理去折衷。④

---

① （宋）黎靖德等编，王星贤点校：《朱子语类》卷55《孟子五·滕文公下·公都子问好辩章》，第1318页。

② （宋）黎靖德等编，王星贤点校：《朱子语类》卷83《春秋·纲领》，第2148页。

③ （宋）黎靖德等编，王星贤点校：《朱子语类》卷55《孟子五·滕文公下·公都子问好辩章》，第1318—1319页。

④ （宋）黎靖德等编，王星贤点校：《朱子语类》卷83《春秋·纲领》，第2152—2153页。

朱熹教导学生对难懂的文字不应穿凿附会，更重要的是看义理。他所说的“准折之以先王之道”，就是看是否符合儒家伦理规范。

朱熹也以义理评判“《春秋》三传”优劣，重视《公羊》《穀梁》，认为这些书虽然不精于史书考证，但精于义理。轻视《左传》，认为只是史书，不明义理。《朱子语类》记载：

> 国秀问三传优劣。曰：“左氏曾见国史，考事颇精，只是不知大义，专去小处理会，往往不曾讲学。公谷考事甚疏，然义理却精。二人乃是经生，传得许多说话，往往都不曾见国史。”①
>
> 以三传言之，左氏是史学，公谷是经学。史学者记得事却详，于道理上便差；经学者于义理上有功，然记事多误。如迁、固之史，大概只是计较利害。②
>
> 《左氏传》是个博记人做，只是以世俗见识断当它事，皆功利之说。公谷虽陋，亦有是处。但皆得于传闻，多舛谬。③
>
> 因举陈君举说《左传》，曰：“左氏是一个审厉害之几，善避就底人，所以其书有贬死节等事。其间议论有极不是处。如周郑交质之类，是何议论！其曰：‘宋宣公可谓知人矣，立穆公，其子飨之，命以义夫。’只知有利害，不知有义理。此段不如《穀梁》说‘君子大居正’，却是儒者议论。”④

朱熹赞扬“左氏曾见国史，考事颇精”，但“只是不知大义”，“只是以世俗见识断当它事，皆功利之说”。并举宋襄公立穆公为例批评只是看到“其子飨之”的现实利益，而无视“立子以嫡不以长”的《春秋》大义。在宣扬儒家义理上，《公羊》《穀梁》“却是儒者议论”，即使考证较疏，亦无碍其价值。

---

① （宋）黎靖德等编，王星贤点校：《朱子语类》卷83《春秋·纲领》，第2151—2152页。
② （宋）黎靖德等编，王星贤点校：《朱子语类》卷83《春秋·纲领》，第2152页。
③ （宋）黎靖德等编，王星贤点校：《朱子语类》卷83《春秋·纲领》，第2151页。
④ （宋）黎靖德等编，王星贤点校：《朱子语类》卷83《春秋·纲领》，第2149—2150页。

结 语

近代以前，学人多对以《朱子语类》为代表的理学语录持否定态度，认为抄自禅宗，在传抄中失“师之本意”，其实这些观点源于对理学的排斥和偏见，不符合历史事实。其实，语录导源于《论语》“述而不作”的传统和编纂形式，是理学家讲学过程中的真实记录，传世语录一般经过各版本相互参照、精心校对，能够反映学者的思想轨迹，为后世提供了宝贵的第一手资料。尤其难能可贵的是，语录记载了理学家的经学思想，弥补了理学家大多缺乏专经著作之不足。清代黄士毅在《朱子语类后序》中论述：

> 至于群经，则又足以起《或问》之所未及，校《本义》之所未定，补《书说》之所未成，而《大学章句》所谓高入虚空、卑流功利者，皆灼然知其所指而不为近似所陷溺矣，诚非小补者。①

黄士毅认为，《朱子语类》对于朱熹的《大学或问》《周易本义》等经学著作有补充、校正、解释说明的作用，对于其他未做注解的经书有填补空白之价值，这一论断是符合历史事实的。

关于朱熹的经学解释特色，吴雁南分析道：

> 以朱熹为代表的理学阐经派，除了以“经义”释己见外，还在经义、原典上下功夫，将训诂、考证、达意相结合，形成较完备的经学构架。如朱熹在《易》学上，对历代象数、义理、图书各派均有所吸取，有所批评、取舍，既反对烦琐的咬文嚼字，又反对脱离文本、不着边际的阐发义理。所以朱熹解《易》兼具诸家之长，以原典为本，会通于一，吸取各派而不专主《程易》，构成其博大的易学体系。这也是朱熹经学思想的特点。②

---

① （宋）黎靖德等编，王星贤点校：《朱子语类》后序，第7页。

② 吴雁南：《中国经学史》，福建人民出版社2011年版，第373页。

蔡方鹿认为：

> 朱熹兼采汉宋，促进了中国经学的发展；朱熹以“四书”义理之学取代传统的“六经”训诂之学而成为经学的主体和基础，是朱熹对中国经学发展最重要的贡献；朱熹重训诂辨伪启发了后世汉学。①

总之，朱熹经学作为宋学的重要组成，是对北宋以来经学的继承和发展，并在一定程度上对宋学的流弊加以修正，甚至影响到清代滥觞的考据学。

① 蔡方鹿：《朱熹经学对中国经学发展的影响》，《朱子学刊》2003年第00期。

文献经纬

清代南部县衙礼房档案整理札记

杨小平*

摘　要：清代南部县衙礼房档案文种较为齐全繁多，文种数量、前后文种题写不同等问题的处理，十分棘手，因此结合实际加以调整和修改就十分必要。礼房胥吏被称为“典吏”“书办”，礼房书办简称“礼书”，礼房设典吏一名，礼书多名，未见攒点。礼房档案与其他各房档案的关系复杂，至今没有理顺。礼房档案多数排序合理，部分档案原有排序比较混乱，需要根据档案内容、人物关系和前后事理逻辑关系等加以悉心理顺。礼房档案的卷数、件数统计资料尚不够绝对准确，卷号、件号也有一些错误。礼房档案分卷、合卷还需要仔细推敲，尤其是外国传教士游历，分合难断。时间的确定需要反复阅读礼房档案本身和相关房档案及其他文献。如遇礼房档案图片不清楚或者缺失，无法进行推断，只能存疑待考。礼房档案涉及文字、方言、文书特殊词语、句式等，字、词、句等意义往往费解，诉状中写的姓名不一样，甚至音近，容易错误判断为两个人。同时，整理礼房档案的法律知识也必须具备，必须熟悉婚姻制度、官代书制度、财产制度、抱告制度、文书用语、文书制度、诉讼制度、诉讼程序等。礼房档案的纸张、戳记、字体、印章、画押、画行、官代书印章、署衔、抬头、避讳、画行判日等，则需要单独进行研究。

关键词：清代　南部县衙档案　礼房　整理

* 作者简介：杨小平，生于1972年，四川南充人，西华师范大学文学院教授、四川省落下闳研究中心副主任。主要研究方向：训诂、俗语言、敦煌文献等。

清代南部县衙档案包括户房、刑房、吏房、礼房、兵房、工房、盐房、承发房八房档案，我们在整理礼房档案中，看到一些现象，发现一些问题，也遇到一些困惑，现将这些现象、问题、困惑罗列如下，求正雅家。

一　清代南部县衙礼房档案的文种问题

礼房档案的文种较为齐全繁多①，包括白禀、榜、保状、禀文、禀状、彩课、呈文、传票、辞呈、存状、点名单、牒呈、牒文、牒知、覆讯单、甘结、告示、告状、庚帖、供状、官票、函、红禀、互结、唤票、悔状、缴状、节列、结状、具结、恳状、领结、领状、牌、票、签、清册、认状、伤痕单、申文、申状、示、首状、书册、诉禀、诉状、堂谕、提讯单、题本、通知、投审单、文约、舍白、喜课、宪牌、详文、晓谕、信牌、验册、验折、移会、移文、懿旨、印结、谕、约据、约状、札、粘单、诏、照会、照派、旨、制、知照、咨呈、咨文、奏折、遵结等。但文种究竟有多少种，前后文种题写不同如何处理，仍然十分棘手。目前，礼房档案文种的确定是根据前人的整理与研究，结合礼房档案的实际加以调整和修改的。

“供状”指书面供词，据目前的文献检索，始见于宋代。宋胡太初《昼帘绪论·听讼》载：“若妇女，未可遽行追呼，且须下乡审责供状，待甚紧急，方可引追。”② 清黄六鸿《福惠全书·刑名·释供状》载：“鞫审之际，两造以口具白事之始末也。上官讯问，犯证对答，夹而叙之，后开取供年月日，令在词人犯按名书押。”③ 礼房档案多见供状，但需要注意的是，这些保存至今的供状仅仅是叙述的供状，并非双方的原始供状，类似于“叙状”或“叙供”，吴佩林则将供状改称“叙供”，有

① 按：档案的文种可以参考清代黄六鸿的《福惠全书》，陈宏谋的《培远堂偶存稿》；中华民国时期许望之的《公牍通论》，许同莘的《公牍学史》；中华人民共和国成立后殷钟琪的《清代文书工作述要》，张我德、杨若河的《清代文书》，雷荣广、姚乐野的《清代文书纲要》等。

② （宋）胡太初：《昼帘绪论》，《百川学海》本，第10页。

③ （清）黄六鸿：《福惠全书》卷12《刑名部·释供状》，载《官箴书集成》编纂委员会《官箴书集成》（三），黄山书社1997年版，第347页。

一定道理。

供状一般画红勾，也盖有县衙印章“南部县印”，或圈知县姓氏。如图1、图2所示，“道光二十三年三月十五日龙腾云为具供民具告周光明刁迭索事供状”（4－342－6）。供状上圈知县姓氏“王”。道光二十三年（1843）正好是知县王仲选在任。[①]

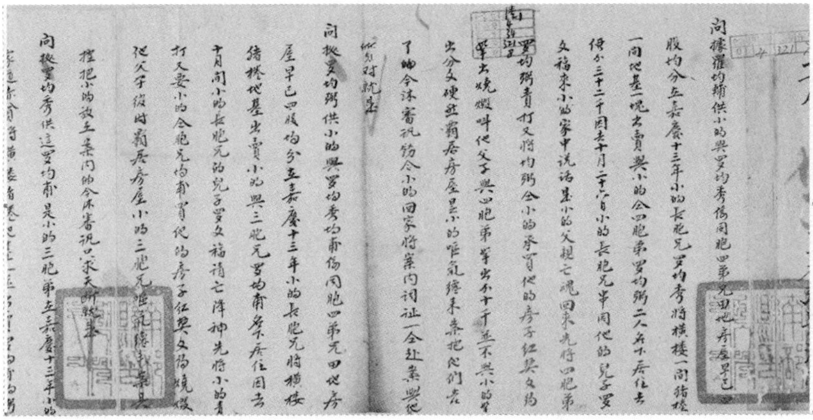

图1　道光二十三年三月十五日龙腾云为具供民具告周光明刁迭索事供状（一）

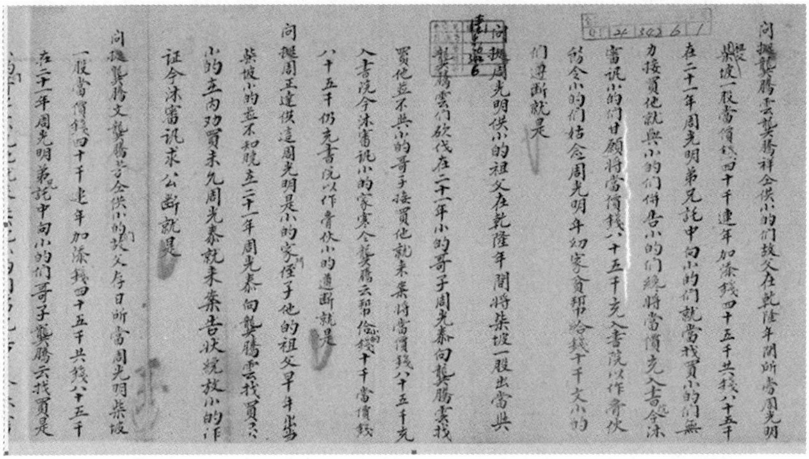

图2　道光二十三年三月十五日龙腾云为具供民具告周光明刁迭索事供状（二）

① 吴佩林：《清代县域民事纠纷与法律秩序考察》，中华书局2012年版，第60页。

在礼房档案中，也有部分档案文书的文种判断有误的情况。如“光绪七年四月十七日杨应朋等为问讯杨应朋具告李耀山等殴灭扫掳天主教事供状”（8－491－3），该档案后有批示明文指出为禀，故该档案的文种当为秉文，而非供状。

还有部分档案的文种缺失，如“光绪十一年十一月六日僧惠圆等为问讯僧惠圆等具告僧智远等不守清规浪荡胡为败坏山门事供状”（9－236－2），根据该档案，本当包括供状和禀告，但禀告残缺，只有后半部分和部分县官批示。

礼房案件的批判断狱，就是批示批复、判决断案。先来看清代南部县知县在诉讼案件中的批示。如，南部县金兴乡蒲洪福娶妻何氏，婚后婆媳矛盾严重，于是被嫁卖。因为何氏没有把握好婆媳关系，最终被何家嫁卖给他人。何氏父亲将蒲家告到县衙。南部县知县在何氏父亲状中批道：“此案买休卖休，女儿何氏归宗，由父亲领回，择户改嫁，旁人不得干预。”县官的批示，不仅仅是诉讼案件需要批示，通知下属的公文、下属的报告公文，知县也往往要在公文上加以批示。同时，不仅仅是对下，也包括对上，如上级公文公事到县，南部县知县也需要在公文上批示接到和执行情况，以备今后查询。知县在官方往来文书的批示中，往往是说明收到上级或者同级文书的时间，常常写明执行情况，说明这是有相关规定的，类似于我们今天的档案登记和公文存盘制度。

多数批文附加在禀文、告状、禀状后，不单独成件。不过，也有的批文单独成件，如“光绪七年六月一日保宁府府衙为杨应朋等具告李耀山等殴灭扫掳天主教事批”（8－491－4），该批文单独成件，但也是在禀文后批示，不知为何单独成件。

礼房档案中还保留有一个“口供单”，但是最后又写有“上诉”，文种难以断定。如“光绪九年十月日不详僧真贵为具供自幼出家颇守清规被人诬告事供状”（8－823－5），现在暂时归入供状。

在礼房档案中，清代南部县知县的堂谕中往往“放”而不“乱”，就是充分运用中庸之道的结果。清代官方的政策、表达与南部县的实践常常背离，条文的规定是一回事，法律的实施往往又是一回事。南部县知县的堂谕作为判决，往往根据不同的诉讼动机，参考但不严格按照律例，并权衡各方利益做出弹性处理，从而构建起和谐统治。因为民众诉讼往往是双方为经济利益争斗，无法达到和解，也无法通过家族、里甲加以调解，才走上诉讼的道路。南部县知县的堂谕并不会千篇一律，目的是严惩故意健讼等不好风气。

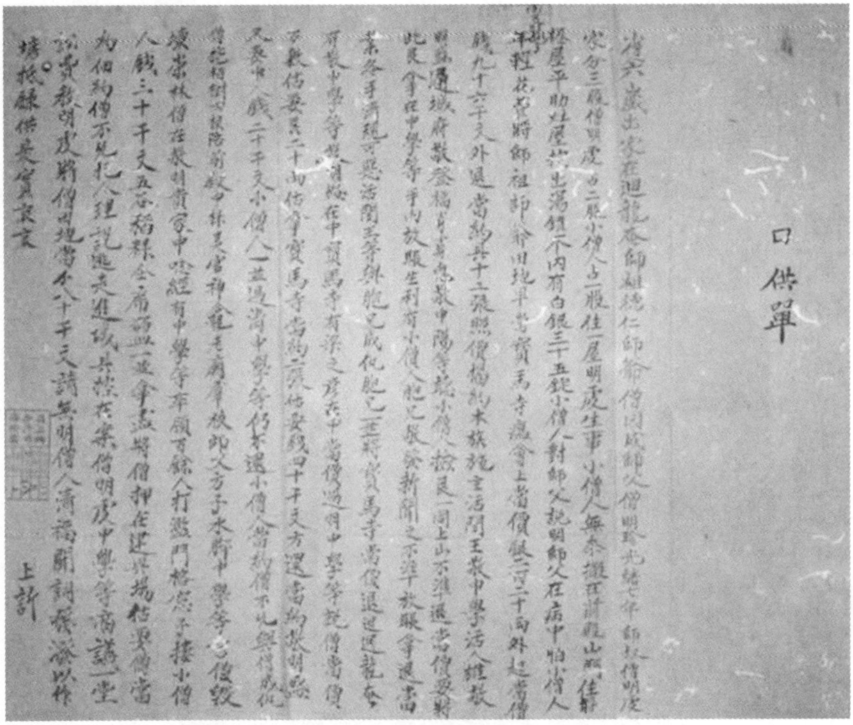

图3　光绪九年十月日不详僧真贵为具供自幼出家颇守清规被人诬告事供状

二　清代南部县衙礼房档案中的书吏现象

一般来说，礼房的办事人员按编制只有二人到三人，统称为“胥吏”。礼房胥吏称为“典吏”“书办”，礼房书办简称“礼书”。根据清代官制，礼房设典吏、礼书，数量各上名，攒点（又称“攒典”）一名。但是，据清代南部县衙礼房档案，南部县衙礼房的礼书并不止一名，而是多名，但究竟有多少名，仍难以断定。攒点则未见。如《南部档案》（18－639）中载："查本署八房书吏，多至三百。""至应留之数，除典吏外，户仓、刑房公事较多，户仓房准留六十人，刑房准留五十人典吏仍各二，分上下半月承办公件。吏、礼、兵、工、盐、承发各房，准留十人。"

根据礼房档案，我们知道礼房包括典吏和礼书。我们先来看看典吏，在礼房档案中，典吏出现在礼房的戳记中。

图 4 是咸丰元年（1851）礼房木制戳记印章，其中典吏即罗占魁。呈稿即李春阳，缮清、磨对没有署名。故，咸丰元年礼房木制印章，包括典吏、呈稿、缮清、磨对等。

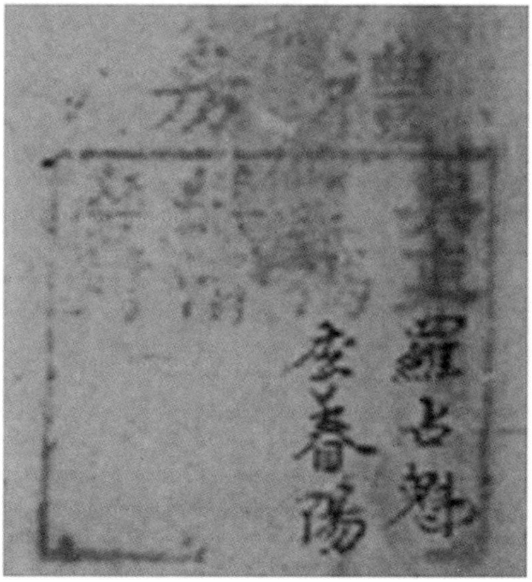

图 4　咸丰元年（1851）礼房木制戳记

我们再来看看礼书，在礼房档案中，礼书出现在来往公文的木制戳记和诉讼案件的叙述记录中。图 5 为同治八年（1869）礼房木制印章，依次是发房（四月二十一日）、送稿（四月二十二日）、判发（四月二十三日）、送签、签发，右上有缮签、封签，仅仅署名礼书何大本呈稿，其余不见任何署名，只有发文时间。

图5 同治八年（1869）礼房木制印章

根据清代南部县衙档案，部分文书都明确标明房书及其姓名，说明房属。如礼房档案中出现的礼书袁足选、谢永邱（2－68－4），礼书李清秀（4－239－1），礼书李文蔚（4－297－5），礼书赵绍俊（4－314－3），礼书刘彦中（4－323－2），礼书李何稼（4－339－2），礼书谢二朝（4－360－4），礼书李桂枝（4－361－3），礼书汪从龙（5－231－1），礼书王天枢（5－247－5），礼书何绍槐（6－421－3），礼书黄联升（6－431－3），礼书梁芝泰（6－432－4），礼书李芳林（6－490－6），礼书黄恩诏（7－98－2），礼书邓晏琼（7－445－6），礼书赵桂芳（7－449－2），礼书汪德洋（7－621－2），礼书范流芳、程登华、程登仁（7－627－3，后面7－605－3的礼书范方流疑即范流芳），礼书高文珍（7－629－3），礼书王在选（8－808－3，与汪在选当是同一人），礼书邓元濂（8－830－3），礼书冯大勋（8－480－3），礼书何三升（8－437－3），礼书王文睿（8－425－3），礼书斯成科、汪在选（9－517－1），礼书何应魁（9－551），礼书王在选（9－229－4），礼书杜万荣（10－182－1），礼书杨文理（10－196－4），礼书何应魁（11－434－4），礼书周锡堃（11－170－1），礼书范流苏（12－252－35），礼书张炳烈（13－969－3），礼书何应魁（13－386），礼书蒲登科（13－386），礼书李春荣（13－386），礼书帅安德（11－478－7，与工书陈洪学一道出现），礼书周锡堃（13－386），礼书李东昌（13－423），礼书杨生荣、罗荣福（13－431），礼书曹先稌（13－432），礼书李春荣（13－434），礼书罗荣福（13－965），礼书袁承义（13－965），礼书谢沛然（13－965），礼书蒲清泉（13－965），礼书张炳烈（13－969），礼书杨生荣（14－865－1），礼书曹先稌（14－420－6），礼书李春荣（15－961－6），礼书蒲登科（16－391），礼书袁成义（16－398），礼书杜朝德（16－398），礼书蒲清泉（16－925－27），礼书宋履祥（16－947），礼书袁成义（16－947），礼书李东昌（16－947），礼书田国和（16－930－1），礼书吴文元（16－962－2），礼书吴文元（16－966），礼书邓蓬州（16－967），礼书宋履祥（17－884－1，17－399－1礼书宋覆祥疑即宋履祥），礼书杜朝德（17－406－5），礼书李绍绪（17－413－9），礼书谢沛然（17－423－6，后面17－1023－1礼书沛然，不知姓，可据此补姓谢），礼书谢沛然（17－423－6），礼书马思信（17－423－10），礼书袁成义（18－452－5，18－452－6，与户书向秋元一道出现），礼书马思信（17－909－15），礼书李东昌（18－1314－4），礼书邓蓬州（21－883－4），礼书蒲镇林（21－890－8），礼书蒲清泉（22－737－2），礼书伏文忠（22－860－22），礼书蒲清泉（22－860－22），礼书胡文中（23－226－1）等，有姓名的礼书共计208名，还有外县礼书的，如“剑州礼书梁占魁”（13－460）等；也有写礼房加姓名的，如“礼房罗荣福叙”（9－536－7）、“礼房何宗文”（9－536－10）等，但不知他们是典吏还是礼书；还有写礼吏加姓名的，如“礼吏伏文忠”（21－886）等，也无法判断他们是典吏还是礼书。也有不写礼书姓名的，只写明礼房的，如“礼房叙”（8－438－9）、“礼房叙”（8－1027－7）、“礼房叙”（9－551－7）、“礼房叙”（9－236－2）、“礼房叙”（9－508－9）等。礼书并不仅仅出现在礼房档案中，在其他房也有出现，如工房档案中的“礼书王文浚”（7－543－14）等。

“叙”，无“礼房”二字（9－551－9），“叙”（没有礼房、具体礼书姓名）（9－508－18），但是，更多的文书并不标明房书及其姓名，也不说明房属。

还有无法断定是否是礼书的，只有姓名。如“刘玉书叙”（2－218－9）（见图6）。刘玉书是礼书吗？从本件档案不得而知。

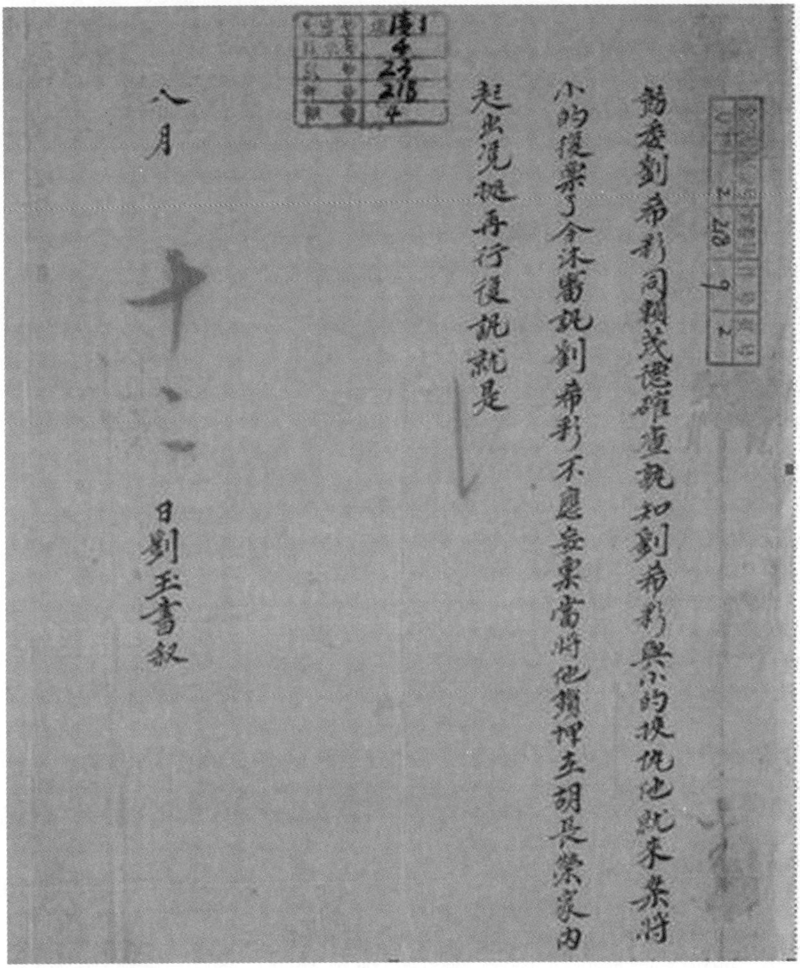

图6　刘玉书叙

又如“罗定国叙”（4－36－342）（见图7）。罗定国是礼书吗？从本件档案不得而知。

类似的还有目录“斯成科”（8－433－13）等，不过，斯成科可以断定是礼书，因为其他地方出现有“礼书斯成科”（19－241－1）（23－226－2）。

南部县衙礼房的礼书负责文教卫生，保管欺诈、家庭、妇女、地权、房屋、租佃、借贷等案件的诉讼状纸、签票、堂讯记录、判词与结状，外交方面掌管有关洋人游历传教的文件，负责礼房档案的到房、呈稿、送签、发稿、发签等。

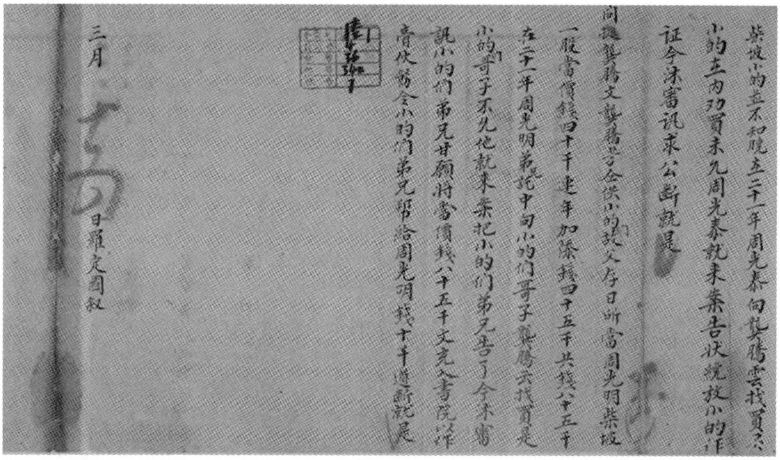
柴坡小的並不知曉在二十一年周光泰向龔騰雲找買不
小的在內功買未允周光泰就來案告狀捏控小的們
証今沐審訊求公斷就是
間龔騰文龔騰芳合伙小的們故父存日所當周光明柴坡
一股當價錢四十千連年加添錢四十五千共錢八十五千
在二十一年周光明弟兄託中向小的們哥子龔騰雲找買是
小的們哥子不允他就來案把小的們弟兄告了今沐審
訊小的們弟兄甘願將當價錢八十五千文充入書院作
膏伙[illegible]全小的們弟兄幫給周光明錢十千遵斷就是
三月吉日羅定國叙

图 7　罗定国叙

这些书吏并不是清朝南部县衙的正式官吏，没有品秩级别，也没有俸禄，多为本地人士，多是读书少而举业无望的人，通过考试或掏钱纳粟到衙门内供职，在地方衙门混碗公事饭吃，主要靠领取纸笔抄写费和工食费维持生活。他们长期供职南部县衙门，熟悉地方情势，实际上承揽了衙门的一些事务和权力，表面上只能靠微薄的纸笔费、抄写费、饭食费等维生，但实际上以获取各种陋规、常例为主要收入，因为他们握有实权，能够千方百计利用手中权力，横征暴敛，索贿受贿，中饱私囊。清代规定他们的任期为 5 年，但实际上并没有严格执行，许多人一辈子都在衙门内办事，甚至可以子承父业，这些人熟悉刑法，精通律例，特别擅长处理衙门的内部事务，甚至能够架空不懂行政业务的知县，从而贪赃枉法。

三　清代南部县衙礼房与其他房关系的困惑

根据清代南部县衙档案，南部县衙分设九房：即户房、仓房、刑房、吏房、礼房、兵房、工房、盐房、承发房。光绪年间，户房已经和仓房合并，称“户仓房”或“户房”。不过，南部档案只有少量的承发房档案，没有见到仓房档案，只有仓书。

礼房档案与其他各房档案的关系至今没有理顺，相互影响和交叉不够清楚，必须改变只看礼房档案的方法，需要调查其他房档案，可能礼房档案没有相关案卷，但是其他房有相关案卷，却被忽略。如翻阅了盐房档案、户房档案、兵房档案的内容，但费时费力，效果不太好。

总体来看，礼房与其他房之间分工明确，职责清楚。据南部档案内容来看，各房分工相对明确，串房案件极少，与清代州县衙门各房争办案件的一般情况不同。南部县光绪二十七年（1901）供状（12－950－7），光绪二十七年（1901）四月九日，由户房叙供，但整个案件归入礼房。

据《南部档案》（16－3－3），光绪二十四年（1898），礼房与吏房争办承领晋边直隶等捐款执照共108张，最后礼房承办46张，吏房承办62张。

礼房档案中出现了其他房书，如“仓书张永清”（13－461－13）、“刑书宋国富”（17－902－6）、“工书何九皋”（22－764－3）、“户书邓仲清”（13－971－6，13－971－7，13－971－8）、“承书王清平”（8－844－3），则涉及相关房，如验伤、建造、统计财物等，并非串房。

南部档案第一目录第一卷、第二卷是契约文书，归入礼房档案；第四卷也是契约文书，却归户房档案，让人觉得奇怪，容易当成串房。然而契约文书多是作为诉讼案件的证据提交，而非独立文书，需要考虑诉讼案件的情况进行归房。第一卷、第二卷是契约文书，归入礼房档案可能涉及僧俗之间的民事纠纷，归入礼房是属于礼房管理的宗教信仰事务；而第四卷并不涉及宗教，仅仅是民众之间纯粹的田地买卖，不涉及宗教迷信事务。也就是说，纯粹田地买卖的契约文书归户房档案，而涉及民事纠纷的契约文书作为相关证据归入礼房档案。

第四卷的契约文书立于雍正九年（1731）十一月二十四日，立约人是赵光颜，书写这份契约的是代书江振远。赵光颜与侄儿赵世义，因为经济原因，凭中间人文子盛等说合，甘愿将张家塝和蔡家坝的田地、阴阳二宅、山场一分，永远出卖。卖价二十五两银子，赵姓叔侄亲领明白，相关酒水在外。卖后，世代由子孙栽种桑柳，阳修阴葬，永远营业，赵姓已生、未生之子不得另生后患。这份契约只有卖方的签字画押，并未看到买方的签字画押，也没有看到见证人的签字画押，与前面第一卷、第二卷的契约文书不同。

除上述外，礼房档案整理仍然存在以下一些需要注意的问题。第一，多数礼房档案排序合理，部分档案原有排序比较混乱，需要根据档案内容、人物关系和前后事理逻辑关系等加以悉心理顺。第二，礼房档案的卷数、件数统计资料尚不够绝对准确，卷号、件号也有一些错误。第三，礼房档案分卷、合卷还需要仔细推敲，尤其是外国传教士游历，是合是分，尤其难断，如果全合，卷内档案件数太多，涉及人物又不同也不相关，如果全分，卷内档案又太少，可能会改变原有档案目录结构。第四，有的礼房档案跨度较大，需要仔细推敲，在其他时期档案及其他房档案中寻找，是分是合也是困难的。第五，礼房档案时间的确定问题，一些礼房档案时间不详，难以断定，需要反复阅读礼房档案本身和相关房档案及相关文献，工作量较大，一不小心就容易导致错误。第六，礼房档案图片不清楚或者缺失，有待重拍后才能够处理，甚至重拍后仍然无法看清，因为有的礼房档案已经残缺，无法根据现存盘案来进行推断，只有存疑待考。第七，礼房档案涉及文字、方言、文书特殊词语、句式等，字词句等意义往往费解，很多告状者往往知道对方的姓名，但并不知道对方用的是哪几个字，经常告状和对方答辩申诉的诉状中写的姓名不一样，甚至音近，容易错误判断为两个人。同时，法律知识也必须要具备，婚姻制度、官代书制度、财产制度、抱告制度、文书用语、文书制度、诉讼制度、诉讼程序等必须熟悉，如照出、抱告、歇店、官代书（嘉庆年间的王先复、蔡恒升、张廷吉、黄慎书、许文通等，同治年间的柯庭玉、敖文衡、王玉龙、李元智、陈天正、陈佐治、马文正、林上春、张明福等，同一个官代书可以有不同花押，不同官代书可以有相同花押）等。[①] 第八，礼房档案的纸张、戳记、字体、印章、画押、画行、官代书印章、署衔、抬头、避讳、画行判日等，无法通过录入数据库获得，需要单独进行研究，留待礼房档案研究时进行。

---

① 参见李仕根《四川清代档案研究》，西南交通大学出版社 2004 年版。

“宰予昼寝”释读

张晓英*

摘　要：“昼寝”一词的释义聚讼纷纭，未为确诂。结合周代礼制考察，孔子严厉训斥宰予，正是因为宰予不遵教诲，践踏了礼教。

关键词：昼寝　寝疾　寝病　粪土之墙

“宰予昼寝”章是《论语·公冶长》中的经典名篇，不仅选入中学语文教材，也是大学语文、汉语言文学专业《古代汉语》教材的常选篇目。但历代对“昼寝”的释义聚讼纷纭，程碧英先生在《“宰予昼寝”再诂》① 一文中概括有“昼眠说”“画寝说”“昼居内寝说”“昼御说”“午睡说”等多种解释，并通过对“昼”字词义历时演变的考察，释“昼寝”确为白天睡觉。当然，其中“画寝”一说实源于汉代注释家的改经行为，虽质疑精神可嘉，但无论何时，改经作训实际都不足为训。这也是后人诟病汉代个别训诂大家之由。

“昼寝”的意思是白天睡觉，这在古今汉语的翻译上并无太大问题。但孔子缘何发出“朽木不可雕也，粪土之墙不可圬也”（《论语·公冶长》）的严厉训斥？大多数解经者都会以孔子慨叹时光流逝之语“逝者如斯夫，不舍昼夜”（《论语·子罕》）解释“宰予昼寝”。考究周代礼制，这恐怕不仅仅是“惜时”的问题。在此有两点值得进一步讨论：一是

---

* 作者简介：张晓英，生于1972年，四川仁寿人，阿坝师范学院教授。主要研究方向：汉语史、儒学文献学。

① 程碧英：《“宰予昼寝”再诂》，《宁夏大学学报》（人文社会科学版）2010年第3期。

“寝”字的词义和用法；二是“粪土之墙”的真正含义。

“寝”在先秦典籍中的用法，用作名词指起居之所，如天子六寝；用作动词指夜居内室。古人“寝内宿外”，这在时间、地点上对寝宿行为发生的不同要求是以用语的不同来严格区分的。“寝”在词义上也可单指躺卧，如“寝毋伏”“寝不尸”，即睡觉不趴伏也不仰卧，而上古汉语里“睡”字是指坐着打瞌睡。周代以礼乐化人，对年轻人日常行为有细致入微的规范和教育，其中之一就是“夙兴夜寝”的健康生活作息。“凡内外，鸡初鸣，咸盥漱，衣服，敛枕簟，洒扫室堂及庭，布席，各从其事。”（《礼记·内则》）但这种要求不限于孩子和老人，“孺子蚤寝晏起，唯所欲，食无时”（《礼记·内则》），“九十饮食不违寝，膳饮从于游可也”（《礼记·内则》），如果是九十高龄的老人，在居室内餐饮，或在任何置身之地要吃要喝，都是可以的。而对健康人来说，“齐必变食，居必迁坐”（《论语·乡党》），斋戒一定要改变日常的饮食，白天居处不可久滞于夜寝之室，“君子之居恒当户”（《礼记·玉藻》）。这大概是周代教育者和受教育者人人皆知的生活常礼。先圣如此制礼定乐，孔子在《孔子家语·五仪解第七》中答哀公问是这样解释的：“人有三死，非其命也，行己自取也。夫寝处不时，饮食不节，逸劳过度者，疾共杀之。”① 强健的体魄在很大程度上是由健康的生活习惯决定的，中国古人千百年来都秉承着“日出而作、日落而息”的生活规律。《礼记·檀弓上》有言：“夫昼居于内，问其疾可也。夜居于外，吊之可也。是故君子非有大故，不宿于外，非致齐也，非疾也，不昼夜居于内。”“不昼夜居于内”中的“昼”与“夜”都是名词用作状语，“昼”意指在白天，“夜”的意思是像夜间，整句的意思是如果不是生病或斋戒，白天不能像夜间一样居处于夜寝的内室。如果不是家有丧事，夜间必回内室安寝，不得夜宿于外。“寝”与“宿”这对同义词虽然在意思上都指夜间安歇，但在用法上是有严格区别的。

如果不是染疾，“昼寝”则一定另有原因，如《吕氏春秋·审分览·任数》载：“孔子穷乎陈、蔡之间，藜不斟，七日不尝粒。昼寝。”② “昼

---

① （清）陈士珂：《孔子家语疏证》卷1，上海书店1987年版，第37页。

② 张双棣等译：《吕氏春秋译注》，吉林文史出版社1987年版，第560页。

寝”意思是孔子在陈、蔡多日未食，病倒了，若用“画寝说”“昼居内寝说”“昼御说”“午睡说”等解释孔子“昼寝”，都是与事实严重不符的。《孔子家语·曲礼子贡问第四十二》载：“孔子适季氏，康子昼居内寝。孔子问其所疾，康子出见之。言终，孔子退。子贡问曰：‘季孙不疾，而问诸疾，礼与？’孔子曰：‘夫礼，君子不有大故，则不宿于外；非致斋也，非疾也，则不昼处于内。是故，夜居外，虽吊之可也；昼居于内，虽问其疾可也。’”[①] 孔子到季氏家，恰遇季康子居于内室，孔子依据礼仪规范问询季子的病情。随行的子贡提出质疑，季康子没病而夫子问其病，这是否合礼。孔子的回答是既然季康子昼处内室，自己就应当依礼问疾，而季氏是否真正患疾不是自己此时此刻应当调查了解的。

“寝”字在古代汉语里除了表示夜居内室，另一意义就是卧病在床，如“寝疾”“寝病”等。“疾”与“病”这对同义词的差别在于程度不同，“病”乃“疾加也”，“寝病”虽然表示卧病在床，但更重要的意思是生命垂危。如《孔子家语·终纪解第四十》有言：“孔子晨作，负手曳杖，逍遥于门而歌曰：‘泰山其颓乎？梁木其坏乎？哲人其萎乎？’既歌而入，当户而坐……遂寝病，七日而终，时年七十三矣。”[②] 在生命的最后岁月，风烛残年的孔子拄杖出户，但回屋仍是“当户而坐”，“寝病七日”即卧床七日而终。

“礼也者，反其所自生；乐也者，乐其所自成。”（《礼记·礼器》）所谓礼乐教化，最重要的是通过言传身教，唤醒人们内在的生命的力量“自生”“自成”，即对礼教的自觉崇奉和信守，“礼乐不可斯须去身。致乐以治心，则易、直、子、谅之心油然生矣。易、直、子、谅之心生则乐，乐则安，安则久，久则天，天则神。天则不言而信，神则不怒而威。致乐以治心者也。致礼以治躬则庄敬，庄敬则严威。心中斯须不和不乐，而鄙诈之心入之矣；外貌斯须不庄不敬，而易慢之心入之矣”（《礼记·礼器》）。在两千多年以前的农耕社会，人们的空闲时间是很多的，所以孔子说：“饱食终日，无所用心，难矣哉！不有博弈者乎？

① （清）陈士珂：《孔子家语疏证》，第 262 页。
② （清）陈士珂：《孔子家语疏证》，第 237 页。

为之，犹贤乎已。”（《论语·阳货》）惜时如金的孔夫子居然会鼓励学生博戏，这是因为终日无所事事，却要保持内心的庄重敬畏是有难度的，所以朋友们一起博戏也会比完全无所事事好。孔子对宰予“昼寝”的严厉批评，不仅是“惰学而昼眠”[①]荒废了光阴，最根本的是“昼寝”这种行为违背了礼教、践踏了礼教。“礼失则昏，名失则愆。”（《左传·哀公十六年》）崇礼首先是对礼的遵奉，这种信守礼教而陶冶的自律精神和敬畏之德正是一个人贤愚的表现，“观其发，而知其人之知”（《礼记·礼器》）。对一个社会来说，“观其礼乐，而治乱可知也”（《礼记·礼器》）。

“粪土之墙不可圬也”通常的理解是用秽土垒砌的墙面不堪涂抹或粉刷，如皇侃疏：“若墙壁土坚实，则易平泥光饰耳。若墁于粪土之墙，则颓坏不平。故云不可圬也。所以言此二者，言汝今当昼而寝，不可复教，譬如栏木与粪墙之不可用功也。”[②]但问题是，秽土怎么可能用于垒墙呢？古人建造屋宇一般就地选材，山地多垒石为屋，平原上则多夯土筑墙，或用木柱夹竹笆墙。木柱夹竹笆通常以泥涂墙。用于涂墙的泥需要先加工，即把稻草或牛毛等加在泥里，再加水踩成浆，以浆涂竹墙以阻透风。如“居倚庐，不涂”（《礼记·丧大记》），“不涂”即丧主夜宿简陋的“倚庐”，“倚庐”未涂泥因而是透风的。华夏人民用泥土建造屋宇的历史是非常悠久的，以泥涂墙的建筑工艺大概在几千年里都没有太大变化，所以西南某些偏远山区至今尤见类似建筑。但无论是筑墙还是涂墙，对泥都是有品质要求的，秽土不可用于筑墙，更不可能用于涂墙。用于涂墙的泥，与用作制陶的泥相近，必须是质地精纯细腻的黏泥。“朽木不可雕”“粪土之墙不可圬”中的“雕”和“圬”都是选才的结果，朽木本身就不可用于雕刻，粪土也不可用于涂墙。换句话说，如果品质精纯，哪怕是一块泥土，亦可荣登大雅之堂，为人所用，造福于人。

孔子自谓“三十而立”，并一再告诫子弟“不知礼，无以立”（《论语·季氏》）。“君子有三患：未之闻，患弗得闻也；既闻之，患弗得学也；既学之，患弗能行也。”（《礼记·杂记下》）孔子生气正是因为宰予闻而

---

① （魏）何晏集解，（梁）皇侃疏：《论语集解义疏》卷3，商务印书馆1937年版，第59页。
② （魏）何晏集解，（梁）皇侃疏：《论语集解义疏》卷3，第59页。

弗学、学而弗行。“良冶之子，必学为裘。良弓之子，必学为箕。始驾马者反之，车在马前。君子察于此三者，可以有志于学矣。”（《礼记·学记》）在孔子看来，青年子弟对礼乐的遵奉不仅关乎个人贤愚、社会治乱，更关乎华夏文脉的传承。

介乎卜筮之间：从秦简《归藏》的卦辞说起

——兼论先秦龟占卜辞与卜筮卦辞的相互借鉴

马明宗*

摘　要：先秦时期流传的卜筮之书，非但有《周易》一类的筮书，通过蓍草或者算筹来得到卦爻，以进行吉凶的判断。还有一类与龟占相对应的卜书，有固定的卜辞，占卜者通过对龟兆的判断，选出固定的卜辞，以判断吉凶。近年来发现的王家台秦简《归藏》中的很多卦辞与史籍中散见的先秦占卜卜辞文风相似，甚至有重合者。秦简《归藏》在形成过程中参考了当时流行的卜辞，附缀在易卦之后，形成了我们所看到的秦简《归藏》。先秦时期，流行多种卜书和筮书，因为他们都由“史”或者“卜”这一类人来管理、使用，所以卜辞和卦辞是相互借鉴的。这对我们重新审视《周易》卦辞、爻辞的形成具有借鉴作用。

关键词：《归藏》　卜书　筮书　辞

1993年，湖北省江陵县王家台出土“易占”类残简，与传世《归藏·郑母经》文本大多能够对应，因此学者们认为是《归藏·郑母经》。[①] 至于

---

* 作者简介：马明宗，1992年出生，山东临朐人，浙江大学在读博士研究生。主要研究方向：先秦秦汉史、先秦出土文献、巴蜀文化、中国钱币历史等。

① 参见廖名春《王家台秦简〈归藏〉管窥》，《周易研究》2001年第2期。

该文本是不是《周官》中所言“太仆掌三《易》”中的《归藏》，抑或是汲郡出土的“与《周易》略同，《繇辞》则异”的《易爻阴阳卦》，暂且不论，且以秦简《归藏》相称。而辑佚本的《归藏》，我们就称之为传本《归藏》。

对于《归藏》的研究，前辈学者们已经付出辛勤的劳动，也取得了丰硕的成果。李学勤、廖名春、连劭名、王明钦等先生都有相关文章对这个问题进行了细致的探讨，并且已经有关于王家台秦简《归藏》地研究综述发表。[①] 前人之述虽备，但是关于先秦卜书卜辞和《归藏》卦辞之间的关系，以及先秦时期卜书卜辞和筮书卦辞之间的借鉴问题，研究还是不够，因此本文以此为切入点，略陈固陋。

一　先秦卜辞

春秋战国时期的龟卜，已经有了固定的卜辞。《周礼·春官》有言：“大卜掌三兆之法，一曰玉兆；二曰瓦兆；三曰原兆，其经兆之体皆百有二十，其颂皆千有二百，其下有卜师掌开龟兆，龟人掌六龟，以其方色，与体辨之。”其明言经兆之颂千有二百，也就是说，当时的龟卜已经有了固定的卜辞。司马贞在《史记索引》中评论汉元、成间褚先生所补《龟策列传》时说道“《龟策》直太卜所得占龟兆杂说，而无笔削之功，何芜鄙也”[②]，可知司马贞也是认为有“占龟兆杂说”的存在的。

《左传》和《国语》中也有大量的占卜实例，记载了很多占卜的卜辞，从中可以窥见先秦占卜卜辞的大概。大多的占卜卜辞与所占卜之事没有联系，从卜人的称引来看，这些卜辞已经相对格式化，甚至是朗朗上口，说明这些卜辞的辞句已经固定下来。我们将史籍中所见的卜辞暂录于下：

懿氏卜妻敬仲，其妻占之曰：“吉，是谓：‘凤凰于飞，和鸣锵锵，有妫之后，将育于姜，五世其昌，并于正卿，八世之后，莫之

① 参见赵争《湖北江陵王家台秦简〈归藏〉研究综述》，《周易研究》2012 年第 5 期。

② 《史记》卷 130《太史公自序》，第 3322 页。

与京。'"(《左传·庄公二十二年》)

晋献公欲以骊姬为夫人，卜之，不吉；筮之，吉。公曰："从筮。"卜人曰："筮短龟长，不如从长。且其繇曰：'专之渝，攘公之羭。一薰一莸，十年尚犹有臭。'必不可。"(《左传·僖公四年》)

晋献公筮嫁伯姬于秦，遇《归妹》之《睽》。史苏占之曰："不吉。其繇曰：'士刲羊，亦无衁也。女承筐，亦无贶也。西邻责言，不可偿也。《归妹》之《睽》，犹无相也。'震之离，亦离之震。'为雷为火。为嬴败姬，车说其輹，火焚其旗，不利行师，败于宗丘。归妹睽孤，寇张之弧，侄其从姑，六年其逋，逃归其国，而弃其家。明年，其死于高粱之虚。'"(《左传·僖公十五年》)

秦伯师于河上，将纳王。狐偃言于晋侯曰："求诸侯莫如勤王。诸侯信之，且大义也。继文之业，而信宣于诸侯，今为可矣。"使卜偃卜之，曰："吉。遇黄帝战于阪泉之兆。"公曰："吾不堪也。"对曰："周礼未改。今之王，古之帝也。"公曰："筮之。"筮之，遇《大有》之《睽》，曰："吉。遇'公用享于天子'之卦。战克而王飨，吉孰大焉？且是卦也，天为泽以当日，天子降心以逆公，不亦可乎？《大有》去《睽》而复，亦其所也。"(《左传·僖公二十五年》)

卫侯梦于北宫，见人登昆吾之观，被发北面而噪曰："登此昆吾之虚，绵绵生之瓜。余为浑良夫，叫天无辜。"公亲筮之，胥弥赦占之，曰："不害。"与之邑，置之而逃，奔宋。卫侯贞卜，其繇曰："如鱼窥尾，衡流而方羊。裔焉大国，灭之，将亡。阖门塞窦，乃自后踰。"(《左传·哀公十七年》)

晋献公卜伐骊戎，史苏占之，曰："胜而不吉。"公曰："何谓也？"对曰："遇兆曰：'挟以衔骨，齿牙为猾，戎、夏交捽。'是交胜也，臣故云。且惧有口，携民，国私心焉。"(《国语·晋语一》)

卜之，卦兆得《大横》。占曰："大横庚庚，余为天王，夏启以光。"[①]

① 《史记》卷10《孝文本纪》，第414页。

《左传》《国语》中卜辞的记载已经昭然，虽然有几条卜辞不能明确地知道是占得的卜辞还是筮得的爻辞，但是《国语》中直言“兆曰”，《左传·哀公十七年》也有言“卫侯贞卜，其繇曰”，证明卜辞是确实存在的。《史记》记载汉初卜到大横，并且有“大横庚庚，余为天王，夏启以光”的说辞，可见某些卜书汉初尚且存世。[①]

《汉书·艺文志》中也有龟卜之书的记载，《汉志》载：“《龟书》五十二卷，《夏龟》二十六卷，《南龟书》二十八卷，《巨龟》三十六卷，《杂龟》十六卷。”[②]《汉志》所载的这些书籍，今天尽皆亡佚，不得窥见其内容，但是从书名和《汉志》的分类来看也应当是记载卜辞的卜书。《隋书·经籍志》也载有《龟经》一卷，王应麟在《汉志考证》中以为晋掌卜大夫史苏所撰。史苏常出现在《左传》的占卜实例之中，多引用卜辞之语，王应麟认为《龟经》为史苏所撰，虽事不知所稽，但可以知道王应麟认为这种龟书，是记载古代卜辞之书。

先秦时期流行的卜辞应当分为几种类型。有辞藻华丽，甚至带韵的，如“士刲羊，亦无衁也。女承筐，亦无贶也。西邻责言，不可偿也”[③]，“专之渝，攘公之羭。一薰一莸，十年尚犹有臭”[④]，“如鱼窥尾，衡流而方羊。裔焉大国，灭之，将亡”[⑤]，“挟以衔骨，齿牙为猾”[⑥]，等等。还有依托古代人物故事的，如“黄帝战于阪泉之兆”。这些不同风格的卜辞，当是出自不同系统的占卜书籍，有其不同的解释原则，应该分开来分析。

二　王家台秦简《归藏》对卜辞的借鉴

秦简《归藏》中所载卦辞，多借古代占卜神话，文字有与《左传》

---

① 按：马国翰亦有论述：“昔汉文自代来，卜得大横，《繇》曰：大横庚庚，余为天王，夏启以光。释者谓大横，龟之正横是其体也，文帝有土之象，则卜兆汉初似尚存，而后世不传。”

② 陈国庆：《汉书艺文志校释汇编》，中华书局1983年版，第213—214页。

③ 杨伯峻：《春秋左传注》之《僖公十五年》，中华书局2016年版，第397页。

④ 杨伯峻：《春秋左传注》之《僖公四年》，第322—323页。

⑤ 杨伯峻：《春秋左传注》之《哀公十七年》，第1910页。

⑥ 杨伯峻：《春秋左传注》之《僖公二十五年》，第471页。

占卜实例近乎相同者。

《左传·僖公二十五年》载:“秦伯师于河上,将纳王,狐偃言于晋侯曰,求诸侯莫如勤王,使卜偃卜之,曰吉,遇黄帝战于阪泉之兆,公曰吾不堪也。”秦简《归藏》也有记载:“同人曰黄啻与炎啻战……咸……占之曰果哉而有吝。”[①] 传本《归藏》中《郑母经》有“昔黄帝与炎神争斗涿鹿之野,将战,筮于巫咸,巫咸曰:果哉而有咎”[②]。《左传》注,阪泉,逐鹿也。[③]《左传》中黄帝战于阪泉之兆,卜偃称为大吉之兆。在《归藏》中,昔黄帝与炎帝战,为同人卦,亦是吉卦。两处文辞几近一样,卦、兆皆吉。不同的是,秦简《归藏》将此句附以同人卦,《左传》中所引为卜兆之辞,三处史料言辞一致,当为同源。这说明先秦时期的龟卜卜辞和秦简《归藏》卦辞之间是相互借鉴的。

《左传》中占卜之辞本无卦画,仅仅是卜辞。在秦简《归藏》中“黄帝与炎帝战”的繇辞则是与卦相合的。“黄帝战于阪泉之兆”本身就是卜辞,也是一个龟卜的实例。同人卦名与“黄帝与炎帝战”的卦辞是割离的,同人卦的命名也不是从“黄帝与炎帝战”的卦辞中得来的,“黄帝与炎帝战”也不能很好地解释同人卦名的来历,两者没有太多的关联。秦简《归藏》中卦辞和卦画的结合是后来之事,要晚于“黄帝与炎帝战”这句繇辞的产生。

秦简《归藏》中,不仅仅是同人卦,每一卦的卦辞,都依托古代占卜实例,来道出卦的吉凶,皆用卜,不用筮。都采用“昔者……占……”的句式,每卦都有关于占卜。[④] 由此观之,这些“昔者……占……”句式的卦辞,应当都是来自于当时流行的龟占系统或者龟占故事。秦简《归藏》中的卦辞是借鉴或者直接使用了占卜之书而形成卦辞的。

---

① 秦简《归藏》,参见王明钦《王家台秦墓竹简概述》,载[美]艾兰、邢文编《新出简帛研究——新出简帛国际学术研讨会文集》,文物出版社2004年版,第26—49页。

② (清)马国翰辑,《玉函山房辑佚书》卷1《归藏》(附诸家论说),清光绪九年(1883)长沙琅嬛馆刊本。

③ 参见杨伯峻《春秋左传注》之《僖公二十五年》,中华书局1981年版。

④ 秦简《归藏》中大多数的卦都是假托古代龟占实例故事,只有少许卦不同。如兑卦,卦辞为:“兑,黄衣以生金,日月并出兽”,并不是假托古代龟卜实例。王家台秦简出土之时,有两种简牍,一种宽而薄,一种窄而厚,学者们认为应当是两种不同的抄本。这种不依托故事解卦的文字,与依托故事的解卦文字,风格也有差异,两种风格的解卦文字,应该分开来分析。

《周官·春官》载太仆掌“三兆”又掌“三易”，《左传》《国语》中卜筮实例中卜人和筮人，也大多同时出现，可见掌管卜和筮的人员属于同一个知识系统。西汉元帝命太史令尹咸校数术，蓍和龟同为一类，属数术略。可见到西汉卜、筮也由同一系统的人员掌握。同在卜筮系统中，卜、筮之书更容易相互借鉴。因此《左传》和《归藏》中对“黄帝与炎帝战”的记载相同，也就不足为奇了。

三 卜辞、卦辞之间的相互借鉴

秦简《归藏》中，也并不是全部采用“昔者……占……”的句式，有几处卦辞不借用古代占卜故事，而是采用朗朗上口的句式。如《毋（无）亡（妄）》：“出入汤汤（荡荡），室安处而野安藏。毋（无）亡（妄）。”如《介》曰：“北化黄鸟，杂（集）彼秀虚（墟）。”①

这种朗朗上口的卜筮之辞，在传本《归藏》中，《左传》的卜筮实例中，《周易》的卦辞、爻辞中，都有存在。

马国翰在《玉函山房辑佚书》中辑佚《归藏》之时，就已经注意到这一点了。他在序中提道：

> 今玩其遗爻，如“瞿：有瞿有觚，宵粱为酒，尊于两壶。两羭饮之，三日然后稣。士有泽，我取其鱼”，“良人得其玉，君子得其粟”“有凫鸳鸯，有雁鹔鷞”之类，皆用韵语，奇古可诵，与《左氏传》所载诸繇辞相类。②

传本《归藏》《遗爻附案》中还有此类的遗爻。如“《鼎》：鼎有黄耳，利取鳣鲤”，“《节》：殷王其国，常毋若谷”。还有卦名亡佚的爻辞：“有人将来，遗我货贝。以至则彻，以求则得，有喜将至”，“君子戒车，小人戒徒”，“有人将来，遗我钱财，自夜望之”，等等。③

---

① 王辉：《王家台秦简〈归藏〉校释28则》，《江汉考古》2003年第1期。

② （清）马国翰辑，《玉函山房辑佚书》卷1《归藏》（附诸家论说）。

③ （清）马国翰辑，《玉函山房辑佚书》卷1《归藏》（附诸家论说）。

除了《归藏》外，《左传》中也有许多卜筮实例称引许多并非出自《周易》的卦辞，在风格上与当时的卜辞也有相似之处。这些不见于《周易》的卦辞，也应当是当时流行的古《易》卦辞。如下。

> 卜徒父筮之，吉："涉河，侯车败。"诘之，对曰："乃大吉也，三败，必获晋君。其卦遇《蛊》，曰：'千乘三去，三去之余，获其雄狐。'夫狐蛊，必其君也。《蛊》之贞，风也；其悔，山也。岁云秋矣，我落其实，而取其材，所以克也。实落、材亡，不败何待?"(《左传·僖公十五年》)
>
> 公筮之，史曰："吉。其卦遇《复》，曰：'南国蹙，射其元王，中厥目。'国蹙、王伤，不败何待?"公从之。(《左传·成公十六年》)
>
> 成季之将生也，桓公使卜楚丘之父卜之。曰："男也。其名曰友，在公之右。间于两社，为公室辅。季氏亡，则鲁不昌。"又筮之，遇《大有》之《乾》，曰："同复于父，敬如君所。"及生，有文在其手曰"友"，遂以命之。(《左传·闵公二年》)

今本的《周易》中，同样有很多这样句式相对固定，带有韵律的卦辞爻辞。如《屯》之六二："屯如邅如，乘马班如。"①《睽》之上九："睽孤，见豕负涂，载鬼一车，先张之弧，后说之弧。"② 今本《周易》中的例子不胜枚举。

这些带有韵律或者用词典雅的卦辞，广泛存在于《左传》的卜筮实例中，需要引起我们注意的是，在《左传》中，有的是龟卜而得来的卜辞，有的是卜筮而得来的卦辞。这些卜筮而得来的卦辞，有的见于今本的《周易》，还有一些则不见于《周易》。在秦简《归藏》和传本《归藏》中，也有这类句式类似、带有韵律的卦辞。存在于以上几种文献中的卜辞和卦辞，他们的风格都有很大的相似性。他们应当是同一时代的作品相互存在的借鉴性。这对我们重新思考《周易》卦辞、爻辞的产生，具有借鉴意义。

---

① (宋) 朱熹：《周易本义》，中华书局2009年版，第51页。

② (宋) 朱熹：《周易本义》，中华书局2009年版，第149页。

四　结论

1. 秦简《归藏》中“昔者……占……”句式的卦辞当是借鉴龟卜卜辞，结合易卦而来。这些龟卜卜辞本来是以龟卜故事或者成例的形式应用在龟卜系统之中，之后与易卦相结合，纳入易卜系统的。秦简《归藏》是龟卜系统和卜筮系统融合的产物。

2. 将传本《归藏》、秦简《归藏》中古朴可颂、句式严谨、带有韵律的卦辞和今本《周易》和《左传》《国语》中的龟卜卜辞和卜筮卦辞进行对比，在风格上非常相似，创作年代应该相近，在创作时应该存在互相影响。

3. 不见诸《周易》而与《周易》卦辞风格相近的卦辞的存在，多种风格的卜辞的存在，是先秦时期流行多套卜书和筮书的证据。

蜀学名家

探寻中华道统、宋明理学与巴蜀哲学精神

——蔡方鹿先生访谈录

口述：蔡方鹿* 访谈：吴龙灿**

摘 要：四川大学杰出教授蔡方鹿先生有着坎坷的人生经历，曾经做过铁道兵，后经推荐在四川师范学院中文系学习，做过中专学校语文教师，也曾在政府部门工作，后通过自学和旁听中国哲学课程，自学成才，考入四川省社会科学院从事哲学研究工作，并到中国人民大学哲学系硕士研究生班进修，最终成长为中国哲学研究领域的著名学者，在中华道统、宋明理学、蜀学研究等方面硕果累累，在多方面取得了卓越的学术成就。笔者就人生经历对学术生涯的作用、科研与教书育人的关系、中国哲学与蜀学研究的体会、蜀学研究历史和未来发展等方面向蔡先生请教，以期裨益当下蜀学的深入研究和进一步发展。

关键词：蔡方鹿 铁道兵 蜀学 中华道统 宋明理学

---

* 蔡方鹿，生于1951年，四川眉山人，四川师范大学首席教授。主要研究方向：中国哲学、蜀学。

** 吴龙灿，生于1969年，浙江温州人，温州大学人文学院教授。主要研究方向：中国哲学、历史文献学。

问：蔡先生曾经当过铁道兵，人生经历比较坎坷，是什么机缘让您走上中国哲学和巴蜀文化研究的学术道路呢？根据您的体会，丰富的人生阅历对学术研究有什么样的积极作用？

答：50 年前的 1968 年 3 月我从成都市第三十一中学初中毕业后，年仅 16 岁便应征入伍，来到具有光荣革命传统、经受过解放战争和抗美援朝战争的战火洗礼、涌现出包括全国战斗英雄——登高英雄杨连第等英模人物在内的英雄的中国人民解放军铁道兵部队。历任战士、班长、爆破兵、凿岩工，亲身参加了举世闻名的成昆铁路建设施工（以后又参加了襄渝铁路建设）。我作为一名基层的一线战士，从事的是最危险的工作——爆破和最艰苦的工作——打风枪等，我亲手放炮 10000 多炮，时常处理哑炮，多次与死神擦肩而过。在外国专家断言不能修建铁路的天险禁区，号称“地质博物馆”的攀西地区、横断山脉，我与广大筑路官兵和铁路工人一起，经受了常人难以忍受的、艰苦的筑路生活的锻炼和生死考验，如经常发生塌方、透水、滑坡、泥石流等险情。指战员和工人们付出了常人难以想象的辛苦，2100 多人牺牲，平均每 500 米就倒下一名战士，使中国人修建的这条铁路震撼世界，成昆铁路成为世界铁路史上当之无愧的奇迹，于 1970 年 7 月 1 日终于修通，为祖国“大三线”建设和四川、云南的经济发展作出了重大贡献，造福了国家和人民。成昆铁路也被作为 20 世纪人类征服自然的“三大奇迹”之一（另两项为美国阿波罗登月和苏联第一颗人造卫星）而得到联合国的表彰，并获得首届国家科学技术进步奖特等奖。

铁道兵精神主要体现在：(1) 为国为民，无私奉献的精神；(2)“一不怕苦，二不怕死”，勇于克服一切困难的革命精神；(3) 实事求是，苦干加巧干，钻研业务，精通技术的科学精神。这三种精神对我后来的学术研究产生了重要的影响。

首先，我们从事学术研究的目的主要不是为了满足个人的物质利益，而是奉献社会，为国为民，更重要的应该是树立为国家、民族和社会的发展作贡献的精神，把个人的研究与国家、社会发展的前途命运紧密结合起来，以对国家、民族、社会贡献的大小，来衡量一个人的价值高低，为弘扬民族精神，实现中华民族的伟大复兴尽自己的一份努力。而目前的学术评价体系，则属于工具理性的评价范畴，受到多种因素的制约，很难评出学术背后应有的精神。一些人受利益的驱使，滋生出追逐名利之风，把获取学术成果作为讨价还价、追逐个人利益的工具，甚至是拉关系、讲人情、弄虚作假，违背学术道德和规范。学术研究应具有崇高的理想和为国为民服务的精神，要讲学术良知，而现行的学术评价体系则注重于工具理性，主要与奖励和利益挂钩，考评计分直接体现为金钱，往往忽视研究者的道德素质，忽视对人们从事科学研究最终目的的引导，以致产生流弊。这是应该注意纠正的倾向。否则，科学研究失去了应有的精神，失去了道德良知，早晚会出问题。

其次，从事学术研究，必须具有不怕困难、吃苦耐劳、克服困难的意志，而我当铁道兵的五年经历，刚好为我培养了这种精神。

最后，从事学术研究，还必须科学求实、深入钻研，以事实为根据，有一份材料，说一分话。而铁道兵实事求是、苦干加巧干、钻研业务、精通技术、创第一流业绩的科学精神也对我帮助很大。

总之，铁道兵精神体现了中国人战天斗地的建设豪情和前赴后继、舍生忘死的爱国主义情怀，是中华民族精神在当代的反映，为民族精神增添了新的时代内涵。我们应发扬光大，注入新的活力，不忘初心，继续前行。

从铁道兵部队退伍后，我先在成都机床当了一年车工，于 1974 年由全厂工人师傅推荐我上大学，进入四川师范学院（现四川师范大学）中文系读书。四川师范学院中文系有深厚的人文传统，老一辈学者文、史、哲兼通，其中有屈守元、徐仁甫、王文才、杜道生等先生任教，影响了一代四川师范学院学人。1977 年四川师范学院毕业后，我到成都机械工业技工学校任政治课教师。后调入四川省委宣传部、四川省委组织部共管的《支部生活》杂志社任编辑。其间由我的老师四川师范学院中文系苏恒先生（后任中文系主任）推荐我与四川大学哲学系贾顺先老师见面，旁听了哲学系的“中国哲学史”“西方哲学史”“毛泽东哲学思想”“中外哲学原著选读”等几门课程。

1980 年我参加国家统一考试，被录取为四川省社会科学院的正式研究人员，从事中国哲学专业的研究。

作为四川人，我在研究中国哲学的同时，也关注巴蜀地区的地域文化，将中国哲学与儒家文化在巴蜀地区的传播及巴蜀地区文化的独特地域性表现出来，从而进行蜀学与巴蜀文化的研究工作。

问：蔡老师学术研究的主要工作单位是四川省社会科学院哲学所和四川师范大学，请问您为何选择从科研机构工作者转型为高校教师？如何看待和处理科研工作和教书育人的关系？

答：我 1980 年考入四川省社会科学院后，于 1984 年进入中国人民大学哲学系中国哲学史硕士研究生课程教师进修班学习，师承班主任张立文教授，并得到著名学者石峻、杨宪邦、方立天、葛荣晋、乔长路等先生的教诲。

我在四川省社会科学院的工作主要是科研，历任四川省社会科学院助理研究员、副研究员、研究员、哲学研究所所长，四川省社会科学院研究生部教授、中国哲学专业硕士学位授权点导师、院学位委员会委员等。1999 年开始招收中国哲学专业硕士研究生，也从事教学工作。

2004 年起，我从四川省社会科学院调到四川师范大学工作，转型为高校教师。历任四川师范大学教授、校哲学学科特聘教授、首席教授、杰出教授、博士研究生导师、校学术委员会副主任、校社科联副主席、中国哲学与文化研究所所长、校中国哲学与文化科研创新团队负责人。

为什么我选择从科研机构工作者转型为高校教师，主要是因为我从事的专业是中国古代哲学与思想文化的研究，而四川省社会科学院则强调为现实服务，做省委省政府的参谋团和智囊库，于我的专业研究工作显得有些不太适合。所以我选择回到我的母校四川师范大学工作，为母校尽一点力。

关于如何看待和处理科研工作和教书育人的关系，在教学、科研实践中，我深切体会到，要把教学和科研结合起来，教研相长，互相促进，才能取得更好的成绩。一方面，教师把自己的研究成果运用于教学，提高教学质量，开设一些别具特色的课目，或讲授一些学术前沿问题；另一方面，学生提出的问题也可以启发教师，促使老师进一步深入钻研，取得重要的学术成果。学生还应参与教师的科研项目，通过教学相长、互相促进，使学生的研究能力也得到提高。

大学教师要做传授知识的“经师”，更要做善于育人的“人师”，以自己良好的思想和道德风范去影响和培养学生。我们在向学生传授知识的过程中，应注意为人师表，把教书和育人结合起来，为社会主义现代化事业培养更多的思想道德素质与专业技术才能双过硬的人才。这就为我们提出了更高的标准和要求，为人师者，首先要提高自己的素质，否则难以为人师表。这就要做到提高自己的道德素养和精神境界，要关注现实世界，关心改革开放中出现的各种重大的社会问题，增强创新意识，推动理论创新；既立足中国又面向世界，努力继承和弘扬中华民族优秀文化，积极学习借鉴各国人民创造的有益文化成果；并要甘于寂寞、淡泊名利、力戒浮躁、潜心钻研，不断提高研究和教学质量，为改革开放和现代化事业作出更大的贡献。

在教书育人问题上，2009—2018 年，我带领本专业研究生连续 10 年开展“重走成昆铁路”的暑期社会实践活动，共有 98 人次随我徒步行走考察了我当年亲自参加修建的铁路隧道和路基桥梁。在实践中收到了较好的效果，有不少参加“重走成昆铁路”社会实践活动的学生取得了较为突出的成绩。这一活动的影响也扩大到海外，美国麦卡利斯特大学（Macalester College）历史系主任孟洁梅（Jamie Monson）教授因成昆铁路而结缘，她参加了我组织的考察成昆铁路沿线的暑期社会实践活动和田野调查，深入到大凉山区、安宁河畔实地调查铁路沿线民众的生活发生了哪些翻天覆地的变化。孟洁梅教授连续两年带领她所在的美国麦卡利斯特大学的多名学生共同参与我们的活动，这对于加强中美两国师生友好交流，培养学生的吃苦耐劳精神和社会责任感，具有重要而积极的意义。使学生不至于脱离社会实际而读死书，或因畏难情绪而不肯读书，同时开阔了他们的眼界。中央电视台导演刘洪浩先生也参加了我们的“重走成昆铁路”的社会实践活动，跟随社会实践活动考察队全程拍摄。这对于培养研究生不怕困难的精神，发挥了重要作用。2017 年 7 月 31 日，中国社会科学院学部委员、原研究生院院长方克立教授对我带领研究生“重走成昆铁路”的活动做出评价，他说蔡方鹿教授“作为一个铁道兵老战士，今天的中国哲学专业教授，连续九年（截至 2018 年）带领研究生们‘重走成昆铁路’，让他们在社会实践中深受教育和锻炼。这可能是当代中国教育史上的一个创举，至少也是教书育人的一个成功范例”。而且方克立教授还“建议把历年的有关报道和研究生们（包括美国老师和学生）写的社会实践体会文章，再加上一篇你关于这个活动的缘起、做法、收获、经验、意义的总结性文章，出一本书，可以教育、感染、带动更多的人”。这对于把中华民族精神在当代的重要体现的铁道兵精神传承下去，发扬光大，扩大其影响，具有重要意义。我本人指导的四川师范大学的研究生在《哲学研究》《周易研究》《孔子研究》《光明日报》《现代哲学》《人文杂志》等刊物共发表了45篇论文，其中有的论文被人大复印报刊资料《中国哲学》全文转载。这体现了教书育人与科研工作的结合，通过社会实践活动确实提高了研究生的素质。

问：蔡老师的主要学术研究兴趣在哪些方面，分别做过哪些重要的学术思想研究？其中对蜀学的研究及其主要成果有哪些？2017年度国家社会科学基金重大项目“中国道统思想研究”和前几年在做的“巴蜀哲学史”进展如何？今后有怎样的学术思想研究计划？

答：我的主要研究领域和研究兴趣是宋明理学、儒家经学、蜀学、中国学术思想史、中国哲学范畴。在《哲学研究》、《中国哲学史》、《哲学动态》、《文史哲》、《孔子研究》、《周易研究》、《学术月刊》、《人民日报》（理论版）、《光明日报》、《中华文化月刊》、《鹅湖月刊》、《宗教哲学》、《孔孟月刊》、《经学研究论丛》、《退溪学论丛》、《南洋学报》、《人文中国》等海内外刊物发表论文380余篇。其中在CSSCI核心期刊发表论文100余篇，被《新华文摘》和人大复印报刊资料相关专题等全文转载47篇。出版专著15部，合著11部，主编12部。获省、部级优秀科研成果奖一等奖2项、二等奖3项、三等奖5项。代表著作入选首届《国家哲学社会科学成果文库》，并获首届“全球华人国学成果奖”。2011年11月20日，中国校友会网大学研究团队发布《2011中国杰出人文社会科学家研究报告》，我入选第三届中国杰出人文社会科学家名单。

概括而言，我的学术研究工作，主要体现在六个方面。

第一，对中国哲学范畴的研究，并扩展到对中国学术思想史的研究。从1985年起，作为主要研究人员，我参与了张立文教授主编的“中国哲学范畴精粹丛书”的研究与写作，合著《道》《气》《理》《心》《性》等书。并独著《知》一书，该书是对中国哲学认识论或曰知识论最核心范畴及其理论的深入系统研究。此系列丛书注重中国哲学范畴的研究，系统梳理了道、气、理、心、性、天、神、变、知等中国哲学范畴的内涵和相互关系理论及其发展演变的历程。该丛书出版后，产生了较大影响，并在日本、韩国、中国台湾等地再版。

而后，我把对哲学范畴的研究及方法融入中国思想史和宋明理学研究，逐步展开对中国思想文化的最一般范畴——道，以及宋明理学核心理论——道统、心性等问题的系统阐发和研究，形成《中华道统思想发展史》《宋明理学心性论》等相关专著。《中华道统思想发展史》是中国大陆学术界第一部对中国思想与文化的发展影响甚大的道统思想展开的系统深入研究的专著，也是对以道统思想的流传演变为发展线索的中国学术思想史的整体性梳理。《宋明理学心性论》亦成为学术界多年来对宋明理学心性问题系统研究的重要专著。

第二，由理学家个案研究，融通为对宋明理学的整体把握。我从1979年开始研究理学家张栻，出版了《一代学者宗师——张栻及其哲学》及《朱熹与中国文化》《程颢程颐与中国文化》《魏了翁评传》等相关专著，侧重对理学家进行个案研究。主编《首届张栻学术讨论会专辑》《新视野新诠释——朱熹思想与现代社会》等亦是对著名理学家思想的深入探讨。以此为基础，进行纵向和面上展开，对理学整体进行把握与研究。著《宋代四川理学研究》《宋明理学心性论》，合著《宋明理学新探》《蒙文通经学与理学思想研究》等，主编《书院与理学》《张栻与理学》等。这些对理学的研究，是以理学家为点，以理学思潮为面，以整个中国哲学发展史为线，通过点、面、线三者结合，在相互联系中，做纵横比较，全面、系统、深入地研究中国哲学与宋明理学的理论构成、特征及其在中国思想文化发展史上的地位，研究探讨宋、元、明时期哲学与理学的相互关系。防止只见树木，不见森林，脱离理学思潮和整个中国哲学的发展演变去孤立地研究某一理学家的弊端。即注意掌握在中国哲学史上，以义理之学为主导的理学作为一代学术思潮，造就了一批理学思想家，推动了哲学和理学思想的发展。理学思潮中涌现出在主要方面即认同义理及价值观方面大致相同，而在其他一些方面有所不同（如具体的理学思想、哲学本体论、认识论观点的不同，对训诂考释及其与义理的关系的见解不同）的各个流派。这些理学流派在相互争鸣中又相互影响，既有理学内部各流派的争鸣和相互影响，也有宋学内非理学流派与理学流派之间的争鸣、辩难和相互影响，由此促进了学术的繁荣和思想的发展。各个理学流派中又有一两个杰出的思想家为其理论代表。理学思潮造就了一批理学家，孕育了各理学流派；而流派和思想家又反过来影响而体现为理学思潮。各思想家及其学派作为理学思潮中的代表人物和学术流派，他们结合时代发展的要求对儒家经典所做的阐释发挥和以己意说经，革新了汉唐经学，促进并推动了儒学和中国哲学的持续发展，成为中国哲学发展到宋代及元明时期的新理论形态和新思想，这离不开对宋以前中国哲学和儒学、经学的继承、扬弃与创新发展。我认为，研究宋、元、明时期的理学，首先应在充分的个案研究的基础上融会贯通，对理学家、理学思潮、整个中国哲学发展史的流传演变及相互关系等有一个基本的认识和掌握。在此思想方法的指导下，我在宋明理学研究领域开展了相应的工作。

第三，通过对理学的整体深度的解析，走向由理学而经学的系统研究。在深入系统研究理学的基础上，我对于宋明理学与经学关系的研究较为重视，并将宋明理学之经学思想放在中国经学的整体视阈中加以考察。我所著《朱熹经学与中国经学》是这一构想的一大尝试，并获得了四川省哲学社会科学优秀成果奖一等奖。

其后，通过对宋明理学与经学个案研究的逐步深入而走向了对理学经学化的整体性探究，凝聚十数载心血而著成的《中国经学与宋明理学研究》一书，对宋明理学与经学的相互关系，个体性与整体性特征有自己的见解。该书收入首届《国家哲学社会科学成果文库》，“代表了宋明理学与经学关系研究的水平”，也是本人由中国哲学局部领域走向整体性把握的重要成果。对此，著名现代新儒家代表人物——成中英教授评价说：“作者以开阔性的视野对经学和宋明理学进行了比较研究，并进一步扩展和完善了该研究领域。这本学术著作具有很强的创新性，它也是中国经学和宋明理学研究的一个显著的进步。”① 该书出版后，钟肇鹏、张立文、陈荣照、曾春海、王煜、陈逢源、杨世文、刘宗贤、蔡雅如、朱璐、成中英等十几位国内外著名专家学者先后在海内外刊物发表书评，肯定了我在中国经学与宋明理学研究方面所取得的成果和见解。《中国经学与宋明理学研究》一书获得四川省哲学社会科学优秀成果奖一等奖之后，又获得首届“全球华人国学成果奖”和“纳通国际儒学奖”。

---

① 成中英：《〈中国经学与宋明理学研究〉评介》，《社会科学研究》2016 年第 6 期。

本獎係由國際儒學聯合會、北京納通醫療集團在四川大學設立的儒學專門獎項，旨在推動研究儒家學術，弘揚儒學精神，培養儒學人才，促進西部文化建設。獎項包括“優秀徵文獎”“優秀論著/教材獎”“優秀課程獎”“優秀導師獎”“優秀推廣及踐行獎”“獎學獎教金”等。
納通國際儒學獎
2013年度優秀論著/教材獎獲獎證書
獲獎項目：《中國經學與宋明理學研究》（專著）
獲獎者：蔡方鹿
證書號：4-010
四川大學國際儒學研究院
2014年3月

奖
四川省第十五次哲学社会科学
优秀成果获奖证书
获奖项目：《中国经学与宋明理学研究》（专著）
获奖者：蔡方鹿
奖励等级：一等奖
证书号：1-015
四川省人民政府
2012年12月

承担国家社会科学基金项目“中国经学与宋明理学研究”，结项鉴定为“优秀”，入选首届《国家哲学社会科学成果文库》，获得四川省哲学社会科学优秀成果奖一等奖，并获得首届“全球华人国学成果奖”和“纳通国际儒学奖”

我重视宋明理学经典诠释思想的研究，撰有《宋明理学之经典诠释思想刍议：兼论与西方诠释学的异同》（《中国社会科学院研究生院学报》2011 年第 1 期，被《中国社会科学文摘》2011 第 7 期转载）、《王阳明经典诠释思想与伽达默尔诠释学之比较》（《现代哲学》2012 年第 2 期，被人大复印报刊资料《中国哲学》2012 年第 7 期全文转载），以及《关于中国解释学类型的思考》［《华南师范大学学报》（社会科学版）2013 年第 5 期］等。在这个研究领域也有自己的见解。

第四，关于蜀学的研究及其主要成果。作为四川学人，我在研究中国哲学的同时，也关注巴蜀地区的地域文化探究，把中国哲学各时代思潮与巴蜀地域文化的研究结合起来，以开展蜀学与巴蜀文化研究。我已主持完成了“巴蜀文化通史·哲学思想卷”（四川省哲学社会科学重大项目分卷，项目成果即将出版）和《蜀学与经学研究》（国家社会科学基金项目）等项目。并主编出版了《蜀学与中国哲学》等书，以致力于巴蜀文化研究。其蜀学与巴蜀文化研究的特点在于突出人物为主线，以巴蜀地区的历代重要思想人物文翁、严遵、扬雄、张道陵、范长生、卫元嵩、李荣、王玄览、赵蕤、马祖道一、李鼎祚、宗密、三苏父子、张栻、魏了翁、虞集、杨慎、来知德、费密、唐甄、刘沅、廖平、邹容、吴虞、郭沫若、蒙文通、贺麟、唐君毅等和各个学派、与时代思潮的联系为重点来探讨巴蜀地域文化与中原文化的交融、异同和相互影响，呈现巴蜀文化的地域性格及对中国思想文化发展的贡献。

在巴蜀哲学与文化研究方面，我已出版了5本专著，主编5本论文集，承担国家、省级项目5项，获奖3项，发表学术论文88篇（巴蜀范围以外的成果不计入），在巴蜀地域文化研究领域中作出了自己的贡献。

第五，推动儒学的推广普及与现代化研究。儒学中有很多值得当代社会吸取的优秀成分，然而因为历史原因及受时代变迁的影响，中华儒学的现代化转型并不十分成功。本人致力于做有助于儒学在当代的传播和现代建构的工作，以期为传统儒学的继承和发扬尽绵薄之力。个人专著《儒学——传统与现代化》、《华夏圣学——儒学与中国文化》等力求贴近生活，适应社会现代化需要，追求古为今用。合著《中国文化与中国社会》，主编《儒家德治思想探讨》，以及发表的诸如《儒学在当代新文化中的位置》（《书林》1990年第2期，被《新华文摘》1990年第8期全文转载）、《传统理想人格和价值取向及其现代意义》（《法灯》月报第124期，1992年10月）、《儒学在当代中国新文化建构中的位置及未来发展前景》（载《儒学与廿一世纪》，华夏出版社1995年版）、《中华和合文化研究及其时代意义》（《光明日报》1998年1月17日）、《经济全球化与中华文化的未来发展》[《河南大学学报》（哲学社会科学版）2000年第6期]、《国学也要现代化》（《光明日报》2006年9月5月）、《国学中的精华应成为普世价值》（《人民政协报》2007年3月26日）、《儒家生态伦理思想的现实意义》（《人民日报》2016年1月29日）、《“和合”理念与“上海精神”》（《光明日报》2018年7月2日）、《以“日新”精神纵深推进改革开放》（《人民日报》2018年8月20日）等十余篇文章，是我对儒学现代化问题的思考和探索。

我还多次深入四川各地主办召开了诸如“朱熹思想与国学普及推广研讨会”“西昌市国学经典儿童诵读会”“朱熹思想进课堂”等多种活动和会议来推广普及中华优秀传统文化。

第六，搭建学术平台，推动学术交流和争鸣。学术交流是学术研究深入发展的推动力，通过召开相关学术会议，请该领域研究的专家学者汇聚一堂，共同探讨本领域的前沿问题，一方面促进学术交流和发展，亦可培养年轻一代的未来学术之星，同时以开放的眼光探讨和关注当代热点理论问题，扩大了儒学在当今社会的存在和影响。我在担任四川省社会科学院哲学研究所所长、四川省中国哲学史研究会会长和四川省朱熹研究会会长期间，投入大量时间和精力，努力搭建学术平台，先后数十次召开了各种学术会议，倡导学术争鸣，并邀请国内外专家学者入蜀讲学。

其中策划、主办召开（及联合召开）的大型国际学术会议就有7次：（1）“首届张栻学术讨论会”，（2）“儒家德治思想与现代社会国际学术研讨会”，（3）“朱熹思想与现代社会国际学术研讨会”，（4）“经学与中国哲学国际学术研讨会”，（5）“纪念鹤山书院创建800周年国际论坛暨宋明理学与东方哲学国际学术研讨会”，（6）“张栻思想与现代社会国际论坛——纪念张栻诞辰880周年”，（7）“道统思想与中国哲学国际学术研讨会”等，邀请国内外著名专家学者出席会议研讨重要学术问题。每次会议的召开都出版了会议论文集，反映学术界在该研究领域的最新研究成果，促进了国内外学术交流和研究工作的深入开展。

蔡方鹿教授于2010年11月策划举办“纪念鹤山书院创建800周年国际论坛暨宋明理学与东方哲学国际学术研讨会”，并作大会学术发言

关于2017年度国家社会科学基金重大项目“中国道统思想研究”和前几年在做的“巴蜀哲学史”进展如何？今后有怎样的学术思想研究计划的问题。

我主持的“中国道统思想研究”系2017年11月立项的国家社会科学基金重大项目。该项目是对在历史上形成并产生重要影响的中国道统思想的系统研究，深入完整地勾勒和再现中国道统思想的历史发展线索，剖析道统思想的理论构成，揭示道统思想的基本特征；评价和反思中国道统思想的价值与流弊。为增强文化自信，弘扬中国精神，传播中国价值，增强中华优秀传统文化的生命力和影响力提供借鉴和思想资源，以培育民族精神和时代精神，由此体现出该项目研究的时代价值和社会意义。我作为该项目的首席专家，本选题的研究目标就在于以客观、辩证、历史和现代化的眼光，在把握中国道统思想产生和发展演变时代背景的基础上，全面搜集与道统相关的文献史料，包括出土文献；中国道统思想这种社会意识的产生和发展不仅以文献为载体，而且是与社会历史发展的客观实际相适应的。通过深入细致的研究探讨，以现代化和现代社会发展的客观需要为取舍标准，史论结合，既全面系统地研究中国道统思想发展通史，又对中国道统思想的理论展开研究。目前我们正按照研究计划，逐步展开各方面的研究。

《巴蜀文化通史·哲学思想卷》即将出版，该书系四川省繁荣哲学社会科学重大项目分卷，我作为主持人，与刘俊哲教授、金生杨教授通力合作，共同完成。

今后我的研究计划主要是努力完成国家社会科学基金重大项目“中国道统思想研究”。这是一项重大工程，非下大力气不能完成。

问：蔡老师如何看待地域学术流派——蜀学的历史渊源、学术思想成就，以及与中华优秀文化传统整体之间的关系？蜀学研究有哪些优秀的学术思想传统值得我们传承发展？向您请教蜀学传统的实践价值和当代意义。

答：所谓蜀学，其渊源有自，指巴蜀地区自古迄今以儒为主、融贯诸学的学术文化。蜀学乃巴蜀文化之结晶，巴蜀文化思想理论之核心，中华学术之宝藏。蜀学有狭义和广义之分，狭义的蜀学指由北宋苏洵开创，由苏轼、苏辙兄弟加以发展的学派即“三苏”蜀学；广义的蜀学是指巴蜀地区起源于先秦，主要自西汉迄今的以儒为主、贯通诸子和三教等学术文化。国学大师蒙文通先生作《议蜀学》，肯定蜀学不同于伊洛、吴越之学的特点，要求蜀中之士应阐发自己的乡土之学，以济道术之穷，使蜀学传统得以弘扬。并从不同时代蜀学的广泛流传上，揭示蜀地精神文化的强大生命力和深远影响，使蜀学精神愈益显彰。① 哲学史家谢无量先生作《蜀学原始论》，提出“蜀有学，先于中国”，“儒之学蜀人所创”的观点，并指出道教亦为蜀人所创，而佛教经西域“自蜀以达于中国”，其中蜀人所传者二宗：禅宗由马祖道一传，华严宗由宗密传；并且“文章惟蜀士独盛”②。认为儒、道、释、文章四者构成蜀学之内涵，充分肯定蜀学在中华学术中的地位。胡昭曦先生认为，“传统的蜀学，是以儒学为主的学术文化”。所谓“蜀学，是指四川地区的学术，其重点在文、史、哲，其核心是思想、理论”。并指出“‘蜀学’一词，早在陈寿（233—297年）所撰《三国志·蜀书》就已出现”③。其所指是西汉景帝时文翁任蜀郡守，兴学化蜀，培养人才，又遣蜀士东受“七经”，还教吏民，于是“蜀学比于齐鲁”④。关于蜀学起源的时间上限，胡昭曦先生认为，“既然蜀学的研究内容主要是巴蜀地区的文学、史学、哲学，那么蜀学研究的时间上限，应是出现文学、史学、哲学的时期。因此，其时间上限可考虑大体自蜀国、巴国开始，即古蜀文化和巴文化，包括蚕丛、柏灌（一作濩）、鱼凫、杜宇，开明时期和巴国，直到公元前316年秦举巴蜀前后”⑤。谢桃坊先生则认为，蜀学是“以四川自西汉迄今的学术为研究对象，重点是经学、哲学、史学和文学，而以它们体现的学术思想的研究为核心，包括蜀学理论、蜀学史、蜀中学者、蜀学文献等方面的研究，是四川文化中高层次的理论研究。从文化渊源看，蜀学是中国学术的一部分，它与‘巴蜀文化’是毫无关系的”⑥。同时还指出：“蜀学

---

① 参见蒙文通《议蜀学》，载《蒙文通文集》第3卷《经学抉原》，巴蜀书社1995年版。

② 谢无量：《蜀学原始论》，中央文史研究馆编《崇文集》，中华书局1999年版，第233页。

③ 胡昭曦：《蜀学与蜀学研究榷议》，《天府新论》2004年第3期。

④ 《三国志》卷38《蜀书八》，中华书局1959年标点本，第973页。

⑤ 胡昭曦：《蜀学与蜀学研究榷议》，《天府新论》2004年第3期。

⑥ 谢桃坊：《蜀学的性质与文化渊源及其与巴蜀文化的关系》，《西华大学学报》（哲学社会科学版）2009年第4期。

从西汉绵延于今，形成了颇具特色的传统。纵观蜀学的发展，其主要成就在文学、史学、哲学和经学方面，其学术思想既体现了中原学术传统，又有相异之处；既有时影响着主流文化，又往往遭到正统学者的批评；既有地方学术的滞后性，又比时尚文化更富于传统精神。”① 认为“蜀学兴起于西汉初年”，而与巴蜀文化没有关系。“蜀学的文化渊源绝非来自古代的巴蜀。”“我们从蜀学的文化渊源来看，它与‘巴蜀文化’是毫无关系的。‘巴蜀文化’本是考古学的概念。”“蜀学是中国学术文化史的一个分支学科。”“学术属于社会的上层建筑，它必然是在人类社会文明达到一定程度才产生的。中国的学术思想发端于《周易》，它乃儒家‘六经’之首，约产生于西周初年，此后春秋战国时期相继出现了道家、儒家、墨家、法家学说，构成丰富多彩的中国文化。中国古代巴蜀远离中原文明社会，处于闭塞的蒙昧状态，距学术的产生尚十分遥远。蜀学的文化渊源绝非来自古代的巴蜀。”② 可见对蜀学产生于何时、蜀学的来源、蜀学与古代巴蜀文化的关系等问题，存在着不尽相同的看法。

从历史和思想文化发展的角度看，巴蜀地区自古迄今，由西汉成为地方显学而兴旺起来的蜀学，主要指儒学传播之意，后因其能凝聚蜀地的精神文化，遂得到广泛的认同。历经发展演变，以汉代、宋代、近现代的发展为盛，终成为古代四川学术文化的统称，凡是蜀人所创造的学问皆可统称为蜀学。近代维新变法时期，一些进步的四川学者提出重振蜀学，给蜀学注入时代新意，成立“蜀学会”，创办《蜀学报》，以宣传变法思想。梁启超先生也出了《试述蜀学》的试题来考察报考清华大学的学子③，可见梁启超对蜀学的重视。刘咸炘作《蜀学论》，认为“统观蜀学，大在文史”，“蜀学崇实”④，在一定程度上揭示了蜀学的内容和特点。萧萐父先生对蒙文通、唐君毅、刘沅、刘咸炘等蜀学人物做了积极

---

① 谢桃坊：《蜀学的性质与文化渊源及其与巴蜀文化的关系》，《西华大学学报》（哲学社会科学版）2009 年第 4 期。

② 谢桃坊：《蜀学的性质与文化渊源及其与巴蜀文化的关系》，《西华大学学报》（哲学社会科学版）2009 年第 4 期。

③ 参见姜亮夫《忆清华园国学研究院》，载王元化《学术集林》卷 1，上海远东出版社 1994 年版。

④ 刘咸炘：《蜀学论》，载郭齐勇、蔡方鹿主编《存古尊经，观澜明变》，四川文艺出版社 2012 年版，第 486—490 页。

的研究，为蜀学研究的深入发展和推广发扬作出了贡献。钟肇鹏先生研究了严君平、廖平、蒙文通等蜀学大家，充分肯定其历史地位和学术价值。贾顺先、戴大禄二先生主编《四川思想家》，主要从哲学的角度对蜀学及其人物做了探讨。中国台湾学者林庆彰先生等带领晚清蜀学考察团深入四川进行考察访问，对清代蜀学展开研究。舒大刚先生主持《巴蜀全书》重大项目，结合巴蜀文献的产生对蜀学的起源做了探讨，指出："广义的蜀学，几乎包括了蜀中的各种文化，其内涵和外延均相当于巴蜀文化，体现于巴蜀的物质文明、制度文明和精神文明三方面；而狭义的蜀学是指巴蜀人士的学术思想，是以儒学为主体兼容其他流派的学术文化。蜀学经历了先秦、两汉、魏晋南北朝到隋唐五代、两宋、元明及清初、晚清至近代等六个发展阶段，出现过先秦古蜀文化的繁荣、两汉蜀学初盛、两宋蜀学极盛、晚清及近代高峰四大高潮，对中华学术的繁荣产生了深远影响。"① 并作《晚清蜀学的影响与地位》，对近代蜀学的成就、影响与历史地位做出了评价。

以往学者对蜀学及蜀学起源的研究取得了可喜的成绩，在此基础上，应进一步把整个蜀学从点、面、线联系起来做系统研究，把个案研究、断代研究和蜀学史的研究结合起来；尤其把整个蜀学与经学联系沟通，做系统性、综合性的研究。

蜀学的起源与巴蜀地区文化的形成有一定的关系，谢无量先生的《蜀学原始论》关于儒、道、释、文章由蜀人所创、所传的言论可参考借鉴。巴蜀地处中国西南一隅，独特的地理人文环境孕育出奇特的巴蜀文化，而与中原文化交相辉映，互相补充。在秦统一巴蜀以前，蜀地已先后经历了蚕丛、柏灌、鱼凫、杜宇、开明等王朝。宝墩、三星堆、金沙、十二桥、上汪家拐等遗址遗存，显示了古蜀文化的兴衰更替。古代巴蜀人很早便对天人关系做出了自己的思考与探索，崇尚巫术，沟通天人。巴蜀地区自古巫术流行，"信巫鬼，重淫祀……与巴蜀同俗"②。早在三星堆古蜀文明时代，巴蜀就盛行以萨满为特征的巫术。古巴蜀人有着自己的神灵崇拜，对天人、天神关系有着特殊的理解。三星堆、金沙遗址出

① 舒大刚、尤潇潇：《"蜀学"主体精神论》，《孔学堂》2017 年第 2 期。

② 《汉书》卷 28 下《地理志下》，中华书局 1962 年标点本，第 1666 页。

土了大小立人、跪坐、奉璋、顶尊人物、人头像、黄金面罩、金杖，还有祭坛、青铜动植物、象牙、海贝、玉器等。这些东西都与降神、通神、祈神降祸祈福于人间的巫术有密切关系，像三星堆出土的“神坛怪兽”，“是古蜀崇拜的能飞扬上下、通达天地的‘神羊’”，三星堆的“鸟”与金沙的“凤”则是下界派遣上天言事的使者。《淮南子》记载：“建木在都广，众帝所自上下。”（《淮南子·地形训》）而此“建木在都广”，即今成都平原。可见，建木就是古蜀诸神“上天还下”的天梯。亦是上古巴蜀先民崇拜的一种圣树，位于天地中心，是沟通天地人神的桥梁。建木是传说中众神登天时当作梯子用的树，连接天界与凡间，传说为黄帝制作。

扬雄在《蜀王本纪》中称蚕丛、柏濩、鱼凫、开明时期的蜀地，“椎髻左衽，不晓文字，未有礼乐”（《文选·蜀都赋》注引）。张仪、司马错甚至以“西辟之国而戎狄之长”称之。[①]《荀子·强国篇》也有“巴戎”之称。汉初的蜀地虽经秦李冰父子开凿都江堰，“溉灌三郡，开稻田”[②]，成都平原“水旱从人，不知饥馑，沃野千里，世号陆海，谓之天府”[③]，但在文教方面较为落后，“蜀地僻陋，有蛮夷风”[④]，而与礼乐文明有别。

巴蜀的神仙、黄老思想较为浓厚。蒙文通先生说：“词赋、黄老、律历、灾祥是巴蜀固有的文化。”[⑤]而且有悠久的历史传说。《华阳国志·序志》称古寿星“彭祖本生蜀，为殷太史”，而高诱注《淮南子·齐俗训》又说：“王乔，蜀武阳人，为柏人令，得道而仙”[⑥]。彭祖、王乔都成为后世道家、道教崇重的传说人物。在《列仙传》中，刘向还记载有周成王时蜀地羌人葛由，“好刻木羊卖之。一旦，骑羊而入西蜀，蜀中王侯贵人

---

① 缪文远：《战国策新校注》卷3《秦一》，巴蜀书社1998年版，第89页。

② （晋）常璩撰，刘琳校注：《华阳国志新校注》卷3《蜀志》，四川大学出版社2015年版，第112页。

③ 陈桥驿：《水经注校释》卷33《江水》，杭州大学出版社1999年版，第577页。

④ 《汉书》卷89《循吏传》，第3625页。

⑤ 蒙文通：《巴蜀古史论述》，四川人民出版社1981年版，第111页。

⑥ （明）周婴：《卮林》卷8《王侨王子乔》引，文渊阁《四库全书》本，子部，第858册，第179页。

追之，上绥山，在峨眉山西南，高无极也。随之者不复还，皆得仙道”①。马头娘传说所称蜀中蚕女化仙亦复如此。② 东汉应邵《风俗通义》引《楚辞》云：“鳖令尸亡，溯江而上，到岷山下苏起，蜀人神之，尊立为王。”是说楚国鳖令人亡，而他的尸体则逆江上行到蜀地岷山，他的尸体复活过来，蜀人信服他的神奇，尊奉其为蜀王。《山海经》中保存了大量的神话传说，其地域涉及西南巴蜀一带，体现了巴蜀神仙学的盛行及其与南方楚文化的关系。除此而外，扬雄《蜀王本纪》、常璩《华阳国志》所记载的古蜀历史文化也充满了神仙家的色彩。段渝先生指出：“从商代三星堆蜀都发达的巫术，到整个古蜀历史体系中无处不在的方术神仙家言，再到饮誉于世的方士神仙家苌弘、王乔、彭祖，可以清楚地看到蜀地巫术、方术、神仙之术从先秦到汉晋连续发展的历史陈迹，它们构成了古蜀文化最突出的特色要素。”③ 这与神仙道教起源于东汉蜀地鹤鸣山有一定的关系。

《蜀王本纪》称老子为关令尹喜著《道经》之后，告诫他到成都青羊肆相会（《太平御览》卷191引），以致后来形成了今日之青羊宫。实际上，先秦还确有黄老著作传世。《汉书·艺文志》于《诸子略》“道家者流”著录有“《臣君子》二篇”，注称蜀人所作。列在被韩非称道的“六国人”《郑长者》书之前。蒙文通先生引清张澍说：“臣”是姓，“君子”是尊敬之称。并认为“六国时蜀人臣君子远在韩子之前已有著述，并传于汉代，书在道家，这可能是严君平学术的来源”④。表明在韩非之前的战国时蜀人臣君子好道家思想，著书立说，并在巴蜀地区传播流行。西汉蜀人严遵的《老子指归》、扬雄的《太玄》接受道家思想的某些影响应该远有所承。

春秋战国时期，天下分崩离析，人民流离失所，而策士谋臣、诸子之士，也游走于各地。当时的巴蜀便有来自其他诸侯国的士人，来此传

① 王叔岷：《列仙传校笺》卷上《葛由》，中华书局2007年版，第50页。

② 参见《太平御览》卷479引《原化传拾遗》，中华书局1960年影印本；曹学佺《蜀中广记》卷71引《仙传拾遗》，文渊阁《四库全书》本，史部，第592册。

③ 段渝：《巴蜀文化与汉晋学术和宗教》，《中华文化论坛》1999年第3期。

④ 蒙文通：《巴蜀史的问题》，《蒙文通文集》第2卷《古族甄微》，巴蜀书社1993年版，第251页。

学。《汉书·艺文志》“杂家者流”记载有“《尸子》二十篇”，乃秦相商君之师鲁人尸佼所作。商鞅变法失败，车裂而死，尸佼避难，逃入蜀国，从而将法家思想传播至蜀地，并在此长期流传。刘向《别录》有言：“商君被刑，佼恐诛，乃流亡入蜀，自为造此二十篇，六万余言。卒，因葬蜀。”① 蒙文通先生认为：“尸佼逃蜀，能在蜀著书，这必须有一定的环境和条件。如蜀人不尊重他，不了解他，他著书就不能得到蜀人的支持。他死后葬蜀，他的书也必定是蜀人为他传下来，这绝不是在一个文化毫无关联而又落后的地区所能实现的。”② 这表明蜀地之人也受到法家思想的一定影响。

《汉书·艺文志》又于阴阳家类著录：“《苌弘》十五篇。”注云：“周史。”班固称：“阴阳者，顺时而发，推刑德，随斗击，因五胜，假鬼神而为助者也。”③ 苌弘（？—前492），资中（今属四川）人，为周灵王时大夫，以方术（鬼神之术）事灵王。孔子适鲁，曾学乐于苌弘。苌弘通天数，为“周室之执数者”（《淮南子·氾论训》），与史佚并为周室“昔之传天数者”之人。④ 他于“天地之气，日月之行，风雨之变，律历之数，无所不通”（《淮南子·氾论训》），是通晓阴阳术数的大家，在巴蜀文化史中占有重要地位，他通晓天人、尤重人事的思想对后世巴蜀学术，尤其是天文历法产生了深远影响。《庄子·外物》记云：“苌弘死于蜀，藏其血，三年而化为碧。”可见苌弘虽是周史，后来也死葬于蜀，其学亦应传于蜀。蒙文通先生说：“这可说是洛下闳一派学术的来源。”⑤ 西汉的洛下闳、扬雄乃是继之而起的天文历法大家。

此外，秦罪人入蜀，也带来了杂家思想，尤其是吕不韦门人被徙入蜀，带来了《吕氏春秋》。司马迁云：“不韦迁蜀，世传《吕览》。”⑥《吕览》通传于世，蜀人受到《吕氏春秋》杂家思想的影响。秦统一中国后，

---

① （汉）司马迁撰，（南北朝）裴骃集解：《史记集解》卷7《孟子荀卿列传》引，中华书局1959年标点本，第2349页。

② 蒙文通：《巴蜀史的问题》，《蒙文通文集》第2卷《古族甄微》，第251页。

③ 《汉书》卷30《艺文志》，第1760页。

④ 《史记》卷27《天官书》，中华书局1982年标点本，第1343页。

⑤ 蒙文通：《巴蜀史的问题》，《蒙文通文集》第2卷《古族甄微》，第251页。

⑥ 《史记》卷130《太史公自序》，第3300页。

迁豪杰入蜀，不仅改变了巴蜀人的风俗，也改变了其礼乐文明。

秦统一巴蜀后，中原文化逐渐流传入蜀，巴蜀文化与秦朝崇尚的法家、杂家思想，以及未被禁止的医药、卜筮之学相结合，并发扬了天文律历、阴阳术数之学。

西汉初文翁（前156—前101）在蜀兴学，促使（并影响）了“蜀学”一词的形成。后世所称“蜀学”一词与蜀学内涵的结合即指西汉文翁兴学。《三国志·蜀志》有言：“蜀本无学士，文翁遣相如东受‘七经’，还教吏民，于是蜀学比于齐鲁。故《地里志》曰：文翁倡其教，相如为之师。汉家得士，盛于其世，仲舒之徒，不达封禅。相如制其礼，夫能制礼造乐，移风易俗，非礼所秩有益于世者乎!”[①] 汉初景帝时，文翁为蜀郡太守。他看到当时蜀地风俗粗鄙，没有学士，认为要改变这种情况，移风易俗，只有加强教育。于是遣蜀士东受“七经”，赴京师长安学习经传、法律。还归教授吏民，于是“蜀学比于齐鲁”，“蜀学”之名始见于此，即“蜀学”一词最早出现于《三国志·蜀志》。

在文翁教化的熏陶下，蜀地尚文好学之风蔚然兴起，蜀地文化在全国的地位因此得到提高，以致“蜀地学于京师者比齐鲁焉”。据《汉书·文翁传》记载：

> 文翁，庐江舒人也，少好学，通《春秋》。以郡县吏察举。景帝末，为蜀郡守，仁爱好教化。见蜀地僻陋，有蛮夷风，文翁欲诱进之。乃选郡县小吏开敏有才者张叔等十余人亲自饬厉，遣诣京师，受业博士，或学律令。减省少府用度，买刀布蜀物，赍计吏以遗博士。数岁，蜀生皆成就还归，文翁以为右职。……蜀地学于京师者比齐鲁焉。至武帝时，乃令天下郡国皆立学校官，自文翁为之始云。文翁终于蜀，吏民为立祠堂，岁时祭祀不绝。至今巴蜀好文雅，文翁之化也。师古曰：“文翁学堂于今犹在益州城内。”[②]

文翁本人就重儒学，通《春秋》，入蜀传播儒学。在成都市南修建石室校

---

① 《三国志》卷38《蜀书·秦宓传》，中华书局1964年标点本，第973页。

② 《汉书》卷89《循吏传》，第3625—3627页。

舍，称为“石室”，号为“玉堂”。招收各县优秀子弟入学，入学者免去赋役，学成优秀者可以为官吏或为师。于是蜀风大化，比于齐鲁。汉武帝时令郡国设立学校，文翁是开创地方官学的第一人。文翁终于蜀，蜀人纪念他，为之立祠。文翁石室自汉以来两千多年成为成都学府，流传至今，故址就是今天的石室中学。

以上《汉书·文翁传》记载的是文翁遣张叔等郡县小吏赴京师受业，而《三国志·蜀志》则记云：文翁遣司马相如去京师受“七经”，又回蜀地教授吏民，两书在文翁派何人去京师问题上记载不同。据蒙文通在《巴蜀的文化》中考证，应是《汉书》之记载可靠，而不可能是《三国志·蜀志》所说的遣送司马相如东受“七经”。蒙文通先生引徐仁甫先生《司马相如与文翁先后辨》一文，认为“文翁尚未到蜀，相如早已游宦在外。文翁所遣的是郡县小吏，绝不是游宦京师诸侯、以文辞显于世的司马相如”①。并指出，尽管文翁遣张叔等赴京师受业，数岁后，蜀生皆成就学业还归，文翁又修起学官于成都市中，招县子弟学之，使得县邑吏民见而荣之，争相欲成为学官弟子，于是蜀地学者比于齐鲁。然而也认为“如果巴蜀前此没有一定的文化基础，在短短时期之间就比于齐鲁，是不可想象的”②。即文翁化蜀，使蜀地学者比于齐鲁，这说明在此之前有一个文化积累的过程。

常璩在《华阳国志》中亦云：“叔文播教，变《风》为《雅》。道洽化迁，我寔西鲁。张宽，字叔文，成都人也。蜀承秦后，质文刻野，太守文翁遣宽诣博士东受七经，还以教授，于是蜀学比于齐、鲁，巴、汉亦化之。景帝嘉之，命天下郡国皆立文学，由翁唱其教，蜀为之始也。”③即汉初蜀郡太守文翁在成都创办地方官学，使蜀地文风发生了质的飞跃。蜀生张宽等十八人被派往京师学习“七经”，数年后归蜀，标志着中原学术文化引进蜀地。在此，《华阳国志》亦以“蜀学比于齐鲁”誉之。《华阳国志》另一处又云：“孝文帝末年，以庐江文翁为蜀守，穿湔江口，溉灌繁田千七百顷。是时世平道治，民物阜康。承秦之后，学校陵夷，俗

① 蒙文通：《巴蜀史的问题》，《蒙文通文集》第2卷《古族甄微》，第247页。
② 蒙文通：《巴蜀史的问题》，《蒙文通文集》第2卷《古族甄微》，第248页。
③ （晋）常璩撰，刘琳校注：《华阳国志新校注》卷10上《先贤士女总赞》，第403页。

好文刻。翁乃立学，选吏子弟就学；遣俊士张叔等十八人东诣博士受七经，还以教授。学徒鳞萃，蜀学比于齐鲁。巴、汉亦立文学。孝景帝嘉之，令天下郡国皆立文学，因翁倡其教，蜀为之始也。”① 此处所论与前略同，更肯定了文翁治蜀的经世致用之功，兴修水利，灌溉农田，使社会环境安定而有秩序，百姓富足安康。在发展经济的同时又兴办学校，培养人才。这体现了儒学富而教化的思想。

由西汉开先河而兴起的蜀学，原本指儒学传播之意，后因其能凝聚蜀地的精神文化，遂得到广泛的认同。再经过发展演变，最后终于成为广义的古代四川学术文化的统称，凡是蜀人所创造的学问都可以统称为“蜀学”。蜀学是一个开放的体系，在历史的进程中，不断摄取各地各家各派的思想，增添新的营养，经历了多个发展阶段，从而走向成熟定型和繁荣鼎盛。

关于蜀学的学术思想成就，以及与中华优秀文化传统整体之间的关系，蜀学研究有哪些优秀的学术思想传统值得我们传承发展？蜀学传统的实践价值和当代意义又如何？概括起来讲，蜀学的学术思想成就和贡献主要有四个方面。

1. 道教开源，独树一帜

汉代巴蜀哲学的形成发展是整个巴蜀哲学发展的高潮之一，其重要表现是影响中国哲学甚大的道教在东汉末产生于巴蜀鹤鸣山。先秦时期，巴蜀出现了王乔、彭祖等神仙方术。汉兴以来，神仙方术持续发展。此外，汉代的巴、蜀、汉中承先秦遗风，普遍信奉巫鬼。东汉末年，张陵等人便因巴蜀盛行阴阳五行、灾异图谶的传统，以民间巫术结合黄老崇拜，创建了五斗米道②，使得道教得以产生。同时，在汉末出现了《老子想尔注》这部道教早期教派五斗米道的经典，是我国哲学思想史上第一次站在宗教立场，以宗教神学诠释《老子》的著名作品，成为早期道教哲学的重要代表作之一。如此道教开源，独树一帜，其中蕴含的道本论、

① （晋）常璩撰，刘琳校注：《华阳国志新校注》卷3《蜀志》，第118页。

② 按：蒙文通称：“五斗米道，又称天师道”，“盖原为西南少数民族之宗教”，“原行于西南少数民族”（《蒙文通文集》第1卷，巴蜀书社1987年版，第315—316页）。又：江玉祥对五斗米道发生于蜀的背景有具体论述，参见《试论早期道教在巴蜀发生的文化背景》，载陈鼓应主编《道家研究》第7辑，上海古籍出版社1995年版。

以道为治的政治和伦理观、遵行道诫的修养论等思想，促进了中国哲学的发展。

2. 佛教哲学，影响甚大

巴蜀佛教在晋以后逐渐兴盛起来，至隋末唐初，中原动乱，大批僧人入蜀，佛法兴盛，以致玄奘也入蜀问疑求学。唐朝安史之乱，玄宗、僖宗入蜀，进一步促进了巴蜀佛教的兴盛。随着巴蜀与中原、江南的联系和交流进一步加强，巴蜀佛学在此时期取得了长足的发展，南北交融、综合三教的色彩日益明显，佛学典籍数量激增，大德高僧辈出。唐朝时期，巴蜀地区禅宗尤盛，据宗密《禅源诸诠集都序》，当时国内有十大禅修派别，而巴蜀就有马祖道一开创，其后成为禅宗主流的洪州；禅宗五祖圭峰宗密所传荷泽；五祖弘忍十大弟子之一，与六祖惠能齐名的资州德纯寺智诜的南诜；成都保唐寺无住所传的保唐；以及在果州、阆州传布，也是五祖弘忍下的宣什五派。除去宗密所说的天台、稠那并非禅宗，巴蜀在当时禅宗八家中独占五家，只有北秀、牛头、石头三派于蜀中无传，显见在全国禅宗力量中，巴蜀最为雄厚。

3. 以儒为本，三教交融，互涵互补促进了中国哲学的持续发展

巴蜀哲学所具有的包容性、会通性特征表现在以儒为本，儒、佛、道三教交融、互涵互补上，这在宗密、杜光庭、三苏、张商英、虞集、刘沅、蒙文通等人的思想中得到体现。他们或以佛、道为主，而和会三教；或以儒为本，而融会三教，均为促进中国哲学的持续发展作出了贡献。诸多蜀学人物虽重视儒学，以儒为主，但又吸取佛老等诸家学术之长而发展了蜀学。与其他地域文化相比，蜀学的包容性似乎更强，基本不把佛、道二教视为异端。

4. 中西会通，促进了现代新儒家哲学的发展兴盛

巴蜀现代新儒学大师贺麟和唐君毅先生是我国学贯中西的著名哲学家。贺麟在本体论上，构建了一个新心学体系。他在文化哲学观上，提出了具有等级式结构的文化体用观；指出要对西学进行儒化，尤其提出了中国的复兴实质上就是文化的复兴。

考察蜀学与中华优秀文化传统整体之间的关系，主要体现在地域文化与中国文化总的时代思潮的关系上。就巴蜀哲学思想而言，在巴蜀哲学史上，历代杰出人物辈出，他们的哲学理论和思想观点体现了各个时

代思潮的丰富内涵，各自为不同时期巴蜀文化的发展，亦为不同时期的中国哲学的发展作出了突出贡献。社会存在决定社会意识，时代思潮是对社会历史发展现状和未来发展方向的客观反映。它又是通过各地域文化，包括巴蜀地域文化表现出来。

巴蜀地域文化是整个中华民族文化的重要组成部分，以其融会各家、各派及儒、道、佛三教，而具有较强的包容性；并具有重躬行践履、实事实功；重经学，超越旧说，勇于创新；重人情，以义理为指导；批判专制，与时俱进等特点，其深刻影响了其他地区的思想文化，为整个中华文明和中国学术思想的持续发展作出了重要贡献。同时由其独到的人文特色和地域特色，对整个中华优秀文化传统的发展产生了重要影响。

关于蜀学研究有哪些优秀的学术思想传统值得我们传承发展，以及蜀学传统的实践价值和当代意义。巴蜀哲学思想是蜀学的精髓，是巴蜀文化精神的集中体现。认真分析和总结巴蜀哲学的精神对于今天的价值，便可领略蜀学的实践价值和当代意义。其优秀的学术思想传统值得我们传承发展。这主要表现在六个方面。

1. 巴蜀哲学的创新精神具有重要的现代价值

巴蜀哲学具有“释经创新，超越前说”之特色，而勇于探索，敢为天下先的开拓精神是巴蜀哲学创新精神的体现。如道教起源于蜀地鹤鸣山，对中国哲学与文化的发展具有本质性的意义；巴蜀经学家大多主张超越前说，提出创新理论和学说；宗密在哲学思维上，不囿于往见，实能自寻一系统；张栻在中国哲学史上首次提出“心主性情”的命题及思想；贺麟提出以中学化西学的新命题；唐君毅提出返本开新，以创新中国哲学，等等。在当今社会，创新体现了一个国家可持续发展的活力，建设创新型国家，提倡勇于探索未知的创新精神和善于解决在发展过程中重大问题的实践能力，为现代社会发展所亟须。在这方面，吸取和借鉴巴蜀哲学的创新精神，发掘适应社会发展所需要的新思想，是非常必要的。自近代以来，四川就具有敢为天下先的开拓精神，如四川“保路运动”成为引发辛亥革命的导火索。1980 年，四川广汉向阳人改社建乡，在全国第一个摘下人民公社的牌子，拉开了中国农村改革的序幕，等等。这与巴蜀哲学历来具有的创新精神是一致的，值得今天发扬和借鉴。

2. 巴蜀哲学的和谐思想具有重要的现代价值

巴蜀哲学具有“多元会通，兼容开放”之特色，其中蕴含的和谐思想可为今天所吸收，从而显示出其重要的现代价值。巴蜀哲学的和谐思想是对中华民族和谐文化的继承和发扬，儒家学派创始人孔子以“和”作为人文精神的核心。其弟子有子曰：“礼之用，和为贵。”（《论语·学而》）这代表了孔子的思想，认为治国处事、礼仪制度，以“和”为价值标准。道家创始人老子提出“万物负阴而抱阳，冲气以为和”（《老子》第42章）的思想，认为道蕴含着阴阳两个相反方面，万物都包含着阴阳，阴阳相互作用而构成“和”，“和”是宇宙万物的本质及天地万物存在的基础。巴蜀哲学秉持中华文化“和”的思想，与域外哲学会通，使巴蜀哲学思想具有融合黄河流域的齐鲁文化和长江流域的楚文化的特色，使富于伦理道德的孔孟思想与浑然朴实富于哲理的老庄自然思想融为一体。后又吸取佛教的思想，造就了巴蜀思想文化的独特风貌。例如，“三苏”蜀学的儒、佛、道三教融通合一的学风，北宋宰相张商英三教“鼎足之不可缺一”的思想，以及刘沅槐轩学对理学的扬弃，对三教的融合，认为佛、老不为异端，贺麟、唐君毅融贯中西等思想都体现了巴蜀哲学的和谐精神。这具有重要的现代价值。首先，在思维方式上有助于纠正以往“斗争哲学”非此即彼观念的偏差，与新时代发展的潮流和实践相适应，具有普遍的现实意义和价值。其次，对内有利于推动社会的长治久安和国家的安定团结，有助于协调个人与社会、不同社会阶层之间的关系，以共同发展，把各方的利益都融合进去，而不可偏废，并有利于营造和谐社会、和谐家庭的氛围，家和万事兴，家齐是平治天下的保障，使整个社会得到健康发展；对外有利于推动世界和平、发展、合作的时代潮流，提供反对霸权主义的价值评判标准，提供解决冲突、和平共处、互不干涉、共同发展的思想理论的指导，使人类文明和文化在迎接新时代的挑战中，相互吸取优长、融会贯通、综合创新，共同创造新时代人类未来的文化；并有利于推进“和平统一，一国两制”的战略构想，实现中华民族及海外华人的大团结。

3. 巴蜀哲学重行，强调知行统一的精神具有重要的现代价值

重行，强调知行统一是巴蜀哲学精神的重要体现，这在当今社会具有重要的现代价值。扬雄强调“强学而力行”“言必有验”，以力行对言论加

以验证，将学与行统一起来，以为学之后还要行之、言之、教人。他说："学行之，上也；言之，次也；教人，又其次也；咸无焉，为众人。"① 学习是首先的，但学得知识之后还要践行，学行要统一。扬雄认为言和教是其次的，最重要的还是实行，并切实地推行自己的思想。张栻提出"致知力行，互相发之"② 的思想，认为知行双方是互相连接、互相促进的，致知是为了付诸实行，力行是为了深化认识，张栻不仅重视知，而且重视行，认为知行互发并进，二者不可偏废。在知行关系上，魏了翁强调真知是笃行的基础，知行结合，双方不相脱离。他说："于躬行日用间随处体验。须是真知得，便能笃行之，得力则所知益明。"③ 并且知行双方相互促进，由知而行，以行促知，批评知行脱离、只知不行、行不所知的学风。刘沅强调，"《大学》之道，知行不可偏废。人知之而其用功，知行一时并到"④，主张知行统一，二者不可偏废。贺麟也大力倡导"知行合一论"。巴蜀哲学重行，强调知行统一的精神反映了面向社会实践和面对现实生活的强烈愿望，也体现了其现代价值且值得今天的人们借鉴。要求今天的人们充分认识到知与行、认识与实践是相互依存、相互促进的，双方缺一不可。在改革开放之经济建设、政治建设、文化建设、社会建设和生态建设五个建设的过程中，使认识不断深化，并付诸实践，以获得真知，指导实践，实现全面奔小康的战略目标，这具有重要的现实价值，应将"知行统一"作为四川古往今来之精神而加以提倡。

4. 巴蜀哲学的求实、经世致用思想具有重要的现代价值

巴蜀哲学具有"躬行践履，注重事功"之特色，其中蕴含的求实、经世致用思想可为今天所吸收，从而显示出其重要的现代价值。早在西汉初，文翁为蜀守，便兴修水利，灌溉农田，使民物阜康，然后施之以

---

① （汉）扬雄：《法言·学行》，载汪荣宝注疏《法言义疏》，中华书局1987年标点本，第5页。

② （宋）张栻撰，杨世文点校：《南轩先生论语解·序》，《张栻集》，中华书局2015年版，第1册，第94页。

③ （宋）魏了翁：《鹤山集》卷35《答朱择善》，文渊阁《四库全书》本，集部，第1172册，第414页。

④ （清）刘沅：《槐轩全书》卷9《大学古本质言》，巴蜀书社2006年版，第3307页。

教，开蜀学躬行践履之风。至宋代，张栻重视民生，不尚空谈，主张以经世为要务；修正理学流弊，吸取功利之学，重躬行践履，留心经济之学。这与永嘉学派重实事实功的思想相吻合，而与正统理学有别。魏了翁继承张栻，既重功利，讲求实事实功，又主张义利统一，“趋事赴功”，重视功利与实效，认为功利须平时一点一滴地讲求，才能收到事半功倍的效果。张栻、魏了翁对事功的重视，体现出巴蜀哲学的特色。明清之际的费密提倡经世致用之学，主张“通人事以致用”①，开“颜李学派”之先河。费密提出以力行代清谈的主张，认为一切有关国计民生的实事都应该认真讲求，习行实施，而空谈则误国。与费密同时代的著名思想家唐甄反对所谓“儒者不计功”的说法，强调事功修为，“崇实黜虚”，把道德原则建立在实事实功的基础上，而强调“仁义礼智俱为实功”②。可见重躬行践履和求实、经世致用思想是巴蜀哲学精神的集中体现，值得今天的人们认真借鉴。它告诉人们：任何思想理论必须适应现实，为现实社会的发展服务，以现实社会发展的客观实际需要作为取舍的标准，而不是让现实社会的发展去适应某种思想，尤其是那种过时的、空言无实的思想。否则将背离社会发展的实践，造成社会发展停滞和理论危机。因此，理论作为观念形态的形上之道，应反映社会发展的客观实际，并随着社会实践的发展而发展。即理是实理，具有实践性，必须与社会发展的实践相结合，而体现经世致用的价值。

5. 巴蜀哲学情理结合的精神可供今天借鉴

巴蜀哲学“沟通道欲，情理结合”的特点强调以人的理智之心来把握人的本性和人的情感情欲。既重人情，合理满足人的基本欲望和客观物质生活的需要；又加强道德修养，重责任义务，倡爱国主义。巴蜀哲学的一大特色是把情与理、道与欲结合起来，而表现为重视人情。这一精神体现在“三苏”、魏了翁、费密、刘沅等众多巴蜀著名人物的思想里。这种情理结合、道欲沟通的精神确可为当今社会提供借鉴。在价值取向上，巴蜀哲学提倡把道德理想和价值目标的实现，与物质利益和人

---

① （清）费密：《弘道书》卷下《圣门定旨两变序记》，《续修四库全书》，子部，第946册，第51页。

② （清）唐甄撰，吴泽民编校：《潜书》上篇《宗孟》，中华书局2009年版，第9页。

情欲望的满足结合起来，这与崇性抑情的观念形成对比。发扬此种情理结合的精神，有助于克服贵理贱欲、崇性抑情观念带来的压抑个性的流弊，调动人民群众的创新精神，以促进人和社会的全面发展。同时修正单纯放纵情欲，片面追求个人利益，而不顾社会规范和他人利益，以致危害社会和国家的行为。

6. 巴蜀哲学的批判精神可供今天借鉴

巴蜀哲学具有“批判专制”、除旧布新之特色，其中蕴含的批判精神可为今天提供借鉴，从而显示出其重要的现代价值。在巴蜀哲学史上，宋代哲学发展的高潮源于理学家对不讲儒家伦理、不讲社会治理的出世主义的佛、道宗教思想的批判，修正宗教冲击人文的流弊，从而促进了宋代理性主义哲学的大发展。元、明、清时期巴蜀哲学的转型，又是思想家们对已官学化的理学流弊的批判，而倡以经世致用、思想启蒙、社会批判、重考据训诂为主要内涵的实学，树立一种多闻、多见、尚实、重传注疏释的学风。此外，在巴蜀思想史上，魏了翁主张君臣“共守天下”，批判“尊君卑臣……极情纵欲”① 的封建君主专制。唐甄提出“自秦以来，凡为帝王者皆贼也”② 的思想，把批判的矛头直指封建专制的最高权威。邹容阐明革命的原因在于清王朝的封建专制，强调以革命手段来推翻封建专制统治而建立资产阶级民主共和国。吴虞把封建君主专制、家族制度与儒家学说联系起来进行批判，在当时产生了重要影响。以上人物对封建君主专制主义提出批判，这不仅体现了巴蜀哲学的一大特色，而且为近代民主提供了借鉴。历史上的巴蜀有识之士为了挽救社会危机，促进社会的发展，一方面，学习和借鉴古往今来包括传自西方的先进思想文化，寻求救国救民的道理；另一方面，批判以往过时的旧的思想文化观念，在批判传统中提出自己的新思想，使巴蜀哲学得以兴盛和持续发展，并为巴蜀社会文化的发展作出了贡献。这种巴蜀哲学的批判精神值得今天借鉴，它告诉今天的人们，人的思想文化观念必须随时代发展而不断更新，必须具备批判精神。任何有生命力的思想文化，都应该能

---

① （宋）魏了翁：《鹤山集》卷106《周礼折衷·天官冢宰下》，文渊阁《四库全书》本，集部，第1173册，第539页。

② （清）唐甄撰，吴泽民编校：《潜书》下篇《室语》，第196页。

够实现反思和自我批判、转换、创造和超越。必须适应新的时代和环境，才能发展，否则必然没落。这就需要具备批判精神，改造过时的旧思想，提出适应社会发展客观需要的新思想，从而推陈出新，使社会得到治理、稳定和进一步发展。

以上巴蜀哲学所蕴含的创新和谐重行、强调知行统一，求实、经世致用，情理结合，批判等精神，对今天而言，具有重要的现代价值。在一定程度上，亦是构成当今四川精神的来源和重要组成部分之一。值得今天的人们认真清理和总结研究。通过挖掘和探讨巴蜀哲学精神对于今天的价值，从中吸取可供借鉴的思想成分和积极因素而传承创新，发扬光大，充分发挥地方文化资源的优势，立足巴蜀，面向全国，突出地方特色，为包括巴蜀文化在内的中华文化与中国社会的持续发展和现代化服务，这亦是我们研究巴蜀哲学思想的重要目的。

问：蔡老师如何评价现当代蜀学文化研究情况？您认为目前蜀学研究的学术力量、研究规模和成果质量怎样？如何才能更好地推进当下和未来的蜀学研究？

答：四川学人对巴蜀哲学与文化的研究具有悠久的历史和深厚的人文传统。近百年来，老一辈学者文、史、哲兼通，谢无量、蒙文通、刘咸炘、徐仁甫、贺麟、唐君毅、杜道生、屈守元等先生耕耘耙梳，以及王文才、萧萐父、钟肇鹏、贾顺先、胡昭曦、谢桃坊、陈德述、谭继和、舒大刚、李远国、黄开国、刘俊哲、郭齐、段玉明、杨世文、粟品孝、金生杨、向世山、吴龙灿等诸多学者辛勤劳作，为巴蜀哲学与文化研究打下了坚实的学术基础，并取得了丰硕的成果。就大型项目而言，当属“巴蜀文化通史”和“巴蜀全书”最为重要。正如章玉钧主席所言，“期待并且相信，《巴蜀文化通史》（章玉钧、谭继和主编）和《巴蜀全书》（舒大刚为首席专家）全部编纂完成并出版面世以后，将如并蒂花开，双水汇流，相得益彰，嘉惠学林，进而为振兴中华文化增添一分力量。参与这两项文化工程的志愿者们，一定会继续齐心协力，攻坚克难，以竟全功”。

同气相求，同声相应，构建学术共同体

——在“儒学、文献学与学科建设学术研讨会”上的总结发言

舒大刚

听了大家的发言，我一次又一次地心潮起伏，一次又一次地热泪盈眶，因为大家的真情发言感动了我。可是就我反省自己，我做得并不是那么好，所以大家的发言我权当是对我的鞭策。我本来想60岁退休，现在看起来还得继续努力，因为你们说的那些我都还没有达到，还要继续再努力五年，到65岁时，看是否有所成就。不过，就今天会议的主题——“儒学、文献学与学科建设”而言，大家的发言偏离得有点多，有的同志讲自己的体会、讲自己的学术成就，钟雅琼、刘洋还代为朗诵了戴莹莹、王贞贞写的诗，这个非常好，但是大家发言都有一段对我的赞扬或鼓励，这有点儿多余。下次我们把这个环节省掉，直接谈学术、谈设想是否更好。

这里我谈四点感想。一是“少长咸集，共叙情谊”；二是“声气相求，分享喜悦”；三是“价值认同，德艺双馨”；四是“资源共享，互相成就”。

第一，“少长咸集，共叙情谊”。参加我们这个会，年龄最大的是你们师母吴孟珍同志，她已经60岁了；年纪最小的不是舒昭文，是张卉腹中的宝宝，再有俩月就出生了。我们80余位与会者，代表了50个家庭。大家也提交了论文，我数了一下，共48篇，都是很厚重的，涉及儒学综

论、专经研究、儒学文献研究、学科建设研究，以及其他方面，议题比较宽泛，反映了大家最新的研究成果，尽管有的还需要打磨，有的却相当有水平了。吴龙灿博士建议，以此为基础编辑《蜀学研究（一）》，我看如果加以精心编校和补充，是可以的。倘若以后每次聚会都有成果出来，都编一本集子，那么我们的聚会就会更有特色、有成果，也能给人以念想。我们此次会议实际上采用了两种方式：以“文”、以“言”。“文”是大家的文章，就是相当于书面发言，既突出了会议主题，也体现自己的学术水平和个人智商；“言”则是口头发言，这是面对我的，总得说点好话，体现了大家对我的感情和自己的情商。智商、情商你们两边都照顾到了，佩服佩服！自古有师有学，但是却无师礼，吉凶军宾嘉，天地君亲师，都有名分，但是在“五礼”中却没有专门具体的师生之礼，原因是什么呢？因为师生是否投契，是否有感情，全在个人，不能一概强求，全在自觉自愿。但是今天大家的话，尤其很多人自己都是老师了，多数已经为人父母了，你们都是有责任感的，你们今天讲的我都当成真心话，出自肺腑，即使我没有做到，我也把它当成目标来做。韩愈在《师说》中讲：“师者，传道授业解惑者也”，自省我授业有余，传道未必高，解惑未必到位，所以还需要继续努力呀！不过韩子又说：“师不必贤于弟子，弟子不必不如师。”这就为我解围了，你们的优秀是应该的，老师不及在所难免！通过这个会，我还得为“师者”增加一项内容就是“情感教育”，在这次会上，我们共叙师生之谊，回味同学之情，体现了大家“尊师重道，有情有义”的门风。刚才夏微说我“对师兄弟很好”，其实我还没有做得那么好，但是我确实应该对那些师兄弟、师友们更加敬重些，因为他们在很多地方帮助了我。这在我们金门（金景芳门下）是一个好传统，也应该成为我们二代、三代的传统。我们在座的博士后，早先在其他地方攻读博士学位，都形成了自己的门风。我们希望把这些优秀的门风凝聚在一起，形成我们大家将来共同遵守、共同发扬的一个好门风。今天，大家对过去的点点滴滴，还有今天的桩桩件件，都叙述得有声有色、有情有义，历历在目，温情脉脉，真是让人感到情真意切，万千情愫。我后悔当初怎么不做得更好一点，让我在这里也少一些不自在。当然这也激起我对过去岁月的回顾，一种沉醉，让我对将来的道路会看得更准，目标定得更高。未来的岁月我不会匆匆走过，也不会草草退休。希望到我退休的时候，能有更好的成绩，也有一个像今天这样的机会来给大家汇报，那样才叫作“荣退”。

第二，“声气相求，分享喜悦”。我们这一群人，确实是因志同道合才相识相知，是因为同气相求，然后才走到一起的。我们的事业无名无利，我本人也无权无势。我们所做的事业都是最基础的，也是最费力的。古籍整理说得好听一点是“为往圣继绝学”，是“承上启下，继往开来”；但是说直白一点，就是为他人做嫁衣裳，提供方便，而且还可能时时刻刻挨人骂。大家能够走到一起，不为名、不为利，完全是一种志趣的结合，然后才能够聚到一起。我们志趣相投、话语相近，才能不计利弊地走到一起。现在又是在假期当中，同志们放弃休息，有的甚至离开家人，来到这个偏远的西南边镇（这里在汉代是边陲，在中华民国时期是西康省会），完全是出于一种情谊。大家在这里叙叙旧、述述志，同时也分享各自的成功和喜悦。可惜时间太短，好多同志话语还没有展开，时间就到了，但我为你们的成就感到欣慰，对你们的事业非常欣赏，尽管从前说话不注意之时，可能得罪了大家，在此表示歉意，但现在对你们确实是很热爱的，真心为你们的成功道个喜、点个赞！有了这样的彼此认同，不管以后我们到哪里都能互相记起来，无论遇到什么事也都能互相想到，在座的年轻人都还前程远大，在前进的途中你们之间要互相帮助提携，有机会也要举贤不避亲。

第三，“价值认同，德艺双馨”。刚才潘斌博士说，不是要追求在哪个刊物发表文章，出版了多少种书，我们要“德艺双馨”，这个价值观趋同很重要。价值观是生活的导向，是事业的定盘针；志趣是事业的动力，是学术创新的保障。成功固然可贵，但价值更加重要。这就涉及时下普议的“工具理性”和“价值理性”的问题。《孝经》中就有言：“君子言思可道，行思可法。”你说话时是否考虑人们能够认同，你做事时是否考虑人们可以跟随？如果是“非法之言，非道之行”，虽然成功，君子不贵也。这样的价值认同，也为我们将来自己的前程加上了双保险——一定能成功，一定没有危险。要做名士，就先要做君子；要留青名，首先要培养清气。曾有一副对联说：“无狂放气，无迂腐气，无名士怪诞气，便是达者；有诵读声，有纺织声，有小儿啼哭声，才是人家。”我们要克服那种刻意追求“语不惊人死不休”的狂放，因为那只能求成功于一时，不能垂万世之典范。在方法上，要走正路，行正道；在价值上，要关怀大众，追求有用。我们提倡的“经典儒学”与“大众儒学”，就是出于这样的考虑。“经典儒学”不仅要求产出经典作品，传之永远，而且要求立足经典、尊重经典、阐释经典，发展经学。“大众儒学”则是要关心大众，发扬儒学的淑世济人精神，为当下国人介绍或推荐有用的价值观、道德观念和礼仪风范等。这样，我们才能在事业上有成就、在学术上有创新的同时，也关怀吾国吾民，修己修身，甚至浸润我们自己的生活和家人。希望大家既获得事业的成功，又获得道德的圆满、修养的增益；既有成功的享受，又有家庭的温暖。

第四，“资源共享，互相成就”。刚才牛磊同学说到“共同体”一词。这几年我们一直讲“人类命运共同体”，我们谈不到那么高，那是“肉食者谋”的事情，但是我们能否形成“学术共同体”，我看是可以的。这个“共同体”是“共学、共商、共建、共享”。我们现在是具备这个条件的，无论是专经博士、断代博士，或者是其他领域有成就的博士、博士后，你们的专业知识和学术成就，既是大家自己独立自主、事业成功、立足学界的看家本领，但同时也是我们组成学术方阵，形成学术共同体的良好资源。乔木可以独秀，但众木才能成林。木秀于林，风必摧之，独木更容易被风吹倒，如果组成森林就是另一番景象了，它是可以挡住风雨的，就像“三北防护林”一样。我希望咱们在座的每一棵棵乔木，能够共同形成一片片防护林。不管社会有多么缺乏公正，学界有多么浮躁，只要咱们这个团队形成了抗腐防护林，那么狂暴的风沙就会减轻一些对社会的危害。

就积极意义而言，我们大家都各有资源，你们不仅有知识的、方法的、学术的资源，还有社会的资源。你们大家都有各自的阵地，有的可以说还是一方“诸侯”，是院长、副院长、主任、副主任，这些都是很好的学术阵地。我们又遍布在全国各个学校，从北方的山东到南方的海南岛，从东边的温州到西边的成都，可谓“自西自东，自南自北，无思不服”，总的来说我们的同学分布是比较宽的。在此基础上，我们如果把各个点都串联起来，那就是一张大大的网（学术网络）。我每次坐飞机，最喜欢看那些航空公司的广告，那些航线是很好看的，连起来就是一张通向五湖四海的网。假如把我们这些分布在各地的同门和同仁连接起来，就是一张很好的学术网。你们都有智慧、有追求，智慧、追求再加上资源平台，那前景不就是一片辉煌了吗？气象整合起来就形成了气候，风光联合起来就成了风景。可圈可点的是个人的学问，可大可久是群体的力量。如果说我们做的是经典学术与大众学术的结合，那么就更需要一个广阔的平台，经典学术可以自我成就，大众学术就需要更大的平台和网络了。同时，在学风不太端正的情况下，只有正直的人们形成了此呼彼应、互相援手的学术圈子，才不至于被浊浪淹没。《学记》里面讲：“一年视离经辨志；三年视敬业乐群；五年视博习亲师；七年视其论学取友，谓之小成；九年知类通达，强立而不反，谓之大成。”“博习亲师”大家今天都体现出来了，但我们还要进一步“论学取友”“强立而不反”，利用集体的力量，以期学术事业的“大成”。能进能退是达者，可大可久乃是成功。

如果说从文献入手是一个比较保险的途径，那我们的学科建设就是一个永恒的保障，有了学科我们就有了资源、有了体系。我在考察蜀学的时候，就在想为什么蜀学源远流长、经久不衰，为什么几千年下来历代都是大师辈出，经典名著涌现？原来是因为它有一个制度保障。这个制度保障就是文翁建石室，最早实施经典教育；高公建周公礼殿，庙学合一，实现精神家园和经典教育的统一，于是就形成了蜀学的一套持之以恒的，冠天下而垂无穷的制度体系，蜀中才造就了这么多的伟人、名人。我想，如果我们能以这个聚会为契机，形成一个学术共同体，形成一套合作的制度性联盟，那么我相信大家将来一定前程远大。到时候大家不仅是辉煌一时的学术成功者，也是经久不息的学科建设的生力军。

或许一开始，我们的力量比较小，只是涓涓细流，微不足道，但是不要紧。当初刘备教太子就说：“勿以善小而不为，勿以恶小而为之。”移植过来就是“勿嫌事小而不为，勿嫌功远而忽之”。有些事情我们开始做的时候显得比较小，比如联合编个教材、联合开个会、联合讨论个主题，这些事情看起来比较小，收效也不是很显著，不会立竿见影。但是不要担心，莫以位卑而不发，莫以声小而自闭。我们的声音虽然小，但是我们有这么多人此呼彼应、互相唱和。萤火虫光亮虽小，装到一个袋子里就能照人读书，我们这么多人一起发声、一起发光，就一定能积小善而成大善，积小成而就大成，积涓涓细流而为长江大河，积狐腋而成美裘。荀子说过：“不积跬步，无以至千里；不积小流，无以成江海。”（《荀子·劝学》）只要我们大家从我做起，从身边能做的事做起，我们想做的事，甚至有些要大家联合起来才能做的事，就能够逐渐完成。假如我们一本一本书地写出来，一步一步地走出去，持之以恒，必成气候。

我们今天提出的专经文献学计划，其目的也就在于此。对专经的个案研究可能是个人的事业，也是个人成就，但是如果将专经文献学写出来，将方法论、为学路径写出来，就会化为很多人的成就与更大的事业。文献学首先是要“考镜源流、辨章学术”之学，文献学同时还要指示门径、铺垫台阶。专经文献学的最后一章，还要对某一经的下一步发展进行展望，提出方法和路径，这就会让很多人受益，不仅“锦绣鸳鸯任人看”，还要“绝技金针度与人”。只要我们坚持，就能从无到有、从小到大、从弱到强，这就是从浅小的青衣江到长江大河的转化过程。

我们现在不要认为这个事情很小而不屑去做，只要大家来参与，一砖一瓦地修筑我们学术共同体的长城，就能一点一滴地形成我们学术共同体的大厦。让我们为了这个共同目标而努力吧！

最后，祝愿大家事业有成、家庭幸福！也祝福我们相知相惜、携手共进！谢谢大家！

舒大刚先生的为学之道*

潘　斌**

摘　要： 四川大学历史文化学院舒大刚先生曾受业于国学大师金景芳先生，学殖深厚。舒先生之学博，其治学以儒学、经学、蜀学为主，然又旁涉史学和诸子学。舒先生之学正，此所谓“正”，一是治学的途径正；二是治学的宗旨正。舒先生之学实，此所谓“实”，一是重文献之搜集整理；二是重实证。先生之学活，此所谓“活”，一是重视意蕴之发掘；二是重视大体之揭示。

关键词： 舒大刚　儒学　文献　蜀学

先生姓舒氏，名大刚，1959 年生，原名舒畅，四川秀山（今属重庆市）人。1978 年考入南充师范学院（今西华师范大学）历史系，1982 年毕业，留校任教；1983—1984 年，参加四川大学古籍整理研修班学习，师从杨明照等先生研习古文献学，结业回校任助教、讲师；1988 年作为访问学者前往吉林大学，师从金景芳先生治经学；1990 年 9 月考入吉林大学，成为中国古代史专业“先秦文献方向”博士研究生，师从金景芳先生；1993 年毕业，获历史学博士学位，同年分配到四川大学古籍整理研究所工作，先后为助理研究员、副研究员、研究员，2003 年被聘为博士研究生导师。历任古籍整理研究所常务副所长、所长，兼任四川大学

---

* 此文曾发表在《国学》第八集，巴蜀书社 2020 年版。

** 作者简介：潘斌，生于 1979 年，四川南江人，西南财经大学人文（通识）学院教授、硕士研究生导师。研究方向：中国经学史、“三礼”学。

历史文化学院副院长、中国文化研究院执行院长、国际儒学研究院院长。

余与先生结缘于2005年初夏，当时我还是东北师范大学历史文化学院的一名硕士研究生。我是四川人，希望回到四川大学攻读博士学位。我将此愿望向詹子庆先生（詹子庆先生曾于1979年参加教育部委托四川大学徐中舒先生主持的先秦史培训班）陈述了，詹先生说四川大学历史文化学院舒大刚先生曾受业于国学大师金景芳先生，学殖深厚，可前往求教。于是我就给舒先生写了一封信，表达了入川求学之愿望。没想到先生很快就回复了，回信足足三页，对我鼓励多多。此后一年的时间里，我曾多次向先生写信请教，先生每次都及时回复，令我感动不已，可谓“谆谆如父语”“殷殷似友亲”。2006年4月，我通过了四川大学的博士学位入学考试，9月到四川大学报到，正式成为先生之弟子。2006年至今，已十有二年，读书期间，先生耳提面命、答疑解惑、鞭策鼓励。毕业以后，我虽不能常伴先生左右，然由于皆在蓉城，故还是能亲聆先生之教诲。今《蜀学研究（一）》出版在即，吴龙灿兄命余撰写跋语，内容是谈先生为学之道。余天性愚钝、孤陋寡闻，故于先生之学问难能有全面深入之理解，没有资格，也无能力谈先生为学之道。然吴兄热情相邀，多次敦促，遂只好应承下来。题目虽是谈先生为学之道，然只不过是谈余在追随先生这些年中对先生学问之点滴认知，今冒昧陈述于下，妄议之罪，还望恩师和诸君宽恕。

一　先生之学博

先生治学，以儒学、经学、蜀学为主，然又旁涉史学和诸子学。先生治儒学、经学成就斐然，主要体现在四个方面。

一是重视儒学文献之整理。先生是国家“211工程”、“985工程”、中国孔子基金会重大项目成果《儒藏》的总编纂和首席专家。通过通览历代文献之著录，特别是儒学文献整理的历史，先生认为无论是目录书的编撰，还是大型丛书的编定，在方法上都应既有继承，也有创新。而其成功的分类则在于因应当时文献的具体实际，适应学术研究的普遍需求，甚而引领未来学术之发展，来进行正确的抉择或适时的创新。在此基础上，先生提出了以“三藏二十四目”（经藏：元典、易、书、诗、礼、春秋、孝经、四书、群经、小学、谶纬；论藏：儒家、性理、政论、礼教、杂论；史藏：孔孟、学案、碑传、年谱、史传、学校、礼乐、杂史）来分类编纂《儒藏》的设想。先生所提出的分类是非常高明的，正如廖名春先生所言："作为一部前无古人的中国儒学文献丛书的编纂，'发凡起例'至关重要。舒大刚教授经过长期研究，创造了独具特色的'三藏二十四目'的著录体系，这是《儒藏》编纂最为高明之处。"[①] 2005年，四川大学《儒藏》率先出版"孔孟史志""历代学案""儒林碑传"三类50册，在北京举行首发式，数十家媒体予以报道，称之为"千古儒学第一藏"。迄2018年，《儒藏》已出版精装本428册，含"史部"274册、"经部"154册，基本实现了对儒家历史文献的完整出版和儒家经学文献的陆续推介，赢得学界诸多好评。浙江省社会科学院吴光教授曰："《儒藏》的成功编纂，正是当代文化大建设的重要成果，也是当代儒学在经历了近百年的批判丑化之后浴火重生、走向复兴的一个最重要的标志。"[②] 日本学习院大学东洋文化研究所王瑞来教授亦曰："吾儒有藏自兹始，不藏名山留人间。《儒藏》之成，不仅为深入研究儒学典籍，诠释现代意义，提供了便利条件，还让儒学典籍化身千百。这对传播中国文化其功至伟。"[③]

二是重视探讨师传授受、梳理儒学流派。儒学在发展的过程中重视师徒传授，从而形成了很多学术流派和思想体系。宋明以来，学人们就十分重视儒家学术渊源和学术流派之梳理。先生在从事儒学研究时，带头对儒学传承关系进行梳理，基本搞清楚了历代儒家在师承、家学、交游、讲友、论敌、传授及学术观点等方面的情况。在对黄宗羲、唐晏、徐世昌所撰两汉三国、宋、元、明、清诸学案进行精细整理之基础上，还仿其体例对周秦、魏晋、南朝、北朝、隋唐五代等的学案进行补撰，并与杨世文教授合作主编被誉为"儒学全史"的《中国儒学通案》。

三是恢复儒学学科。自汉代文翁建石室，以儒经化蜀，重儒尚教便成为蜀学之传统。四川大学的前身锦江书院是在文翁"石室精舍"之基

---

① 廖名春：《为往圣继绝学，集儒史之大成——读四川大学〈儒藏〉编纂之首批成果》，《儒藏论坛》第1辑，四川大学出版社2005年版，第38页。

② 吴光：《儒学复兴，于斯为盛——贺四川大学〈儒藏〉"史部"完编发行》，《孔子研究》2015年第1期。

③ 王端来：《〈儒藏〉中国梦》，《中国社会科学报》2014年9月5日。

础上建立的，培养了一大批儒道兼通的学术大家。由于众所周知的原因，四川大学的儒学研究在20世纪后半期曾有所沉寂。20世纪末四川大学启动《儒藏》工程以来，儒学研究和学科重建也提上了日程。在先生之主导下，四川大学历史文化学院开始招收“儒学文献研究”“中国经学史”方向的硕士研究生和博士研究生，此外还申请并获教育部批准在“历史学”下增列“中国儒学”博士学位授权点。十余年来，这些专业共培养硕士研究生、博士研究生近百名。2011年，四川省哲学社会科学重点研究基地儒学研究中心落户古籍整理研究所。先生带领学术团队系统思考“中国儒学”学科建设和人才培养方案，在国际会议、著名刊物撰文，呼吁倡导“儒学学科”的恢复。

四是在《孝经》学术史领域作出了突出贡献。先生所撰《中国孝经学史》对周秦至20世纪《孝经》名家、名著做了详尽的爬疏。先生征引资料丰富，除了征引元典外，还大量征引史籍，这就扩大了《孝经》研究的视界。先生此书“由研究《孝经》学史而及于中国历史文化，由研究历史文化而认识中国古代社会，由认识中国古代社会而探知建设现代社会必由之路”①。比如在探讨魏晋南北朝时期的《孝经》学时，先生设“皇家《孝经》研究”一节，对当时以皇帝、皇子为主角的研究、讲读、注解《孝经》活动做了陈述，并对魏晋南北朝时期皇家治《孝经》的意义做了阐发。这就将经典文本诠释史与社会史的研究结合起来了，将《孝经》学史的研究推到了一个新的高度。

先生的蜀学研究也是大放异彩。一是对“蜀学”的概念、特征、源流及信仰体系、重要人物皆做了深入的探讨。先生对于“蜀石经”的镌刻与“十三经”结集之间的关系作了辨析和梳理，纠正了前人的错误观点，对于揭示“十三经”形成的过程具有重要价值。先生在其大作《蜀学论衡》《巴蜀全书论衡》中，对蜀学的核心价值观、巴蜀古史体系与古老信仰做了揭示，观点新颖，发前人所未发，洞见深刻，对于认识巴蜀文化的内涵及本质，以及巴蜀文化与其他地域文化之异同皆颇有参考价值。

二是编纂《巴蜀全书》，整理巴蜀文献。从2010年开始，先生担任

---

① 舒大刚：《〈中国孝经学史〉叙论》，福建人民出版社2013年版，第2页。

堪称“四川建省以来最大规模的古籍文献整理工程”——《巴蜀全书》的首席专家和总编纂。《巴蜀全书》系国家社会科学基金重大委托项目、四川省古籍文献整理重大项目、四川省重大文化工程的成果，也是四川省人文学科迄今为止由政府组织的最大的文化工程。该项目旨在收录整理反映巴蜀文化的古典文献，对周秦两汉至清末民初历代学人用汉语言撰著的巴蜀文献进行系统的调查、收集、整理和研究，打造巴蜀文化的“四库全书”。本项目的前期成果已陆续由人民出版社、中华书局、上海古籍出版社、四川人民出版社、四川大学出版社、河北人民出版社、浙江古籍出版社、巴蜀书社、四川辞书出版社、重庆大学出版社等分批出版。其中，阶段性成果《宋会要辑稿》《廖平全集》《周诗新诠》等全国古籍整理优秀图书奖、全球华人国学大典国学成果奖、省政府奖等17项。

除儒学、经学和蜀学外，先生在史学方面也颇有造诣。先生的博士学位论文题为“春秋少数民族分布研究”，后来在中国台湾文津出版社出版。在此书中，先生以春秋时期少数民族历史作为研究对象，着重探讨了这一时期东夷、南蛮、西戎、北狄各部分的分布与迁徙。先生此书综合运用文献、考古、民俗等材料，资料翔实、论证缜密，在春秋时期少数民族分布和迁徙等问题上创获颇多。

先生对诸子学亦有研究。先生所撰《墨子的智慧》一书共16万字，对墨子的生平、墨书流传、墨学源流，以及墨子的兼爱、非攻、节用、节葬、尚贤、尚同等思想，皆有精彩的论述，允称博洽，是了解墨子及墨学的理想读本。此外，先生还作为主编之一，参与编纂工具书《诸子百家大辞典》《诸位百家智慧文库》等。

二　先生之学正

先生之学正，此所谓“正”，一是治学的途径正，二是治学的宗旨正。

先生特别重视经学之研究。我们知道，经学是中国古代社会学术的主体，是儒家学说的核心组成部分。从事经学研究，对于认识中国的思想文化、中国古代社会等皆有着十分重要的意义。从事中国传统学术之研究，若不懂经学，则不得其门而入。正如张之洞在《书目答问》中所说："由小学入经学者，其经学可信；由经学入史学者，其史学可信。"先生之老师金景芳先生治学经历即由经入史，早年穷经，喜读《诗》、《书》、《易》、"三礼"、"三传"，而"尤精于《易》及《春秋》两经"。[①] 中年治史，撰有《中国奴隶社会史》《论宗法制度》《论井田制度》等。金老史学研究取得的辉煌成就，得益于他的经学造诣。正是由于对经学有精深之研究，所以金老"很快实现了从旧式儒家向新型史家的转变"[②]。先生继承了先贤的治学传统，又受金老之影响，所以也特别强调经学研究在中国传统学术研究方面的优先地位，并在这种思想指导下从事学术研究。先生先治一经——《孝经》，而及《周易》再及群经学术史。先生所撰《中国孝经学史》一书近50万字，对历代《孝经》诠释史做了全面深入之辨析；先生对《周易》之新诠，以及对《乐经》是否亡于是秦火之辨析，皆能采用新材料而有新见解；先生于经典体系的形成、"十三经"的集结及经学名著之研究，皆尽能掌握第一手材料而有深入之探讨。先生从治经学始，故其学可信矣。先生之弟子，从事经学、史学、文学研究者皆有，皆以先生治学从治经学始之教诲来要求自己。

学术研究的宗旨是求真求善，即使像古代希腊人所强调的纯思辨的学问，其终极目的亦是如此。在学术研究中，求真的最终指向还是求善，求善是最高境地。而求善的直接表现就是经邦济世，将个人的抱负融入为最广大人民的造福之中，这也是中国历代有志之士的个人理念和崇高的思想境界。2005年下半年，笔者写了一篇关于《易传》学派属性的小文章，在此文中，笔者将《易传》的学派属性定为杂家。先生见此文后，于2005年12月28日写信告诫我："历史研究固然在'求真'，但也须止于'至善'。因此，发言立论，必有宗旨，必有出发点。儒家已经被肢解多多，现在急需重建。因此我建议该文立论，可以侧重于从'儒家'之'齐学'来讲。齐学是儒学之一，是儒学在齐地的发展。齐学有包容性，

① 罗继祖：《金晓村教授九五寿言》，载吕绍纲编《金景芳九五诞辰纪念文集》，吉林文史出版社1996年版，第19页。

② 舒大刚：《〈金景芳全集〉序》，载金景芳著，吕文郁、舒大刚主编，舒星编校《金景芳全集》，上海古籍出版社2015年版，第1册，第8页。

有杂的特点，但不是后世之杂家，因为其主旨仍然是儒学的。汉代初年诸大儒皆齐学之士，我们不能说他们不是儒学。如公孙弘、董仲舒、易田何，等等，皆是也。因此，大作将《易传》定在齐地写成，似可成立，但没有必要非得拉出儒学不可。……出土文献值得重视，如马王堆帛书、郭店楚简、上博竹书，都有此方面的资料，足以说明《易传》产生之早，而不是相反。你的思路和论证方法都十分到位，如从立论宗旨上做些矫正，则不难‘止于至善’矣。”从今天来看，先生于《易传》成书年代和学派属性之判断，既有依据，亦符合先秦学术史之实际。先生之立言宗旨本乎求善，而求真亦在其中矣。先生治学，将求善与求真相统一，与一些自诩为求真之士的奇谈怪论、炫人耳目之说有天渊之别。

求善是先生学问之终极诉求。先生所立之文字，既有学术研究的严谨，还有守卫传统文化的热情，更有对这个世界的温情。在《儒藏总序》中，先生写道：“今值科学昌明、文运隆兴之时，温故知新，继承与创新交相辉映；以人为本，人文共科技比翼齐飞。我中华学子，感奋于先贤‘为天地立心’‘为生民立命’的壮志豪情，重申‘为往圣继绝学’‘为万世开太平’的神圣使命，继承先贤先儒之遗愿，䌷绎金匮石室之藏书，旧学新统，成兹《儒藏》，董理国故，其命维新。两千载儒学之成就萃兹一‘藏’，四百年学人之憧憬即将成真，前乎此者既因之而明，后乎斯者将借此以兴。辨章学术，儒学文献的整理著录，体系粗具；考镜源流，厘然区分。继往开来，推陈出新，力虽不逮，而心向往之。”此可见先生之豪情，亦可窥先生学问之用心所在。先生对于文化现象之本质进行研究时，将落脚点放在社会问题的解决上。先生对于社会现实问题有深刻的洞察，在批判不良现象的同时也呼唤优秀传统文化的回归。2005 年 12 月 27 日，先生在给我的信中说：“现在的国人，中学丢掉了，而西学也只是片面了解，得其皮毛。而现今时髦青年，又是‘唯新主义’‘唯西主义’，寻求刺激，不知何为主、何为从？何为民族精神，何为人类优秀文化。今天在飞机上我看《华西都市报》，报道成都圣诞之夜，十万人拥塞春熙路、天府广场，造成交通阻塞不说，还足不留情，碧草遭殃，绿地变为白地，护栏推倒一片，拥挤践踏，伤人者有之，差点造成严重事故！人们除了狂吼乱喊，无复文明体统！在这里，既没有中国的文质彬彬，也没有英国的绅士风度，更没有美国的民主和法治！有的只是‘从人至猿’的丑态！若有人去劝阻，还美其名曰‘圣诞狂欢’！‘狂’倒是狂得可以，却并未带来‘欢’乐。……现在需要太多的‘重建’了，道德重建、礼仪重建、价值重建，甚至走路和言谈举止都得重建，因为我们之中太多的人太‘邯郸学步’了！我们需要一大批对吾国吾民抱有责任心、悲悯感的有识之士，来做这些重建工作。”

张载曾言自己的学问是“为天地立心，为生民立命，为往圣继绝学，为万世开太平”①。济世淑民是中国传统士人的价值追求，他们不仅要做好自己的学问，还希望自己的学问可以匡正风俗、有益教化。先生也有着传统士人经世济民的精神，他带着悲天悯人的情怀去治学。先生除了从事经典儒学之研究外，还借鉴学术界政治儒学、宗教儒学、乡村儒学、民间儒学、生活儒学、制度儒学等学说，于2014年与郭齐勇先生、曹维琼先生等人形成“经典儒学与大众儒学”双轨并进的思想。先生领衔发起的“大众儒学书系”和“中华优秀传统文化读本”等编撰，就是“大众儒学”思想的实践。

三　先生之学实

先生之学实，此所谓“实”，一是重文献之搜集整理；二是重实证。先生重视古籍整理。先生博士研究生毕业分配到四川大学古籍整理研究所以后，先后被任命为古籍整理研究所的常务副所长、所长。先生带领古籍整理研究所的同仁，承担了很多古籍整理项目。其中由先生领衔主编的《儒藏》和《巴蜀全书》是四川大学人文社会科学类的标志性成果。此外，先生与四川大学古籍整理研究所全体同仁完成了《全宋文》《三苏全书》《朱熹集》《宋人年谱丛刊》《宋集珍本丛刊》《中国儒学通案》《宋会要辑稿》《廖平全集》《张栻集》等文献的编纂整理。长期以来，不少人认为学术研究就是要多撰写论著，特别是要发表论文，如今的科研评价机制也多是唯论文是从，至于古籍整理的成果，往往不予重视，甚至不认为是科研成果。这种功利的学术取向，使得有些人在从事中国传统学术研究时，连基本的文献都不能释读，即便有所考察和引用，也

① （宋）张载：《张子语录》卷中，《四部丛刊》景宋本。

多是浮光掠影而并无深究，也根本没有能力去深究。然而内行知道古文献整理的必要性和价值，因为文献整理是学术研究的基础和起点，同时也是最见功力之事。先生在古籍整理方面所作出的卓越贡献，令四川大学古籍整理研究所在全国的同类学术机构中享有盛誉。先生经常教导我们，从事古籍整理这项工作需要笃定，十年如一日地坚持，唯有如此，才能打好学术研究之基础，将来的腾飞便是顺理成章的了。

先生治学重实证。先生在解决某个问题时，往往先是最大限度地占有资料，再对资料加以分析，从而得出结论。比如在考察李白生卒年时，先生在对李白纪年史料分析的基础上，又结合李白纪年诗文，以及李白宝应以后诸篇诗作，证明李白生年应在神龙初年（705），享年62岁，其卒最早也应在大历初年（766）。先生此说足释前人“卒于宝应元年说”之惑，并使一度被学界疑伪的李白宝应以后诗文也得到肯定，从而解决了一桩学术公案。又如清乾隆年间从日本传入我国的《古文孝经孔传》，其间有大量“古文”奇字，曾被近时学人用来论证《古文孝经》系自我国隋唐时期传入日本的证据。先生通过考察北宋字形类工具书《汗简》《古文四声韵》保存唐宋时期所传“古孝经”字形情况，证明传入日本的“古文”与唐宋“古文”在文字上缺少同一性，不是同一传承系统，看不出系“由我国隋唐之际传入”的痕迹。先生还特别留心新材料的运用，从而将一些十分重要而又易被人们忽视的学术问题赋予新的价值。比如北宋范祖禹书、南宋所刻大足石刻《古文孝经》，前人的考察多限于金石学，先生则结合经史文集之记载，对石刻的上石时代、历代著录情况、石刻本面貌及在经学史上的价值等皆做了全面深入的研究，不仅对于研究《古文孝经》本身具有重要意义，对于考察日本传入的孔传《古文孝经》也颇有参考价值。即便是在对巴蜀古史信仰体系、儒家经典体系的建构这些颇具理论性的问题进行探讨时，先生也是有一分证据说一分话，绝不随意夸大或曲解。

众所周知，文献学是中国传统学术之基础，没有文献学的修养，治学就如沙地建楼，根基不固。文献学就是治学之根基。从事中国传统学术之研究，懂文献学是最基本的素养，正如史学名宿蒙文通先生所云：“无此精熟之典籍作基础，读书有如做工者之以劳力赚钱，其所得者究有限。有此精熟之典籍作基础，则如为商者之有资本，乃以钱赚钱，其所得者将无限也。”[1] 曾几何时，学界不少人对思想史研究趋之若鹜，然研究之深度却不尽如人意。思想史研究是非常重要和必要的，我绝无否定思想史研究之意，不过，从治学的路径来看，若青年时代就热衷于玄想冥思、体系之建构、意蕴之阐发，其学很可能是向壁虚构，而毫无学术价值可言。虽然亦能发表论著，但是光鲜的外表掩盖的是遍体的硬伤。在认识先生以前，我也曾有一段时间沉迷于“思想史”，与人论学，不谈玄论道好像就没有思想境界和高度。先生于2005年5月27日的信中告诫我：“掌握比较扎实的中国文献和经学的知识，这是近代许多大师名流屡试不爽的成功经验。”先生此语可谓醍醐灌顶，使我开始对治学的路径进行反思，并逐渐开始对文献学产生兴趣。在先生的教导之下，我的师兄、师姐们都是从文献学（特别是经学文献）做起，且人手一经，由本经到专经史、群经史，《易》、《书》、《诗》、“三礼”、“《春秋》三传”、《尔雅》、《孟子》，每人一个领域，做深入之研究。十多年过去，目前已有遍地开花之势。

四　先生之学活

先生之学活，此所谓“活”，一是重视意蕴之发掘，二是重视大体之揭示。

学术之积累到一定程度，必然走向文化意义、哲学思想等深层次内容之探讨。先生治学重文献，然并不止于此，而是在广泛的文献披览之基础上，重视意蕴之阐发。比如先生对巴蜀古史体系与古老信仰的揭示、对蜀学核心价值观的揭示，集中体现了先生重视思想意蕴之阐发的治学特征。先生所撰《“三才皇”与“五色帝”——巴蜀的古史体系与古老信仰》一文，认为西南地区的巴蜀有独特的“三皇五帝”系统：三皇即“天皇”“地皇”“人皇”，是为“三才皇”；五帝即“蚕丛”“柏灌”“鱼凫”“杜宇”“开明”五主，或“赤帝”“白帝”“黑帝”“青帝”“黄帝”五帝，是谓“五色帝”。“三才皇”代表了《周易》天、地、人三才一统的哲学观念，“五主”代表了西南地区多元一体、和谐共存的文化形态，

---

① 蒙文通：《治学杂语》，《中华文化论坛》1994年第4期。

“五色帝”则与巴蜀大地流行已久的“五行”观念、“五方”意识、“五德”价值密切相关。[①] 先生还指出，中原学人（特别是道教和神话学者）对巴蜀的信仰体系和精神内涵经过了一番吸收、内化和升华，逐渐构成了中国古代独具特色、兼容并包的完整而丰富的信仰体系和哲学观念。先生此说，是在其对巴蜀文献深入研究之基础上，结合中原文化信仰之内涵，从而归纳得出的。先生还对蜀学的核心价值观作了揭示。先生在《道德仁义礼——蜀学核心价值观论》一文中指出，在蜀学的核心价值构建中，以“道”“德”为统帅，以“仁”“义”“礼”为实行，从而实现了道家与儒家的和谐统一，以及形上与形下的统一。信仰与核心价值观是关乎民族和地域文化的核心内容，而对巴蜀地区信仰体系和核心价值观的揭示，体现了先生之学的深刻内涵和思辨精神。

蒙文通先生云：“学问贵成体系。但学力不足、才力不够是达不到的。体系犹如几何学上点、线、面、体的‘体’。清世学者四分之三以上都是饾饤之学，只能是点。”[②] 蒙先生指出，学问之可贵，乃体系之建构，以考据见长的清儒之学，缺乏融贯宏大之气象。而当今之学界，受西方学术分科而治之影响，研究之领域越来越窄，研究之内容越分越细，融会贯通愈趋困难。而中国传统学术与西方学术研究之方法有很大的差异（比如中国古代之经学，若按今天之分科，文学、历史、哲学、艺术、自然科学皆可部分纳入其中，而西方自古希腊亚里士多德开始就主张分科教学和研究），若无广阔的学术视野、全局的学术眼光，往往会“一叶障目不见泰山”。先生治学有宏大之气象，并努力构建学术之体系，比如在儒学研究方面，既有儒学文献之整理（《儒藏》《儒学文献通论》《儒学文献通史》），又有儒学史之梳理（除自撰《中国孝经学史》外，还指导博士研究生从事各部专经学术史之梳理），还有教育实践层面的“中国儒学”学科建设、“国学体系”之探索，以及“大众儒学”之推广。在巴蜀文化研究方面，既有巴蜀文献之整理（《巴蜀全书》《巴蜀文献要览》），又有巴蜀学术史之梳理（“蜀石经”与“十三经”集结的关系之

① 参见舒大纲、尤潇潇、霞绍晖：《“三才皇”与“五色帝”——巴蜀的古史体系与古老信仰》，《西南民族大学学报》（人文社科版）2017 年第 1 期。

② 蒙文通：《治学杂语》，《中华文化论坛》1994 年第 4 期。

辨析、巴蜀易学源流之梳理等)，还有巴蜀信仰体系、巴蜀核心价值观之梳理和探讨。先生学术之体系，从基本文献之整理，到思想意蕴之阐发，再到社会实践之应用，层次分明，格局宏大。

理学之开山周敦颐在其所著《通书》中曰：“人生而蒙，长无师友则愚，是道义由师友有之。”“或问曰：曷为天下善？曰师。……先觉觉后觉，暗者求于明，而师道之矣。师道立则善人多，善人多则朝廷正而天下治矣。”得一良师，三生有幸；天下多良师，天下治矣。余虽不敏，然在青年时代即得先生之点拨提携，何幸如之。先生常告诫我们，学术研究要一心一意，不可心有旁骛，只要坚持，定能有成。如今舒门弟子近百人，分布于全国各高校和科研机构，弟子们正沿着先生开创的学术领域，秉承先生传授的为学之道，为经学、儒学及蜀学的研究和传播贡献自己的力量。